世界汉译学术名著

〔法国〕基佐 著
伍光建 译

1640年英国革命史

译林出版社

目　　录

英译者黑兹利特的说明

基佐先生在后面的前言中所作的关于他的著作的性质的充分说明，使我没有必要再说什么话了。因此，我只说明一点，在翻译过程中我的愿望只是尽可能接近地按照作者自己的风格表达作者的原意；至于我是否已经成功地达到此目的，那就要凭别人来判断了。至于引用的书籍、文献、演说，我都无例外地回溯到作者所参阅过的资料来源，并将各作者或演讲者的原话一字不改地刊出。在注明他的征引来源时，基佐先生常应用他自己关于英国革命的《回忆录》的版本（那是一本极有价值的出版物）；我的英译本中所使用的资料，都是从所引著作的每一种最佳的英文版本引用的。现在印出的内容丰富的索引，是一个新的项目，我相信它也将被认为是一个重要的组成部分。

黑兹利特

中寺法律学院

1845 年 12 月

第一版著者前言

我出版过关于英国革命的原始的回忆录；我现在出版英国革命的历史。在法国革命以前，这肯定是欧洲必须进述的最伟大的事件。

我是不怕英国革命的重要性被贬低的；法国的革命，尽管是后来居上，但并没有使英国革命本身的伟大少了一些；它们都是同一个战争的胜利；它们都使同一个事业得到好处；胜利是它们的共同特点；它们并没有彼此使对方失色，反而交相辉映。我只怕它们的真正性质会被弄错了，只怕世界不给予它们在世界史中应由它们占有的地位。

依照目前流行很广的一种看法，好像这两个革命都只是出乎意料之外的事件，这些事件是从前所未闻的原则中产生出来，从前所未闻的筹划中孕育出来的，它们竟然导致社会脱离它的古老而自然的轨道；总之，它们像飓风、地震等完全脱离自然规律的神秘现象一样；它们就像造物之神的打击一般，突如其来，也许是进行破坏，也许是进行创新。不论是朋友或敌人，不论是对革命颂扬或诽谤的人们，都采取这种看法。在前一类人看来，革命是光荣的事件，它们第一次为人们发扬光大了真理、自由和正义，而在它发生以前一切都是荒谬、不平与暴政；人类只有依靠它才能获得尘世的拯救。在后一类人看来，革命却是最可叹的灾害，它中断了一个漫长的智慧、道德与幸福的黄金时代；他们认为，做这种坏事的人宣告的主张、提出的要求、犯下的罪行都是史无前例的：认为在一阵疯狂中各国都已从他们习以为常的道路上冲出路外，而脚下则是一个敞开的深渊。

如此，无论是颂扬或谴责，无论是祝福或诅咒，在考虑到革命问题时，各方面都忘记了革命的客观环境，他们同样地将革命和过去绝对孤立起来；他们同样地要革命负担起世界命运的责任，而且不是对它大加咒骂就是将一切光荣堆在革命的头上。

现在是清理所有这些虚妄的和幼稚的慷慨言词的时候了。

革命不但远远没有中断欧洲事物的自然进程，而且可以说，不论在英国或法国革命中，人们所说所望所做的，都是在革命爆发前已经被人们说过，做过，或企求过一百次的。人们早就宣告过绝对权力为非法；而且关于法律和租税必须经人民的自由同意，以及关于武装自卫的权利，这都是封建制度的基本原则；而且教会曾多次重申托利多第四次会议公布的法令中记载的圣·伊西多的话："依正义统治其人民的才是君王；凡不如是而反其道而行之的，他就不再是君王。"人们反对特权，并企求在社会秩序中引进更多的平等：全欧洲的君主们曾经这样做过；而且一直到我们的时代，关于公民平等的进步的一些步骤，都是建立在法律之上而且可由皇权的进步来衡量的。人们要求，公共职位应该向广大公民开门，应该仅仅依照本人的长处来进行分配，而且权力只许通过选举来赋予：这是教会的内部治理机构的根本原则，而教会不但一贯根据它们行事，而且曾经强调宣告此项原则的价值。因此不论我们考虑到英法两个革命的总的原则，或者它们应用这些原则的结果——也就是说，不论我们考虑到国家的治理，或者公民权利立法，财产或人身，自由式权力——我们都找不到任何一件是它们本身所创造出来的，也找不到一件在过去我们称之谓正常的世代里不曾见到过，或不曾存在过的。

而且不仅如此：那些被认为专门属于英国或法国革命的原则、意图、努力，事实上不但早于法国、英国革命前几个世纪已经存在，而且恰恰正是归功于同样的原则和努力，欧洲的社会才取得了它的一切进步。难道封建贵族是通过封建的秩序混乱、它的特权制度、它的残酷的暴力以及它对呻吟在它枷锁之下的人们的压制，难道他们是通过这些才参加各国的发展的吗？不是的：他们反对了皇族的暴政，他们行使了自卫的权利并保持了自由的准则。各个国家为什么要祝福君主呢？这是因为他们自称具有天赋权利、具有绝对权力吗？是因为他们的穷奢极欲，因为他们有个宫廷吗？不是的：君主们攻击过封建制度和贵族特权，他们将举国一致带进了立法，带进了行政机构；他们促进了平等。至于说教会僧侣们——他们的权力从何而来？他们又如何促进了文明？难道是由于他们自外于人民，由于他们反对人类理性，而且以上帝之名批准暴政吗？不是的：那是由于僧侣们在教会之内，在上帝的法律之下，一视同仁地聚集了大人物和小百姓，穷人和富人，弱者和强者；它尊重并且培养了科学，建立了学校，赞同知识的传播，并使智力活跃起来。我们不妨探讨支配世界的大师们的历史；查看一下决定世界命运的各阶级的影响；无论何时何地，只要看见有善良表现出来，只要看见人类对一宗伟大的贡献产生永久的铭感，我们就会发现，这些就是引导到英国的和我们法国的革命所追求的目标的具体步骤；我们就会发现，我们所面对的正好是两国的革命所企求建立的原则。

因此，不要把这些强有力的事件看做欧洲史上的妖怪的幽灵吧；不要让我们再听到有人说它们是闻所未闻的妄自尊大，是罪大恶极的发明吧。事实上，它们将文明在它已走过 14 个世纪的道路上再向前推进；它们公开宣告了人类从有史以来赖以发展其本性、改善其处境的准则，将人类的事业加以推进；他们做下了曾经先后由僧侣们、贵族们和君王们立下功绩和发出光辉的事业。

我不认为人类仅仅由于英法两国的革命应对错误、灾难和罪恶负责，就长期坚持绝对谴责两国的革命。我们完全可以全部承认有过这些错误、灾难和罪恶，不仅如此，我们可以做得比他们的谴责者还要严厉一些，细密地查考他们的控诉并补充其缺漏，并号召那些谴责者们，也反过来开列一下他们维护的时代和掌权时造成的错误、罪行和灾害：我深深怀疑他们是否敢于接受这个挑战。

人们可以这样问一下：这两个革命明显不同于任何其他时代的区别究竟何在？他们究竟是以什么来实现多少年代的人类共同事业而赢得了革命的美名，且在事实上改变世界面貌的？答案是这样的：

不同的权力曾经先后在欧洲社会占有支配地位，从而轮次领导了文明的前进。在罗马帝国灭亡及蛮族的入侵以后，在一切纽带断绝之后，各种经常性的权力都被毁了，各地的统治权沦入暴力之手。胜利的贵族攫取了一切，人身与财产、人民与土地。少数的伟大人物如法兰西的查理曼，英国的艾尔弗雷德都曾企图使这种混乱变成王朝制度下的统一，但都归徒然。任何统一都是不可能的。封建的政体是唯一可为社会接受的文式。它渗透在一切之中，教会、国家莫不如是；主教们和修道院长都成了贵族，而君主只是首度勋爵而已。可是，尽管这样的结构是粗糙的和不固定的，欧洲第一步脱离野蛮主义还不得不归功于它。欧洲的文明正是从封地的领主中，从他们的相互关系、他们的法律习俗中，以及从他们的感情和思想里开始的。

在人民的身上，封建领主的重压是很可怕的。只有僧侣代表全体社会得到一点点理智、公道和人道待遇。在封建统治体制内无一席地位的人，除了教会以外就找不到庇护，除了教士之外也得不到保护人。尽管这种安全庇护是有限的，但是它却是巨大的，因为别无他途。不仅如此，只有教士才能够对于人的道德本性提供一些食粮；也就是对于战胜了一切障碍、克服了一切灾祸的不可遏止的思想上、知识上、希望和信念上的追求提供食粮。于是教会就在欧洲各地取得了惊人的力量。本身原是贵族的人也借助于教会的协助增大了自己的势力。支配一切的不复是胜利的贵族，而是僧侣了。

皇权由于得到教会的合作，以及它自身的力量，皇权兴起了，它超过了它的对手；但是曾经给予助力的教会，现在却企图奴役它了。在这个新危机中，皇权有时候求助于目前不那么可怕的贵族们，但在更多的时候则乞援于普通百姓，人民已经强大得足够给予可观的助力，却还不够使他们敢于为他们的效劳提出高价。通过他们的协助，皇权在他们的第二次斗争中胜利了，进而成为统治力量，得到一些国家的信任。

这就是古代欧洲的历史。封建贵族，僧侣，以及皇权，依次地占有过它，成功地支配过它的命运和进步。也就是由于上述各力量的共处及彼此之间的斗争，欧洲在一个长时期内取得了自由、繁荣和开明；换言之，发展了欧洲的文明。

在 17 世纪的英国，在 18 世纪的法国，上述三种力量之间的一切斗争都停了下来；他们处于一种停滞不动的和平中。甚至可以说，他们已经失去他们在历史上的特色，甚至连构成他们当初的权力和辉煌成就的那些奋斗，也从记忆中消失了。贵族不再保护公共自由，甚至自己本身的自由也不加关心；皇权不再热衷于取消贵族的特权；恰恰相反，皇权好似对拥有特权者格外优待，以换取他们对君主的驯服。作为一种精神力量的僧侣，害怕起人类思想来了，而且由于不再有能力指导思想，就威胁着要求它停止起作用。但是文明仍旧走它自己的道路，日复一日更加普遍展开，行动更加活跃。人民发现自己已被古老的领袖们抛弃，人民对这班领袖的冷漠态度以及他们所表现的心情大感惊奇，同时，人民因见到自身在权力和欲望日益增大之时却行动较少，于是就开始想到，最好自己起来处理自己的事务；于是就挺身而出承担过去的领袖们不再履行的职责，同时向皇权要求自由，向贵族要求平等，向僧侣要求人类理智的权利。这么一来，革命爆发了。

为了一个新的权力的利益，革命做到了在欧洲其他几个事件中已经数次目睹到的事情；它们对社会提供了愿意并有能力在它的进步道路上指导它的领导者。就是由于领导者这个称呼，贵族、教会和皇权先后轮个地享受过优先支配地位。现在人民也以同样的方式，并为了同样的需要，具有领导者这个称呼。

这就是英国革命和我们法国革命的真正的行动经过和真实的特点。在认为二者确是绝对相像以后，又有人说二者之间除形似而外并无共同之处。有人认为，英国革命与其说是社会的不如说是政治的；至于法国革命，却认为它企求一举而改变社会和政府；有人认为前者寻求自由，后者寻求平等；有人认为前者仍旧是宗教的革命多于政治的革命，只不过以一种教条代替另一种教条，以一种教会代替另一种教会；而法国革命则更多地是哲学的革命，它要求理性的完全独立：以上这些看法确是一种聪明非凡的比较，其中也不无一些真理，但是仍不免是近于浮浅之谈，同它居然说要予以纠正的看法一样地浅薄。两个革命在外表上相似，但仍然可以辨出巨大的不同；但同样地可以说，二者虽有不同，仍然隐藏着更加深刻的相似之处。确实如此，英国革命，由于早于法国革命一个时代中所存在的导致他们革命的种种原因，保存了古代社会情况所留下的更加明白无误的印记：在那个古代社会中，起源于野蛮主义深渊之中的自由制度，居然能从它们所不能防止的专制主义中残存下来；封建贵族，至少一部分封建贵族，曾经将其事业和人民联结在一起；皇权，即使在其鼎盛时期，也从来不是权力的全部所在或不受阻扰的绝对权力；国家教会自身在开始进行宗教改革，并发动了大胆的思想上的探索。在法律、信仰、人民风习等各方面，革命的工作已经完成其半；在革命企图加以变革的事物中，同时出现了助力和障碍，也同时出现有用的盟友和仍然有力的敌人。这么一来，就出现非常奇特的一种各成分的混同体，表面看来是矛盾之至，既是贵族的又是人民大众的，既是宗教的又是哲学的；此时诉诸法律，彼时又诉诸理论；此时宣布一种新的良心上的桎梏，彼时又宣告它的完全自由；此时严格将自己限制在切实可行的范围之内，彼时又飞跃到海阔天空的大胆企图中；总之，处于老和新的社会国家之间，与其说革命构成了分割两岸的深渊，不如说它形成了飞渡二者之间的桥梁。

相反地，法国革命则弥漫了最可怕的清一色，只有新精神独占统治地位；而旧制度呢，不但远未能参加运动并在其中占有地位，反而只求保卫自己不受其害，而且只做到了暂时的自保；它是同样地既无力量又无道德可言。在爆发的日子里，只有一件事实是真确的又是有力的，那就是，法国的普遍的文明。就在这个伟大的唯一的结果中，旧制度、旧风习、旧信条、对过去的怀念以及整个的国家生活，都融化了，消失不见了。因此，世世代代的活跃和光辉的岁月只产生出一个法兰西。余下的就是革命的巨大结果，以及它的巨大谬误；它占有了绝对的权力。

当然，二者之间有着很大的不同，而且很应该将这个不同牢记在心；特别是当我们将这两个革命本身作为孤立事件看待，从总的历史中分割出来看，而且力求弄清（如果我可以用这样的字眼的话）它的特征以及它的个性，这个不同就十分引人注目。但是如果我们让它们恢复它们当年在历史上的地位，并且研究一下它们对欧洲文明的发展有何贡献，那么它们的相似之处就会重新出现，就会大大超过一切次要的不同。由于同样的原因，即封建贵族、教会和皇权的衰落，两个革命都致力于同样的任务，即公众在公众事务中必须取得支配地位；它们都为争取自由而反对绝对权力，为争取平等而反对特权，为争取进步和普遍利益而反对居高位者的个人利益。它们的处境是不同的，力量也不一样；一个革命有清楚的设想，另一个只是看见一个朦胧的影子；一个革命所已完成的使命，另一个革命则对之尚未着手。在同一个战场上，一个得到胜利，另一个则遭到失败；一个革命的罪恶是藐视一切宗教原则，而另一个革命的罪恶却是伪善；一个更加聪明一些，另一个更加强大一些。但是只有它们的方法和它们的成就不同。它们的趋向和它们的起源是相同的；它们的愿望、它们的努力和它们的进步，也都指向同一个目标；一个曾想进行或已取得成功的，另一个也已取得成功或曾想进行过。虽然曾经犯过排斥宗教的错误，英国革命还是看见了宗教自由的旗帜在它的行列中升起；尽管和贵族们订立过同盟，英国革命建立了平民的优越地位；虽然它特别重视政治秩序，它仍然要求更简单的立法，改革议会制度，废除限定继承权和长子继承法；它虽然在过早的希望方面遭受失望，但它终究使英国社会从封建制度的可怕的不平等中跨出了一大步。总之，两个革命是如此值得相提并论，甚至我们可以说，如果第二个革命不曾在历史上发生过，那么我们就无法彻底了解第一个革命。

在我们的时代里，英国革命的历史改变了它的面貌。在一个长时期内，休姆[1] 享受着按照他自己的观点制造欧洲舆论的特权；即使麦考利夫人的雄辩有米拉博的襄助，[2] 也未能丝毫动摇休姆的权威。人们的思想一下子恢复了他们的本来的独立状态；一大批的著作不但证明了这个时代已经再度成为生动活泼的同情的对象，而且也说明休姆的叙述和看法已经不够满足公众的想象力和理智。一个伟大的演说家，福克斯先生[3] 以及著名作家如马尔科姆·莱恩[4]，麦克迪尔米德[5]，布罗地[6]，林加德[7]，

---

① 休姆的《斯图尔特王朝史》第1卷于1754年在英国出版，第2卷于1756年出版。

② 麦考利夫人的著作原定为《英国史：从詹姆士第一即位到汉诺威王朝的建立》，但它没有写到詹姆士第二下台以后。它于1763到1783年间在英国出版。1791年出版了以米拉博名义译出的法文本，只出过二卷。

③ 《斯图尔特王朝最后两个国王的历史》，伦敦，1908年。

④ 《苏格兰史，由二国的合并到王国的统一》，共四卷，1800年第一次出版。

⑤ 《英国政治家传》，伦敦，1820年。

⑥ 《英帝国史，从查理一世即位到查理二世复位》，共四卷，爱丁堡，1822年。

⑦ 《英国史》，第9，10卷（伦敦，1825），内有詹姆士一世及查理一世统治时代。

戈德温[1]等，都迅速地起来应付这个新近产生的好奇心。运动是在法国诞生的，它就会自然而然地会在那里发展；于是威勒芒先生的《克伦威尔史》和马居尔先生的《一六八八革命史》都证明，即使对于我们法国人，休姆也还是不够的；因此，我本人也曾经出版了个人所写关于那个时代的回忆录的卷帙浩繁的文集，[2]自问还没有使读者的注意力感到疲劳，也没有使读者的好奇心发生枯竭。

我在此处细谈上述著作是不适当的；但是我毫不犹豫地认为，如果没有法国革命，如果没有法国革命在斯图尔特王朝与英国人民之间的斗争上面所增添的鲜明光彩，那些著作就不会具有使它们成为名著的优点了。作为证据，我只须指出，人们已注意到英国所产生的历史著作与在法国所产生的历史著作之间的区别。无论1640的革命在英国作者心中激起多么巨大的爱国情趣，甚至当他们置身于1640革命所分出的党派的旗帜之下，历史批判主义仍然贯串于他们著作之中；他们特别致力于精确的研究，致力于对目击者的比较和反复质询；作者所讲述的是一个他们清楚了解的古老的故事，而不是一个他们身历其境的戏剧；是一个他们以熟悉其经过而自豪的古老时代，可是他们并不生活在这个时代的怀抱之中。布罗迪先生完全分享那些对查理及其保王党怀有刻骨仇恨的清教徒们的成见、不信任和愤怒；可是对于他这一派的错误和罪行，布罗迪是视而不见的。可是，人们会以为，这么多的激情至少应该会产生出一部生气勃勃的叙述；会以为在作者心目中激起偌大同情的党派，至少会得到真实而有力的描写吧。事

① 《英国史》伦敦，1824年，共四卷。

② 这个文集现已完成，共二十五卷，巴黎，第迪尔出版。

实并非如此；尽管他热衷于他的偏好，但是布罗迪先生却是有研究，无观察；有讨论，无描述；他称赞群众的党，但没有将它在舞台上惟妙惟肖地重现出来；他的作品是一部有学问、有用的著作，但不是一部道德的、生动的历史。林加德先生并不同意布罗迪先生的意见和感情；在国王与议会之间，林加德并无偏颇；二者之中，谁的事业他也不拥护；也不试图改正他的前辈们的错误；他甚至夸口说，自从他自己着手搞英国史以来，他对休姆的书，连打开也没打开过。他说，他写书的时候，只借助于原始的文献，立意只将他要描写的时代永远摆在眼前，而下最大决心避开一切系统理论。那么，林加德先生就以这样的大公无私将生活还原给历史了吗？一点也不；林加德先生的大公无私，在这个问题上只是完完全全的漠然无动于衷。林加德是一个罗马天主教教士，对他来说，不论一个英国国教会的教士或一个长老会友的胜利，他都无所谓；因此，冷漠的态度，对他而言，并不比布罗迪的激情更加有助于深入到事情的表层以下，或者说事件的物质形式之外；对林加德而言，他的主要优点是他仔细考察了事实，而且在值得称许的秩序之下，汇编并处理了这些事实。马尔科姆·莱恩先生更明智地看到了革命的政治性质；他明确指出，尽管不太清楚自己的目的，这个革命从一开始就企图置换权力，将权力转移给议会，从而以议会代替皇权政府，而且它只能以此为基础。可是在他的书里，关于这个时代的道德方面，如宗教热忱、群众的激情、政党间的阴谋勾结、个人之间的嫉恨，以及人性从旧习惯旧法律的拘束之下解放出来后所表现的种种情景，统统没有写到；这本书是一个眼光清晰的法官报告，但这个法官只征引了书面文献，但他既未传唤当事人，又未传唤证人到庭。我可以将近来使英国这方面题材丰富起来的所有著作来一个总的评论；一经考查，便可以发现它们都表现出同一的特点，即它们明显地重新产生对这个国家生活的巨大危机的兴趣；对各种有关事实的研究都给予更大的注意，对它的优点有了更敏锐的感觉，对其起源和后果也有了更公允的认识；可是它们却只是将冥想沉思和书生气息应用到博学或哲学的论著上来。我想在其中找出一个作者对他的研究对象所怀有的自然同情，想找出那种会给历史以生命和光明的东西，我空无所得；我想，如果汉普顿和克拉伦登重回人间，我不相信他们会认得出自己生活过的时代。

我又打开威勒芒先生的《克伦威尔史》，面前出现的是一个完全不同的场面。它比起我已论到过的几本书来，不是那么完整，不是那么博学，不是那么精确，可是通篇对于革命的意见、激情和起伏兴衰，对于公众的趋向和个人的性格，以及对于各个党派的不可战胜的本性和瞬息多变的形式，对所有这些都有迅速而深切的了解；一个历史家的理智教他如何欣赏一切情况和想法；他的想象力被各种真正的、深刻的印象所感动；他的不偏不倚的态度（只是稍嫌怀疑过多），甚至比通常专心专意只拥护某一项事业的人的激情还要劲头十足；而且，虽然他的书所包含的革命只局限在过于狭窄的记载人物经历的框框里，但它已比我在其他任何地方所见到的文字清楚得多，生动有力得多。

这种情形的原因在于威勒芒先生占了处境的便利，且不谈他的有利的天才条件。他是从法国革命中去观察并判断英国革命的；他从在他眼底下展开的人物与事件中，找出认识他必须描绘的人和事的关键所在；他从他自己所处的时代中汲取生活，然后注入到他打算要回顾的时代中去。

我不想将这些想法再谈下去；我谈了这么多，只是想指出，这两个时期的相似处是何等的大；也想说明一下，一个法国人为什么认为英国革命的历史尚未令人完全满意地写出来，他又为什么认为可以容许他来尝试一下。我已经仔细地研究过构成这一题材的几乎全部过去和现代的著作；我并不惧怕这个研究会削弱我自己的印象的真诚性，以及我自己的判断的独立性；我认为我们好像太过胆怯，深怕外来的辅助会喧宾夺主；可是若是拒绝一切协助，我们又太过自傲了。假设我不自欺的话，便会很容易看出，在我的书中，我特多地引用原始文献作为指导。关于"回忆录"，我在此处未加讨论；我在该书的"说明"中已对它们的性质和价值加以说明了；凡在我的"文集"中未曾编入，而在"历史"中加以引用的，此处没有另加说明的必要。至于官方议案和文件的汇编，为数是很多的；虽然常被探索，但未经探索过的宝藏仍不少。我常用的文件汇编有出于拉什沃斯和瑟罗之手的，有议会上下二院的公报，《国会史》（旧本及科贝特先生的新著），《国家审讯案编》，以及类似的大量出版物，不必一一指出。我也从当时的英法文小册子中，发现一些新奇的情况；因为，法国公众比我们通常想象中所认为的，更加关注英国革命。在法国，反对或赞成英国革命的小册子均有许多；而福隆德派不止一次地高举它作为榜样，反对马扎然和朝廷。我也必须对一个人及其著作说句公道话，我认为人们对他太忽视了。拉庞·多拉斯的《英国史》，尽管限于作者天才，此书使我受益很多，此书对于英国革命，应该说比后来的大多数继起者有更好的了解和远为完善的叙述。

最后，请容许我在此对于曾经在本书成书过程中对之予以认可，并以最有价值的协助予以推进的法英二国的人士，表示我的感谢。我还向詹姆士·麦金托什爵士表示感谢，他的心胸宽阔，知识渊博，我谨对只有他才能提供得出的建议表示铭谢；此外，在我们中间的一员，加勒瓦先生，他也是既精通古史又熟悉英国现况的一个人，他给我的恩惠我觉得有权称之为友谊；对于我，他不惜以他的珍宝般的藏书和金玉般的谈吐见惠。

F. 基佐

巴黎，1826 年 4 月

1841 年版著者序

《英国革命史》包含三大时期。其一，在查理一世统治时期（1625—1649 年），革命在准备中在成长中，而且立定了脚跟。在第二个时期中，在长期国会和克伦威尔（1649—1660 年）时期，它尝试建立它自己形式的政府，它称之为共和国，但这个企图失败了。第三个时期是王朝反动时期，在查理二世时代有短期间的成功。查理二世行事谨慎而自私，除个人享受外并无其他目标。但在这个时期，革命的成就被以绝对权力为目标的詹姆士二世的盲目私欲破坏无余。在 1688 年，英国达到了它在 1640 年所定下的目的，它放弃了革命的任务，而代之以自由。

我不加修改地出版了我关于第一时期的“历史”的新版。为了另外二个时期，我已收集了一批材料，我认为这些材料都不缺少重要性和多样性。毫无疑问，我将有一天能够运用那些资料；在那以前，由于缺少完成这一伟大的事件的叙述所需的时间，我将利用每一时刻，专心致志于正确地理解这些资料。

F. 基佐

巴黎，1841 年 1 月

第一卷　1625至1629年

查理一世登位——英格兰的情况与倾向——第一次议会开会——议会表示出自由精神——解散议会——初次尝试专制——尝试无效——第二次议会——弹劾白金汉公爵——解散议会——白金汉的不良政治——第三次议会——要求承认民权书——暂停议会——暗杀白金汉——第三次议会第二次会议——公众不满的新的理由——国王不悦——解散第三次议会。

1625年3月27日，查理一世登位，随即于4月2日召开议会。6月18日，下议院刚刚集会，就有一个高尚人物（前朝当他是反对朝廷的）本杰明·拉迪亚德爵士于6月22日提出了一项议案，说从此以后，切勿忽略维护君民之间的完全和谐。"因为，"他说道，"既然他做了国王，我们对他有什么期望呢；他天生性格和善，没有恶习，他曾经游历外国，他受过议会的教育，因此前途是大有希望的。"

全英格兰确实在尽情地欢乐，满怀着希望。一个新的国君登位了，不仅自然而然地产生不分明的希望与乱哄哄的欢乐，这些希望与欢乐还是很严肃认真的，普遍存在的，看来又还是很有根据的。查理做王子时为人严肃，行为端正，公认他奉教诚笃，勤朴好学，毫不放荡，寡言但不难亲近，庄重但并不傲慢。他在家庭中一直彬彬有礼并有条不紊，他的一举一动无不表示他是一个高尚正派的、主张公道的人，他的仪态与风度令廷臣们敬畏，也叫人民喜欢；他的良好品质赢得所有好人的敬重。英国人看够了詹姆斯的卑鄙行为，他的喋喋多言，人所习知的迂腐不化，和他的呆板而优柔寡断的政策。现在英国人受治于一个国人能够尊敬的国王之下，就有了得以享受幸福和自由的希望。

查理与英国人并不知道此时君民之间已经互相敌对到什么程度，也不知道久已存在、力量日见强大的造成敌对的诸多根源，不久就会阻止他们取得互相谅解和一致意见的可能。

在这个时期，正在完成两种革命，一种是可见的，甚至是十分昭著的，一种是内在的，不易察见的，但却是明确存在的。第一种发生在欧洲帝王的权力方面，第二种发生在英国人民的社会情况和风俗习惯方面。

正在这个时候，欧洲大陆的君权摆脱了古时的束缚，到处都在变成近乎绝对的专制。君权在法兰西，在西班牙，在德意志帝国的大多数小邦里头，已经将封建制的贵族压下去了，而且不再保护平民的自由，因为已经用不着利用他们帮助反对其他仇敌了。高级贵族好像连失败感都没有了，他们麇集在国王的左右，看见征服他们的国王那样华贵的排场，几乎都引以为荣了。分散的、本性胆怯的市民，更乐于在现在开始统治一切的秩序下生活，因为它带来他们一向所不曾享受过的幸福。他们努力致富，并且扩大知识，但是并不抱在政府中取得一官半职的希望。无论在哪一国，宫廷的铺张浪费，政务的迅速处理，以及战争范围日益广阔，发生更见频繁，无不表示君权高过一切。

当时天赋君权和人民必须驯服的格言到处盛行。纵使在对此不承认的地区，也只发生很轻微的反抗。一言以蔽之，文化、文学和美术的进步，国内和平和繁荣的增进，都粉饰了纯粹专制制度的胜利，使帝王们产生一种妄自尊大的自信，而使老百姓表现出带有钦佩心情的顺从。

这是欧洲的动向，英国的君权亦不能例外。自从 1485 年都铎家族登基以来，已不复有骄横的诸侯与之作对，他们的势力太弱，无法独立同国王斗争，从前他们团结起来还能维持他们自己的权利，有时且能联合以武力执行国王之权。如今这些贵族已经四分五裂，经济穷困，又因穷奢极欲，尤其是经过红白玫瑰之战，已经势衰力微，就这样，这些久已不受节制的贵族几乎毫不抗拒地屈服了，起初屈服于亨利八世的骄横霸道，随后屈服于伊丽莎白的巧妙政策。亨利成了教会的首领，又拥有极大的财产，就大手大脚地将产业分给嗣后由于他慷慨提拔到显赫地位的家族，或经他慷慨恢复起来的曾经败落了的家族，贵族就开始转变为善于巴结君主的廷臣了。这种转变是在伊丽莎白时期完成的。她是女人，又是女王，又有了辉煌的宫廷，这些加在一起满足了她的个人爱好和权力欲，并增大了她的权力。贵族们高高兴兴地聚集到宫廷来，却没有激起群众许多怨恨。这是一种千载难逢的诱惑：能向一个深得人心的君主效忠，同时在经常举行的宴会中以计谋来博得一个得民心的女王的欢心。

这样的一个政府，它是既有用于且有光于国家的，因此人们对于它的彻底专制制度的原则、形式、语言，有时乃至实际行动，都不予计较；在朝的廷臣甘作奴隶，与在野的人民的爱戴并行。这个女人的全部危难，也就等于人民大众自己的危难，因此绅士们对于这个女人无限地效忠已成天经地义，而且也被认为是基督教徒和市民的职责所在。

自从都铎王朝以来，英格兰王族所走过的道路，斯图亚特家族也是不会不亦步亦趋的。詹姆斯一世是苏格兰人，有吉斯家族血统，以他的祖传遗教和他的乡土习惯而言，在感情上是倾向于法兰西的，一向惯于在大陆寻求同盟与模范。但是一个英格兰的国王，却通常将大陆上的人只是看做仇敌：所以他不久就表现出，自己所受的当时已成为欧洲绝对君主制基础的那些原则的影响要比伊丽莎白甚至亨利八世本身更加根深蒂固。他以一种神学家的自傲和一个国王的自命不凡，宣告要实行那些原则。一有机会，他就用许多冠冕堂皇的语言，抱怨自己行事不能无畏和权力受到限制。詹姆斯有时不得不使用更为直接与更为简单化的论证，来为他的政府措施、他的任意监禁人或违法征税进行辩护。他到这个时候，就援引法兰西或西班牙君主的榜样。他的大臣们对下议院说道："英格兰国王的处境不应比和他地位相同的人更坏。"在大陆的君主专制国家里新近发生了革命，即使在英国，革命的影响也使得反对朝廷的人对上述言词感到不知如何应对；他们几乎相信，帝王所本有的尊严要求所有的帝王都享受同样的权利，但是各个帝王之间的权利既必需互相等同，而国人又要求享受自由，他们简直不晓得怎样才能叫这两件事并行不悖。

查理做王子的时候，从孩提时代起，就是在这种看法与准则中长大的，到了成人的时候，更深受这样的信念的熏陶。西班牙把公主许配给了查理：白金汉公爵建议查理最好秘密前往马德里向公主亲自求婚。这个浪漫的计划，正迎合了青年人的幻想。下一步就该征得父王的允许，但詹姆斯不允许，又气又哭，后来与其说他对儿子让步，不如说是对他的宠臣让了步。1623年3月间，马德里隆重盛大地欢迎查理，他在那里眼见马德里的华丽、君主的庄严和至高无上，国王如何受御前廷臣们的崇拜，人民的尊敬，几乎如同行宗教礼仪一般；很少有人反对，纵使有人反对，国王单凭一己的意志就稳可以镇压所有的反对者。然而查理与公主的婚约解除了，查理所娶的不是她，而是法兰西公主亨利埃塔－玛丽亚[①]，这是因为他的父王打定主意，只有这两个王朝才配互做亲家，其他都会有失尊严。英吉利王子定了这门亲事，其所受的影响，亦正如他在西班牙所感受的一模一样。巴黎或马德里的君主制，在查理眼中，都是一个君主的天生的与合法的地位的形象。

因此，英格兰的君主政体，至少在国王方面，包括他的谋臣们和他的朝廷，都是与大陆的君主制国家遵循同样的方针的。在其他地区革命已经完成的象征与效果，在这里亦随处可以发现。其中最温和的，也只不过允许臣民的自由作为从属者的权利，作为在君主的宽宏大度下所作的一种让步。

当大陆人民尚不能抗拒这样的革命、甚至趋向于愿意接受这样的革命的时候，在英格兰却发生了反革命，它在社会中秘密酝酿，已经将纯粹的君主制从脚下暗中挖空了，就在专制政体自以为兴旺发展的时候，为它的毁灭作了准备。

在都铎家族登位、高等贵族在君主面前卑躬屈节俯首帖耳的时候，英格兰平民还没有作好准备来进行反对君权争取自由的奋斗。他们甚至还不敢企望得到与君权分庭抗礼的荣耀。在14世纪，人民正是进步很快的时候，他们的雄心壮志也不过限于期望得到

① 1624年所商谈的婚约，直到1625年5月才正式订立；婚礼于次月在英格兰举行。

君主承认他们最简单而原始的权利，要得到不多的、不完全的以及不可靠的保证。他们的幻想从来不曾飞翔到认识他们自己是有权利的那种高度，他们不敢想象他们有朝一日会被召分享君主的治权，永久地、真正地分掌国家的政治。他们认为只有贵族才配达到这样高的目标。

到了 16 世纪，平民与贵族，皆被连年内战所扰所毁，平民尤其喁喁望治，期望休养生息。国王给了他们秩序和休息，尽管是不完全的，但觉得比从前任何时候更安定更有秩序一些了。他们得了这点好处，感激万分。平民现在已经同他们的古老领袖分开了，在国王面前和一度是他们的同盟者的贵族面前，他们几乎完全孤立。他们的说话是很谦下的，他们的举动是很胆小的，国王完全可能相信从此以后，人民将要同大贵族一样地服服帖帖了。

但是英格兰的民众与大陆的民众不同，不是不善联合的市民与农民。大陆民众在摆脱过去的奴役上，进行得极为迟缓，还不曾完全摆脱奴役的枷锁。而英格兰的下议院，早在 14 世纪就已经由贵族中人数最多的一个阶层担任议员。他们全是小地主，其势力与财产，不足以与贵族分享统治，但他们却以与贵族同出一脉自鸣得意，而且久已拥有同样的权利。这些人做了国人的领袖以后，有过几次，他们将他们的力量，特别是他们的勇气输送给国人。平民们专靠本身是不会有这样的力量与勇气的。这些人因为内乱日久，饱尝愁困，与平民同感削弱，同受压制，一到太平年节，很快就恢复他们的重要地位与他们的自豪感。当较高的贵族群集于宫廷企图弥补他们损失的时候，他们被授予虚假的荣誉，既腐败不堪又极不可靠，这既无法恢复他们往日的富贵，反使他们与平民越来越疏远。绅士们、小业主们、市民们却一心专注于改良他们的土地，扩大他们的贸易资本，日见其发财致富，信用亦与日俱增，相互联络得更亲密，他们正在把全体人民吸引到他们的影响之下。他们既不卖弄自己，又无政治野心，几乎在不知不觉中掌握了全部的社会力量，这是权力的真正源泉。

商业与工业在城市里发展得很快：伦敦市已经拥有极雄厚的资财。君主、宫廷、几乎全国的大贵族都欠伦敦市的钱，他们既需要钱花，又傲慢无礼。出海的商船（是皇家海军的人才培育所）很多，无处不驶到，海员们似乎也染上了船东们的热情。

农村诸事，也顺着同一方向发展。田产分了又分。封建法律障碍了卖地与分地：亨利七世时代的一套法令间接地废除了这些阻碍的大部分。高等贵族视此为特惠，就急忙加以利用。他们把亨利八世分给他们的大片领地，依样将其中大部分又转让给他人。国王赞成这样卖地，以增加拥有基督教会田产者的人数。廷臣们很乐意能够这样卖地，因为即使他们大量滥用特权，仍不够供他们挥霍需要。随后，伊丽莎白为了避免向议员索取孝敬（即使能得着，也需要大费气力），就把皇家的土地卖了许多。购买这样土地的人，以住在自己产业上的绅士居多，不然就是自己种地的地主，或是由做买卖退休的市民，因为只有他们通过勤劳及节俭，获得钱财，才能买进国王及廷臣们所不能保住的土地。这时候农业很发达，州府和市镇充满了许多富裕的、活跃的、独立的居民，他们拥有大量公众财富的进度是如此之快速，以致到了 1628 年开议会的时候，众议院比贵族议院的财富多两倍。

当这样的革命在完成中时，平民再度开始对于苛政感到不安。他们的财产越多，就越需要更大的保障。长时期来，国王享受某种权力，而过去从没有引起争议，也未碰见障碍。可是现在更多的人已经感到它们的重压，就认为这些权力是很近于滥用权力。于是就有人诘问，英吉利国王一向就具有这种权力吗？这种权力是他应该具有的吗？人民逐渐记起他们在旧日所享有的种种自由，回忆从前经过许多努力才取得大宪章的颁布，以及大宪章使之神圣化的各种准则。宫廷说起旧时代时总是带着藐视，说旧时代是粗鄙与野蛮的。人民却不然，说到旧日却露出尊重与留恋，说旧时代是自由和勇敢的时代。他们从前所拥有的光荣的自由，现在已不再有效了，但是还不是没有余迹可寻。议会并没有停止开会，君主看见议会驯服、听话，甚至还常常使用议会做君主权力的工具。当亨利八世、玛丽和伊丽莎白在位的时候，陪审员们表现出他们是肯听话的，甚至是俯首帖耳的，但是陪审制度毕竟存在下来了。市镇保持着国王颁发的允许他们享受某种权利的特许状。地方自治机关还保持着它们的选举权。总之，市民虽然久已不再抗拒国王，却还保持着抗拒的手段；现时所缺乏的并不是保障自由的制度，所缺的只是运用这个制度的力量和决心。但是，革命一起，权力就回到他们手中，转而迅速促进物质上的雄伟成就。若想使精神意志也齐头并进，那只须另来一次革命。这样的革命会激发道德的高尚，叫人们树立雄心壮志，意气风发，敢作敢为，以反抗为已任，把伸张权利看做自己的需要。宗教改革便曾产生这样的效果。

宗教改革，这是一个专制君主在英格兰宣布的，它是在专制暴政中开始的；改革刚刚诞生，它就对自己的党徒和仇敌们一概加以制裁。亨利八世，一只手立起断头台以杀天主教徒，另一只手却堆积柴草，以活烧基督教徒，因为他们不肯接受信条，不肯赞成他对于新教会的统治。

因此，从一开始就存在两个宗教改革——国王的改革与人民的改革。君主的改革，是动摇不定的，是有奴役性的，是联系尘世的利益多于教旨的信仰的，它一看见使宗教改革得以产生的运动就害怕起来。这种改革虽然要与天主教义分离，但在分离过程中却要从天主教的教义里，保留其一切可以保留的东西。而人民的宗教改革却不然，它是自发的，热烈的，藐视尘世利益，接受改革原则所带来的全部后果——一句话，人民的宗教改革，是一场真正的道德上的革命，是以信仰的名义和热忱从事的改革。

这两种宗教改革，当玛丽在位的时候，因共同的苦难联合了一个时期，而当伊丽莎白登位时，又在共同的欢乐中联合了一个时期——但是不久未能避免分裂，转而互相仇视。他们所处的情况是这样：他们的论争必然牵涉到政治。英国国教会一旦与天主教会的独立领袖分离，就丧失自己的全部力量，也不复具有自己的权利和权力，而只能享有国君赋予的权利与权力。这么一来，它就和政治专制体制打成了一片，它不能不承认其准则，以便使国教会自己的起源合法化，又要为政治专制的利益效劳，以便能保持国教自己的利益。至于不奉国教的新教徒，当他们攻击他们的宗教对头时，就看出自己不得不同时攻击世俗的君主；要完成教会改革，同时就不得不提倡人民的自由。国王继承了天主教皇之位；英国国教教士则继承了天主教士的事业，但是他们只能用国王名义行事：无论是在宗教信条里，或在仪式中，或在祷文之中，或在建造一个神坛的问题上，或在教士圣袍的图样设计上，只好将国王的与教会主教的意旨交融在一起，将政府的意图和宗教纪律和信仰交融在一起。

新教徒处在反对国王和反对国教的双重斗争、以及需要对宗教和国家体制同时改革的危险困境中，因此他们在开头有点游移。在他们眼中，教皇制及凡与教皇制类似的事物，都是臭不可闻和非法的；但是皇权制尽管专制，当时他们尚不是臭不可闻和非法的。发起宗教改革的是亨利八世，拯救宗教改革的是伊丽莎白。即使最大胆的清教徒，也因为受惠于这个政权很多，而不敢贸然和君权较量，不敢对之施加限制；倘然有时居然有人向这一神圣对象前进一步，惊诧的国人，尽管内心默默地感谢他们，却不会跟在他们后面走。

但是必须有所行动，若使改革不致退步，就得动手改革政府，因为只有政府阻碍了宗教改革的进展。人心逐渐在变得更加勇敢，道德的力量在给理想与计划以勇气；宗教信仰要求有政治权利；人民开始自问，他们为什么不能享受这些权利？是谁夺走了这些权利？而且凭什么权利将它们剥夺走？有什么方法可以恢复这被夺走的权利？默默无名的市民，不久以前还是一听到伊丽莎白的名字就低头表示恐惧敬畏；当主教们施行暴虐的时候，假使他不曾看出这就是女主的暴虐，很可能绝不敢大胆地看女王一眼。而现在却不然啦，他们为了保卫他们的宗教信仰，不得不严厉地诘问主教和女王，追究他们是从哪里得来的权力。这种在政治和宗教上的询问与反抗的情绪，散播于民间绅士、地主、市民与平民中间,因为宗教改革,原是他们所酝酿与推动的。宫廷与下级贵族，对亨利八世与他的继位者们的维新感到满意，就不甚关心宗教信仰，他们支持英国国教会，或出于信念，或出于漠不关心，或出于自私自利，或出于忠君。英国平民与这些利益很少关连，但受到有权的人的暴行之苦却很多，从此以后就完全改变了他们对于君主的态度与思想。日复一日，他们的怯懦减少了，他们的雄心增长了。市民们的眼界，地主们的眼界，甚至于村农的眼界，都提高了，高过他们所处的社会地位了。他是一个基督徒；他在他自己家里，在朋友群中，大胆地探查天赋权力的秘密。究竟有什么尘世的权力，是高超到不容许探查的呢？他在他的《圣经》里头读上帝的法律；他因为要服从上帝的法律，就必须违抗其他法律；因此，他必得确定别的法律所应该止步的地方。一个人要晓得一个主人的权利的限度何在，不久就得要追寻君权的起源：现在整个英格兰所探查与谈论的，就是君权的性质以及一切权力的性质，这些权力在古代的限度，新近是怎样掠夺他人的权利的，如何才能认它为合法，以及合法性的来源；这种探查开始时是战战兢兢的，并非出于爱好而是出于需要才这样做的。他们的谈论，在长时期中，都是秘密进行的，而且不敢谈论得太深透。但是这些谈论给了他们更大的自由和勇气，这是从前所没有的。虽然伊丽莎白受到人民的爱戴和尊敬，但她也已感觉到这种日益增长的倾向的影响，而竭力加以抗拒，但是以不产生真正危险为限度。等到詹姆斯在位的时候，情况变得更不妙了。他这个人素来是懦弱而且被人轻视的，他却要求人家当他是一个专制君主；他一意孤行地要显示自己的不起任何作用的虚荣，这恰恰激使人们更大胆。对于这些，他只是恼怒而不能对人民加以抑压。群众的思想越来越提高，越来越无拘无束——因为不复有任何制约了。君主变成人们嘲笑的对象，他的宠臣们也更犯众怒，变成了众矢之的。在宝座上的人，在宫廷里的人，尽管骄纵无礼，却既无权力，甚至也不起任何作用，他们的下流无耻，贿赂公行，激发了有思想的人们的深刻憎厌，使位居极峰的人不能免遭广大平民的唾骂。

同贵族平起平坐，对他们加以冷静的衡量，这个权利不再为位高望重的人们所专有了，现在即使是最普通的市民，也平等地声称拥有这种权利了。反对者不久就显露出同当权的贵族一般的骄傲，而且比他们更充满自信。此时居于反对者地位的并不是大贵族，也不是贵族院，却是下议院，他们决心在国家里取得他们过去从来未曾占有过的地位，在政府里发生从来未曾有过的影响。他们对于国王的虚张声势的威吓漠然视之，他们口中的傲慢态度，虽然言词方面还不算失礼，但却表示一切已完全变更，表示他们在思想上也是自视甚高的，且表示他们决心要采取权威的行动。这种道德革命的秘密印象，已经广为散播，以致在 1621 年间，当詹姆斯等待下议院的一个委员会来觐见他的时候（他们是来向他提出严厉抗议的），詹姆斯吩咐道："你们摆好十二把交椅吧，我要接待十二位国王呢。"假使他能够预见到后来的事态的话，也许会使他的讽刺中少带一点儿痛苦味道呢。

等到查理一世召开议会的时候，事实上就几乎无异于一个绝对君主召集许多位国王来开会一样。君主和人民，尤其是人民，都还不曾明确地弄清他们自己的意旨所在，也还没有量过他们口称要做的事情的幅度，他们两相走近，确有团结的意愿，而且真诚地希望能够团结，却不知骨子里他们双方已完全格格不相入了，因为两方面思想上都是以统治者自居。

议会一开，下议院就开始精密地检查政府的各部院，所要检查的包括外交和内政，谈判，联盟，既往的和将来的财政补助是怎样用法，宗教情况，以及压制教皇制的问题。他们认为无事不可过问。他们对于皇家海军表示不满（1625 年 8 月 11 日），抱怨它对英格兰的商业没有提供充分的保护，对于国王的牧师蒙塔古博士亦不满意（7 月 7 日），认为他竟为天主教会辩护，且劝人消极地服从命令。他们只期望由国王来为他们伸雪所有的怨恨。但是，与此同时，他们又表示他们决心干预各个方面，对各事都要进行调查、申诉并发表意见。

查理不过是刚刚开始施政，他们还只是轻微地责备他的政府。但是他们检查政事，所涉范围是如此之广，态度又是如此地咄咄逼人，国王感到他们已像侵犯了他的权限了：他们的直率言论，又令他很不高兴。有一个宫廷人士叫做爱德华 · 克拉克，为了此点在议会发言，说他们“用了不得体和辛辣的语言”。众人大哗，要求传他来向议会解释，但他还是坚持这句话，因此议会几乎驱逐他（8 月 6 日）。

他们的发言，虽然语气是谦下的，却是够大胆的。“…… [①]我们不过是尽我们的忠责，说出我们的卑见，既然国王陛下业经在经过仔细考虑的判断的基础上选出这样明智、虔敬和高尚的臣仆们伺奉他办理大政，我们请他率领他们共同商量出一个方案除掉国家的许多弊端，那是太平日久所带来的弊端。我们也希望他不要轻听青年人及头脑简单的人的意见。”这是罗伯特 · 科顿爵士于 8 月 6 日所说的话，他是一个有学问、善辞令，为人温和的人。众议员们一面同他一道声称他们无意仿效过去的议会那样大胆，但又因如今回忆起旧议会而感到欣幸。

国王大怒，但未公开表示不满。这样的语言虽然听得不大入耳，他觉得还算不上危险。况且他需要得到补助款项。上一届议会曾迫切要求同西班牙打仗，新议会当然不能拒绝支持战争。查

① 此处中译者略去一小段列出几届国王期内的具体议案的文字。——编者

理说，议会应该给钱资助他进行战争，一刻也不容延缓，他答允消除确确实实的疾苦。

但是议会不再相信诺言了，甚至是对于这位迄今还未曾背弃过任何诺言、而且是为他们所敬重的国王，亦复如此。帝王们继承了他们的先辈的王位，同时也继承了他们先辈的过错。查理认为人民不应该害怕他把事情做坏，因为他没有做过坏事。人民却认为，必须将以往弊端的根源，加以全部拔除，这样才不必为将来担忧。起初，下议院不过供给小额款项，只议决拨给关税一年。后一项议案好像是一个侮辱，而上议院还不肯批准。宫廷的人们质问道，下议员给予当今国王的信任，为什么反而不及他们给予以前国王的多？对于从前的几个国王，都是议决将关税供他们在位之日长期使用的。然而现在国王陛下仍是用罕见的诚意，充分地公开财政状况，凡是要求提供检查的，不管是什么文件、单据、说明，都从未加以拒绝。公家需要迫切，这是明显的事实；因此贵族们认为不应该这么早就无缘无故地激怒一位年轻的国王，认为这是有欠明智，须知国王已经表示愿意同议会友好相处了呀。

下议院并没有说过他们不肯供给更多的款项；但是他们开始着手调查人民的各种疾苦；尽管他们没有明白说出他们的意图，但他们的决心是要首先解决这些问题。国王则为他们敢于如此对他发号施令而气愤，居然敢假定他会在压力下让步，或容许他们对他置之不理。君权是仅仅属于他一个人的，众议院已经侵犯了他的君权，他是绝对不会容忍他们向君权问鼎的。8 月 12 日他解散了议会。

如此，尽管议员与国王彼此之间不乏善意，然而他们一见面就发生意见分歧；他们分途的时候，双方任何一方都不认为自己脆弱，亦不相信自己做错了，双方同样地相信各自所主张的权利是合法的，彼此都决计毅然加以坚持。下议院抗称，他们是效忠于国王的，但决不愿意放弃他们的自由权。国王说他尊重他的臣民的自由，但是他立意要由自己来治理国家，议员们不得横加干预。他就立即照此办理了。内阁发出命令，叫各郡长官用借款的方式，筹措国王所要求的款项。郡官们计划向各郡富户借钱，万一有不肯借贷，或交得迟缓的，即准备将其姓名报告朝廷。他们这样做是指靠着富户对国王的爱戴或畏惧。同时，派了舰队出征西班牙的加的斯。这个海湾聚集了许多装满高价货物的船舶。与此同时，为了讨好人民，就命教士们反对天主教徒，命令他们除非事先得到准许不许离住处远出超过五英里，并要求他们把送往大陆读书的子女召回，又下令解除他们的武装。平民们要求给他们以自由；而得到的却是君主加在他们的敌人头上的一点点苛政。

国王这种令人讨厌的权宜措施，并没有叫人民满意：况且这种制裁，即使对象是天主教徒，也原是一宗含糊其词的办法，又是一件可疑的事：国王亲自卖给他们免罪票，或颁予赦宥。借款一事并没有为财库借到什么钱；进攻加的斯失败了；公众将这次失败归咎于海军将领的无能，以及军队的贪酒，他们抨击政府既不能知人善用，挑选将才，又不能节制军人的行动。不到六个月，国王就考虑到有召开第二次议会的必要了（1625 年 2 月 6 日）。其时仇怨还不曾深深植根于青年国王的灵魂之中；他的专制，既是出于过分自信，也是出于怯懦。他内心认为下议院这样快就被召开会，必定感觉很高兴，他甚至还希望他表现的坚决，也许会使议员们更易于就范。况且他已采取措施使最能言善辩的几个议员不能出席议会。布里斯托尔伯爵是白金汉公爵的对头，他就没有得到入议会之召。爱德华·科克爵士，罗伯特·菲利普斯爵士，托马斯·温特沃思爵士，弗朗西斯·西摩爵士等人[①]，都奉命充任各州郡的行政官，因而就不能被选为代表各州郡的议员了。毫无疑问，由于这几个人的缺席，下议员们就会奉命唯谨啦。因为据有人说，人民是爱戴国王的，而领他们走邪路的只不过是几个喜好犯上作乱的人罢了。

但是下议员们也有他们自己的看法，他们说国王自己倒是被人领着走入邪路，如果要领他回到他的人民这边，那么只需要把他从他的一些宠臣手中拉出来就行了。第一次议会，只限于通过延付款项办法的运用，来迫使国王解除民间疾苦。现在这个议会却决心攻击国王座前最宠信的人，此人也就是民间疾苦的制造者。2 月 21 日，议员们提出对白金汉公爵的弹劾。

这位公爵正是一个天生擅长于在朝廷里大出风头、可是却遭到通国人士慊恶的角色。他风采奕奕，自命不凡，华贵而轻佻，但胆大过人。他对朋友真诚热烈，但对敌人却是盛气凌人，不加掩饰。他无美德可言，连伪善也不装一下。他治国而无政治谋划，他既不以国家利益为念，甚至也不为个人权力烦心。他心目中别无他事，只有他自己的伟大，而且表现出令人眩目地要与君主并驾齐驱。有一次他曾竭力收买人心，而且居然成功了：查理本来想娶西班牙公主，后来断绝了关系，此事就是公爵干的。但是，对于他，取得公众的爱戴只是用来凌驾于国王之上的一种手段，因此即使到失去人民的赞许的时候，他也并不感到有所损失，因为他过去骄横地挟制过前王詹姆斯，现在又依样地保持着对查理

① 共为七人：其他三人名气稍逊，他们是格雷·帕尔默爵士、威廉·弗利特爵士和爱德华·奥尔福德。

的挟制，他正为此而十分洋洋得意。他虽然野心勃勃，但是缺乏实现它的天才。他的许多计谋，都是以轻佻的色情为目的的，为了引诱一个女性，毁坏一个情敌，他能够悍然不顾一切，甚至不恤祸害国王和国家。这样一个人的专权霸道，从人民看来是一天一天更严重，对人民构成侮辱，对国家成为大祸。而公爵则继续盘踞国中最崇高的地位，但从人民眼中看来，他不过是一个绝不光采的暴发户——一个有胆无才的幸臣。

下议院攻击得很凶；但要证明白金汉犯了什么违法的罪行却是困难的；4 月 22 日，议会作出决议说，只要有公众的报告就足以成为起诉的根据，于是搜集一般流言作为全部主要指控。公爵轻易地拒绝了大多数的控诉，但这对他自己却没有多大好处。下议院所要改革的是政府的治理失策。白金汉虽然不偷，不杀，又不叛国，但他为害仍然不小。下议员的大胆鼓起了宫廷里的对头们的勇气。1626 年 3 月间，布里斯托尔伯爵发牢骚说，他竟未奉召赴议会。白金汉害怕他，因此想拒他于议会门外。贵族既承认伯爵的出席权利，查理只好用公文召他到院，但却伴以一道命令，要他仍留在他的庄园。伯爵第二次向贵族院陈诉，要求他们核查一下，全国所有贵族的特权中是否没有规定他应该前来出席议院。国王立刻于 5 月 1 日以大逆不道罪名弹劾伯爵。为自卫起见，布里斯托尔反对来弹劾白金汉。查理看到了他的幸臣被人民的代表与一个宫廷老臣同时追逼的情景。

这个步骤，不但危及他的权力，而且深深伤害了他的自尊心。他们未能给白金汉定下任何罪名：这次打击，显然是针对国王的朋友和大臣的。查理对众议院说道：“我要你们知道，我不许你们讯问我的任何臣下，更不用说不许你们讯问这样居于显要地位以及在我左右的人物。那个古老的问题是：‘应该如何对待王所尊荣的人呢？’[1] 而现在，竟有人想尽方法来反对国王认为应该予以尊荣的人。我看出你们专门以白金汉公爵为靶子；我却不明白究竟是什么改变了你们对他的好感。我清楚地记得，在上届议会里，当我父王在位的时候，原是依仗他取消那些条约的，你们全数（但我还不能说全数，因为我晓得你们有几个已经改变了，但是众议院总是与以前一样的）都敬重他，你们曾认为你们奖给他的荣誉太少了，我不晓得他此后做了什么事，使你们改变了心肠，但是我却能向你们保证，他不曾干预公众事务以及与国家有关的事，他若是办过什么公事，那都是他以我的臣仆的资格奉我的特别命令办的；他不曾因此而对他的财产有所增加，我相信他倒是有所损失。我要你们赶快拨款供给我，不然于你们将有不利，因为若有祸害发生，我将是最后感受这样祸害的人。”同时查理禁止法官们答复上议院关于布里斯托尔伯爵一案中某一点所问的话，惟恐答复有利于伯爵。

法官们缄默不言，但众议院不肯罢手。八个下议员奉派与上议院一起开会，支持对白金汉的弹劾（5月3日）。[2] 他们会议一结束，国王就命人拘捕委员中的二人，即达德利·迪格斯和约翰·埃利奥特[3] 两个爵士，送往伦敦塔监禁起来，因为他们说话太无礼，

---

① 此处“古老的问题”（the old question），系指《圣经·旧约·以斯帖记》第6章第6节亚哈随鲁王对大臣哈曼所提的一个问题：“王所喜悦尊荣的人，当如何待他呢？”——编者

② 下议院议事录。这八个下议员是达德利·迪格斯爵士、赫伯特先生、塞尔敦先生、格兰维尔先生、皮姆先生、惠特比先生、旺德斯福德先生和约翰·埃利奥特爵士。

③ 亦译约翰·义律。——译者

这是 5 月 11 日的事。被激怒的下议员们宣告说，他们要停止办公，一直到这两个议员恢复自由为止。宫廷的朋友们枉然地用话恐吓他们，说这将危及议会本身的命运，议员认这种威吓为侮辱。廷臣们愿意向议会道歉，因为他们曾隐约暗示说国王很可能不要议会，而由自己单独一人秉政，同大陆的帝王们一样。两个被囚的议员很快被放出了伦敦塔。

贵族院亦要求释放阿伦德尔伯爵，他是当贵族院开会的时候由国王下令拘捕的，查理也让了步（7 月 8 日）。

议员们原是国王召集的，又是国王有权予以解散的，现在反而做了他的对头，屡次被他们所败，这使国人感到很不耐烦。尽管查理努力向他们作出各种有礼貌的表示，他们也很高兴地接受这样的好意，但这都毫无任何意义，也未能阻止任何事态的发生，他又听说众议员们正在筹备一篇全面的谏书，查理还是决计要摆脱他这种令欧洲认为是屈辱、他自己亦觉得是难堪的处境。外间谣传将要解散议会。这时候贵族院开始讨好群众，就赶快上书国王，劝他切勿解散议会；全体贵族议员，都陪伴委员团前去递送这份请愿书。查理大声说道：“不能，一分钟也不能耽搁。”遂于 6 月 15 日宣布立即解散议会，还有一道谕旨，说明理由，于是当众烧了下议院所拟议的谏书。无论何人，凡藏有这份谏书的，必须遵命立刻将它烧了。阿伦德尔伯爵被软禁在自己家里，布里斯托尔伯爵关在伦敦塔；白金汉公爵以为自己保住了，查理觉得他自己真正是一国之君了。

他的快乐真个和他的眼光一样的短：专制君主也有他所必需的东西。他还在同西班牙和奥地利进行一场劳民伤财的战争，而查理并未拥有足够的军队，使他能够同时既征服敌军于外，又征服臣民于内。他的兵为数不多，又缺乏训练，花费惊人；在海军内部是清教徒占优势；但他又不敢信任民团，因为民团多数是深受市民及乡绅影响,而不大愿受国王的节制。他把他的对头挪走了，但是使他麻烦和障碍依然存在；而白金汉的如疯似狂的骄傲，又在给他造成新的麻烦。白金汉与奥地利的安妮公主[①]的大胆的爱情得手，要回到巴黎与她相见，黎歇留大主教却阻止他到巴黎。白金汉为了泄愤，劝他的主子查理同法兰西打仗。其借口是基督教的利益。当时，罗歇尔正在被包围，如英格兰不派兵救援，法兰西的基督教徒就会失败。查理希望人民因为这个理由，就会很热情地武装赴援;不然的话，至少也会受他的压制，而不会进行抗拒。

于是下令进行大借款，其数目一如议会所曾应允却不曾作为议案通过的。他派了几个委员前往诘问议员中的倔强分子，问为什么拒绝借款，还要了解是谁劝说他们抗拒的，使用什么理由，存在什么阴谋。这样的做法，就构成了对财产的侵犯，以及对私人意见的审查。于是在几个郡内分驻了大批军队，他们就住在老百姓家里。海口与近海各区，奉命提供有武装和装备的船只，这是初次尝试征收海军捐税。又下令要求伦敦市筹备二十条船，伦敦市政会回答说，从前为了驱逐菲利普二世的舰队，女王伊丽莎白用的船也还没有用到二十条：国王的回答是："从前的先例，是顺从听命，不是指手划脚。"

为了替这样的话进行辩护，国王就命令教士们各处宣讲要求人民俯首顺从君主命令。坎特伯雷大主教乔治·艾博特是个群众所爱戴的人，他拒绝发给准许教士在他所管辖的教区内出卖西布

① 即法兰西路易十四世之母。——译者

索普博士的拥护绝对权力的一篇布道集的执照，国王于是下令停止这个大主教行使职权，并将他交坎特伯雷处理。

不久就见了分明，对人民的感情估计过头了。人民并未因为宗教信仰就接受劝说，而忘却他们的自由。况且他们对于这种新的热情是否出于真诚是不相信的。如果让他们自由，重新召开议会，他们必定会给大陆上的进行宗教改革的弟兄们以更扎实的支援。许多市民拒绝付出借款；有些无名之辈与无权力的人，被强拉到陆军或海军中服役，也有些人被监禁，有些人奉命出差远方，他们因无法抗拒，也只得遵命。人民的不满虽然尚未到公然暴动的地步，却已不限于敢怒不敢言了。有五个绅士被内阁的一道命令拘留了，他们知道凡是英格兰人都有本来的权利可以取保释放，就向高等法院声明行使这个权利。[①] 一个专横的国王与愤怒的国民都逼着法院作出判决。国王坚持要法官们宣布，作为一个原则，凡是国王下令拘捕的人，一律不许取保：而人民却要求知道，是否所有保卫自己自由的人，今后都没有一切保障了？法院不允所请（1627 年 11 月 28 日），将他们发回监狱去；但是法院也不肯确定国王所要求确定的总的原则：法官们被双重的恐惧所打击，他们既不敢作国王的奴隶，又不敢光明正大地判案；他们竭尽所能地来躲闪这种左右为难的局面。对于专制，他们不表示同意；对于自由，他们又不给予助力。

在人民热情专注地维护他们的全部权利的同时，连作为专制暴政的工具的军人，也在人民保护之列。四面八方都有人控诉军

① 他们的名字是托马斯·达内尔爵士、约翰·科贝特爵士、沃尔特·厄尔爵士、约翰·赫文宁翰爵士和爱德华·汉普登爵士。请勿将汉普登爵士误为他的侄子约翰·汉普登，这个侄子后来是很出名的。

人横行不法，于是宣布戒严令，以压制他们。人民又不以为然，以未经议会的批准，不可行使这样独断的权力，而且认为英吉利人，无论是军人与否，亦无论这种人是用以压制或保护他们的同胞的，都不应该剥夺其法律的保障。

在国内的这种骚乱不安中，人民虽然尚无大力量，却日益采取攻势，忽然消息传来，白金汉亲自率领军队去援救在罗歇尔的军队（10 月 28 日）。失败是由于统帅指挥无能，他既未能取得雷岛，在登舟回国的时候，又损失了最精锐的官兵。英格兰已有好久不曾为这么一件丢脸的事付出这么高的代价了。许多为人民所敬爱的家族，不论住在城市或住在乡下的，都在悲悼举哀。国人的愤怒是普遍的。农工离开田野，工匠离开店铺，去看他们的东家（乡绅或市民），是否阵亡了一个兄弟或儿子；回来的时候就咒骂白金汉，谴责国王，并对邻居们讲述他们听到的人们描绘的灾祸，以及他们亲眼看到的普遍忧愁。另外一种损失也使人民痛恨在心，那就是敌人的海军骚扰与阻止英格兰的对外贸易；商船停泊在港口不敢出口，失业的水手们大谈皇家海军的失败与他们无事可做的根由。乡绅、市民、群众，也被共同的怨愤联合得日益紧密了。

白金汉回来的时候，虽然仍是那么不可一世，却也已觉出人民对他恨入骨髓，亟需设法拯救自己。况且总要想出紧急的办法来扫除这些障碍，来筹得款项。凡是专制暴力的手段，能做到的全做了，能想出的全想了。民党中以罗伯特·科顿爵士为最为温和，他被请去同国王磋商。他说话明智而坦白，向国王力陈人民的不满是有充分理由的，因此必须解除他们的疾苦，然后才能取得他们的支持。他引用了从前伯利勋爵对女王伊丽莎白所说的话：

“陛下若赢得他们的心，就可以赢得他们的双手与他们的钱袋了。”他劝告国王重新召集议会，并使白金汉公爵与人民言归于好，于是两方同意，应由内阁正式通过这个议案，但议案却应由公爵提出。国王听从了罗伯特爵士的建议。

于是大开牢门，[①] 凡是抗拒苛政而被监禁的人，忽然全行释放，昨天受辱，今天有权。群众欢天喜地地迎他们出狱，其中有二十七人被选举为议员。1628 年 3 月 17 日，议会开会。当开会的时候，国王说道：“现在人人都得凭着他的良心办事，由于现在国家有许多需要，如果你们不肯各尽其责（这是上帝所不允许的），贡献国家所需，我为对得起良心起见，只好采用另外的方法（这是上帝交与我的），以弥补可能被某些人的愚蠢所造成的损失。你们不要把我这几句话当做恐吓（我从不恐吓任何人，除了与我平等的人以外），而只当做是一种劝告，因为我从本性与责任出发，都是以你们的安全与繁荣为己任的。”掌玺大臣跟着说道：“国王陛下已经告诉你们，他选择这样的供应国库的方法并不认为这是唯一方法，而是最合适的方法；并不认为别无他法可想，而是认为这既是最符合于他的恩情德义、又切合人民的愿望和福利。你们若耽延不予供应，国家的急需和敌人的刀剑将逼使国王使用其他的方法。记取陛下的劝告吧。我说，记住吧。”

查理就是这样地企图用他的语言来掩饰他的处境。明明是有求于人，却反而盛气凌人。他已经被一切沉重的错误与失败压得一蹶不振了，却仍在虚张声势，卖弄他的独立的君主的威严，自以为是绝对的，超然于一切错误及失败之上的。他沉醉在这种想

① 被释放者七十八人。

法之中，一点也没想到他的国家可能会遭受损伤；他真心地自豪，以为他的荣耀与位分都应该使他保留他的权利，即使正在求助于自由的时候，他也舍不得抛弃专制暴君所使用的语言。

下议员们听了国王这番恐吓话以后，完全不为所动；他们的出自衷心的自傲决不下于国王；他们也同样地不肯做寸步的退让。他们决心要庄严地声明他们的自由权利，要迫使有权的人承认人民的权利是天生的，独立的，不再允许任何权利变成一种让步，也不允许别人的枉法变成权利。现在要实行这个伟大计划，并不缺乏领袖与战士。全国都紧靠在议会的周围。在议会内部，有才智与胆识的人们都在为国家利益而商讨。议员中有爱德华·科克爵士[①]，是司法界的明星，不独以学问见称，而且以坚忍知名；有托玛斯·温特渥斯爵士[②]，后来成为司特拉福德伯爵，他是一个青年热忱的人，善于辞令，天生是一个发号施令的人，他当时却是以得到国人称赞为满足；有登齐尔·霍利斯[③]，他是克莱尔勋爵的小儿子，与孩提时代的查理是朋友，他却是自由的真正朋友，他的自尊心使他不肯在一个宠幸手下做事；有皮姆[④]，他是一个有学问的律师，尤其熟悉议会的权利与习惯，他是一个冷静而大胆的人，最适宜做代表群众热情的谨慎的领袖。此外还有很多人员，注定要在将来在他们所不能逆睹的各个方面做出不同的事业，他们也将依附于截然相反的不同政党，而现在却在共同的原则和共同的希望下联合起来。面对这样可怕的联合，宫廷只会使用习惯

① 1549年生于米勒汉，诺尔福克；这时七十八岁。

② 1593年4月13日生于伦敦；这时三十五岁。

③ 1597年生于霍顿，诺于汉郡；这时三十一岁。

④ 1584年生于萨默斯郡；这时四十四岁。

的力量、白金汉的反复无常的鲁莽以及国王的傲慢执拗。

国王与议员们打交道，最初是很友好的。虽然查理的态度仍带威吓，但觉得有让步的必要，下议员们一面决心要恢复他们的全部权利，一面还是全心愿意表示忠于国王。查理并不介意他们的言所欲言，因为他们的言论虽然自由，却不失为忠君的。B. 拉迪亚德爵士说道："我很谦卑地请求议会要特别警惕与小心，避免一切的抗争，无论是个人的抑或是真实的抗争。国王们的胸襟是广阔的，正如他们的财富那样广大。我们向他们让步，国王自然会向我们让步。要做到让国君们面上光彩，臣民们甘拜下风，这才不失体面和体统。让我们给一条路与国王走，以便他好做国王。因为我十分相信他是盼望我们给他这个机会的。我们若要表示我们是明智的议员，我们就该走足以达到我们的目的的正确道路，我认为可以用下列的方法取得成功，我们信任国王，这样就可以使国王也对我们产生信任。"这番和平的想法，并没有激起所有议员们同样的想法。其中有一些较为严峻的人，他们预料再度分裂不一定会产生什么可怕的害处，而且更能了解专制君主的不可救药的本性。但是，所有议员都表现出已被同样的愿望所激动；议会一面考虑到解除人民的疾苦，一面也考虑到国王的财政需要，两者并重，无所轩轾。开会两星期后，遂在4月14日一致作出决议，供给国王以一笔可观的款项，却并不曾将此决议案变成法律。

查理极其高兴；他于是召集内阁会议，把议会决议案告诉会议，他说道："我初时原是喜欢议会的，后来不晓得怎样，我变做不喜欢议会了，但是现在我又喜欢啦，我爱议员们，我将以常常同我的人民相见为乐。今天我在基督教世界内赢得的名声，要超过我打过多次胜仗。"枢密院也表示同样的快乐，白金汉以为他和查理都有必要着重地表示他们的满意，他庆幸国王与议会的协同一致，他说道："这不仅仅是供应五笔款项，这是打开了供应的矿藏，那是藏在他们心里的矿藏。现在要敞开我的心怀，宽舒我的愁苦，我请你让我再说一句话：我必须坦白承认我过了许久的痛苦日子，睡眠不安——恩宠与富贵也未能使我满足，这就是我的诸多难以告人的烦恼：仇人们把我看做一个离间上下、使国王与人民隔阂、使人民与国王异心的人；但是我希望将来有人明白他们忖度错了，误以为我是一个兴风作浪的人，使一个贤君和良民乖离的人，其实陛下若许我，我将永远努力证实我是一个好人，除全心全意为他们出力外并无二心。"

4 月 7 日，大臣库克向议会报告国王的满意心情，又传达说国王将在一切问题上向议院广施恩泽。下议院对此很为庆幸；但是库克也以一个廷臣的目光短浅的恶意，提到白金汉公爵在内阁会议席上所说的一番话：这就开罪了下议院。约翰·埃利奥特爵士说道："是否有人会认为，只要提到几个人，不问他们的品质如何，就能够鼓励我们为陛下更加尽忠尽职？就能够给他们更大幅度的自由——比他们固有自由的幅度更为广阔？就能够假定任何人的权力和利益可使国王陛下更愿意施恩于我们？我殊不敢如此相信。今有一人，努力办事以期有利于公众，我将会毫不犹豫地赞扬并且感谢这个人；但是这样的做法与我们祖先时代的习惯相反，与我们这个时代的荣誉相反，因为我若考虑这样做，就不能不损失名誉，所以我不能让这件事得到通过，我也不要有人居间调解。我们不如讨论关于为陛下效劳的事；我相信，他将终于由此看到我们是真心为了陛下的，我们用不着别人帮忙来使我们沐受他的抚爱和恩宠。"

这番颇为合理的自豪，在查理看来则是傲慢无礼，在白金汉看来则简直是新的危险信号，但是他们两个人谁也不提这件事。议会继续进行自己的工作。

下议院与上议院会商，共同决定人民应得的正当权利，要求国王予以新的庄严的批准（4 月 3 日）。下议院的委员团在会议中透露他们的计划，就有人告知查理，他就不大高兴。他派人力劝下议院赶快投票议决财政供应问题，他的一个大臣说道（4 月 12 日）："我不能不遗憾地告诉你们，我已经察觉到，下议院好像不但要限制君权的滥用，而且要限制到君权的本身：这就侵犯了国王，而且侵犯君权所支持的大臣们。让国王听取关于任何权力滥用的话，国王会乐意听我们的。但我们千万不要反对君权的扩大；如果我们只干预权力的压制和它的滥用，而将我们的活动局限在这个范围以内，那么我们将要享受国王从未给过的最大满意。"

在贵族方面，不论是奴隶成性或胆小怕事的，都力劝下议院满足于仅仅要求国王发表一项宣告，申明大宪章以及确认这篇大宪章的各法令现时仍充分地实行，申明英国人民所享受的自由权利亦如往昔一样，正在有效实行，说国王行使其君权所固有的权力，仅仅为了有利于人民（4 月 23 日）。

国王召集两院，很郑重地开会。他宣称，大宪章是不能违反的，古时的法令也是不能违背的。为了维持他们的权力，他要求他们信赖他的话，他并且说，他的话将能向他们提供比任何新的法律所能提供的更大的保障。

下议院既不让自己被吓倒也不让自己上当受骗：国王新近滥用君权，是向权力挑战，这是远远超过旧时法律所能预见的程度。因此，现在必须要有新的、明确无误的、得到整个议会的批准的保障。空泛的新承诺是无济于事的，况且已屡次食言，年深日久，很多法律早已被人遗忘了。下议院关于这件事未浪费多少言词，只是毕恭毕敬地，毫不通融地撰好那篇有名的“民权请愿书”，在本院通过后，便交付上议院要求同意（5 月 8 日）。

这个议案尊重向来所承认的权利，也抑制受到普遍谴责的滥用君权，上议院自然无话反对。但国王却又重提旧的指示，坚持他说过的话是可依赖的，愿意用一个新议案来肯定大宪章及旧时法令的效力；国王一再劝说贵族院，对下议院也送去了好几次信息。国王很为气恼，但说话却是小心的，温和的，他宣布他坚决地拒绝限制他的任何权利，同时声言不滥用他所享受的权利。

贵族们十分惶惑不解。他们弄不明白，怎样才能保障人民的权利，而又不剥夺国王的绝对权力吗？他们尝试采用修正的办法，议案是通过了，却附加一条：“我们向陛下谦卑地呈上这份请愿书，不仅关心保持我们自己的权利，而且适当注意君权的完好无缺，陛下受托拥有这种权力，是为了便于陛下给予人民以保护、安全和幸福。”（5 月 17 日）

当这一条带着修正条文的议案到达下议院的时候，奥尔福德先生说道：“我们来看看案卷，那里面有些什么：看看什么是‘君权’。博丁说过，君权是没有条件束缚的。我们就根据这一点来认定国王（regal）与法律（legal）的权力吧；法律给国王多少权力，我们就给国王多少权力，再不能多给。”皮姆说道：“我对于这个问题不能发表意见，因为我不知道这个问题是什么。我们请愿，是为了求得英国的法律：而这种权力好像是有别于法律的另外一种独特的权力。我晓得怎样将‘无上的’字眼加于国王的身份上，却不晓得怎样将‘无上的’加在他的权力上，因为我们自己手里从来没有这个东西。”托马斯·温特沃思爵士说道：“如果我们承认这个附加上去的东西，我们就会置人民于更坏的处境。我们的法律是不知道的‘无上的权力’的。”（5月17日）

下议员们坚持他们的立场毫不让步，公众的压力更与日俱增，贵族们既没有足够胆量公开要求自由，又没有足够胆量公然批准专制。为顾全下议院的面子，他们取消了修正条款，而代以一句无意义可言的话，于是上下两院都通过了民权议案，并郑重地呈与国王，他却终于以很大的自我克制，答应将它接受下来（5月28日）。

他的答复（6月2日）既空洞又闪烁其词。他没有批准议案，只是重述了议院对之拒绝表示满意的那些话。

下议院初时好像胜利在望，而现在又似乎渺茫了。翌日（6月3日）开会重新攻击。约翰·埃利奥特爵士很愤激地把所有民间疾苦扼要申说一番，纠察员奉命守门，不让议员离开，如违抗就送入伦敦塔监禁。于是议决送一通总抗议书给国王，指定由管理供应款项的委员会起草。

正在这时，有些议员害怕起来了，这是眼见将有惊天动地的变化时所产生的害怕，那时不问谁是谁非，亦不问将要做些什么。当议员们怀着急躁情绪，开始向前猛冲的时候，他们叫他们停下脚步。他们责备约翰·埃利奥特爵士，说他被私怨所激动；他们责备托马斯·温特沃思爵士行动欠审慎；他们责备爱德华·库克爵士，说他老是固执而又不受驾驭。国王以为这种情况也许可以给他一个喘息的机会，如果不是可以乘此全盘恢复他的威信的话。他严禁下议院从此以后干预政事（6月5日）。

全体议员动了公愤，这是再也不能容忍的了，即使最温和的议员们也认为这是对议会的侮辱。全院寂然无声：后来约翰·埃利奥特爵士终于发言道："我们的罪孽太重啦，因此除非我们赶快归向上帝，上帝就要离开我们更远，虽是这样说，你们须知过去我们是多么披肝沥胆，至诚至信地想赢得陛下的心呀！陛下对我们表示这样不欢，我怀疑一定有人使他误会我们。又有人说，我们好像败坏了陛下的大臣们的信誉，我却不相信，一个大臣无论怎样亲爱，能够……"

议长听他说到这里，忽然站起来，含泪说道："我奉了命令，阻拦无论什么人说毁坏大臣名誉的话。"埃利奥特听到这里就坐下了。

达德利·迪格斯爵士说道："除非我们能在议会里对这些问题言所欲言，否则，就不如站起来离开吧，再不然，就坐着什么也不做。"全院于是寂然无声。

后来还是纳撒利尔·里奇爵士打破了沉寂。他说："现在我们必须讲话，不然，就永远不开口吧。当国王与国家处于祸患之中的时候，我们还默不作声，这是很不恰当的。现在的问题是，即使我们闭口不言，我们能得到安全吗？得到还是得不到呢？我晓得不说话对我们自己是较为安全的，但是我们所服务的人们却不安全了。我们应该为他们设想一下：有些施政工具应予改革，我们所担心的是陛下的安全，国家的安全。难道我们就坐着不动，不做事，然后就各自分手吗？让我们到上议院去，说明我们的危险处境，以便我们带着我们的请求，一同去见国王。"

下议院突然从目瞪口呆变成一片狂怒。议员们全部站了起来，秩序混乱到极点，大家同时发言。柯顿先生说道："国王原是个再好不过的国王，是国家的公敌弄得他对他们言听计从；让我们现在打定主意将这些仇敌找出来；我相信上帝将送给我们以灵心巧手和利剑，杀尽他与我们的全部仇敌。”年老的科克回答道：“我们不许你们干预国政，亦不许你们干预大臣们，这句话不是国王说的，是公爵说的。”（全场听了这句话，都大声喊道：“是他，是他。”）议长离了位，秩序大乱起来，无人想叫众人安静下来，因为最谨慎小心的人们也无话可说：即使那些毕生不曾动过气的人，有时也认为真该发火。

当沸腾的议院正在要议决最激烈的议案时，议长偷偷走出去，赶快将国王危险临头的情况告知他。恐怖从议会到了宫廷。翌日，有人来议会传达温和一些的信息，以解释昨天激怒议员们的那番话；但是空言不足以平息众怒。众议员们仍然是很激动，他们讨论白金汉召募日耳曼兵的问题，说公爵不久就要登舟出发了；有一个议员证实前天晚上有十二个日耳曼军官到达伦敦，又说还有两条英国船奉命运兵。国王要的款项仍然无着。查理与他的幸臣们害怕再激怒势力日见高涨的反对派。他们深信完全批准民权请愿书足以平息一切。国王到了贵族院，下议员们也聚集在那里（6月7日）。国王说，他们猜想他的第一次答复含有别的意思，他们猜错了；他现在愿意提供一个排除一切怀疑的答复。于是重新宣读民权请愿书，查理用向来用惯的形式答道：“愿如所愿地定此为法律。”

下议员们得胜回院，他们终于取得了国王对英吉利人民权利的庄严承认。这件事一定要付诸公布，于是决定，将民权请愿书连同国王最后的答复刊印出来，散发全国。不仅在上下两院备案，还要在威斯敏斯特诸法庭备案。于是供给款项的议案也明确地通过了。查理以为他所受的苦难已经过去了，他说：“我已经尽了我本分；这个议会若是得不出好的结果，那是你们的罪过，与我无干。”

但是老毛病不是这么快就能治好的，一个惹怒了的民族的雄心壮志，也不是得了第一次胜仗就会安抚下来的。通过权利法案显然是不够的。只有改革的原则算是完成了；但是若不同时进行实际的改革，有了改革的原则也是无用的；要保证进行实际的改革，非改革国王的内阁（或枢密院）不可。现在白金汉仍然保持着他的地位，国王接二连三地不经议会认可就抽取关税。众议员们经历过拖延的危险，现在明白啦。他们为激情所蔽，一时看不见过于骤然以及过于猛烈的要求的危险，加上傲气和仇怨同满足需要的本能交织在一起，议员们就决定毫不耽延地做最后的一击。他们在一个星期之内，起草两篇抗议书，一篇反对公爵，一篇声明吨税和磅税与其他捐税一样，只有依照法律，才许实行征收（6 月 13 日，21 日）。

国王很不耐烦了，他决定至少要使自己得到一点休息时间。他走到上议院，传下议员们来，并叫议会休会。

两个月后，白金汉被人暗杀了（8 月 23 日）。刺客名叫费尔顿，在刺客的帽子里，缝进了一张纸片，上面提及上议院最近的抗议。费尔顿既不逃走，又不为自己辩护，他只说他认为公爵是王国的敌人，问他有无同谋，他只是摇头。死的时候神色泰然自若，不过供认他做错了事。

查理见公爵被刺，大为震动，并为群众由于此事而表现的欢乐而大发雷霆。在议会闭幕的时候，他曾努力博取公众的欢心，其办法是约束宣传消极服从的教士们，尤其是严厉对待天主教徒，国王与国民之间的每一次和解，天主教徒总是被当做替罪羊的。

刺杀白金汉公爵，人民方面认为得了解救，却使国王重新采取暴虐手段。他又重新宠幸议会的对头们：议会所控告的蒙塔古博士，反被提升为奇切斯特主教，贵族院曾经谴责过的梅因沃林博士反而得了一个肥缺。劳德主教[1] 久已以狂热崇拜君权至上及教权至上闻名，现在升任了伦敦主教。国王办理国事，其行为大都与当时朝廷的下列利益相符合：雷厉风行地征收吨税和磅税；不合法的法庭继续使法律脱离正轨。查理不动声色地回到暴政的老路上去，现在又比从前多了一些成功的希望：他从民党里分离出了他们最杰出的领袖，最超群的雄辩家。托玛斯·温特沃思爵士不顾他从前的朋友们责备甚至威吓，受封男爵，参加了枢密院；皮姆与他最后一次以友谊相见同他话别的时候，说道："我将和你在威斯敏斯特大厅相见！"但是温特沃思雄心勃勃，趾高气扬，却拼命向上爬，追求荣耀，他万万没有料到，后来有一天，他会变做遗臭万年的戕害民权自由的大罪人。其他变节的人也继他而起；[2] 查理现在有一班新的顾问环绕在他左右，这些人比白金汉更为稳重，又更有才干，却不像白金汉那样被人鄙视，他眼见议会第二次开会在即（1629 年 1 月 20 日），毫不担忧。

下议员们一开会就进行查证权利法案发生什么效果（1 月 21 日）。他们这才晓得，附加于权利法案后面的，并不是国王的第二次答复，而是那条规避问题因而被议员们拒绝的第一次答复。国王的印刷官诺顿承认，就在国会休会的第二天，他就奉命如此改换法案的文字，其载有真正答复的印件，全数压下不发。查理

① 1573 年生于雷丁。这时他是巴思和韦尔斯的主教。

② 有达德利·迪格斯爵士、爱德华·利特尔顿爵士、诺伊、旺德斯福德等人。

对于这个真正答复曾夸口说："我已尽了我的责任，别的我就不管啦。"

下议院索取印刷的文稿，证实果真是发生了偷换事件。他们不再说什么了，好似觉得若把这样严重背信弃义的事公布于天下，实在太难为情了；但是他们不声不响，却并不预示一切已经销声匿迹。

于是对政府太过容忍天主教徒的攻击又起，也反对纵容错误的教义，反对道德沦丧，反对用人与授勋不公，反对非正规法庭的枉法行为，以及反对对人民权利的藐视。

下议院情绪十分激动。有一天，他们却很安静地并颇表好感地听取一个新人物演说，这个人衣冠欠整，仪容普通，也是第一次对他们讲话，他用很愤慨而满不在乎的语调痛斥一个主教过于纵容一个无名的教士，他称之为一个臭不可闻的天主教徒。这个新人物就是克伦威尔。

查理尝试从下议院手中夺取吨税及磅税的让步，但毫无效果，他召集下议院原是专门以此为目的的。他就运用新的威吓、新的劝说，他承认他把所有这样的捐税，就像所有其他捐税一样，都看做是人民对他的纯粹惠赐。他还承认只有议会才有权规定合法征收，不过同时他再三坚持说，这几种捐税应该给他终身享用，就如同给过在他以前的大多数前辈国王一样。但下议院议员们寸步不让，他们手里只剩下这一项武器来自卫，以抵抗专制权力了。他们说了许多话，一再以种种借口拖延，每天必申诉民间疾苦，但也无确切目的，不像从前开会，一定提出清楚确切的议案。因为这个时候他们都被一种激烈的与无名的惊惶所扰，好似觉得将有大祸临头，却又无法防治，心神不定。国王不耐烦了。他们拒绝了国王的要求，却无求于国王。他们并不要求他做什么，若是要求的话，他还可以拒绝或照准嘛，他觉得议会里的气氛是一片恶意，存心要阻挠政府的工作。有人提到他想使议会休会。约翰·埃利奥特爵士立刻提议（3 月 2 日）作出一项抗议，反对抽收吨税及磅税。议长借口奉国王命令，对提案不交付议决，而议会力主交付表决：议长离了席。议员霍利斯、瓦伦丁等人强迫议长回到主席位子上，尽管宫廷人士竭力来帮助他。霍利斯说道："你得坐下，等到本院几时喜欢叫你走，你才能走。"议长喊道："我不想说我不肯坐下。但是我不敢坐下。"但是现在议员们怒不可遏，他们逼他再坐到位子上。国王听说议院喧闹，下令弹压官将权杖由议院取出，按照习惯，这就会令全体停止讨论；议员们逼弹压官坐在椅上不动，如同逼议长一般，把会议厅的钥匙也取来，交与一个议员迈尔斯·霍巴特爵士掌管。国王第二次派人去宣布解散议会，这个人看见几处的门全锁了，是在内面上锁的，他因此不得人内。查理暴跳如雷，立即传侍卫出来，命他们去攻门。但是当时下议员们已经离开，而且在离开以前作出决定，宣布吨税及磅税是违法的，无论征收者甚至交纳者都将以叛国论罪。

无论什么妥协都已成为不可能的了：4 月 10 日，国王到达贵族院。他说道："我多次到这里来，以这次为最不愉快，我今天来这里为的是解散议会，下议院不听话，这就是解散的唯一原因。他们若以为我是一律地归罪于下议院的所有议员，那却又大错了，因为，我知道在平民代表中间确实有许多再忠义不过的人，只不过是受了几个阴险的人的迷惑，以致引起不和。正如那些受邪恶影响的人难逃应得之罪一样，公道也要求我对上议院的人们予以保护与优待，一个好国王是应该这样对待他的忠诚贵族的。"于是宣布解散议会。其后立刻发布一篇宣言书，内称：“国王屡次与人民相见，这就表示国王喜欢应用议会办事；尽管如此，近因在再开议会的过程中，议会权力的滥用，暴露了几个不良目的，最近的这种权力滥用，已逼使国王不得不解散议会，因此无论什么人胆敢限国王以召集议会日期，就将以擅权论处。”

查理果然说话算数，现在他要实行独裁制了。

第二卷 1629至1640年

国王和内阁的意向——控告议会的领导成员——国人外表上漠不关心——政府和宫廷的斗争——王后——斯特拉福德——劳德——政府缺少内聚力，政府失去信用——内政和宗教方面的专制——这对各阶级引起的效果——审讯普林、伯顿和巴斯特威克——审讯汉普登——苏格兰暴动——与苏格兰人的第一次战争。贝里克和议——1640年的短期议会——与苏格兰人的第二次战争——战争的不良效果——长期议会的召开。

将政府机构看成一种试验品，认为无论什么时候都可以更换一个，世上没有什么比这样做更危险的了。查理就是犯了这样的错误。他曾试图与议会同心协力治国；但是他却深深相信（一如他所常表示的），若是议会太过麻烦他，他将完全能够撇开议会不用，照旧把国治得好好的。他同样鲁莽地当起专制君主，宣布他立意要死死抱住专制主义不放，但是他仍满心相信，倘若到头来有必要应付时势的需要，他无论什么时候都可以再返回去利用议会。

他的最有才干的枢密顾问官及大臣都和他抱同样看法。这时候，无论是查理，或是他的左右，都并不打算永久地废除英吉利的旧法律，或废除伟大的枢密院。他们目光短浅，胸无大志；他们傲慢无礼，却不是绝对不怀好意。他们所说的话，甚至他们所做的事，都不如他们心中所想的那么大胆。他们说，国王曾表现他自己对于人民是公道的，仁慈的，又说他让过许多步，批准过许多要求。但是下议院是太难满足了，他们要求国王成为他们的附属品，被保护人。这一点国王办不到，他若迁就就不再成其为国王了。当国王与议会不能取得一致的时候，理应由议会让步，因为只有国王才是统治者。下议院既不肯让步，国王也就只好撇开议会，自己治国，这显然是必要的，人民迟早会明白这件事。然后议会也会明白过来，变得更明智些。什么时候有需要，国王自然会再召开议会，什么也阻挡不了他这样做。

宫廷比内阁更缺少远见，只知道解散议会是扫除了一个困难。当议会开会的时候，廷臣们老觉着坐立不安，谁也不敢大胆追逐财富，谁也不敢放手享受他们的特权。权利遇到了障碍，阴谋钻营也不易施展，白厅的游宴罩上了一层不欢的阴影。国王思绪万端，王后也惴惴不安。现在议会解散了，这样的不安与拘束随之消失了，于是旧日的豪华又重新出现，个人的勃勃野心又像野马奔腾起来。宫廷所要求的，并不超过这个；他们丝毫也不愿想一下，当他们一味努力追求眼前目的的时刻，他们岂不是同时帮助了本国政治进行一种变革。

人民却不是这样判断事物的；从他们眼中看来，解散议会是一个深谋远虑的确实征象，有人决计要毁掉上下两议院。下议院刚刚解散，汉普顿宫、白厅，凡是国王行幸所到的地方，天主教徒（无论是秘密的抑或是公开承认的）、绝对权力的宣教士们及其信徒、阴谋家们与寻欢作乐的人们（他们对待任何信条都是无所谓的)，都为他们的胜利而互相额手称庆。与此同时，在伦敦塔里，在伦敦及外省的重要监牢里，监禁了许多公共权利的卫护者（很受侮辱与虐待)。议会原是神圣不可侵犯的言论行动自由的地方，这些人反而因此被弹劾。[①] 他们要求享受议员特权，他们要求取保释放，法官们却迟疑地不知如何答复才好。1629 年 9 月，国王与法官们通了信息，犯人们的要求全被拒绝了。他们当受审的时候勇气不衰：大多数不肯承认他们犯了罪，或任何错误，也不肯交付罚款。他们宁愿坐牢。埃利奥特注定要死在监牢里。

当国王还在迫害议员的时候，群众的愤怒与日俱增，并毫不迟疑地公开表示出来。尽管议会失败了，解散了，但它仍有某种形式的继续存在，仍然通过议会的领导人的声音在全国的审判官们面前奋斗着。被告的议员们坚决不屈，这更使人民斗志昂扬。人民常看见犯人从伦敦塔到威斯敏斯特，受审完了又从威斯敏斯特回到伦敦塔，人民的高呼和祈祷一路陪伴着他们。法官们显然流露他们的焦急，这使人民得到一些希望。有人喊道："希望全没有啦！"但群众也如同在战场上一样，一时觉得有希望，一时又感到害怕。

但是大审判结束了。有几个议员，因为受恫吓或是被诱惑，而交付了罚款。奉命远离首都，住处至少要离王宫十英里，归隐田园以遮掩他们的软弱。其余的节操高尚的人则坚持到底，始终不屈，他们深深地坐在牢狱里。人民看不见他们的面容，又听不见他们的声音；他们也不再听见、看见人民。大权在握的人不曾

① 被捕的议员是：登齐尔·霍利斯，迈尔斯·霍巴特爵士，约翰·埃利奥特爵士，佩特·海曼爵士，约翰·塞尔登爵士，威廉·科里登，沃尔特·朗，威廉·斯特劳德和本杰明·瓦伦丁。——《国家审判》，第 3 卷，第 235 页。

遇见公开的反对，就以为自己已获全胜，而且在自外于人民之后，认为人民已经一败涂地，是不可能再起的了。1629 年 4 月 11 日，查理急忙同法兰西订立和约。1630 年 11 月 5 日，又同西班牙订立和约，他看见他自己终于内无劲敌，外无仇人了。

有些时候，治国是很够便当的事。在一个时期中，公民们只注意他们的个人利益：乡绅们在郡中议事，商人们在他们的市政厅内，水手们在口岸上，学徒们在店里，都并无什么议论，亦无愤激的举动。这并不是说，全国人民从此就麻木不仁苟安下去。不过他们的活动，趋向于别的方向，他们好像是在劳动、辛苦中忘记了自由的失败。查理的专制手段，虽是以上凌下，却不那么强烈。处于这样新境地中，他不甚干预人民的自由；国王并不筹划什么雄图大业，他亦不争取规模巨大但是风险四伏的光荣，只满足于尊严地享受他的权力与地位。和议既成，他就觉得他没有必要再向人民要求巨大的牺牲，人民只致力于耕种、贸易与读书，此时也不复有野心勃勃的无休无止的专制来阻止人民的努力，或妨害他们的利益。所以国人的繁荣也相应地进步得很快。秩序恢复了，而这样的正常的兴旺发达情况，就给了当权者一种表面形象，好似他是明达的，而全国对一切是逆来顺受的。

政府面临的麻烦是从国王的周围臣仆们那里再度开始的。人民同国王的斗争刚刚似乎告终了，但马上就发生两派争夺，看谁能够左右这个重获新生的专制，而以王后与政府为一方，宫廷与内阁为另一方。

王后一到英国，一点也不掩饰她对新国家沉闷的感觉。英吉利的宗教、制度、风俗、语言，全都令她不快，甚至在他们结婚后不久，她就以稚气的无礼对待丈夫。查理有一次因为她大发脾气而忍无可忍，不得已立刻把随她来到英国的几个人送回大陆（1626 年 7 月间事）。她远离法国，只有统治的乐趣才能使她聊以自慰；而她是从她眼前不看见有可怕的议会以后，才感到治国的全部快乐的。她仪态和蔼而活泼，她不用多久就操纵了一个具有高度纯洁的原则性的青年国王。他还很感激地承受她的节制，认为她既能降格相从，与他为侣，他就早已感到受宠若惊。理理是个拘谨人，很看重家庭生活的幸福，却难以使这位轻佻好动、性格强悍的亨利埃塔·玛丽亚满意。她所要的是举世公认的，不可一世的王国——要能让她在其中炫耀一切，这个王国必须是无所不管的，若不曾奉这个王国的应允，无论什么事都不许做，无论什么话都不许说，一言以蔽之，她所要的就是权力，也就是一个妄自尊大、毫无头脑的女人不息地企求的权力。包围她的人们，一方面有天主教士，另一方面有追逐富贵的轻佻之徒，卑劣的阴谋家，以及年轻廷臣们，他们早已前赴巴黎学会了谄媚她的秘诀。这些人口口声声称道，只有依仗她才有富贵，才有胜利，只有依仗她才能解救他们所奉的宗教信仰。本地的天主教领导人，罗马教皇的使者们，在王后宫里讨论他们的秘藏于心中的希望，也就是在她的王宫里她所眷顾的人们所大事卖弄的大陆上的见解、习俗和时髦风尚。王后宫里无一不是外国式的，而且无一不触犯英国的信仰与风习。宫里每天作出许多策划与要求，而这些如不采用非法手段，或滥施恩惠，是完全无法办到的。王后预闻他们的阴谋，担保策划人的成功，并保证国王将加以批准。不但如此，她还同国王说，为了使人民眼中都看到她确确实实受国王的敬重，就该使人民知道他每事必向她商量，而且凡是未得到她允许的事，他就不做。如若国王拒绝她的要求，她就大发脾气，怪他既不爱她，又不会做国王。查理也喜欢看见她有所求于他，或要求他爱她，因此只是一味想着如何为她分忧，如何消她的怒气，此外就别无其他念头了。

对于这样喜怒无常的倾向，纵使是最富于奴性的枢密顾问官也不肯不加抗拒而服从的。查理有两个顾问官，他们不是无头脑无气魄的人，他们虽然是死心塌地忠诚于国王的事业，却不愿因一个女人的幻想或宫廷的要求来为国王效劳。

斯特拉福德抛弃其同伴而依附国王，这并不要求他牺牲什么十分确定的原则，也用不着卑鄙地违背他的良心。他原本是个野心勃勃、性格强烈的人，只是由于痛恨白金汉，这才一变而为一个爱国者。只是由于思慕荣华，向往充分地炫耀他的才华与他饱满的精力，而并不是出于正直的和深刻的信念。他的目的在于行动，在于升官，在于治人；说是目的，不如说是他的天性的需要。现在他替国王办事，正像他从前为自由出力，而现在的热劲不减于前，只是他目前要做一个严肃的、高傲的、有才力的、不肯屈尊的阁臣，而不是一个轻浮的、专事巴结上峰的廷臣而已。他的心路十分广阔，因此不甘心自闭于宫廷阴谋的卑琐范围之内，他的傲性太过急躁，因此不肯迁就宫廷的礼节与见解。他热心办事，不怕任何敌手，排除一切抵制。他热衷于扩大和加强国王的权力，现在国王的权力也就是他自己的权力啦，但他又同时忙于重建秩序，革除弊端，取缔凡是他认为非法的私人利益，推进凡是他认为不致危害君权的公众利益。他是一个其烈如火的专制家，但是还不能说他全无爱国之心，不能说他一点也不追求国家的繁荣富强。他完全了解需要具备什么条件，应用什么手段才能够赢来专制权力。他的目标，他治国的特色，他努力使人们从国王的统治中得到的印象就是：一个虽专制而强有力的政府，这个政府是前后一致的，是勤奋的；它藐视民权，但却关心人民的幸福；它讨厌一切卑劣的陋习、一切轻微的失政行为；它要求各方面不分大小与上下，不分宫廷与民间，统统听命于它的意志和观点。

斯特拉福德的朋友劳德大主教，尘世激情较少，但无私的热心却是较多，他给枢密院带来同样的感觉与同样的意图。他为人严峻，生活简单，他狂热地崇拜权力，无论是他为之效劳的权力，抑或是他自己手中持有的权力。从他看来，限制人民的行动和惩罚人民，就等于建立秩序，而秩序在他看来永远等于正义。他不知疲倦地活动着，但是视野狭隘，粗暴苛刻。他既不能调和两相对立的利益，又不肯尊重人们的权利，他闭目低头，向前横冲直撞，既反对自由又反对滥权；他以严格的正义感来反对弊害，又以狂热的憎恨来反对自由。他对付廷臣与对待市民，是同等鲁莽从事，而且同样地毫不通融。他不企求同任何人做朋友，他没有预期会有什么抗拒，也不容忍有什么抗拒，一句话，他深信只要一个人的手是干净的，那么，大权在手就无往不利。他常常被一种牢不可破的定见所控制，这种定见以狂热的激情和应分的权威左右着他。

这样的枢密顾问官们正符合查理的新情势。这两个人既不在宫廷行列之内，就不很急于要讨好宫廷，却更多要效力于他们的国王。二人既无幸臣们的傲慢无礼，又无他们的无谓贪求。他们两人凡事持之以恒，不辞劳瘁，有胆有为，忠于所事。爱尔兰政务刚归斯特拉福德掌管不久，这个一向是国王的麻烦、又耗费国王许多钱财的小国，就一下子变成国王的财富及势力的来源。爱尔兰的公债还清了，从前的捐税，一向是无系统地征收进来，又恬不知耻地浪掷掉的，现在则办得很有条理，不久就收入多于支出啦，现在不复任凭贵族肆无忌惮地逼压平民啦，不再容许贵族派系与宗教派系像从前那样相互自由拼搏啦。斯特拉福德到任时，看见军队疲弱，无衣装，无纪律，在他重新整顿之后，军队变得纪律良好，粮饷充足，不再抢劫居民了。治安既有人维持，贸易就开始发达，制造业兴起了，农业也有进步。简单地说，爱尔兰现在是应用专制，依靠严刑治理的，有时甚至使用不名誉的暴烈手段。从前，到处受大大小小的税官们的层层剥削，到处受自私自利的和无知无识的贵族们的欺压，而现在则对于一般的文明以及君权都有裨益了。

劳德在英格兰掌管民政，不似斯特拉福德在爱尔兰的权力那样广泛而集中，他的才能也不及他这位朋友，但他却遵循同样的路线施政。他受任为管理国库的专员，他不仅禁止一切的侵吞与非法的支出，他还竭力研究以便明了各项税收系统，且要想出方法使征税不成为人民的沉重负担。税官为了榨取私利，致令征税中出现许多留难和弊端。劳德听了商人们的申诉，当有暇时，同他们会谈，在逐步明了有关商业贸易的许多利害关系以后，就废除许多有害于商务而无益于国库的障碍。1636 年 3 月间，他推荐伦敦主教贾克森做财政大臣。他是一个勤奋温和的人，他扫除了许多有害于国王又有伤于公民的弊政。劳德认为，自己既然为国王与教会服务，就可以压制人民，且可以提出很不公道的建议，但是一到与国王或教会都无关的问题，他就以善良与真理为目标，高举善与真，毫无畏惧，也丝毫不顾到其他的利益。

如果说，这样一个正直、勤劳但是有时却又专制与横行的政府拒绝承担一切责任，对全国人民并无什么利益的话，那么另一方面，它对宫廷却是利益太多反而成了坏事。幸臣们可以在宫廷取得成功。如果他们遇到了敌人，他们也可以结成党羽，而在私人利益冲突的局面下，一个善于耍阴谋诡计的人，完全可以促使他所伺候的人去反对他所痛恶的人。白金汉就是这样的人。但是无论什么人，无论他是用专制或用法律治国以求普遍有利于人民或君主的，必定会招致所有廷臣们的怨限，因此廷臣们群起而反对斯特拉福德与劳德，比人民反对得更强烈，而且应用更多的手段。当斯特拉福德第一次出现于白厅的时候，没有一个人不撅起嘴嗤笑他，笑他是个暴发户，笑他是个粗鄙的乡绅，他们听惯了关于他在议会是反对宫廷的说法。他们也不喜欢劳德的严肃态度，以及他的说话直率，讥笑他是个讲神学的书呆子。这两个人都有几分傲气，对别人的话漫不经心，态度又一点不讨人的欢心，两个人都看不起阴谋或钻营，主张节约，好谈公务与国家需要，而这都不是宫廷所乐闻的。王后对他们渐生反感，因为他们阻挠她对国王的潜移默化，高等贵族恨他们的权力，所以不用多久，宫廷和人民便联合起来攻击他们，大声疾呼反对他们的专制。

查理却并没有抛弃他们，他完全信任他们的忠诚与才干；他们的见解与他个人看法十分一致，他尤其敬爱劳德的奉教虔笃。但是尽管他不理睬宫廷的看法而重用这两个人替他掌政，但国王却无法令宫廷接受他们二人的治理。查理的举止与感情都很严肃，他的思想深度不够，不能洞见绝对专制的不易贯彻，不知道要实行专制必需牺牲一切。在他看来，国王的权力就是这样，好像无论什么事，都不用他操心费力便能办到。他在内阁里头是经常地专心于公众事务的，但是尽了责任之后，就不再操心啦。他对于实行统治的需要极少关注，而是更多地想到统治全国的乐趣。在他看来，王后的喜怒、宫廷的惯例、宫内职官们的权力，都是必须考虑的要事。他的王位的政治利益，要求他不可忘记那些事项。因此就接连发生许多令人烦恼与不愉快的事。国王让他们两个人去饱受这些折磨，他以为把他们二人留在位子上，就尽了他的力量啦。国王命他们施行专制，谁知他们一旦要宫廷有所牺牲，或要实行与白厅的方法或条规相反的事，他们的权力就行不通了。当斯特拉福德在爱尔兰办事的时候，他常奉命进行解释与道歉，可是现在有人说他言语中间藐视了王后，又有有势力的贵族诉说他高傲，他不得不为他所说的话剖白，为他的态度及品格申辩。所有这些无根据的控诉，逼他从都柏林[①] 作出回答来辩白他所说的话，以及宫廷所传播有关于他的谣言。他不一定常常得到国王的关于保证他无事的答复，这些答复可以使他安心办事，而不必提防那些不怎么严重的危险。

因此，尽管国王的主要顾问官们有精力、有热情，尽管国内太平无事，又尽管国王的行为具有良好的个人品质，他的语言虽然充满自豪感，但政府仍是软弱无力，不受人们的敬重。政府受到国内纷争的打击，轮流被两个相反对的势力所支配，它们有时不顾一切地摆脱法律的束缚，有时却又在极其轻微的困难前面让步。它行事无一定的计划，每当转折时期，就忘记了自己的规划。政府已经在大陆上抛弃了基督教事业，甚至禁止驻巴黎大使斯丘达莫尔勋爵在基督新教教堂里礼拜，因为它的仪式与英吉利教堂的仪式不够近似。但是政府却允许汉密尔顿侯爵在苏格兰召募六千人，任命他为统领（1631 年事），在古斯塔夫斯 · 阿道

① 爱尔兰首府。——译者

弗斯的旗帜之下，前去打仗，却未料到他竟然吸收了清教徒派的宗旨和信条，而那恰正是英吉利国教所严禁的。查理诚心信仰亨利八世及伊丽莎白等所创造的革新宗教，但是不知是由于他疼爱他的王后，抑或由于禀性和平与主持公道，抑或由于他本能地知道什么最适合专制权力，他往往给天主教徒以当时被认为是违法的自由权，而且给他们以几乎是明明白白的优待。大主教劳德与他的君主一样真诚地写文章反对罗马教廷，甚至于在讲经中，竭力反对在王后的教堂里所举行的礼拜仪式，但是同时，他却很嘉许罗马天主教式的制度，因此教皇认为有根据送他一顶红衣大主教的帽子（1633 年 8 月间事）。在办理民政方面，也同样地出现缺乏决断、自相矛盾的情况。人们看不见有什么宏大、明确的计划，也看不出有一只强有力的手始终一贯地显示力量。英国在大事炫耀专制主义，而且有时专制主义还施行得很严酷，但是若要给专制以一个固定的基础，却是需要费很大气力，需要高度坚忍的。日子一久，专制主义就逐渐被人淡忘了，以致专制的抽象要求日益超越了它所采用的手段。财政办得有秩序，很公正，国王又并不穷奢极欲，但是仍然十分缺乏款项，正如同国王是极其浪费、官吏们是普遍贪污情况下缺乏款项的程度一样。查理从前很高傲地不肯向议会让步，以取得足够的经费，现在他却认为应该降格以求，其办法是减省他自己的费用，以便出入相抵。在他看来，富丽堂皇的御前排场、豪华的宫廷宴会、君主的古老风习，都是君主所应有的条件、权利，甚至是应尽的责任。有时他根本不晓得，臣下在筹备这许多宴会等等时已中饱了多少钱，等他晓得这种弊端时，他又没有勇气去改革它们。所以他虽然通过和平省去了各种额外支出，但他还是无钱满足政府的需求。英国贸易发达，商船数量及其活动日益增多，这就更加要求海军的保护。查理很有自信地答应给予保护，且屡次作出严肃的努力来实现自己的诺言，但是商船仍旧缺乏保护，因为国王的舰只年久失修，水手们又久未领到饷银。巴巴里[①]的海盗竟敢来到英吉利海峡，到了多佛海湾。海盗骚扰大不列颠海岸，登岸劫掠乡村，掳去几千人（1637 年事）。后来雷恩斯巴勒船长奉命赴摩洛哥捣毁了海盗的一个大巢穴，发现其中有三百七十个奴隶，有英吉利人，也有爱尔兰人。政府十分懦弱无能，苟且偷安，仅顾目前，因此斯特拉福德不得不自解私囊，为一条船装备军械，以保护都柏林港口，使其免遭海盗的蹂躏。

这样的昏聩无能，以及其不可避免的危险，是逃不过有丰富经验的人们的观察的。驻在伦敦的外国代表们将此情况写信回国告知其君主，所以尽管英格兰虚有繁荣之名，大陆的常谈却是认为查理的政府是脆弱无力、鲁莽轻率、岌岌可危的。英格兰派驻巴黎、马德里、海牙等处的大使，不止一次被人蔑视，甚至被人侮辱，[②]而斯特拉福德、劳德以及其他阁员们，并不是不知道这样不妙的情形，也曾想方设法补救。其中最为勇敢最有才具的就是斯特拉福德，他很奋力地反对一切阻碍，他为将来焦急，他迫切期望国王以勤劳和远见治国，确保自己拥有固定的国币收入、

① 北非（埃及除外）伊斯兰教各国。——译者

② 当时的文字材料，其中包括豪厄尔所收集的信件，提供了上千个这方面的事例，这里我只举其一。1629 年，托马斯·埃德蒙爵士到法国签订和约时，奉命前去迎接他并在他进入法国境内的那位先生说，“我来向你致敬并陪你到王宫时随身带来的人很少，阁下不会感到惊讶吧；在雷岛被杀死的人太多了。”这话暗指英国奉白金汉公爵的命令在雷岛作战而遭到失败，说得很刻薄的。

充实的武器军火、堡垒森严的要塞，以及一支陆军。他自己毫不迟疑地召集爱尔兰议会（1634 年）。爱尔兰议会最听话，又乐于供他驱策，这也许是由于议员们怕他，或是由于他有功于爱尔兰。但是查理不许他再召开议会，因为王后与国王最怕听议会这个名词。国王害怕议会，因此他不容许斯特拉福德给专政加上法律的形式和给予法律的支持。他敦促了一些时候，并未成功，最后只好服从了。尽管他自己是个精力充沛的人，却不得不受懦弱人的束缚。他具有远见，却是无济于事，因为他是在与盲人对话。内阁有几个大臣的想法与他相同，却是更加自私，或更清楚地意识到任何努力都是徒劳，等到需要人支持他的见解、需要奋斗一番的时候，他们都退缩不前，只剩下他同劳德两个人去承受宫廷的阴谋与仇恨。

这样的轻浮与手段不高明的专制，每天都需要些新的专制才能使之运转。如果查理的专制不是最残暴的，至少也是最不公平的，它完全应该得到英格兰前所未有的滥用君权的罪名。查理既不能借口于国事的需要，又无任何伟大的政绩足以炫人心目，可以借此来满足人们的无名的需要，来满足人们的朦朦胧胧的需求，查理就把人民古来就有的权利与人民的新近产生的愿望，一齐抛弃不顾并横加践踏；他既不顾本国的法律与舆论，亦不管他自己许过的诺言，随时依照环境需要，冒险尝试各式各样的压制方法；一句话，采用最鲁莽的决定、最非法的措施，并不是为了取得一个前后一致与有威可畏的制度的胜利，而只是为了逐日运用一时权宜之计苟且维持一个进退两难的政权。狡猾的律师们奉命在旧档中搜索，试图从中发现什么已被人遗忘的旧时的违法案件，努力揭露过去的种种弊端，将它们上升为国王应该行使的权利。于是就有其他虽欠学问但勇于作恶的办事人，把这许多伪托的权利变成实在的、新的扰民苛政。若是有人上诉，那些奴性十足的法官就会宣布，事实上国王从旧时起就享有这样的权利。若是怕法官们不一定肯迎合君主的意向，若是认为有必要不过分依靠法官们的影响办事，就干脆成立一批额外的非正规法庭，例如横行不法的星法院[①]，如北方政务会，[②] 以及一批其他法庭，独立于习惯法之外，来代行法院职务。如果法庭的法官们还不够严厉，还不适于供暴君的使命，那么还可以找非法定的法官们来补充。于是，就这样重新订立久已不抽的捐税，又巧立新名目，开辟一向不存在的税捐。有许多专卖项目又出现了；这些专卖项目当初是伊丽莎白所创立又是她废除了，詹姆斯一世所再立其后又取消了，议会一直不许征收，而查理自己也曾一度取消过的。这些专卖项目使包办人或享受特别利益的廷臣们，占有专卖几乎所有货物的权利，使人民饱受痛苦。他们又把专卖权的利润分授与人，既不公平，又不正规，更招致人民愤怒。查理又常扩大皇家森林，这样滥用君权曾多次逼使英格兰旧时的贵族兴兵造反，现在查理侵犯得更甚，仅仅以罗金厄姆森林为例，它从周长六英里，扩大到周长六十英里，人民若稍微侵犯其境，就加以追问，且课以异常沉重的罚款示惩。[③] 官员们四出查问拥有皇室旧有地产的人们的权

① 星法院（Star Chamber），以专断暴虐出名，于1641年关闭。——译者

② 北方政务会（the council of the north）于1537年由亨利八世于约克建立，那是在北方各郡由于镇压了较小的修道院而引起了骚乱以后的事。建立北方政务会是为了在这些郡中执行法律，维持秩序，它不受威斯敏斯特各个法庭的管辖。这种法庭的管辖范围最初很是有限，到詹姆斯一世和查理一世时代，管辖范围有所扩大，也更加专横了。

③ 当时在查理治下受罚款的总数为六百万镑。

利是什么，查问某种差使的薪金是多少，又查问在土地上盖造新房舍的权利，或耕种人把所耕的田地变做牧场的权利，他们若是找出错漏来，他们并不革除弊端，反要人民出高价来换得弊政的继续进行。国王与某些办事人订立不名誉的合同，给人以各种特殊利益，以及收取各种陋规的权利。他们甚至以法官的严酷变成一种渔利的手段。只要稍微有所借口，就加以前所未闻的罚金。有人害怕这样的灾祸，就事先以重贿求免。这个时候的法庭，好像不做别事，而专为国王敛钱，否则也是专门叫国王的对头倾家荡产。倘若已在某郡人民中造成普遍不满，滥征滥罚的办法不容易进行的话，就将当地的民团解除武装，改派国王的军队驻扎。人民不独被迫供食供宿，且要供应他们的装备。人民被迫偿付他们并不欠的欠款，否则便受到滥捕穷追。官府按照他们的财产多少，信用及经营的事业大小，交付若干钱财，才释放他们。无论是抽捐也罢，监禁、判罪、严罚或颁赏也罢，无一不是任意加身，随心所欲。专制范围日渐扩大，扩大到富人身上，因为富人有钱可取，也扩大到穷人身上，因为是不必害怕穷人的。终于因为平民怨恨之声聚为巨响，宫廷听了害怕起来，就轮到由导致人民怨怒的地方官们来行贿以求免罪。斯特拉福德如疯似狂地横行专制，因为有一个贵族蒙特诺里斯说了两句略欠考虑的话，就要处他以死刑；虽然未曾执行，但在英格兰已人言啧啧，甚至在国王的内阁中亦有人大声斥责，大不以斯特拉福德为然。斯特拉福德为了平息众怒，送六千镑到伦敦分给重要的阁臣们。斯特拉福德委托科廷顿勋爵办这件行贿的事，这个贵族原是个老奸巨猾，说道："我知道该走什么路，这就是说，这笔钱要送给能办这件事的人，这个人就是国王自己。"斯特拉福德花了这笔代价以后，不独免了罪，并奉命准他从他所随意定罪的人身上刮下来的罚款中，随意分送给他自己所宠用的私人。

这就是查理的财政需要的后果：他的恐惧心，较之他的财政需要，更使他走得很远。他虽然十分自傲，对一切都漫不经心，但有时也还觉得自己力弱，需要人支持。他曾几次尝试恢复高等贵族所久已不享的权势。他害怕乡绅们在伦敦的势力，他借口禁止浪费，命他们回去，住在他们自己的庄园里。星法院以维持贵族所应享有的尊敬为己任。若有人不敬贵族，或无意中得罪贵族，或说一句笑话，或稍微有点举动，对于贵族的阶级或权利表示不敬，就要受到极端的严刑重罚，被课巨款。国王与遭到不敬的贵族，则因此得利。国王的目的，是要壮大廷臣的势力，抬高他们的身价，但是这样的尝试，并未继续下去。这或是因为不久就看出这样做无甚效果，或是因为贵族的往日历史，使国王不太信任他们的子孙。事实上，有几个贵族，就是站在对国王心怀怨恨的人们的前列的。而且人民所信任的也只是这几个人。国王有时仍然能够在宫里的贵族们面前侮辱不做官的乡绅。但是现在又显得必要找出另外一个集团，这个集团虽然已有一定势力，却还需要国王的扶持，如果国王给他们一定份额的专制权力，他们就会有所贡献，以报答国王。英格兰的教士们对于这样的使命企求已久，现在奉命履行这个使命了。

英国国教会是源出于尘世的君主的一己意愿而建立起来的，此后就丧失了全部的独立。这个团体既不复赋有神圣的使命，又不复能依靠本身的权利而存在。它远离人民，并不是人民推选出来的。它与罗马教皇和普世天主教会(从前是他们的支持者)分离，其主教们与高级教士们，不过是国王的代表、国王的主要臣仆而已。它是一个有责任代表在人性中最独立及最高超的事物——信仰——的团体，但其基础却是如此薄弱空虚。英国国教会早已看出自己这个体制的根本缺点，但是由于教会的许多危机，由于害怕亨利八世及伊丽莎白的铁腕，它不敢采取任何步骤恢复其地位。这个教会同时受到天主教和不奉国教的人们的两面夹攻，其所拥有的教会财产以及它的信仰，也就同样地岌岌可危。因此它无保留地服从俗世的君主，承认自己的依附地位，承认君主的绝对的无上威权，因为在这个时候，只有这种威权才能够拯救这个教会，免受仇敌的侵害。

到了伊丽莎白晚年的时候，国教士中一些以德高望重自负的人，曾有所表示。坎特伯雷大主教下面的牧师班克罗夫特博士认为主教制度并不是世俗的制度，说自从使徒时代以来[①] 就是由主教管理教务的，主教们不是从国王手中，而只是从上帝手中得到各项权力的。事实上这些新教士已经开始认为自己的权力有了更加坚固的基础，因此便起步走向独立了。这个尝试虽然小心翼翼地进行，却受到轻蔑的反对。伊丽莎白断然宣称她对于宗教有充分的、至高无上的精神权力，她着重地反复对主教们说，如果不是出于她的意志，他们就一文不值。坎特伯雷的大主教只好说道。他希望班克罗夫特博士所说的话是对的，但是他不敢认为自己的话是对的。人民很起劲地站到女王一边，他们的唯一愿望是要求改革宗教，他们很明白，主教们若要独立，其意并不是要使信仰不受君权干预，而不过是为了便于自己压制信仰。

詹姆斯一世在位时，不曾做过什么具有决定性的事情，他自

① 指《新约》彼得、保罗时代以来。——译者

私、狡诈，不考虑坏事是否会变得更为严重，只要他不遭祸害就行。他维持他对宗教的最高无上的权威，但给与主教们若干恩惠，有心加强他们的势力（通过虐待他们的仇敌的办法），因此他们的自信与力量也日益增大。他们热心地宣称国王有神赋的权力，不久又开始宣称他们自己有神赋的权力，班克罗夫特当初羞答答地提出的主张，现在已变成全体高等教士所公开承认的意见，他们写了许多论文来支持这样意见，又在教堂的讲坛上加以鼓吹。1604 年 12 月班克罗夫特被任命为坎特伯雷大主教。每逢国王炫耀他的权力，教士们必鞠躬致敬，不过他们在暂时谦虚一下以后，立刻就又提出他们自己的要求，尤其是要求反对人民，如此便更能得到国王的欢心，他们自己也就更加努力地支持绝对专制的事业，盼望将来有一天，非他们不足以维持统治，而国王也就不得不承认他们的独立，以保证取得他们的帮助。

查理同议会争吵过，在国内很为孤立，他四处寻找统治的方法，国教的教士们就认为这一天终于来临啦。他们又得到了巨大财富，听由他们享用，无人敢同他们争议。天主教士也不再引起他们的恐惧了。教会的大主教劳德得到国王的完全信任，让他独掌全部教务。在其他大臣之中，没有一个人像伊丽莎白女王手下的伯利勋爵那样自称害怕教士、竭力反对教士侵权、要同他们进行斗争的。廷臣们对此事漠不关心，或者就是秘密的天主教徒。许多学问渊博的人为教会增色添彩。几处大学，尤其是牛津大学，崇拜该派的原则。现在只余下一个对头，那就是人民，他们看见改革没有完成，不满之心与日俱增，就热衷于完成宗教改革。但是教会的对头又是国王的对头。人民同时要求两样东西：对福音的信仰以及公民的自由，它们是互为保证的。而同样的危险，既威胁着国王的权力，又威胁着主教统治制的权力。国王奉教虔诚，相信不独他一人是由上帝赋予权威的，他相信主教们的权力也同样源出至高，与他自己的权力同样具有神圣不可侵犯的性质。从来没有过现在这样珠联璧合的好机会，可以叫教士们一方面脱离国王而独立，另一方面又可以压制人民。

劳德就以他惯常的猛劲开始行动了。第一件根本要务就是要将教会内部的一切争议停止下来，教会所奉的信条、所恪遵的纪律以及礼拜仪式，必需统一起来，绝不容稍有出入，然后才会有力量。劳德就以最大的决心，倾注全力，毫不迟疑、毫无顾忌地办这件事。权力已集中于主教们之手。统管宗教事务及判决宗教案件的高等法庭，越来越专断了，它的受理范围、形式和课刑轻重也日益严酷。所有教会都被责令完全采用国教会的宗教教义，严格遵行其礼拜仪式；而且规定凡施行于大教堂的仪式礼节，必须严格施行于整个教会。有许多教堂牧师的职缺原在不奉国教的教士们手中，现在从他们手中收回了。人民成群结队地去听不奉国教的教士们传道，于是便禁止他们宣讲。他们既无教堂可以演讲，又无职缺收入可领，便从城镇到城镇，周游各地，信徒们或聚在客栈里，或在私人宅子里，或聚在田头，听他们传道。官吏到处追捕他们，迫害他们。在乡间，贵族、退休的市民和富有的人家，崇拜他们的宗教，请教士们住到他们家中，聘请他们当牧师或教儿女读书。但官吏们仍不放手，仍然迫害他们，驱逐他们出境。这许多受迫害的人只好离开英格兰，他们前往法国、荷兰、日耳曼，并在那里依照他们的信仰创立教会。专制独裁居然渡海来迫害他们，命令这些教会奉行国教会的礼仪。法国、荷兰、日耳曼等国的工匠到英国来操他们的工艺，并曾取得执照，担保他们可以自由信奉他们原来的本国宗教，现在却取消了他们的执照，有许多人就离开英格兰他去，单是诺里奇教区就失去了三千名这样的勤奋的外国工匠。就这样，不奉国教的人们，既乏任何藏身之地，又无业可操，有逃亡的，有躲藏的，却仍然著书为他们的教旨辩护和宣传。检查官员禁止这样的新书，并且搜查及禁止旧书。当时甚至绝对禁止在讲经台上或在他处提到当时最激动人心的几个问题；因为当时宗教上的对立和抗争，既普遍又深刻，其中有涉及教条的，有涉及纪律的，有涉及人类命运之神秘的，也有涉及公众礼拜的适当形式的。国教会既不许人不遵守他们的礼仪，亦不许讨论教会的意见。人们既不再能听到他们所爱戴的人讲话，亦听不到在他们思想中占重要地位的话题，就痛苦异常。性情温和或胆小怕事的不奉国教的教士们，为了稳定人民情绪不受惊扰，为了避免自己在教徒中完全孤立，就提出部分妥协，并要求官方亦作部分让步，例如允许教士不穿宽大的白色法衣，不赋予圣餐枱子以神坛的形式或地位等等。官方答称，如果所提到的宗教仪式形式原是重要的，那么就决不可以不奉行，否则，如果本是不足重轻的，那就值不得特为提出加以反对。不奉国教的教士们被迫走极端，无他路可走，就决计抗拒。他们到了宗教法庭，而等待他们的是侮辱与严刑。主教们、法官们及他们的官员们，使用最无礼的口吻称呼他们，叫他们笨蛋、白痴、流氓、光棍。只要他们一开口说话为自己辩护，或者有所解释，官吏们就禁止他们发言。即使他们声明不再传道，不写文章，不在公众场所露面，而这些施行虐政的人仍不肯停止对他们的迫害。残暴的方式是异想天开的，压迫的时期是持久不息的。无论这群可怜虫怎样事前防备，也无法逆料在先，又无论他们怎样忍受屈辱，也不能感动对方不施暴虐。格洛斯特地方有一牧师叫沃克曼，曾断言教堂里的图画与装饰品是偶像崇拜的残余，他就被拘入牢。不久以前，格洛斯特市曾给他每年二十镑的终身补助金，此时却下令停止发给。市长和市政厅的职员们也被控，因为给与这项补助金而受到很重罚款。沃克曼出牢后，开办一所小学校，劳德又下令封禁。这个可怜的牧师因为要谋生，只好改当医生，劳德又禁止他治病，如同禁止他教书一般，沃克曼被逼走投无路，发了疯，不久就死了。

当时，天主教礼拜仪式的富丽场面逐步占领了牧师已被撤去职务的教堂。教堂四壁装饰得富丽堂皇，但是迫害已将信仰赶出了教堂。许多礼拜堂是在大事铺张的排场中行奉献礼的，下一步却需要用武力逼人，才有人来到教堂礼拜听经。劳德最喜欢亲自规定新礼拜仪式的详文细节——有的是借自罗马天主教的，有的是他自己别出心裁的，既浮华又冷酷。在不奉国教的人那一方面，每有变革。只要与规定礼拜仪式或教律稍微有所不符，就要治罪受刑。虽是这样，劳德却从来不同人商量，任意标新立异，只要国王同意就办，有时且完全独行己见。他改变了教堂内部的布置，礼拜的形式，很严厉地强人实行前此未曾行过的办法，甚至改变议会批准奉行的礼拜仪式。这许多改变，虽然不以学罗马教会为目的，但其结果却是使英国国教会越来越像罗马天主教。天主教士享受的自由以及他们所表现的希望，也许是由于不慎露真言，也许是由于有意表达，证实了人民的最坏的顾虑。有人刊行许多书籍，证明英国主教们的教义，大可以迁就采用天主教的教义，这些书籍虽然不曾领过正式执照准许发卖，却是题名奉献给国王或劳德大主教并公然容许其行销的。许多神学家都是劳德的朋友，例如蒙塔古主教和科森斯博士，都想信同样的教义。他们尽管如此相信，却是不受惩罚。而人民所爱戴的几个传道士虽竭力恪守规则，委曲求全，企图保留一点传道及著书的自由权，结果仍归枉然。所以人民日益相信天主教教义快要得胜利了，廷臣们置身于政令所出之地，也完全与人民有同感。德文郡公爵的小姐改奉了天主教，劳德问她是因什么理由改教的。她写道："我不愿意挤在人堆里，我因看见劳德阁下和其他许多人都匆匆地往罗马方向去，我要从容不迫地独自到罗马，走在你们之先。"

主教统治制就是这样辉煌地又是这样大权独揽地建立起来了(至少劳德以此自诩)，劳德于是进一步巩固这个制度的独立自主。有人认为在这件事上，国王也许不会那么言听计从，谁知不然。主教的神权，不久就成为国家所奉行的官方原则，不仅为上层教士而且也为国王自己所奉行。埃克塞特的主教霍尔博士在一部著作中提倡这个道理，劳德又特对这本书加以精心订正。凡是稍有空洞、胆怯以及有所疑虑或让步的话，都一概予以删除。这种主张，先在书本上加以提倡，不久以后就付诸实行了。主教们组成宗教法庭，不再用国王名义，也不再代表国王，而且直截了当地用主教们自己的名义。他们的判决书上只需盖用主教印章；他们又宣布管理各大学是大主教的固有权限。国王的最高无上权力并不曾正式废除，不过可以说已只剩下一层薄薄的纱掩盖着后来终于破坏此权的篡权行为了。教会就是这样一方面逐步摆脱所有来自世俗政权的束缚，一方面干预民政；教会的司法权力扩大了，它是以牺牲普通法庭的权力而得到扩大的。从来没有现在这么多教士担任阁员或居于国家高位。律师们有时看见他们的个人利益受到威胁，因而群起反对这样的侵犯；查理却不理睬他们；劳德也觉得不该理睬这些人。因此，当他设法把管理国库大臣的权杖交给贾克森主教的时候，他欣喜欲狂地喊道：“现在让教会生存并维持它自己的权力吧；一切应办的事我都已全替教会办好了，我不能再做什么了。”

时局到了这个关口，愤怒的已不止是人民了。至少有一部分贵族也惊慌起来。他们从教会的发展中看见的，已远不只是专制；它是一场正规的革命，它不满足于粉碎人民群众的改革，它还将玷污第一次宗教改革，使它陷于危险；它所破坏的正是历代国王所创立及贵族们所采纳了的。贵族们过去学会了宣扬国王的至高无上的地位与神赋权力，因为这至少也会叫他们免受其他任何约束。现在他们却必须分别承认主教们的神赋权力，而且现在轮到他们向教会卑躬屈节啦，而过去贵族们是曾以赞赏的心情同意污辱教会、并分享过从教会夺过来的赃物。现在要求贵族们奴隶般地驯服，可是贵族们卫护自己的特权远过于对自己自由权的要求。可是有许多人，从前原是他们的下属的，却已被许可得到几分独立。贵族们觉得不但他们的阶级正在遭到危险，甚至他们的财产也岌岌可危。教士们神气十足，他们早就看不惯了，他们听见人们说，不要多久一个普通的教士就会变成一个与国内最高贵的绅士平起平坐的大人物，他们将会看见大主教们或他们的走狗几乎都做了官，享受国王的几乎全部恩宠，而贵族在失去了旧时的光辉、旧时的自由权利和势力以后，国王的恩宠本是他们剩下的唯一补偿。查理不独诚心崇拜教士，而且在抬举他们的同时允许给予他们强有力的支持，来反对人民的恶意。总而言之，谴责政府行为的倾向以及对政府动机的怀疑，不久以后已发展到怨声载道，从城市的工场到白厅的客座，遍处是不满之声。

更高阶级的人士对于宫廷亦表示不快，而且出现说长道短、百无禁忌的现象，这是一向未曾有过的。国人所最敬重的几个高等贵族，退隐到他们自己的庄园，以不居庙堂来表示他们对一切大不以为然。在伦敦以及国王左右，独立和调查研究的空气到处弥漫，甚至渗透到过去充满奴才气或极其浮薄无聊的议事会里。自从伊丽莎白统治时代以来，对科学和文学的爱好已不复是教授们的专享权利。那时宫廷好与著名人士、哲学家、学者、诗人、美术家做朋友，并且喜欢和有学问和文才的人交谈，以此来作为新的卖弄方式，别的人也喜欢同这些有学问的各等人物来往，作为一种高贵的消遣。但是不能把反对派的需要同这些集会的精神混为一谈；这些集会，无论是在有名的酒店里，或在贵族的公馆里举行的，最时髦的事就是讽刺那班不奉国教的虔诚信徒们的古板性格和疯狂抗拒，人们称这种信徒为清教徒。人们聚集的目的，不外是宴乐、赌博、文学讨论、相互恭维、表示好感，这些集会向来都以国王为中心，国王又总是这些集会的保护人。可是当查理在位的时候，就不复是这样啦。文学家与世情练达的人士往往在一起聚会，他们所讨论的却是更严重的问题，而且只在当权者视听范围以外才开口，因为这些话是冒犯他们的。他们所谈的是国家大事，道德学，宗教问题，谈起来妙语横生，有声有色。从外地旅游回来的青年，在法学院学习法律的人们，思想认真、活跃的人，只要其阶级与家境给予机会，都很热心地来参加讨论。在这些集会中，塞尔登倾吐他的学术珍藏；奇林沃思谈论他对于宗教信仰的怀疑；福尔克兰勋爵（此时还很年轻）请众人到他的家中聚会，人们把他的花园比做古希腊柏拉图的学园。在这种集会里头，并未形成什么派系，有的只是自由和健强有力的意见。这些人并不为私利或个人意图所束缚，不过是乐于聚话一堂，交流见解，且以慷慨激昂的情绪互相鼓舞。他们无拘无束地论辩，他们所追求的只是真理与正义。有一些特别专心研究哲学的，就研究什么国体最适宜于人类的尊严，也有以律师为业的人，专心注意不轻易放过国王或他的内阁的非法的政令。亦有以神学为职业或有志于神学的人，他们很谨严地研究早期基督教的情况，研究它的原始信条和它的礼拜仪式，并以之与劳德所尝试成立的教会相比较。这些人不是以共同的激情与共同的危险结合起来的，也没有任何具体的宗旨或目标，他们只是一致憎厌专制，且互相激励以憎厌专制、藐视宫廷，且对议会表示遗憾。他们企求的可算是一种改革，他们明明知道这种希望是微薄的，但是在他们的自由思想的深处，这个改革将会使他们的忧虑告终，将会实现他们的全部愿望。

离宫廷远一些、阶级低一些、教化稍差一些的人的感情却具有更严厉的特色。他们思想狭隘，却更富有决断。在这种社会里头，意见是与利益相联系的，激情又是与意见相呼应的。乡绅们的愤怒，更多是指向政治专制的。高等贵族与封建制度既已腐败动摇，较低阶级对高等阶级的尊重就大为削弱。乡绅们都自认为是从前赢得大宪章的人的后代。他们不断地互相提醒，从前他们的乃祖乃父，如何对君上作战，祖宗的一言一语如何成为法律。现在看见他们的权利、他们的人身乃至他们的财产，都受制于国王与他的阁臣们的喜怒，自然不胜气愤。他们既不搞哲学理论的研究，又不去引经据典地辨清民主制、贵族制、君主制的差别，他们一心一意只想着下议院。在他们看来，下议院代表贵族与平民、也就是贵族与全国人民的古老联合：近年来，只有议会保障民众的自由，亦只有议会能够重新恢复民众的自由，而当人们谈到议会的时候，人们想到的只是下议院。于是人人心中逐步形成了一个想法，那就是：议会执掌无所不包的权力，这是合于法律的且是在所必需的。说到教会，大多数的绅士对于管理教会的方式，都无特别意见，而且肯定没有破坏教会的意思。他们并不敌视主教制；但讨厌主教们，认为他们是专制制度的帮凶和保护者。宗教改革的时候，曾经宣告授予广大公民以选举权，禁止滥用神权干预尘俗世界的政务。国教教士们却努力要恢复罗马已失去的权力。乡间的贵族及绅士们的公意，本来并非不愿意赞成主教制的，条件是教会不得要求政权与神权；国教会所存在的此种野心必须加以扑灭；不许在英格兰存在罗马教皇的继任人，不许主教们干预国家政事，而只宜遵照本国的法律，办理各教区的宗教事务。

在市镇内地位较高的市民，在乡村里大部分小乡绅及几乎所有的地主，他们的看法远远超过上述那些，情绪更加激烈，尤其关于宗教事务。他们热心地坚持改革的大业，渴想彻底实现他们的重要主张，深恨一切类似天主教皇制或令人想起教皇制的东西。他们说，原始基督教会，其礼拜形式的朴素，其信条的纯洁，都被天主教皇的金字塔式的统治机构破坏无余了。因此他们又说，第一个改革过的教会，新使徒们兹温利斯、卡尔文、诺克斯等人很快就取消了这种专横的制度，及其大肆铺张的偶像崇拜仪式。福音是他们奉行的规章，早期的基督教会就是他们的模范。只有英格兰顽固地走着教皇制的道路，因此人们问道：难道主教们的扼制的苛刻程度逊于罗马么？主教们的行为比罗马的更合于福音么？主教们的骄横，亚于罗马么？他们同罗马一样，心中想的只是权力与富贵。他们同罗马一样，不喜欢多传道，不喜欢严肃的作风，不喜欢祈祷的自由。他们同罗马一样，要求将基督徒心灵的感应，统统纳入刻板的繁文缛节之中。他们同罗马一样，用他们礼仪中的俗不可耐的赛会式表演来取代基督耶稣的生气勃勃的语言。到了神圣的安息日，真正基督教徒们难道不想回到自己的家里举行自己的虔敬的礼拜仪式么？可是无论在什么广场，无论在什么街上，都有游戏与跳舞的喧哗和酗酒滋事，侮辱性地打扰他们的默祷。主教们还不以放任人民做这样渎圣的消遣为满足，他们甚至鼓舞他们——不，几乎命令他们做此种事，惟恐人民尝到更神圣的乐趣。在众信徒中，有人的畏怯良心不是被教会的某种作法刺伤了么？主教们声色俱厉地命令这个人恪遵教会法律的每一个细微末节。他们若看见另有一人认真守法，他们却又用他们的新法来找他的麻烦。他们压碎恭顺的人；他们激起心志高超的人起来造反。四面八方都在强调真正信仰的敌人的准则、习惯和主张。但是，为什么要这样地抛弃福音呢？为什么要压制最热心的基督教徒呢？他们所维护的权力不是福音所带给任何人的，也决不是早期的基督信徒们所知悉的。人们希望废除主教制，希望使教会再度独立自主，希望由权力均等的牧师和纯朴的福音传道士，共同地、协同一致地管理基督教徒的纪律，这样才是真正的基督教会，以后不会再有人崇拜偶像或实行专制，等到宗教改革最后成功时，就不复有害怕天主教教皇制的必要，现时该教派已经到了门口，正要侵犯上帝的门户，而看门的人正在准备应敌呢。

在宗教改革初起的时候，许多这方面的见解已在暗暗地酝酿，人民看见这些见解已被若干有钱有名有势力的人作为他们的直接与自然的支持人所采用，人民也就对这许多见解并对自己加强了信心。人民虽然当时不曾发生变乱，不久却就改变了本国的整个情况与面貌。在 1582 年与 1616 年，少数不奉国教的人，已正式与英格兰国教分裂，自称为布朗派与独立派（后来都很闻名），形成两个分裂的小教派。它们拒不承认一切教会的全面统治，声称信教团体都有权在纯粹的共和制基础上，安排自己的礼拜方式。从这个时期起，就有几个私立信教团体是依照这个模型建立的，但是人数不多，又很贫穷，他们与国家、教会都很疏远。他们毫无自卫的手段，因此一经查出，便受迫害，他们各自逃走，多半躲向荷兰。但是不久以后，对自由的渴望与对祖国的热爱，便在他们内心互相斗争起来。为了调和这两个方面，他们就送信给留在英格兰的亲友们，同他们商量，想前往一处不甚为人知的干净土，却必须是属于英国的土地，又是只有英国人居住的地方。较为有钱的人们变卖财产，买一条小船，置备粮食，畜牧工具，在一个他们所奉的教派的牧师领导之下，前往荷兰，再与他们的朋友们同赴北美洲，那里已经有人在作开垦殖民地的努力了。但是这种船只往往不够大，要去的人太多，不能扫数装走，遇有这种情况发生，全体的人便在船只停泊的地方聚在海滩上，而逗留在此地不能成行的会众的牧师，就在滩上作送别礼拜，即将离国的牧师，亦作礼拜以作回答，表示辞别。他们在一起祈祷许久，才相抱而别，于是一部分的人扬帆而去，一部分的人很忧愁地回去，只好在陌生人群中再等机会渡海，将来与他们的亲友们会合。这样的远征进行了好几次，并无障碍，这是因为难民们都是无名之辈。不料在 1637 年间，国王忽然得知难民出洋人数增多，次数频繁，且有许多资财可观的市民们做这样的事，且带走许多财富，据说本国已经失去一千二百万镑的钱财。现在已经不再只是少数的孱弱的无名的信奉异端教派的人们感觉受到虐政压迫的问题了；他们的意见正在传播着，有一些并不采纳他们意见的人，也有他们同样的感觉了。政府在多方面的所作所为，弄得自身声名狼藉，以致成千上万的阶级不同、贫富不同及目的不同的人们都离开了本土。政府颁令禁止人民出洋（1637 年 5 月 1 日事）。正在这个时候，有八条船，泊在泰晤士河上，准备启碇，在船上的人中有：皮姆、哈斯勒里格、汉普登和克伦威尔。

他们不该躲避专制而逃走，因为人民已经开始抵抗专制了。初时不过是不满，后来继之以酝酿，现在人民向往的已不限于恢复法律的秩序，甚至不止于废除教会的主教制啦。有一个大党派在策划这种双重的改革，在他们周围，产生了许多更激烈与更大胆的小派别。四面八方都有从教会分离出来的小集团，以对某一教义作出这样或那样的解释来作为它们的标志。有以拒绝某某种仪式为表征的，亦有以打倒整个主教制统治、主张信徒们绝对独立并只信赖圣灵的灵感为特点的。四面八方都是热情制服了畏惧。尽管有劳德的很活跃的裁判异端的法庭，但是各式各样的小教派还是在市镇的地窖里聚会；若在乡间，则在粮仓里或在森林中集会。阴森森的地点，他们因聚会而招致的危险与困难，都更加激励牧师们及听讲的人的想象力。他们在聚会地方一待就是好几个钟头，甚至通宵达旦。在那里祈祷，唱圣诗，求上帝启示，并且咒诅他们的敌人。他们愚蠢的教义，他们的微弱的会员人数，对于他们自身的安全，对于这些狂热的聚会的信誉都不算重要；他们受到了席卷全国的普遍愤怒的荫庇与保护呢。时隔不久，那些不奉国教的人，不问采用什么名称，不问信奉的是什么信条，又不问他们作出什么策划，就对他们另眼相看，给予最大的信任，因此他们也就索性以他们的服装及举止与别人区别开来，即使在迫害他们的人面前，他们也公开表示他们的意见。他们穿黑衣裳，头发剪得很短，戴的是高顶宽边帽子，无论走到哪里，群众总是敬重他们，称他们为圣者。尽管到处受到迫害，但他们声誉日高。甚至连伪君子之流，也宣称站在他们一边。破产的商人，失业的工匠，因沉湎酒色、欠债累累而为众人所不齿的人，凡要在众人眼中抬高自己身价的，无不仿效圣者的服装、举止，而且学他们说话的腔调，并且通过人民对圣者的热心信托，取得了欢迎和保护。在政治事务中，这样的风气也日益扩大，不过不那么普遍，没有多少混乱就是了。在较低的阶级的人民中，前所未闻的平等观念和要求开始流行，这是他们生活景况改善的效果，要不然就是宗教见解的影响。在较为高级的社会里头，一些自视甚高而粗率坦直的人士，鄙视宫廷，又看不起旧法律之无能，他们思潮高涨，慷慨激昂不能自已。当他们静坐观书或与密友私谈的时候，往往梦想实现更为简单与更为有效率的社会制度。亦有许多人出于不那么纯洁的动机，平日对于各种信仰，都淡然处之，行为上也一向放荡，他们的脾性或机会，将他们投入胸怀不满的人群中。他们很想出现无政府状态，以便大显身手，实现野心，至少也可以使他们不再受束手束脚之苦。狂热与放荡不羁，真诚与诈伪，敬重古法与蔑视旧制，合法的愿望与图谋不轨的期望，这一切汇合起来，酿成泛滥于全国的愤怒。大家聚集起来一致反对这个权力，它的专制暴政在不同感觉不同见解的人们中间激起了同样的深仇大恨。同时，君权的鲁莽行事和软弱无力，也给地位最低下的党派和胆量最大的梦想家以活力和希望。

在一段时期内，国王与他的内阁竟不曾觉察出群众的愤怒的增长，政府已与国民疏远，又由于不曾碰见下面来的有效抵抗，因此虽遇一些困阻，但仍然是充分自信，傲然自若。为了代其行为辩护，政府多次着重声言，流行各处的思想很不妥，但是暂时的怀疑并未促使它觉醒与谨慎起来，它一方面畏惧仇敌，另一方面却又轻视仇敌。政府看见有必要日甚一日地加强压迫，但这并未能教它更认清形势，相反地，一种十足蠢才式的骄气，使政府将与日俱增的危险迫使它所采取的严上加严的镇压，错看做自己力量强大的表现。

英格兰在1636年间，小册子满天飞，它们反对宠信天主教徒，反对宫廷的一片混乱，特别是反对劳德与主教们的独裁苛政。星法院严惩这样小册子的出版已经不止一次，可是现在小册子比从前任何时代都多，都十分激烈，播传得十分广泛，人们又还急于先睹为快。无论哪个市镇都看到这种小册子，最僻远的乡村也有，大胆的走私人从荷兰运来成千上万的小册子，大发其财；在教堂里也评论这些小册子，劳德虽然霸道，却还无法完全清除教堂里的清教徒派的传教士。内阁看见使用平常的严厉手段毫无效力，就更加怒气冲天，决心试用其他方法。同时将律师普林、神学家伯顿及医生巴斯特威克拘捕到星法院受审。政府最初本来打算以叛国罪讯办他们，这样他们就会被判死刑，但是法官们宣称，他们不能枉法到只判他们犯轻微刑事罪或轻微谋反罪。

审判程序不公，与判决的蛮横无理可算不相上下。被告被传到庭，法庭要他们当场立即辩护，不然就作为他们已经招认论。被告答称，因为法庭不给他们纸笔墨水，他们不能写辩护书。于是供给他们纸笔墨水，但规定须有一个律师在他们的辩护书上签名，他们选了一个律师，但法庭有好几天不许选定的律师进牢与他们见面。终于允许律师进牢了，律师却不肯签字，因为怕得罪法庭，又无别的律师肯担任这件事。犯人们请法庭允许他们自己在辩护书上签字，法庭不允所求，并恐吓说，没有律师签字的辩护书将被认做他们所犯的罪已经得到证实。普林说道："大人呀，你们在叫我们做不可能做到的事。"法庭只是又把说过的话重说一遍。于是开堂审讯，一开头便对其中一个犯人大施侮辱。四年前，普林曾因另一本小册子之故而被判以割去两耳的刑罚。法官芬奇看着他说："我过去以为普林先生没有耳朵，我现在想他还是有耳朵的。"这就使好几个裁判官更详细看他，法庭的纠察员为了使法官们满意，就拉起犯人的头发，露出两耳来，他们看见耳朵不曾割去就很不高兴，就责备他。普林说道："我望大人们不要见怪，我祈求上帝给你们耳朵，以便听人说话。"

于是判决这三个犯人夹在颈手枷上示众，并皆割去耳朵，交款五千镑，终身监禁。6 月 30 日宣判，如海的群众挤在枷的周围，执刑的人要推开众人，伯顿说道："让他们来吧，不要驱逐他们，让他们来吧，让他们学学怎样受苦吧。"执刑的人为这两句话所动，果然不驱逐众人了。有一个妇女对伯顿说道："先生，上帝可以用你这样的训示来使许多人悔改作新人，重新回到上帝一边。"他答道："上帝是能够做到这一点的。"有一个少年看看他，立时脸上惨白；伯顿对他说道："儿子呀，儿子呀，你觉得怎么样啦，你为何面色惨白？我的心里充满了慰藉情绪，假使要我得到更多慰藉，我也能得到它。"这一群人越挤越近犯人；有一个人给巴斯特威克一束鲜花；一只蜜蜂落在花上。这个人说道："你没有看见这只可怜的蜜蜂吗？"普林说："她找到这个地方来吸取花蜜；难道我不能从这个地方来吸取基督的蜜汁吗？”普林继续说，“假使我们重视我们的自由，我们是不会在这个时候站在这里的，我们今天是为了大家的幸福和所有的人的自由，才把我们的自由交给这场事业。你们若是知道你们的自由被人侵犯得多深，若知道你们被抛进了什么时代，你们就会看看四面，你们就会知道你们的自由可以合法地伸展到什么地方，并维护自由。”空中荡漾着严肃的欢呼声。

几个月以后，4 月 18 日，在绞刑架的四周又出现同样的场面，利尔伯恩正以同样的罪名受类似的残酷刑罚。受刑的人的热心和人民大众的热情似乎更高涨了！利尔伯恩绑在一辆车后，在威斯敏斯特的大街上拖着，人们一面拖他，一面鞭打他，他却不停地激励紧紧追在他后面的群众。他被枷在颈手枷上的时候还不断地说话，狱卒们不许他开口，他还是说个不停，他们便用东西塞进他的嘴。他随即从衣袋里取出几本小册子来抛与人民；他们纷纷抢小册子；于是又捆上他的两手。群众不动了，静寂无声了，刚才听过他说话的人，都不肯散开，一齐凝视着他。有几个法官立在窗口，好像在好奇地看看他的毅力能支持到什么程度；但他的毅力胜过了他们的好奇心。

到这个时候为止，殉道者都不过是平民，并没有什么有名有才有钱的人；殉道者们在未受审之前，确实大多数在他们的行业中都算不了什么人物；他们所力持的意见多半都是宗教狂热派的意见，这是人民大众所最欢迎的。人民为他们的勇敢表现而自豪；不久他们就责怪社会中的上层人士们怯弱和麻木不仁了。老百姓们说道：“荣誉观念，从前多半是在头上的，今日它好像是痛风病，往脚下发展啦。”其实并不如此。乡间的贵族与绅士，高等市民，他们的愤怒其实不亚于人民；不过他们看事看得更清楚，热心却稍逊，他们要等待重大的可以给予他们一举成功的可靠希望的机会来临。这次的公众呼声，激动了他们，赋予他们以自信。时机已经到了，全国的人已经彻底地激动起来，现在所需要的只是有名的、稳健的、影响巨大的领袖们了。他们就会起来抗拒，不是作为冒险家，也不仅仅是为了一派的利益，而是以全国人民的权利及利益的名义行事。

白金汉郡有一个绅士名叫汉普登，他发出了全国抗拒的信号。在他之前，诚然有过几个人曾经尝试起义，但没有成功，他们同他一样，曾拒绝不交纳以船捐为名的苛税，要求将这个问题交付法庭审议。他们还要求将这个问题提到法庭上，应该允许他们在庄严的审判中坚持他们的意见，即认为船捐是非法的，而拒绝交纳是合法的；但是法庭一直想方设法躲避讨论此事；汉普登坚持要求进行讨论。他于 1626 年及 1628 年当选为议员，是反对党的议员，却并不曾招致宫廷的特别怀疑。自从最近一次解散议会以来，他生活得很宁静，有时住在他自己的田产上，有时在英格兰及苏格兰游历，无论到哪里，他都仔细地观察当地的人心趋向，同许多人联络，但从未表达他自己的感情。他坐拥厚资，行为检点，从不炫耀豪富，他的态度滞重而单纯，从不流露严厉；他以性格恬静、平易近人著称，邻居们无论哪一派无不敬重他。他们都说他是通情达理，反对现在通行的制度，但既不是一个奉教到发狂的人，亦不是一个喜好作乱的人。所以该郡的法官们并不怕他，也不想伤害他。1636 年，他们派定捐款，派他捐微不足道的二十先令，无疑地是意在轻易地放他过门，而且希望捐款既轻，就可以避免使一个谨慎的人抗捐。汉普登不肯出捐，但既不感情用事，亦不吵吵嚷嚷；他一心想以身作则，要求司法方面郑重裁定国家有无权力抽收此税。他在监牢里的时候，也是很安静很沉默；他只求将案子交付法官们审问。他说，他乐于用法律处置这个问题，他希望国王也乐意这样办。国王新近才得到法官们的宣告，说遇有需要的时候，为国家安全起见，这种税捐可以合法地征收，所以由此而充满了自信的国王，愿意让汉普登打这个官司。汉普登的律师们办这个案件同汉普登一样审慎，说到国王和君权时，都是毕恭毕敬，避免任何激昂的演说，避免任何危险的原则，只以本国的法律及历史为依据。律师中有霍尔本先生，他说话的时候，有几次暂时停住不往下说，而求法庭饶恕他辩驳得太激烈，且求法庭若是看见他超越礼貌及法律的范围，立刻警告他。刑事律师们也赞扬汉普登的温和。这场官司在人民愤慨声中审了十三天，本国的根本法律经过了争辩，并没有人说民权辩护人们感情冲动，更没有人怀疑他们有任何反叛意图。

汉普登的罪案于 6 月 12 日宣判，表决时只有四个法官投了有利于汉普登的票。国王听到这个判决，就为自己称庆，认为是专制的决定性的胜利。人民的看法也是如此，认为从此以后不用再希望法官们或法律会为他们主张公道了。其实查理并无任何理由自鸣得意；人民虽然失去了希望，却赢得了勇气。人民一向是极度不满的，但缺少团结力，以致未能一致行动；可是这次的判决一下来，乡绅、市民、农民、商人、长老会、奉异端的，总而言之，全国无不觉得身受这个判决的损害。人人嘴里都讲汉普登，一提起他的名字，人民都表示爱戴与骄傲，因为他的命运就是他的行为的典范，他的行为就是国人的光荣。宫廷的朋友及党羽，都不敢说这次打赢官司是合法的。法官们为自己辩解，几乎到了公开承认自己怯懦的地步，企图借此取得饶恕。比较温和的市民表现一片忧郁的沉默。较为胆壮的人，直言不讳地表达出他们的愤怒，以此私下得到一点满足。伦敦与外省，不久就有许多满腔怨愤的人找到了自己的领导人，他们聚会来讨论前途。各处都定出措施，决定到必要时就联络起来一致行动，相互支持。简单地说，一个党派已经形成，它小心翼翼地掩盖自己，但却是得到全国的公认。国王与他的内阁仍然为他们最近的胜利而庆贺，谁知他们的对手们已经找到了起事的时机和行动方法了。

宣判汉普登罪名之后约一个月（7 月 23 日），爱丁堡发生激烈的叛乱。这是由于武断地及突然地采用一种新的礼拜仪式而激起的。自从查理登位以来，就效法他父亲的榜样，不停地努力推翻苏格兰教会从加尔文教派借用来的共和宪法，并恢复建立苏格兰的主教制（其轮廓至今仍然存在）的充分权力与光辉。他们要使这个计划成功，就用尽了欺骗、暴力、威吓、贿赂的手段。专制甚至采用怀柔和耐心等待的手法；有时迎合教士们的个人野心，有时利用小地主重视自身利益的心理，使小地主可以很容易地恢复他们的什一税，而对教士们则升任他们为教会的高级人员与朝廷的高官。这些做法，是在不断地向目标前进，却满足于缓慢的和迂回的进程。人民的惊慌与日俱增，国教的教士们继续抵抗，于是政府制止他们集会，并驱逐最大胆的传道士。议会往常俯首听命，但有时也有所迟疑；于是选举被干预，辩论被禁止，也发生伪造选票的事。苏格兰的教会，在斗争的时期内（常是国王得胜），逐渐受到一种等级制度与纪律的约束，几乎与英格兰的教会相似，这种制度尊重主教及国王的绝对权力及神权，认为二者是同样地神圣不可侵犯，而且是绝对权威。在1636年，这样的工作好像要接近完成，主教们恢复了他们的宗教司法权，圣安得鲁大主教（斯波蒂斯伍德）担任王国的大法官，罗斯主教（马克斯韦尔）即将任财政部长，在十四个主教中间有九个做了枢密顾问官，而且在会议中占举足轻重的地位。查理和劳德认为大功告成的时机已到，不用与教士和人民商讨，就硬将一套宗教法典和礼拜仪式强加于这个教会之上，以适合新的情况。

但是在苏格兰宗教改革与在英格兰的宗教改革不同，英格兰的宗教改革是由国王的意志及廷臣们的奴颜婢膝所产生的。苏格兰的宗教改革一开始便为舆论所赞成，以其自己的力量排除了所有障碍，然后自下而上登了高位，而不是自上而下地颁下的。从一开始它就没有不同的制度、不同的地位、不同的利益来分裂其党徒；在长期斗争进行中，他们习惯于交替地抗拒权力，或自己行使权力。苏格兰的传教士们可以夸口说，他们已提高了民族地位，经受了内战，废黜过一个女王，管制过他们的国王，等他后来做了外国君主，他才从他们的帝国逃走。他们的团结是很坚强的，而且打过这么许多次胜仗的记忆犹新，他们就很勇敢地在他们的讲道时和个人思考时，将政治和宗教兼收，国事和宗教争论并容；他们从讲坛上，一视同仁地对国王的大臣及本区的自己的教民指名道姓地进行谴责。就在这样一个学校里，人民学会了大胆思考和大胆说话，他们认为改革宗教的胜利应该全部归功于人民自己，毫未仰赖他人。因此他们不仅视宗教改革为他们的信条，也视为他们自己手创的业绩。他们坚持以拥护教会的精神上的独立而反对国王操纵宗教的最高无上权来作为他们的根本指导原则。他们认为他们具有条件，而且赋有职责保卫宗教的独立，使宗教免受天主教皇、君权制以及主教制的侵害，而这些都是国王用来反对他们的。他们的历代国王登上英格兰宝座，而被赋予重大的威权，这些都使他们一时减了勇气；因此詹姆斯反对长老会的教义与制度便能取得成功，而当他只是苏格兰国王的时候，他是很愿意服从这些的。国王们容易被人民的外表上的驯服障了眼。从查理看来，苏格兰受到了威吓，也就等于苏格兰已经降伏了。他借助于他自己的无上威权和主教制的威力，在英格兰压倒了他以前的几个君主曾经有效地压制过的，以及民众所主张的改革。他自以为他能够破坏苏格兰的民众宗教改革，而宗教改革在苏格兰原是很有势力的，也只有在苏格兰宗教改革才享有法定地位。至于苏格兰国王的至高无上的权力，只有主教们才承认它，而主教们也只有依靠国王才勉强保持住他们自己的地位。

破坏苏格兰民众宗教改革，这种尝试产生的后果是，它往往使得专制制度的臣仆们惊讶与苦恼交集：等到成功似乎明显在望的时候，失败偏偏来到。恢复主教制，废除旧法律，取消政治和宗教集会或使其变质，凡是能够在人民视线所不及的地方做的事，全都做了。但是因为要完成这件大事，不能不改变公众礼拜的仪式，然而就在将新礼拜仪节输进爱丁堡大教堂的那一天，什么都完了。几个星期之内，一个突发的、遍及各地的起义，将大群的地主、农民、市民、工匠、田工从王国的四面八方送到爱丁堡来，反对威胁了他们的礼拜的新形式，并且亲身前来作抗议的后盾。房舍与大街挤满了人，有些人在城门下城墙下安营扎寨，人们包围了枢密院的大厅，该厅当即要求地方自治局援助，而该局本身也在被包围，无能为力。主教们在街上走过，就遭到群众的侮辱，人们在大街上写了一篇控诉书，攻击主教们的苛政和偶像崇拜，在其上签字的有教士，有乡绅，而且有贵族。国王不答复他们的控诉，命令送控诉书的人回家；他们从了命，这多半是由于实际需要，而不是由于甘心服从；一个月以后（11 月 5 日），他们又来了，人数比从前更多。第二次来并无扰乱秩序的事，他们的感情是沉重的，沉默的；高级人士参加了这个争执；两个星期后，就提议组织正式的抵抗，议决后就立即实行；由各阶级的人们中选出了一个高级委员会，受托进行办理这件大事；各郡各镇都有分会奉行总会指示。暴动已经不见了，但是只要人民自己组织起来的政府一声令下，暴动便会发生。

12 月 7 日，查理终于作出答复，不过只是坚持要遵行新的礼拜仪式，禁止请愿者集会，违者以叛逆罪论处。苏格兰内阁奉命严守秘密，不许宣布国王命令的内容，而待以后公布。不料命令还未到苏格兰，起义的魁首们已经知道命令的内容了，他们立刻号召人民支持他们的代表。内阁为了抢先一步，立刻公布国王的命令内容（1638 年 2 月 19 日事）。这时，有两个贵族，休姆和林赛伯爵，紧追着国王的传令官的脚后跟，命人以他们的同胞的名义公布并张挂抗议书，他们两人在这份抗议书上是签过字的。凡是在有人宣读国王命令的地方，就有人干这样的事，宣读与张挂人民的抗议书。起义的人们，日益斗志昂扬，日益感到威胁，也日益团结一致。终于决定结成严肃的同盟，其性质很近似苏格兰自从宗教改革以来曾经几次采用过的结合形式，借以在全体人民前面宣告维护他们自己的权利、自己的信条以及自己的愿望。最有势力的教士亚历山大·亨德森，及一个有名的律师阿奇博尔德·约翰斯顿，也就是后来的沃里斯顿勋爵，共同制定这个同盟的规章，通称为《盟约》，1638 年 3 月 1 日经巴尔默林诺，劳登和罗思的修改和赞同。盟约里头，除了载有详细的及已经成为古老的信仰声明以外，还表示正式拒绝接受新的宗教法律与新的礼拜仪式，以及民众联合会的誓词，誓愿针对各种危险来保卫君主、宗教以及国家的法律与自由。盟约一经提出，人民就普遍地欢呼赞成，于是派出信使，按站替换，以难以置信的速度，将盟约从一村送到另一村，一直传到王国的穷乡僻壤，正好像山上的酋长将一个点燃着的十字架，挨村替换地派人迅速传送到各处的部下，号召即刻赴战一样。乡绅、教士、市民、工人、妇孺，成群结队地聚集在教堂里和大街上，宣誓一致服从盟约。甚至苏格兰高地的人们，为民族感情所激动，暂时忘记了对国王的忠诚，以及平日如何激烈反对低地的人，也加入起义行列。不到六个星期，整个苏格兰都在盟约法令之下联合起来了。只有政府雇用的人，几千名天主教徒以及阿伯丁市，拒绝参加盟约。

这样大胆的反抗使查理大惊失色：有人告诉他说，这不过是一群乌合之众的疯狂闹事；爱丁堡地方自治会议甚至还谦恭地请求国王开恩饶恕，它答允立即严惩乱民。国王的苏格兰廷臣们也天天夸海口，说他们所得情报，都说是各处平静无事，或说几乎平静无事。查理觉得自己的意旨寸步难行，大发雷霆，决计借助于武力。但是诸事尚不齐备，不得不暂作缓兵之计，于是派汉密尔顿侯爵前往苏格兰，嘱咐他稍微奉承一下乱党，让他们存些希望，但却不要说什么会束缚国王的话，或进行任何解决。1638 年 6 月，二万盟约党人聚集在爱丁堡，举行严肃的斋戒，并前去会见汉密尔顿，有七百名教士穿上教袍，站在道旁的高处，当他走过的时候，高唱圣歌。盟约党要向侯爵显示他们的力量。汉密尔顿因为要在苏格兰保持他的信用，同时又要服从国王的指示，有意地表现和解姿态，但是他所建议的让步，从党人看来，却显得很不足够，又带欺骗性。他尝试提出一个国王的盟约，以代替群众的盟约，这个提议被盟约党人带着嘲笑拒绝掉了。他同党人进行了几次无效的会商，又往返于爱丁保与伦敦之间好几次。第一年9月间，他忽然奉到国王命令，叫他允诺乱党所要求的全部条件，就是取消宗教法律，取消高等法院，答应召开教会的会议，并召开议会，准许议会可以自由辩论一切问题，且准许可以在议会里弹劾主教们。苏格兰人闻讯之下，感觉既高兴又惊讶之至，但他们仍然不肯予以信任，且因国王方面煞费心机地取消了他们长期盟约的各种借口，更令他们增加怀疑。11 月 21 日在格拉斯哥开了一个宗教大会，他们不久就看出，汉密尔顿的唯一目的只在阻挠他们的继续前进，且要在决议中加入消极的条款。实际上这正是国王的指示。尽管如此，大会仍旧进行，并正在设法传主教们来受审。这时汉密尔顿突然于 11 月 28 日解散会议。他们同时又听说，查理在准备战争，有一支军队是斯特拉福德设法在爱尔兰招募的，正要乘船来苏格兰。汉密尔顿返回伦敦；但大会却拒绝解散，继续开会，谴责国王所颁行的所有新法，肯定盟约的权力，取消主教制。有几个一直中立的贵族（其中就有阿盖尔伯爵，一个有势力的贵族，以多智闻名），现在公开拥护国民的主张。苏格兰商人到国外购买军火武器；把盟约分送给在大陆当军人的苏格兰人，其中有一个最好的军官名叫亚历山大·莱斯利，奉邀回国，准备到必要时统领起义者。最后，用苏格兰人民的名义对英吉利国民发了宣言（2 月 27 日），把他们的基督教同胞们的痛苦告诉他们，且驳斥了他们的公敌为了给他们和他们的事业涂黑而发出的一切诽谤诬陷。

宫廷收到这通宣言后，付诸一笑。他们嗤笑暴乱分子的行为，说是无理取闹。廷臣们认为唯一的麻烦是，需要屈尊同他们进行战斗。廷臣们问，同这样贫穷、这样粗俗、这样的无名之辈打仗，能够有什么好处，什么光彩？查理自己虽然是苏格兰人，却仍深信，英吉利人素来憎恶与藐视苏格兰人，这一点将会阻止盟约党人的控诉在南方人的心理上产生什么效果。但是团结各国人心的宗教感情，不久就破除了分隔双方的界线。英格兰的不满分子从苏格兰人的事业中看到了自己的事业所在。于是两个王国之间，很快地建立起秘密通讯，暴乱者的宣言传到英国各地；群众所谈论的都是他们的疾苦、他们的举动和他们的希望。为时不久，苏格兰人获得了朋友及代理人，他们遍布伦敦、各州，以及陆军中，甚至在宫廷中。当人们确知苏格兰人要坚决反抗、英格兰的舆论好像要支持他们以后，就有当廷臣的苏格兰人，甚至当廷臣的英吉利人，或是为了加害于其劲敌，或是因为所求不遂而想报复，或是为了预作准备以等机会，都赶快暗中替暴乱者出力，有时透消息给他们，有时对其他廷臣夸大暴乱者的兵力与纪律严密，装作很为国王担忧的样子，还假装由于国王的不肯稍予通融，以致招致许多困难与危险，而感到不胜惋惜。当国王的军队开往苏格兰的时候，听到千百次的谣言，这些谣言都是为了恐吓军队，要他们回转而特别传播的。有人很恳切地劝告部队的司令官埃塞克斯伯爵要小心提防，最好等待援兵到来再向前进。人们传说，敌军比他们精良得多；又说有人看见敌军在某处，离边界不远；又说敌军占了全部要塞，在英吉利军队到达之前，贝里克就将陷落在敌人手里。伯爵原是一个小心谨慎、忠诚可靠的军人，虽然不甚以宫廷的计划为然，仍然继续前进，毫无阻拦地走入贝里克。不久就发见，叛党并不如传说的那样人数众多，与那样的准备周全。但是这样的谣言既有人很精心地传播，自然就有人很热心地听信，很叫人心神不宁。4 月间，国王到了约克，军心尤为不安，他到约克的时候，还是摆出炫人眼目的盛大排场，他还在那里以皇家的威仪不可抗拒的优势自鸣得意，他还很高兴地自慰，单凭这样的威仪就足够叫叛党俯首就范，各回原地了。苏格兰人曾经以宣言动英吉利人的视听，查理便也想以大封建主的身份，号召他的王国中的贵族按照封建的习俗，前来向他效力，克尽厥职，他这样做似乎是为了对消宣言的力量。

贵族们与一群的乡绅，成群结队地来到约克，如赶赴节庆一般。这个市镇与军营，显出宫廷和比赛大会的景象，一点也不像一支军队和打仗的样子。这样一个场面，很叫查理的虚荣心得到满足，但是环绕在他前后左右的，都是阴谋、混乱与拒不听令。在边界上的苏格兰人，同国王的士兵来往得很亲密。查理则要求贵族宣誓表示决不以任何借口与叛党通往来。有两个贵族不肯宣誓，查理不过吩咐他们离开宫廷，而不敢对他们采取什么行动。荷兰勋爵进入苏格兰境内，看见莱斯利把军队布置得井井有条，他不曾详细察看就认为自己一方寡不敌众，匆匆地撤回了军队。查理这次出兵，颇受一般人咒骂，所以军官们和战士们都迟疑不肯开战。苏格兰人深知敌情，就利用这样局势，用温和和恭维的语气，写信给对方的头领，写给埃塞克斯勋爵、阿伦德尔勋爵和霍兰勋爵，表示完全信任英格兰贵族及人民的善意，求他们居间调停，代求国王赐予他们以公道与恩惠。不久，在有把握地知道有人支持以后，就很谦恭地对国王自己上书，书中却丝毫不放松他们的要求。查理本来是一个没有气魄的人，既易于被已经出现的障碍弄得手足无措，又是惯于在困难出现以前轻举妄动；这时候却觉得十分的左右为难，于是于6月11日召开会议。国王高傲如常，却急于要了结这件事；苏格兰人执拗，可还不算无礼。由于苏格兰人说话谦恭，查理的自尊心才勉强得到满足。劳德觉得危险即在目前，心里不安，于是力劝国王于1639年6月18日在贝里克签订和约，规定双方都遣散军队，于不久以后召开苏格兰议会和宗教大会，却并无任何清楚确切的条约，以解决引起这次战争的分歧。

双方都已料到，战事不过是暂时中止。当遣散军队的时候，苏格兰方面预发了军官薪俸，吩咐他们预备随时打仗。在查理这方面他刚遣散他的军队，又开始秘密地另募一军。订立和约之后一个月，查理召斯特拉福德来伦敦咨询军事，又说道："我有许多理由甚至可以说有太多的理由要你来商量，有许多话我不便在信里发表，我只能说苏格兰的盟约已开始传播得太远啦。"斯特拉福德奉召后立刻动身。他久已渴想在国王身边办事，只有这种地位才具有实现他的掌握大权与享受光荣的野心的希望。他到达伦敦，决心以全副精力来对付反对国王的人；他在说到苏格兰人时，表示最深刻的轻蔑，他认为新近的失败完全是优柔寡断所致，他深信国王是坚决的，因此他愿意从国王的决心中汲取不可抗拒的支持。他发现宫廷中沸沸扬扬地闹着无聊的阴谋。埃塞克斯伯爵受了冷落的待遇，尽管他打仗打得很好，此时也心怀不满地告退了。军官们仍以无能无勇互相责备不休。王后的宠幸们起劲地活动，企图利用普遍的不安于位来增进自己的富贵，并打击自己的劲敌。而国王自己却是灰心丧气，焦躁不安。但是不用多久，斯特拉福德便不安起来，他不能使国王采纳他认为必要的计划，甚至也不能使国王实行他已经被采用的计划。廷臣们的阴谋不久就指向他了。他有一个仇人，就是哈里·文爵士，他也未能阻止这个仇人仰仗王后的势力高升到国务大臣的地位。群众们带着焦虑的眼光看他入朝，他们不知道他将怎样运用他的权力，可是不久就得悉他怂恿国王使用最严厉的手段，人民大众就咒骂他。事态更趋紧迫了。国王与苏格兰人为贝里克和约条款内容的解释而互相争执。这件和约的内容，几乎没有一条写成了书面文字。查理有一张字据，按照盟约党人的看法，是说明和约的实在条件的，却被这位宰割人民的人焚毁了。苏格兰人现在大发怨言，国王不愿发表任何讲话来否认他们的说法，因为在议和谈判的时候，国王确曾有意地让他们希望他根本无意履行的条件。苏格兰的宗教会议和议会被国王的失信所激怒，又被他们的英吉利朋友们所鼓舞，变做加倍地不相信国王，不但在他们的要求上寸步不让，而且大胆地提出更多要求。议会要求国王每三年必须召开议会一次，且要国王担保他们选举自由及言论自由，以便政治自由得到巩固，如此才可以监督全国宗教信仰得到保持。“力图侵犯权力”与“侵犯君权”两句话，现在在宫廷里与在内阁里常常听得比过去任何时候都响亮。斯特拉福德说道：“我很想给这些百姓们好一顿鞭子，叫他们知理一点。”于是决定打仗。但是拿什么支持战争呢？有什么新鲜动听的打仗理由可以对国人说呢？国库与国王的私囊全是空空如也。群众意见和舆论已经变得十分有力，即使国王不想照着它实行，至少也应该加以倾听。国王所需要的借口不找自来啦。自从英国有事以来，红衣大主教黎歇留由于西班牙的潜势力左右着英吉利的宫廷，就对英吉利宫廷很不高兴，并与苏格兰人常有书信往来。他有一个代理人在那里，他曾供给苏格兰人以军饷与军火，并应许遇有必要时，还将给予更多的协助。英吉利宫廷截留了主要的盟约党员所写的一封信，上书“敬呈国王”，那显然是写给法兰西国王求助的。查理与内阁深信，这样地求助于一个外国国王，法律上已构成大逆不道之罪，会激起整个英格兰与他们自己一样愤怒。他们以为这就足够说服全国的人民深信打仗是合法合理的。有了这样的自信（它可用以掩盖需要所造成的严重束缚），于是决计召集一个新议会。与此同时，斯特拉福德于1640年3月返回爱尔兰，要从该处的议会取得军饷及军队。

英国人听见召集议员开会，就非常诧异。英国人现在对于一个合于法律的改革已不存什么希望，虽然这一切曾经是英国人所企望的。无论英国人心怀多大的不满，但是在英国人思想中，暴力的计划对他们是陌生的。只有若干异端的人，有几处地方的群众，以及几个做过某一些新兴党派的领袖的已经落水的人，存着敌意，怀着更长久的计划。他们反抗政府，人民赞成和支持过他们，却并不预闻他们的另有所图，亦不曾想到会有异图的存在。接连发生的许多动乱曾经使高尚的市民产生怀疑，即使不是认为最近几次议会的感情用事与顽强是不合法的，至少也认为他们这样行为是不很体面合适的。他们虽然未加责备，但以惋惜的心情回忆起：议员们说话太过尖锐，议论也过于激烈，性质近于无法无天，而全体议员也曾答应将来要变得温和一些。各选区的人受到这些情绪的影响，因此他们选出的平民代表都是反对宫廷的，他们决心要解除民间的疾苦，议员中凡是从前以反对宫廷而赢得民望的，都博得了一席，但是大多数议员都是爱好和平的公民，他们不曾答应为某个特定的党出什么力，而且是害怕暴力和秘密结社的。他们不喜欢匆忙鲁莽的议决，他们自夸自己是决心要不得罪国王，而只进行不危及国家太平的改革。

经过一段颇为不快的耽搁之后，议员们终于在 1640 年 4 月 13 日齐集开会。查理把苏格兰人呈送法兰西国王的信送给议会看，对苏格兰人的大逆不道，大事渲染了一番。他宣布战争，并要求议会提供军费。下议院不甚注意这封信，好像这与现在他们目前专注的重大利益所在的大事比起来，只不过是一件微不足道的小事。这种见解得罪了国王，国王以为议员对待这个争执未免太漠不关心了。在议会方面，则抱怨在他们的议长觐见国王的那一天，国王傲慢失敬，不合礼仪。在议员不开会十一年之后，朝廷要想摆脱其傲慢的轻浮态度，确实是不容易的，而议会虽然是意在和平，可是当回来开会的时候，因为已被宫廷轻藐达十一年之久，今因需要供应才迫不得已请他们回来，此时此际，自然要恢复拥有公众权力的人士的矜持和尊严。他们的争论不久就变得严重起来。国王要他们先议决军事供应，然后才考虑民间疾苦。国王许诺，那时他将亲切地听取他们发言。这一点引起了长时间的讨论，但并不激烈，大家听会时注意力十分集中，开会的时间也比一向长得多。有几个不甚知名的议员脱口说出几句辛辣的话，立刻就有人制止他们，国王的几个臣仆因为其他方面得人敬重，他们所说的话，议员们亦表赞许。虽是这样说，议会仍然是很坚决地要求先解除民间疾苦，然后议决供应问题。宫廷对他们力说开战在即，刻不容缓，亦是枉然。他们不大关心战争，但因不愿意得罪国王，所以不曾说出口。查理找上议院居间调停，贵族们议决先通过供应然后讨论民间疾苦，要求与下议院开联席会议，以便号召他们照此办理。下议院愿开联席会议，不过他们回到下议院后，却议决说贵族院的议案侵犯了平民代表的权利，因为贵族们要等到平民代表的供应议案依例送到上院的时候，上院才能够有注意于该案的权利。皮姆、汉普登、圣约翰与其他议员，乘这个机会，煽动其他下议员。下议院的用意是较为和平，不合于其所抱的宗旨与所处的地位。下议院进一步激动起来，失去耐心，但是仍然克制着自己，却已充分地决心维护其各种权利。又过了些时候，国王竟然说，这次议会同前几次的一样难以相处。国王很不愉快，他派人送信给下议院，说他们若肯供给他十二笔款项，在三年内付清，他就肯允许从此以后若无议院允许，绝不抽收船捐（这是 1640 年 5 月 4 日的事）。这笔款项看来颇为巨大，他们说这笔款项比王国之内全部钱财还要多。况且国王放弃抽船捐，这是很不充分的让步。最要紧的还是必须在原则上认定，无论已往或将来，抽收船税，统统是非法的。但下议院却并不想完全同国王闹翻。事实证明，十二笔款项，数额远没有当初所说的那么大，尽管他们反对延搁民间抱怨的讨论，但他们仍答应考虑国王的来信，以表示他们的信用和忠诚。正在他们准备表决允许供给款项但不确定数目的当口，大臣哈里·文爵士站起来说道，除非议会议决照办国王信上提出的全部要求，否则就不值得讨论下去，因为国王决不肯接受少于他所要求的数目。司法大臣赫伯特赞同哈里·文的发言，于此，全场大惊，怒不可遏，即使最温和的议员也愤愤不平。由于天色已晚，就决定明天再讨论这个议案，但是到了第二天，当下议院正要聚集的时候，国王传他们到贵族院去，当时就宣布了解散议会，这就是说，开会之后三个星期，议会就解散了。

解散后一小时，后来成为克拉伦顿勋爵的爱德华·海德[①]，会见了汉普登的朋友圣约翰（反对党的领袖之一，其时反对派已结成了一党）。海德感到沮丧，圣约翰却不然。虽然圣约翰这个人有着一副天生的严肃面孔，从来没有人见过他笑过，可是这时候他反而喜形于色，两眼闪光。他对海德说道："什么事叫你心烦呀？"海德答道："就是叫很多公正的人心烦意乱的那件事。解散这样一个通情达理又稳健的议会，真是最冒失的行动。目前我们国内很不安，只有这样的议会或者还能够加以补救。"圣约翰说道，"哎，算了吧，若要局面变得好些，一定要等局面变得更坏些，这次议会是绝对做不出它必须要做的事情的。"

当天傍晚，查理很懊悔；他说，人们把议会的意向向他作了不真实的报告。他从来未曾授权叫哈里·文对议会宣布，他一定要十二笔款项，少一点他都不接受。翌日，他还是很不安，就召集几个有经验的人来问，是否可以收回解散的成命，他们认为这不可能。于是查理又回到专制，稍微增加了一些焦虑，可是与新近尝试放弃专制以前一样鲁莽和傲慢。

形势紧迫，一时倒使他的大臣们恢复了一些自信，也使他们的措施恢复了一些功效。斯特拉福德已经从爱尔兰回来（4月4日）。由于剧烈的痛风病，又有胸膜炎的趋势，他行动不便，但是他已从爱尔兰议会得到他所要求的全部东西，得到了供应、武装人员、贡献和承诺，刚刚离开病榻，他就用他惯有的精力与忠诚动手办事。不到三个星期，自愿的捐输，在他个人的榜

① 海德著有关于这次大革命的历史。——译者

样影响下，滚滚而来输入到国库中，约达三千万镑，其中绝大部分是天主教徒所供给的。此外又加上用扰民的手段敲来的款项，如勒借、船捐、专卖，甚至有人还提议铸发成色较低的货币。在国王及臣仆们看来，需款甚殷就成了不择手段的全部理由。但是专制虐政向来不以需要为限制。查理又对议员们用起他旧时用过的、比不起作用还糟的迫害和报复手段。有两位爵士，亨利·贝拉西斯和约翰·霍瑟姆，因为发言被监禁，布鲁克勋爵的住宅与他的文件被搜查，有一个议员卡鲁先生是议院所委的核查民间所递的诉词的委员会主席，由于拒绝交出委员会收受的诉词，就被监禁在伦敦塔里。国王强迫全体教士宣誓永远不赞同对管理教会方式的任何修改。誓词的末尾附有“等等”字样，这引起了人们的不信任的讪笑和愤怒。人们从来没有看见过使用这样高傲和苛刻的语言：有几个约克郡的乡绅拒绝一种专横的征收，内阁要求严惩他们，斯特拉福德说道：“对待我的这些乡绅们的唯一办法，就是传他们来，把他们关起来。”他比任何别人都清楚，这种不可避免的弊政可能坏到什么程度，但是他的感情用事使他忘记一切顾忌和畏惧之心。他正在使用最大的努力，似乎正把导致人们看不见自己的真正处境和面临的危险的一种热病传染给国王、内阁和宫廷。他又病倒了，病到几乎要进坟墓了，但是他的身体衰弱反而使他的意见更加严厉，他在几乎还不能站起来的时候，就同国王一起去检阅军队，军队聚集在苏格兰边界，这是归他统率的军队。

他在途中得悉，采取攻势的苏格兰人已于 8 月 21 日进入英格兰境内。他到了约克就得悉苏格兰人于 8 月 18 日已在纽伯恩打败了和他们初次遭遇的英格兰军队。这两件事并不是苏格兰人独自做出来的。当讲和的时候，苏格兰的代理人在伦敦同许多心怀不满的人的领袖们，缔结了很紧密的联盟，这些英吉利人要求他们，若再开战，就赶快来入侵英国，答应他们将有一支人数很多的队伍帮助他们。甚至还派遣了一个使者到苏格兰，带着一根空心手杖，内中藏一件公文，答应相助。公文的末尾，有萨维尔勋爵（他是这件阴谋的出头露面的唯一首领）所伪造的六个英国最伟大的贵族的签名，以促进苏格兰人的更大的信任。萨维尔是一个不足道的人物，在英国不甚为人们看重，仅仅因为他对斯特拉福德恨之入骨，才导致他进行这样胆大包天的阴谋。但是预闻秘密的，极可能还有几个最真诚最有影响的爱国人士。他们并没有错估了人民的意向。议会刚一解散，各地方就立即公开表现反战情绪。伦敦张贴出许多告白，号召学徒们起来，把造出这许多罪孽的罪魁祸首劳德揪出来碎尸万段。一群狂怒的人们攻打劳德的住宅，他只好逃往白厅躲藏。另一群人围攻设在圣保罗大教堂里的高等委员会的法庭，他们高呼："不要主教们，不要高等委员会！"政府在各郡征兵，只有用暴力手段才征到兵，有许多人为了避免入伍，不惜自残其肢体，还有自缢的。亦有并不抵抗而服从命令入伍的，在街上走过，就被人羞辱，亲友们都把他当做懦夫。参加行伍之后，他们在所到之处，也遭到同样的白眼。有一些军官被认为有天主教徒的嫌疑，竟被当兵的杀死。等到英吉利军队与苏格兰军队遭遇的时候，不服从号令和私下发牢骚的现象倍增了。英吉利军队看见苏格兰军队的大旗上竟将盟约大书特书在上面，在空中飘扬。又听见鼓声咚咚，叫士兵们去听讲圣经，太阳一出可以听见全军朗朗的唱圣诗与祈祷声。英吉利军队眼见这种情况，又听人说苏格兰很以友好和虔敬的热情对待英国人，英国兵软了心肠，又转为愤怒，咒骂这次的渎神的战争。英国兵未战先已失败，因为他们认为这次的作战是反对自己的同胞弟兄和上帝的。苏格兰人到了泰恩河畔，他们并无敌意，只是请英兵准许他们渡河。一个英国哨兵开枪打他们，他们放几炮答复；一场行动开始了，但英吉利军几乎立刻溃散，斯特拉福德只好率领军队回到约克，让苏格兰人占领了在约克与两国边界之间的地方及市镇，如入无人之境。

从这时起，斯特拉福德自己已被打败了。他一会儿好言好语，一会儿又大事恫吓，力图激动士兵们打仗，都归于枉然；他勉强地向军官们讨好，却遮掩不住他对他们的轻视和愤怒；他的严厉手段仅仅激怒了官兵，却并未能吓倒他们。不久就有几郡的呈文到来，请求国王议和。有两个勋爵，沃顿和霍华德，居然胆敢以自己的名义呈请议和，斯特拉福德下令拘捕他们，交付军事法庭，要将二人以襄助叛乱的罪名论处，要求当着军队枪毙他们。法庭一言不发，最后汉密尔顿对斯特拉福德说道：“我的爵节，宣布你这个判决的时候，你对士失们有把握吗？”斯特拉福德好像忽然如有所见，为之震动，浑身发抖，掉过头去默不作答。但是此人傲骨难驯，仍然不甘放弃他的希望。他写信给劳德说：“只要国王肯出一言，我就有本领叫苏格兰人以比来时还要快的速度滚回去，我以生命负责，但是这个指令不能出自我口，只好出自他人之口。”其实查理已经有意回避他，就是害怕他的建议时的那股劲头。

现在这位国王深陷绝望之中，每天都发生一些事端证实他懦弱成性。国库空虚，需要急迫，旧法筹款已经呼应不灵，士兵们成群结队地哗变或逃亡，各处的人民都在扰攘不安之中，急于要知道现在已不可避免的结局。在国王的左右，在他的营里，甚至在他的家里，又有许多人同苏格兰人暗通消息。而苏格兰人行动仍然很审慎，说话很谦恭，对所入侵的地方秋毫无犯，对待俘虏更是仁慈相待，优礼有加。遇有机会，必竭力坚持说他们以和平为志，忠于国王；他们认为自己稳操胜券，但切望它能导致和平的胜利。说到讲和两个字，就开始联系到议会。查理一听见就害怕。不知是听了谁的建议，他决定（9 月 7 日）在约克召集国内贵族开一个大会。这是封建的会议，有四个世纪之久不曾召集过了。在从前平民软弱无力的时候，只有贵族往往分享国王的权力。宫廷不太晓得这是什么会议，亦不晓得这种会议能够做些什么，只希望它更能迁就，更肯尊重国王的面子。于是宫廷中发生了一个问题：这个会议本身能否单独议决供应问题？但是大会还未曾开，就送来两个呈文，一是伦敦市送来的，一个是最显贵的十二个贵族送来的，用明白无误的语言要求召开一个宪法议会。对于一个不能再做任何事的国王，这两个呈文就足够扫除国王的所剩无几的抵抗了。正在这种疑惧之际，斯特拉福德好像要泄忿又好像要证明他的计划的正确性，就进攻苏格兰人，得到一些胜利。有人弹劾他置国王于不利之地，他奉命不得离开自己的住处。9 月 24 日，贵族们集会，查理对他们宣告说他快要召开议会，今天仅仅是要听取他们对怎样对付苏格兰人的意见。谈判开始了。十六个倾向于民党的贵族，奉命负责和敌方谈判条款，首先一条就是规定两军停在原地不动，国王应发给苏格兰与英格兰两方的军饷。为了这个用途就要求伦敦市借款二十万镑，贵族和国王共同保证不挪作别用。在里彭草签了初步条款之后，查理急于要陪同王后，摆脱这许多困难与麻烦，图一个轻松，就下令谈判改在伦敦进行（10 月 23 日），此时议员快要在伦敦开议会啦。苏格兰的委员们也赶来伦敦，他们知道那里准有有力量的同盟者。英格兰这个时候正在办全国选举，民情极其激昂。宫廷既愁惨又灰心，虽很想操纵议会选举，但是徒劳无益。他们所挑的候选人没有得到多少人支持，各处都遭到失败。国王想要托马斯·加德纳爵士充当下议院的议长，但是在选举中加德纳连议员也没选上。议会定于11月3日开幕。有人力劝劳德另定议会开会日期，他们说这一天是个不祥的日子，说当亨利八世在位之时，曾于11月3日开议会，开会时死了红衣大主教沃尔西，闭会时许多寺院被毁。劳德不理会这些预言，并不是因为他对于优胜的把握很有自信，只是因为他已经疲于奋斗，所以他同国王一样，轻率地指靠未来的机运，谁知胜利者与失败者双方都远远不曾猜到将来的结果。

第三卷 1640至1642年

议会开会——议会夺权——宗教派及政治派的情形——国王的让步——国王与议会的领袖们磋商条件——陆军阴谋叛乱——斯特拉福德受审与死亡——国王赴苏格兰——爱尔兰暴乱——关于抗议书的辩论——国王回伦敦——革命在前进——暴动——五个议员——国王离伦敦——王后赴大陆——民团事务——谈判——国王定居于约克——两方备战——不许国王进入赫尔——调停无效——两军成立。

国王在指定的日期开议会。他未带仪仗队，也几乎没有多少扈从，就前往威斯敏斯特，这次不是像向来一样骑马在大街上走过，却是乘一条普通的船由泰晤士河前去，以避人耳目，就如同一个俘虏跟随得胜还朝的征服者一般。他的讲话空空洞洞扭扭捏捏。他在讲话里头答应缓解民间一切疾苦，但仍坚持称苏格兰人为反叛，他还竭力要求把苏格兰人逐出王国之外，好像战事仍在进行似的。下议院代表冷冰冰地听他讲话，态度还算恭敬，议会开幕式的出席的人以这次为最多，这是前所未有的。而他们在国王面前，脸上表现这样的傲慢，也是破天荒第一次。

国王刚走出议会，他为数不多的几个朋友从几群人的谈话中，就明显觉察出，公众的愤怒，甚至超出他们所担心害怕的程度。

上次解散议会，就连最温和的议员也发了火。现在不再有人谈到和解或谨慎了。他们说，时机到了，要运用议会的全力以铲除所有的滥用权力的事，要收到全效，就像斩草除根一般，不留一点余剩。所以尽管议员们的力量各有大小，却都具有崇高的思想，大家一起严阵以待，同国王对垒。国王与教会在这十一年间，曾经实行他们的绝对的、独立的、天授的统治权。他们千方百计地强迫国人服从他们的统治。由于他们未能办到这一点。但还是硬要实施这些宗旨，他们发现本身软弱无力，就想求助于议会。可是议会却相信他们拥有自己的主权，且认为他们有能力实行自己的权力，但并不明白表示出来，也不将它大事宣扬。

他们开头先将他们所有的疾苦都毫不含糊地宣布出来。各议员把他们所代表的市镇或一郡的请愿书带来，读给众人听，然后以它作为演说词的内容，建议在议会能够采用更有效的措施以前，至少也要先投票议决他们申诉的内容是否合法。所以，在几天之中，国内各处地方都提出了各自的意见，议会就是这样地把所有的苛政行为，如专卖、船捐、滥捕、主教们的擅权横行，非常法庭的胡作非为，一一加以揭发和谴责。没有人反对这些议案，院内的意见是如此一致，以至有几个议案还是不久之后就成为国王亲信的人提出来的。[①]

议员们好像认为这种种措施还不足以暴露全部真相，于是派了四十多个委员调查弊病，并接受市民的疾苦申诉。每天都有商人和农人成群地骑马来议会呈递他们本镇或本区的申诉书。议会号召各方各处都来陈诉，有许多人在讲经台上发出呼吁，有的在

① 他们是约翰·科尔佩珀爵士、迪格比勋爵、福尔克兰勋爵等人。

大街上痛陈民间的疾苦。无论是以什么形式写出来的，无论是从哪里送来的，都有人热情地收受，又无论是泛泛的控告整个政府，抑或是指名道姓专告某人，要求加以惩办，议员们全相信是实有其事。委员们操无限大权，无人有权拒绝他们，即使默不作声地拒绝也不行。枢密顾问官们若被传作证，也得直言汇报他们当日商议的是什么事。

下议院不独不赞成政府的各种行为，而且一般还要逐出干这些行为的人。凡是替国王办事的人，不问级别高下，只要参加执行过被议会所指斥的措施的，都被称为“失职者”。每郡都有名单列出本郡的失职者姓名。但不曾施用划一的和具体规定的惩罚以处置失职者；议会在任何时候可以根据自己的意向，找到即使是最轻微的借口，认为失职者重犯了旧罪，就立即传他到来，勒令他缴纳罚款，或监禁他，或把他的财产充公。

议会在审查议员们自己的选举时，宣称凡查出曾经被授予专卖权的，都认为不符合充当议员的资格（1640 年 11 月 9 日事）。1641 年 1 月 21 日，就因此除了四个议员的名，亦有由于某某人的选举不符合规定的借口，也被除了名的，其实并没有合法的根据，只是因为人们不信任他们的意见。有两个声名狼藉的专卖家亨利·迈尔德梅爵士和惠特克先生，却反而无阻碍地当了议员，这是因为他们投到了占统治地位一派的怀抱之中。

国王的臣仆们看见下议院拥有这样意想不到的大权，又有使用此权的决心，因此凡是怕人控告或晓得自己有仇家的，无不人人自危。他们感到危机四伏，防卫无方。目前宫廷的唯一愿望就是逃避人们的注意，免生事端；国王企图掩饰自己的忧虑不安，而将自己隐藏在无所作为的帷幕之下；法官们为自己的安全害怕到发抖，不敢保护一个罪人；主教们眼见他们所推行的新制度新仪式处处被人取消，不敢企图阻止。牛津主教约翰·班克罗夫特，因为不堪其扰，加上害怕，骤然死了。长老会的牧师们，未经任何合法步骤，就恢复占有了他们原来教职和讲坛；所有不奉国教的各教派，又公然聚会起来了；各式各样的小册子享受充分的自由，可以随便流通。国王的专制和主教们的专制，虽然仍然存在，虽然还拥有他们的大臣们，以及法庭、法律、礼拜仪式，却全都动弹不得，毫无权力。

斯特拉福德是预见到这样的爆炸形势的。他曾苦劝国王，免除他出席下议院的任务。他写信给国王说道："他在议会里，不但不能替国王效劳，而且反而会妨碍国王事务的进行。他预见到议会和苏格兰人的妒意和恶感，肯定会集中在他身上。他若是在议会露面，就肯定会大受议员们的注意，反之，他若是不到议会，他们就会少想到他。在此情况下，他们若向他攻击，无论他们对他下什么结论，由于他保持了距离，就可以易于躲避，退出危地。他既不在他们掌握中，就能够自由行动，回到爱尔兰或别的地方，他在那里仍可以替国王尽力。"但是国王十分急于要斯特拉福德前来，就下了命令，并告诉他道："他既是英格兰的国王，就能够保护他不受任何危险，不准许议会动他一根头发。"斯特拉福德还是犹疑不决，国王再次请他来，他只好冒着风暴的危险，因为那是不可避免的。他就起程，决心在上议院根据他新近搜集到的证据，亲自控告下议院的几个主要议员，控告他们煽动与协助苏格兰人入侵英国。皮姆和他的朋友们晓得斯特拉福德快要动手，就先发制人。斯特拉福德于11月9日到伦敦。10日，他因劳累而发烧，养病在床。11日，下议院紧闭院门，并根据皮姆的提议，突然弹劾他大逆不道。只有福尔克兰勋爵一个人，虽然是斯特拉福德的仇人，却敢说句公道话，认为为了本院的公道与尊严起见，本案似宜稍缓，以便进行调查。皮姆说道："稍微迟缓，也许就全盘失败，假使伯爵与国王谈一次话，议院就要被解散；况且，本院不过是弹劾，却不是当裁判官。"他们于是成立一个委员会，立刻进行将弹劾案送与上议院。

斯特拉福德这时候正同国王在一起，他一得到消息，就立刻赶到上议院，而皮姆已先他而到。他看见院门紧闭，门官曾一度迟疑地拒绝他入院，他就很生气地怪责门官。他向会议厅走去，打算入座，有几个声音叫他退出。伯爵立住脚，四面看看，犹豫了一会儿之后，只好退出。一小时之后再传他进来，他奉命在栏前跪下，上议院于是告诉他贵族们接受了弹劾他的陈诉，并且根据下议院要求，决定送他到伦敦塔受监禁。他想说话，但议院不许他说，于是命令执行了。

弹劾斯特拉福德之后，几乎立刻就跟着弹劾劳德，人们不那么怕他，但他的声名却更臭。他是个既虔诚又严酷的狂热之徒，他的良心并无丝毫自责，因此听见议院弹劾他之后，他非常惊诧。他说道："在下议院里，没有一个人会从心里相信我是一个叛国的人。"埃塞克斯伯爵是控告他的人，他就抓住这句话，严厉声言他认为这是对平民代表的侮辱。劳德则表示更大的惊诧，说了一句抱歉的话，要求依照议会的古老的惯例对待他。塞伊勋爵很愤怒地说：他怎么敢指手划脚，指示我们该用什么程序进行！劳德大主教现在激动万分，一言不发，他不能像明白自己的情绪一样明白别人的情绪，亦不能记得他曾经对他的仇敌们用这种派头说过话。

还有两个大臣，一个是掌玺大臣芬奇，一个是国务大臣温德班克，两人都曾同样地积极参与暴政。芬奇为人狡猾，颇有先见之明，因而在最近三个月当中，不惜叫主子吃亏，下本钱取得反对党领袖们的包涵。温德班克却是一个懦弱的人，才学平庸，既不叫人厌恶，也不叫人害怕。平民代表们弹劾了这两个人，却并不带着多少恶感，好像只不过是要满足众人要求。温德班克潜逃了，芬奇获准在议院为自己申诉，他就在那里用低声下气的语气，委婉有致的态度，说了一番空无所有的悔过求谅的话（12月21日）。党人们听了很高兴，这是国王的一个大臣第一次拜倒于议会的威权之下，于是准许他于限期内出洋。有几个议员看到这样不公平，就很诧异，但是那两个巧妙的领袖皮姆与汉普登，却很乐于鼓励反对党的卑劣行为。后来又着手弹劾两个主教、几个神学家、六个法官。他们拼命抓住不放的，只有弹劾斯特拉福德一案，于是指派了一个秘密委员会，授以极大的权力，负责精密调查他的生平，要求在他的言语及行动中，特别在他关于改革的建议中，无论是否经国王采用，统统要追寻叛国的证据。在爱尔兰也成立了一个同样的委员会，协助议会的委员会。苏格兰人以一篇刻毒的声明表示同意，明白无误地表明，如不对他们最残酷的仇人加以严惩，他们的军队就决不撤出境外。对待人民的憎恨与畏惧的人，三个国家居然联合起来反对斯特拉福德这么一个犯人，但大众并不认为是太过分。

下议员们既已从他们的敌人手中得到解放，而且正准备对其中他们最害怕的一人进行大报复，下一步就是把政权夺过来。他们议决的供应，不过只是零星小款，仅够逐日之用。下议员们从议员中指名选派几个委员授权他们拨发这笔款子。拨发关税也是一样，只是每两个月议决一次，以后再随时议决重拨。但是要应付急需，却需要更多的与即刻可以到手的税捐收入。众议员们以自己的名义向本市的同党们借款，而且还向本院的议员们借用，以他们的允诺还款作为唯一的担保，这就是公债的起源。国王硬要遣散两支军队，尤其是苏格兰军队，国王说他们继续驻扎在英格兰境内是加重北方几郡的负担。但是下议院却需要这两支兵，且觉得他们所处的地位，能够劝导人民忍受这种负担；议员斯特罗德说道："鄙俗无教育的人们势力仍然太大，我们不能不仰仗同盟。"他们躲闪国王的要求；岂止如此，他们在颁发军费时也是有偏向的，他们优待苏格兰军队过于英吉利军队。英国的军官们完全不能从议员们得到和苏格兰军官同等的信任。有几个英国军官不高兴，但议会不予理会。而且还不止于此，他们议决说，苏格兰人曾给予英吉利人以兄弟般的支援，因此嗣后应当以兄弟相称，议决送给苏格兰三十万镑的补贴款，作为一种赔款和补偿金。同苏格兰谈判议和的是下议院的一个委员会，而不是国王的内阁。两院的领袖们，特别是下议院的领袖们，每天都在皮姆那里吃饭，钱却是他们自己出的。在这里和他们一同进食的有苏格兰的委员们，撰写主要请愿书的作者们，还有伦敦市最有影响的人物，他们在这里讨论两个议院的事务以及国政。现在的形势是大权全归下议院，这时候国王的枢密顾问官们既不能也不敢自行决定即使是最细微的事，无事不请示下议院。而不用下议院提出要求。有一个罗马天主教的教士名叫古德曼，被判处死刑，国王竟不敢赦免他，而把他的性命交与平民代表们处分，只有这个方法，还可能挽救他的性命，因为下议院虽然激烈，却不想轻易杀人（1641年2月间事）。人们对于王后的母亲，玛丽·德·梅迪契斯积恨甚深，这时她逃避在伦敦，群众每天包围她的住处，不断羞辱她，威吓她，宫廷还要请示于平民代表们，她是否可以留在英国，以及应该怎样保障她的安全。代表们答称，她最好离开英国，议决送给她十万镑路费，宫廷立刻奉命照办（5 月间事）。法庭久已宣布过的判决，以及国王及宫廷的私事，都要归平民代表们处理。他们说惩办普林、伯顿、巴斯特威克、莱顿以及利尔伯恩等人都是不合法的，就命令恢复他们的自由（11 月 7 日），且付给很大一笔赔偿。他们却始终不曾收到这些赔款：已往的功绩的共同命运，不久就被新的功绩及新的需要弄得黯然失色了。他们所得的唯一报偿是民众的欢乐：人民一听说他们回来，就有五千人前往欢迎他们，他们所经过的大街，到处都张挂旗帜和桂叶，男子们的大帽上都插着迷迭香和桂叶。人民的狂欢和国王的懦弱，促使平民代表们独揽国家大权，各种力量汇集起来，拥戴他们拥有统治力量。

他们第一次的改革制度的尝试，如不是明显地宣布他们君临一切，至少也是宣布他们将独立行事。1641 年 1 月 19 日提出了一个议案，规定至少每三年召集一次新的议会。如国王不召集，那么只要有十二个贵族在威斯敏斯特集会，就可以不经国王合作而召集议员开会；如果贵族们也不召集，郡长与市政官员可以实行选举议员。如郡长忽视不办，那么市民们有权召集人民举行代表的选举。若不经过两院的准许，不得解散或停止议会，而且规定只能于开会后五十日才可以解散，或暂停议会。又规定，选举各自的议长之权，完全属于两院各自本身。国王一听见这个议案，就打破了保持已久的沉默，他召集两院的议员们到白厅（1 月 23 日），对大家说道："我喜欢多多召开议会，这也是我的殷切的愿望，因为它是沟通国王之间正当了解的好工具。但你们要求把大权交给郡长及地方警官们以及不管什么人，来办该由我办的事，我却绝对不能让步。”下议院听了国王这番话后,就催促通过这个决议。没有人敢劝告国王拒绝，国王只好让步，但是于让步的时候，为了保持他的尊严，却要说几句话以表示他不愉快到什么程度。他说:“我不晓得你们将来有什么问题要我让步，因为截至此时为止，你们的确还不曾鼓舞我为你们尽过什么大力，因为你们所进行的只是与你们本身有关系的事，而不是与富国强民有关系的事。你们几乎把政府机关弄得糟成一团，七零八落，我简直可以说，完全脱节了。一个巧手的修表匠，因为要清洁一个表，自然要逐件拆卸下来，等到重新装配好的时候，这个表要走得更好，还要一个小钉也不许弄丢。现在我既已经做了所有我份内该做的事，你们也该知道你们要做些什么了。”（这是 1641 年 2 月 16 日的事）

两院议决致谢国王，就马上进行改革工作，接连议决要求废除星法院、北方法庭、高等教会法庭及所有的非常法庭。

没有人反对这几个议案，甚至连辩论也没有，有的是关于民间疾苦的申述。即使有几个人开始害怕会发生骚动和民党的别有用心的策划，却不敢替有权势的人辩护。这种人已因多行不义而臭不可闻，而有些人则是披着合法的外衣进行非法的活动。众人一致要求的就是改革政治，而不顾及社会情况或宗教意见。这个时候尚未有人用心预测到政治改革的具体后果及其影响的程度。人人都赞成政治改革，可是没有人追问自己的意向和动机。但是有若干目光远大、思想高人一等、或已经在行动上触范法律规范的人物，例如汉普登、皮姆、霍利斯、斯特普尔顿等人，都已经在那里考虑如何将足以决定生死存亡的权力从国王手上夺过来，又如何将政权移交给议会，使之永远不能丧失。在他们看来，这是国民的权利，这是人民和他们的唯一可靠的保证。他们不得不走这一步，并不是因为什么经过深思熟虑的原则，更多的是由于形势的需要；舆论既已予以认可，他们就着手完成这桩大业，而并不明白宣布其意图。许多人跟他们走，其中有激烈的信奉异端的人，也有极其活动但尚未知名的议员。克伦威尔和亨利·马丁，多次发言反对国王或政体，虽然话中充满威吓之词，但至少在议会中，这些人好像还是无足轻重或无甚声望。若干人虽然在听了他们粗暴而激烈的言词以后产生惊讶或愤怒，却并未惊慌失措。大多数的议员们正在自鸣得意，以为取缔了种种弊政之后，他们就可以回复到他们所谓的古老英国的情景，国王仍操至高无上的威权，只是要按期受两院的约束，把它限制在法律范围以内而已。与此同时，作为暂时的需要，他们接受了众议员们的近乎独占的大权，而对于驱策众议员们前进的思想和感情，即使其性质对他们还有些含混不清，他们是比他们所想象的还要感到称心满意的。就是这样，大家都同样向往的政治改革，尽管各人有各人的不同看法和希望，如今却正在以不可抗拒的一致力量逐渐完成之中。

宗教事务方面的情况却大不相同。从第一天起，就可以显然看出人们的见解与愿望是极不相同的。伦敦市递上了一张一万五千人签名的请愿书，要求全部废除主教制（1640 年 12 月 11 日事）。几乎同时，还有七百名教士则只要求废止主教们的干预政治之权，废除他们在教堂里的专制，废止他们管理财政之权。不久又有从各郡递来的十九件请愿书，据说是有十多万人签名的，呈请保持主教制。即在议会里也出现这样的不同看法。伦敦市的请愿书差一点被下议院拒绝了，经过一番很激烈的辩论后它才被接受。有人提出一个议案，宣告凡是教士都不能担任官职，且不许主教们参加贵族院。但是为了劝导下议员们通过这个议案(1641年3月9日及11日)，长老会方面不得不答应他们不再提进一步议案。仅仅是由于接受了这个条件，汉普登才得到福尔克兰勋爵的投票。不料这个议案到了贵族院竟遭否决（5月24日，6月7日）。长老会方面非常愤怒，就要求取消主教职权、教长职权以及牧师会（5月27日），但是遇到热烈的反对，他们就只好暂缓提出。有一个时期，两院好像同意一致要求制止各地所发生的公众礼拜问题上的混乱，而且要维持它的法定形式（1月16日），不料过了两天，他们的争议又出现了。下议员们只凭借自己的权威，甚至并未通知贵族院，就派委员们前往各郡，从教堂里取出神像、神坛、十字架以及偶像崇拜的所有其他遗留物品（1月23日）。在委员们未到达以前，群众已经闹事，现在这些使者的到来，就无异于认可了群众的激情。贵族方面一听见独立派人士公然再开会议（1月18日），就召集他们的领袖来听审（1月19日），而且责备他们，虽然责备得很轻微。其实，对于这个问题，当时并不存在任何占绝对优势或普及全国的意见或意向。在赞成主教制的人们中，有一些人，尽管为数不多，却是被信仰的毅力或是个人利益的执拗所推动，坚持主教们拥有神赋之权。亦有人们把主教制看做一种世俗制度，认为它是君主制所不可缺少的，因此认为如果主教制受了严重打击，君权也不免受损。但其他许多人则是一面主张不许主教干预公众事务，却愿意保留主教们做教会的头脑，因为他们认为，为了传统，为了法律，以及为了国家的便利起见，好像是需要这样做似的。在反对的人中间，意见也殊不一致，有些人是出于习惯而留恋主教制，但他们在观念上却并不以主教制为然。据其中的许多最开明的人看来，无论哪种教会体制都没有神赋的权力，也不具有绝对的合法性，因此是可以随时随地发生改变的；议会永远有权可以更改它，而公共利益应该是决定主教制应否存在的唯一根据，因为关于维持或废除主教制，本无一定的原则。但是长老会的长老们和他们的牧师们，觉得主教制就是福音书所谴责的偶像崇拜，它既是天主教士的前驱者，又是该派的继承人。长老们以笃诚信仰而产生的愤怒起来反对天主教的礼拜仪节和礼拜形式，以及它的最深远的后果；而为了教会的民主体制，他们要求恢复被主教们夺走的神权。

政治改革初步成功之后，在一段时期内，这许多不同意见的争议阻止了议会的进展。一到把宗教问题交付讨论的时候，宫廷的反对者们就从本来是一致的立场转人分裂，甚至互相反对起来。谁占大多数，情况时常变化不定；没有见过有哪一派人每次都是被同样的精神所鼓舞，或致力于同一个计划，或者一定能够支配别派的人。政党领袖们皮姆、汉普登，着意地优容长老会派，支持即使是他们的最大胆的议案，但是人们都晓得他们并不同情长老会派的如醉似狂的激情，且知道他们心里想的只是削减主教们的干政之权，而并不想改变教会的根本体制。在最为众望所归的贵族之中，主教制却有许多拥护的人。有几个精明的人，就因此劝国王利用议会的分歧，劝他大胆地将朝廷大事拿来和政治改革家们推诚相商，以便阻止政治改革家与宗教改革家的联合。

谈判就是这么开始的。奉派会商的人们中以汉密尔顿侯爵最为出力，他常常很热心地在各派中居间调停。贝德福德伯爵是个温和的人，在上议院颇有影响，甚为公众所敬重，也以高贵的身份参与了磋商。上下两院的领袖们常常在他家里聚会；他得到他们的信任，好像是受权可以用他们的名义处理一切。国王在早于他所期望的时刻，就同意先成立一个新的枢密院，贝德福德、埃塞克斯、沃里克、赛伊、金布尔顿等勋爵奉召进入枢密院。他们全是民党，其中亦有很热心地在反对派中办事，地位都是很高的。即使在这般人面前都要低头，查理的傲气早已受到损伤，现在就更不甘心向阶级更低的人承认失败了。但是他们坚持要求这一点，新的枢密顾问官们不肯同他们的朋友们分离；他们日益明白无误地向国王说明，国王切齿痛恨的那些下议院领袖是如何重要的人物。这几个人呢，他们并不拒绝国王向他们作出的主动表示，但也并不表现出多大热心。与其说这是由于他们对此处之淡然，满不在乎，不如说这是由于惶惑不安。他们若接到这个表示，他们确实也就达到了他们全部努力的主要目标；他们就可以以全国名义，合法地取得了大权，强迫国王承认他们所成立的内阁，并强使国王接受议会的意见。但是国王却要他们挽救斯特拉福德并保全教会，换句话说，就是要议会恢复他们最可怕的仇敌的自由，而叫他们和他们的最亲密的朋友长老会绝交。双方的疑虑都很大，彼此的互不信任是如此之深，以致不会这样早就向野心或畏惧屈服。但终于提出了直接的与明确的建议，以皮姆为管库大臣，汉普登做威尔斯亲王的师傅，霍利斯为国务大臣，圣约翰立刻升为总检察长，这个政府以贝德福德为首领，台衔是财政大臣。这些官位的前任们都已呈请辞职或已辞职了。

但是在谈判的时候，双方其实都对它不存多大希望，甚至也许并不十分期望其成功，还有别的建议送给国王，而那些是更投合他的心愿的。不满情绪在军队中传播；有几个军官，他们也是下议院的议员，当众表示不满。其中有一个威尔莫特委员在议会说道："倘若苏格兰人要钱，只需一开口要求就可以到手，那么英吉利的士兵将会知道怎样学他们的样。"不久就有人把这种情绪告诉王后，他所宠任的人亨利·杰明就同心怀不满的人建立了关系。她就通过杰明在白厅接待英国军人，表示她对他们的处境表示最深切的同情。她还说她也同情国王所处的地位，不过国王的处境还不像他们那样艰难，不像他们那样危险就是了。王后情绪活跃，态度甚为客气，她把整个希望都寄托在他们身上，因此不费多少口舌就说服了他们，使他们相信国家的命运掌握在他们手中。于是双方多次秘密开会，在会议中曾提出各式各样的计划。有人提议应该将陆军开往伦敦，并立时将国王从束缚中解放出来，其他较为冷静明智的人只是建议军队递一份请愿书给议会，表明忠于国王和教会；宣布他们认为政治改革已经完成，表示停止搞新政的时刻已经来到。也曾讨论过寻求外国援助，在葡萄牙、法兰西招兵。这都是一些轻率的想法，并无什么效果可言，大都由一些没有脑筋的人狂妄地提出的，也许是他们一顿饱餐之后的发言。无论怎样，他们多半是更热衷于自己向上爬，远过于关心倡仪中的事业的成功。和这些宫廷阴谋有关的，是一些陆军军人。他们也在陆军内部进行一些幕后活动，但是徒劳无功。许多心怀不满的人们来往于军营与伦敦之间，手写的短篇小册子在军队营盘中到处流通。过了不久，国王召见珀西，他是诺森伯兰伯爵的兄弟，也是阴谋者之一。根据珀西的建议，国王放弃了一切激烈的计划，放弃了一切调兵到伦敦的想法。但是国王看到一份请愿书的副本，其中有许多威吓议会的话，一如众议员们所收受的请愿书中有许多恫吓国王和教会的话一样。国王同意这份请愿书，并听了珀西的话，违心地签上自己姓名的头一个字母以表示赞成，以便增加和此事有关的领袖们的威望。

阴谋策划仍在进行，但没有什么进展。请愿书并未递送上去，但是这事未能瞒过不信任朝廷的全国民众。一旦他们激起了妒忌情绪，他们就会把计划当做行动，把言词当做计划。有大群的自告奋勇的侦探们，在公众场所，在酒馆里，收集了军官们的不谨慎的说话，就汇报给皮姆知道，他是管侦探的。用不了多久，有人出卖朋友，透漏了更多的密谋。其中有一个阴谋者名叫戈林，把整个策划告诉了贝德福德伯爵。策划并未付诸实行，可是国王竟听信了许多将会招致最可怕的灾祸的建议。下议院的领袖们已得知这项建议，却秘而不宣，要等待大好时机来到时，再充分利用这个重大发现。他们甚至也不曾中断用国王名义进行的谈判，谈判的内容是委派他们担任官职。但是从这个时候起，他们的会谈不再犹豫不决了，他们和狂热的长老会密切联合，他们只信任这一派人，认为他们是无限忠诚的，认为唯有他们有确定不移的原则，有热烈的激情，他们要求完成一个革命，而且拥有完成这个革命所必需的群众力量。与此同时，已经下定了弄死斯特拉福德的不可逆转的决心。3 月 22 日，对他的审讯开始了。

下议院全体议员都坚持要到法庭出席，以支持这个弹劾案。同他们一起出席的，有为此案专程前来的苏格兰及爱尔兰的委员们，八十位贵族充当法官，下议员们坚决希望主教们也到庭，但他们辞谢了，因为对于有关生死的重案，主教们向来都是不愿到庭的。国王与王后坐在贵族席位上面的一处隔开了的厢座里，他们急于要看清楚全场的动静，但国王还要掩饰他的痛苦，王后则要掩饰她的好奇心。成群的看热闹的人，有男有女，多数属于上等阶级，有在四面的走廊里的，也有高踞在台阶上的，都是被这个轰动一时的场面、审判案情的重大以及受审人的众所皆知的特色吸引来的。

斯特拉福德经过水路从伦敦塔提到威斯敏斯特，他从拥挤在许多道门口的人丛中走过，既无纷乱，也没有人侮辱他。尽管为众人所恨，但他新近还是个大人物，他的仪表，他的令人闻而生畏的威名，仍然能令人起敬。他往前走，他因有病在身未老就驼背了，但他的眼睛还是同他青年时期一样地炯炯有神，一样地傲然自若。群众见他来，免冠让路，他也对他们还礼。他认为人民如此多礼，是一个吉兆。他并没有断绝希望，他看不起他的对手们，他曾经细心研究过他们的控词；他毫不怀疑地相信自己能够洗刷大逆不道的罪名。只有爱尔兰的控词令他惊骇了一阵子，他不能理解，一直到那时还是对他唯命是听的一个王国爱尔兰——他们是一直向他献媚，愿为他而效力的——怎样能够突然间这样改变了态度？

第二天一个偶然事件令他晓得他对他自己的处境以及为他自己辩护的困难都估计错了。当时他说："我预料我将轻而易举地驳倒我的心怀恶意的仇敌们的诋毁。"办理这件重案的皮姆听了这句话，很生气地训斥他说："你的这番侮辱性的话是针对下议院的，你说他们是心怀恶意的仇敌，我宣布，这就构成你的罪行。"斯特拉福德听了一惊，双膝跪下，道歉求饶。从此以后，他变做完全的镇静，能够控制自己，不叫自己流露出丝毫的怒意或不耐烦的神色，不再说一句可以招人反对他的话。

有十三个人轮番控告他，时达十七天之久，他单枪匹马地就他们所提出的罪名辩驳，并没有人协助他。有很多条控诉无可辩驳地证实他犯了不公正与暴虐之罪，但其余诸条，不是很愚蠢地言过其实，便是被盲目的仇怨所障，不符事实，都很容易地被他驳回了。事实上，没有一条是能安得上法律意义上的叛国罪的。斯特拉福德拼了全身的气力为叛国的指控洗刷，他很雅量地批评他自己的短处、自己的弱点，他以谦恭的尊严态度，对待对方的猛烈攻击，并以不带一丝侮辱的语言，证明对方所采取的审讯过程都是感情用事，而且是于法不合的。他的对手们使用种种不名誉的方法为他的辩护设置障碍。他排除了很大的困难，克服了下议院的阻挠，才得着几个律师来帮助他，但对方既不许律师摆事实,又不许他们询问证人。被告方面要传自己的证人,对方又不许，等到开审的前三天，才准许传讯证人，而大多数的证人却远在爱尔兰。斯特拉福德只要一有机会，就要求他的权利。法官们若同意承认他的权利，他就感谢他们；在法官们拒不承认他的权利的时候，他也不出怨言。他的仇敌们由于斯特拉福德的能干的自我辩护所造成的拖延而大动其气时，他不过回答道："我认为，既然你们有这么多的权利对我作致命的打击，我亦有同样多的权利来保护我的性命。"

由于他投入了大量的精力，原告们狼狈不堪，丢失面子。下议员们曾两次催促贵族加速进行审讯，他们说这样迟缓糟塌了国家非常珍贵的时光，贵族们拒绝了。被告的成功使贵族们重新得到一些力量。原告方面控诉的发言结束之后，在斯特拉福德的律师还未发言，他自己亦还未曾再度继续为自己辩护以前，弹劾委员会已觉得败局已定，至少已觉得叛国的罪名不能成立。下议员们此时十分不安起来：这个伟大的罪犯，法律条文竟有利于他，他自己的具有决定性的天才也给了他极大的便宜；他快要逃出他的对头们的手掌心了；改革的事业几乎还没有诞生，就又要受它的最危险的仇敌的攻击了。于是就下定决心，采取突然的、大胆的一击。阿瑟·海斯勒利格爵士是个残酷卑鄙的人，他提议宣布斯特拉福德有罪。并以议会决议的形式判斯特拉福德的刑（1641年4月10日）。这种程序，使法官们无须依照法律办事，并非是没有前例的，虽然所有先例全属于肆行暴政的时代，而且一发生这种情况，就被谴责为罪恶行为。在哈里·文国务大臣的文件中，找出由他的儿子[①] 交与皮姆的几张字条。这些就被作为补充证据提出来，以证明斯特拉福德犯了叛国的罪。这些字条涉及斯特拉福德，说他曾在公开会议上，劝国王用爱尔兰军队弹压英吉利。尽管被认为是他所说的那些话已被几个枢密顾问官或阁员的证词所否定，况且那些话本身完全可以作不那么险毒的解释，而恰与斯特拉福德的素日行为相吻合，且与他时常宣布的为人准则相符，即避免在众人心目中造成一种强烈的印象。这个议案立刻通过了第一读。有人认为他们为公道而牺牲法律，也有人说他们为需要而牺牲公道。

这一切都是在审判仍在进行的时候做的。因为下议员们不肯放弃反对被告的机会，也怕让议会的行动导致将斯特拉福德从法律的裁判下解脱出来的危险。斯特拉福德的律师们还未曾开始作关于法律问题的发言，斯特拉福德又为自己进行辩护了（4月13日）。他发言很长，他以卓越的雄辩才能专心致志地证明，无论根据什么法律都不能证明他的任何行动犯了叛国之罪。在他的法官们的心中，对被告人发言的信服程度日益增加。他善于抓紧这种信服情绪的进展，使他所说的话与他所窥见的涌现于他们心中

① 他的名字是哈里·文，与其父同名。下面将常常提到此人，他是独立党的领导人之一。

的印象相适应。他深为激动，却又不容许他的感情阻止他观察并注意当时发生在他四周的事情。他最后说：“各位勋爵，这些先生们告诉我，他们所说的话原是为了保护国家，以便免受专制法律之害，请允许我说，我说的话也是为着保护国家以免受他们的专横的大逆不道之害。……诸位勋爵，我们不是靠法律生活吗？难道我们一定要受尚未订立出来的法律的惩罚吗？诸位勋爵呀！假使这些罪名（他们称之为肆行叛逆）曾被无论哪一位熟悉法律的人所指出，我便不能以我不知有这条法律为理由而宽恕自己，但倘若根本并不存在这种法律，那怎么能单凭着高压和严厉定我的罪呢？我请你们当心，不要叫醒那许多睡狮，不要利用搜寻出来的忽视已久、已被虫所蛀的档案，那些睡狮，将来也许有一天会把你们与你们的子孙撕成碎块。当年你们的祖先们十分小心，把那些睡狮锁在议会所定的法令的笼子里，希望你们切勿在杀人的艺术上野心勃勃地和他们争奇斗胜。说到我的可怜的自身，假使我不是为你们诸位大人的利益，为了一个圣人的在天之灵[①]，这位圣人把神圣不可侵犯的誓愿交付了给我，”——他说到这里就停止不语了，他一说及他的夫人，就泪下如雨，但是他立刻又抬头前望，接着说道：“我绝不该费事把我的朽旧寄庐[②]保持下去，我满身都是病，其实我殊不乐于再拖着我的病体，走来走去。”他又不说下去啦，好像在找寻一个意念：“诸位勋爵——诸位勋爵——诸位勋爵，我还有几句话要说，但是我的声音和精神不行了，我现在很谦恭地很服从地下跪在你们面前，无论你们断我死，断我生，在我眼中我都将认为是公正的。我将说：赞美天上

① 此处系指他的亡妻。——编者

② 指身体。——编者

的上帝。”

在场的听众听了他这番话，都可怜他，称赞他。皮姆正要回答，斯特拉福德看着他。斯特拉福德神色不改，凛不可犯。他的突出来的无血色的嘴唇，露出极端的轻藐。皮姆为之不安，停下了；他的两手发抖，他眼前放着一张纸，他却找来找去找不着，纸上写的就是他已准备好的答话，他只管在那里读，却无人听，他匆匆地念完这番话，却与议员的感情格格不入。念毕这段话很是不易。

激情过去了，但是愤怒还在！皮姆与他的朋友们愤怒到极点，他们匆匆地通过了剥夺犯人公权等等的二读（4 月 14 日）。塞尔登，他是最老的又是最有声望的民权自由的卫护人，还有霍尔本，他是帮助汉普顿抗拒船捐的律师之一，此外还有几个人，都反对这个二读，但这都归枉然。他们这些人现在只有这个办法可采了，因为他们看得很清楚，贵族们不会以法官资格以及法律名义来定斯特拉福德的罪的。他们甚至打算立刻停止审讯，不听取斯特拉福德的律师发言。他们甚至粗暴到说要传讯那几个傲慢的律师，因为他们居然胆敢保护一个议会已宣布犯了太逆不道的罪人。他们还要办他们的罪。贵族们反对这种荒谬绝伦的提议；他们听取斯特拉福德的律师们的陈诉，可是众议员们不作答复，甚至不听他们讲话，认为同律师们辩论，会丧失他们的尊严；四天之后，尽管迪格比勋爵（他一向本是最反对斯特拉福德的）竭力反对，那个剥夺公权等等的议案仍然通过了第三读。

十分苦恼的国王得知这个情报以后，只是想无论付出什么代价，都要拯救斯特拉福德。他写信给斯特拉福德说：“你只管放心相信我的话，无论你的生命或你的财产，抑或你的名誉，都决不会受到损伤。”于是害怕与忧愁导致盲目蛮干，所有的机器都开动起来。他向下议员的领导人作出种种的让步，还与人商定叫斯特拉福德逃走的阴谋。但是这个阴谋损害了谈判，谈判又损害了阴谋。贝德福德伯爵表示他愿意依从安排，但是突然去世了。海德曾经谈到国王的良心必定以不可克服的抵抗力来反对这个议决案。对此，埃塞克斯伯爵答道：“国王将不得不强使自己以及自己的认识来迁就议会的建议及良心。”有人愿以二万镑贿赂伦敦塔总管威廉·贝尔福爵士，并且许以斯特拉福德的一个女儿嫁与他的儿子，只要他肯帮助斯特拉福德逃走，但他拒绝了。有人建议爵士接受一百名经过精选的人入狱，作为卫兵，归一个心怀不满的军官比林斯利上尉统领。他反而把婚事与行贿事告诉了下议员们。每天都有拯救伯爵的新计划出现，又都一个一个失败了。最后国王不理会斯特拉福德自己的判断，召集两院来，承认斯特拉福德的错误，答应永远不再起用他，甚至连一个警官也不给他当。同时却宣言，无论什么辩论，无论什么恐吓，都不能使他同意置斯特拉福德于死地（5 月 1 日）。

但是下议员们的仇恨是分寸不让的，他们的大胆超过国王的忧愁。他们料到国王的抗拒，因而已准备好制服抗拒的办法。自从剥夺公权等等的议案到了上议院以后，群众每天携带长剑、小刀、棍棒，嘴里喊道：“我们要公道！我们要公道！”并包围威斯敏斯特大厅，威吓迟疑不投票的贵族们。阿伦德尔[①] 被逼下车，脱帽在手，央求群众先退，他答应推动议会来满足群众的要求。有五十九个众议员投票反对这个议案，群众把他们的姓名张挂通衢，

① 蒙哥马利勋爵。

上面还写道:“这些人都是斯特拉福德同党，他们是卖国的叛徒！”教堂的讲坛上也发出类似的谴责，牧师们在讲道中求神“惩罚一个大罪人”。贵族们奉国王的命令，对这类的不规则行为向下议院表示不满（5 月 3 日），下议员们置之不理。但是议案还是毫无着落。有人就决心使用专门为目前这种情况而保留在那里的决定性的一击。皮姆利用复仇心理加上恐怖心理，从他的席位上宣布，宫廷与军官们阴谋要举兵攻打议会。有几个与这事有牵连的人们溜走了，这就更证明此事属实，不由人不信了。议院与人民陷入一阵如狂的恐怖之中，于是议决应关闭议会大门，拆开每一议员的书信（5 月 11 日）。人心已经浮动万状，又加上荒诞绝伦的恐慌传说。有谣言说：有人在下议院地下埋了火药，不久就会爆炸。民团已经武装戒备，成群的人跑到威斯敏斯特去。沃尔特·厄尔爵士赶快把谣言告诉下议院，他正说话的时候，有两个异常肥胖的人，米德尔顿先生和莫伊尔先生，忽然站起来听他说话，于是地板咯吱一声。有几个议员喊道:“议会被炸啦！”就冲出议会大厅,外面立刻挤满了人。在这个星期里头,又发生过一次同样恐慌，就在人心这样动摇的时候，下议院巧妙地巩固了它的力量，完成了它的策划。两院的议员们效法苏格兰人盟约的模式，也宣誓订立了一个同盟，以保护基督教和公众自由。下议员们想把这个同盟推广到民间，当贵族们不允推广于民间的时候，下议员们宣布，凡是不肯宣誓参加盟约的，一概不许在教会和政府中任职。后来因为要保障将来不致遭受危险，就提出一个议案，宣布本议会若不经议会本身的同意，就永远不能解散（5 月 7 日）。即使这样大胆的措施也没有在当时引起什么惊奇；上议院借口借款需要保证，而这种保证据说现在更为困难了。现在人心惶惶，这就阻碍了对本案的一切反对。贵族们想修正这个议决案，也归于徒劳。上议院已被下议院征服了，而法官们现在又在上议院的软弱之外再加上他们公开承认自身的怯懦。他们宣告，照法律的意义上说，斯特拉福德的罪行已构成叛国之罪。剥夺公权的议案已交付最后的评议；曾参加审判的三十四名贵族现在缺席了，仍然出席的人中有二十六名投票赞成，有十九名投票反对（5 月 7 日），现在只等国王批准啦。

查理还在反抗，心想自己不能做出这样不名誉的事。他召来斯特拉福德的妻舅霍利斯，他因为沾亲的原因没有预闻弹劾斯特拉福德之事。国王很痛苦地问道："怎样才能救他呢？"霍利斯说，斯特拉福德应该呈请国王特赦，国王应亲自到议会面交斯特拉福德的呈文，霍利斯就当场替国王写了一篇演说词，交与国王以便照念，同时，他答应尽力劝他的朋友们给斯特拉福德以放逐处分了事。这样布置好了以后，君臣就分手了。有人说霍利斯的计划，已经有几分成功；可是，王后是向来仇视斯特拉福德的，现时看见人民的骚动日趋激烈，就恐慌起来。况且她又听见他的亲信们说，斯特拉福德为要救自己性命，正在揭发他所知道的王后的一切阴私，王后就害怕起来，拿她的怀疑和恐惧来纠缠国王，她说她十分恐怖，她想飞速逃返法国，她已经摒挡好一切，准备起程。查理为王后的眼泪所动，自己又不能做主，就先召见顾问官，随后又传见主教们。只有伦敦主教贾克森劝国王服从良心的指导，其余的主教们，尤其是林肯主教（原是一个好搞阴谋的主教）久已反对宫廷，力劝国王牺牲一个个人以保全君位；宁要国王的良心，而不要一个个人的良心。这个主教才走出议事厅，就有人将斯特拉福德的一封信交给国王，其中说道："陛下，在长时间的和艰苦的思想斗争以后，我得到了对我唯一合适的结论；一切的私人利益都要让位于陛下的神圣本身的幸福，以及国家的幸福。我求陛下通过批准议案，以移开阻止国王与臣民同心同德的一切障碍。陛下，我既在这里表示同意，那么陛下就更可以告无罪于上帝，比全世界任何别人更能告无罪于上帝。一个人既出于自愿，就无所谓受到损害。我的灵魂快离开我的肉体了，蒙上帝施恩，现在我以无限的满足赦宥所有的人对我所做的所有的事，我只求陛下施惠于我的可怜的儿子和他的三个姐妹，陛下所施的恩惠，既不宜多于、又不宜少于他们的不幸的父亲所应该受惠的，这当然要看不久以后的一天判他有罪或无罪而定了。”

次日，国务大臣卡尔顿代表国王去告诉斯特拉福德说，国王已同意那件决定命运的议案了。斯特拉福德感到有点出乎意料，作为他的唯一的答复，他举手向天，用拉丁文喊道：“不要信赖君主们，也不要信赖人的儿子们，因为从他们是不能得到拯救的。”

国王原答应霍利斯自己要亲自前往议会请他们给伯爵特赦，这个时候只是打发威尔斯亲王送一封信去，信尾附笔说道：“倘若一定要处死他，请暂缓至星期六再执行，是为德便。”议会读了此信两次，没有理会国王这个冷冰冰的要求，便吩咐次日行刑（5月11日）。

伦敦塔的总管奉命陪伴斯特拉福德，力劝他坐马车，以避免群众的粗暴行动，他答道：“狱官，我是敢正视死亡的，我希望人民也敢正视死亡。你得当心不让我逃走，我一点不在乎我怎样死法，无论是刽子手杀死我，抑或是人民的狂怒杀死我，都无所谓；如果亲自动手杀我，会给人民更多的满意，那对我却都是一样的。”他徒步走出狱门，走在卫兵前头，向四周顾盼，就好似他是在大踏步走在一列军队前面一样。当他走过劳德被囚的屋子时，昨晚他已先派人告知大主教，请他届时在窗口相候，并给他祝福。此时他鞠躬说道："大主教，请你祈祷，请你赐福。"大主教两手伸向他，不料大主教的心不如他的朋友那么坚强，年纪又老了，精力不济了，大主教朝后倒在地上，不省人事。斯特拉福德往前走，说道："大主教，我向你告别啦，但求上帝保护你的无辜！"他走到断头台，毫不迟疑地登台，跟随在后的有他的兄弟，有教会的牧师们及几个朋友。他跪下了一会儿，随即站起来对群众说道："我愿我们王国享受人间的一切繁荣；我生在世上一日，我一直为此进行不息的努力；我在临死之时，这也是我的唯一的愿望。但是对于听我说话的各位，我请求你们扪心自问，认真地检查你们自己，在开始改革一个国家的时候，是否就要用血写出这个改革？当你们回家的时候，你们得想想这个问题。你们切勿让我的最小的一滴血，起而判断你们之中的任何人有罪，那使我为之不欢。但是我怕你们正在走错了路。"他又跪下，祈祷了一刻钟，随后掉过脸来，对着他的朋友们，向他们告别，同每个人握手，说一两句话相劝。他说道："我快说完啦！一刀下来，就将使我妻成为无夫之妇，使我的子女成为无父之儿，使我的仆人们成为无主之仆，使我和我的亲兄弟及所有我的朋友们分离，唯求上帝，爱你们如爱他们一样！"他脱下袍子，又说道："我谢谢上帝，我并不怕死，亦不会被害怕所产生的任何灰心所吓倒，现在很高兴地脱下我的夹衣，如同我平日上床前脱衣时候一样高兴。"他喊刽子手过来，宽恕了他，祈祷了片刻，把头放在砧上，自己给刽子手下动手的信号。他的头落了下来；刽子手高举这个头给众人看，说道："上帝保佑国王！"人们一阵一阵地狂呼乱喊；有几群人散往市中，大声叫喊，庆祝胜利，但也有些人不声不响地散去，他们虽然刚才亲眼看见如愿以偿地杀了人，但心里反而充满怀疑和不安，不知道已偿的愿是否公道。

上议员们看见上述的许多人的怀疑与不安的表现，自己也感到心绪不宁，只好用全力将这种感觉抑压下去；最能使胜利者不安的莫过于看到一个已死的敌人仍具有危险性。有一个议员名叫泰勒先生，由于他曾在一次私下谈话中，说议员们犯了借法庭之手杀人之罪，因此被禁在伦敦塔里，被逐出议会，永远不许再当议员（5 月 27 日）。迪格比勋爵曾演说反对剥夺公权的议案，并刊行了这篇演说，议会不许其散发，且由刽子手予以焚毁。下议院的势力从来没有像这个时期这样雄厚，这样巩固。国王同意他们处斯特拉福德伯爵死刑；国王几乎连一眼也未看，就批准实施他们的议案：这个议案剥夺了国王不必经过议会本身同意就可解散议会的权力。但是，下议院还需要得到保证。他们的权力越增大，就越发不得不趋向于专制。国王抛弃斯特拉福德交给他们处置，据下议院看来，就无异于国王降低了自己身分，这只有更叫他们不相信他。他们愈加恨他，也就愈加不相信他。除了宫廷党之外，又有一个王党开始在他们之中成立起来。皮姆、汉普顿以及霍利斯，觉得他们不能不同不奉国教的派系更加亲密联系，就连拥护民权自由的朋友们也对这样的结合感到不高兴。他们问道：“用是非难判的问题来增添政治改革的麻烦，所为何来？国人们对于宗教礼拜和纪律，意见不同，但反对专制全国则是一致的。我们要一致起来毫不留情地打倒的，就是专制，这是我们的唯一的仇敌。”有时候这样的看法占了上风，下议院在重新审查民间疾苦问题时，意见又复归于一致。于是又具体宣布要废除星法院、北方法庭、高等审院以及所有的专制独裁的法庭。在迟疑了两天之后，国王最后还是允准废除（7月5日）。政治改革，至少是最初所希望最初所设想的政治改革，好像已大功告成了，但若这许多改革的实行还要有待于议会的敌人们，那么将改革固定为法律条文，又有什么用处呢？国王的迟疑不决，谣传中的许多阴谋诡计，人们所已觉察、或预料会发生在军营里与在议会里的变节行为，都激使议员们发生恐慌。议员的领袖们觉到，如果失去权力，那就要毁了他们自己，也毁了他们的奋斗目标。要保住权力，就不能不需要人民帮助，而忠于长老会的人民，现在却要求分享胜利的成果了。一切反对教会的议案，现在又重新提出来了，苏格兰人甚至开始公开要求两国采用统一的礼拜仪式。这些企图又失败了。而一事无成以及两院被许多感情和五花八门的宗教计划弄得头昏脑胀的情况，使他们在审议程序时显得毫无把握，疲敝不堪，有几个议员竟睡着啦。但是宗教问题的斗争越来越明显了。不奉国教的派系胆子越大，正统教会就越动摇。上议院一向是教会的坚固的支持者，而现在无一事不显示教会的衰落；现时不复按照习惯在提案上端先特别列出主教们的大名了。上议院的职员，当宣读提案的时候，也老是转身子去以背对着主教们的席位了。在公开的典礼上，世俗的、非教会的贵族位次也是排列在前面。这种征象，瞒不了长老会派的眼光。他们不停地一再攻击，他们充当政治改革派的领袖，他们支持改革派所取得的权力。长老会党在外表上好像失败了，其实正日趋于胜利。

国王忽然想起他原定访问苏格兰的计划，他说因为要签订即将达成协议的和约，需要他亲自到场。这时有人说，王后以身体有病为借口，准备前赴大陆。心怀不满的军队驻扎在国王将要经过的路上，而且国人早已疑心王后与大陆时有往来。国王与王后突然同时出行更在人们的怀疑火上加油。人们的疑心是有道理的。查理在伦敦既无权又无势，在他左右的不过是一群无用的廷臣和惊惶万状的枢密顾问官们，他的思绪就转向他祖先的王国与欧洲的专制帝王们。他的意图是要在苏格兰作出大量的宗教上和政治上的让步，以赢得民心，并普施恩惠于贵族。他将亲自探视陆军，他想作出和解姿态，准能在陆军中增加附从他的人数。说到大陆，他的看法还不那么明确；但是他既未曾想象到或预料到会打仗，因此要在那里寻求经费与同盟。下议员们并没将他们的怀疑形之于口，但是他们要求王后不离开伦敦，要求国王暂缓起程（6月 26 日）。查理因此流露不悦神色，假装认为这样的要求不过是无意识的一时的任性。为了假装他觉得他自己的答复是无足轻重的，就要下议员们去问苏格兰的委员团，他说是委员们敦促他起程的，又要他们去问王后。苏格兰人自愿同意国王暂缓起程，王后也即时答应了不走。下议员们暂时放了心，却紧紧地催促查理遣散军队，在此以前他们有意地推迟了这个要求。下议院向军队写信保证迅即发给他们所要求的军饷。因为要筹军饷，有若干热心的市民，熔化了他们的金银器皿；国王又下令借款及抽收新税。但是遣散军队进行得很缓慢，一因无款，二因有许多军官有意为难。国王心里暗自庆幸，因为这可以叫下议员们再度焦急。国王答应暂缓出行的期限现在已经到了，下议员们又要求国王再次展期，可是国王不允（8 月 8 日）。且声称他快要动身了。下议院开始执行一个计划，要求国王出国的时候，派定一个摄政，以便国事不致停顿，但是这个意思却不曾见诸实行。国王指定埃塞克斯伯爵为特伦特以南的大将军，他觉得无需再做他事了，便于 8 月

10 日离开伦敦。他有着满肚子的希望，而且情不自禁地以听不分明的言词说出了口，但是谁也不能领会到希望的根据何在。

下议院不久就看出，在国王出行的时候，如果他们坐在那里举棋不定和无所作为，那将是蹉跎时光。更重要的是严密注视他们的对手的行动，与重新激发在各郡的党人们的热心。在开会两个星期毫无收获之后，就决定暂时休会（8 月 27 日）。许多议员想料理私事，或略事休息，但是领袖们却不肯偷闲。受汉普登指挥的一个委员会奉命前往苏格兰，要在国王的近旁密切留心议会的利益。另外一个委员会，人数既多，权力又大，于议会休息期间，坐镇威斯敏斯特，以皮姆为其委员长。上议院也是这样办，有许多上议员散往国内各处，急于传播他们的意见与他们的忧惧，两党都以暂时的休战作掩饰，各自在外寻求新的力量，两党都在考虑展开新的战斗。

英吉利军队正在遣散中，苏格兰军队则在回国途中。国王在半途上英吉利和苏格兰军队中间穿过的时候，感到不宜于久停。但他想联络兵士们尤其是联络军官们的意图流露得太明显了，以致办理遣散的霍兰勋爵为此写了一封信给埃塞克斯伯爵，表示对此事很不放心。信中并说，他回到伦敦的时候，还将有许多话同他面谈。查理到了爱丁堡就让步于议会和苏格兰教会的所有要求，如每三年召开议会一次，放弃国王的古老的权力，并惩办反对盟约的重要人物。连议会要干预国王提名选派阁员（或枢密顾问官）之权也答应了，一条也不曾拒绝。国王自己很俯就地参加长老会的礼拜仪式，做得很严肃，毫无勉强迁就的神色，他不辞劳苦地亲临他们常常举行的祈祷会，一心专注地听他们的长篇大论的讲经。他很优待盟约党的党魁们，无论他们是无圣职的教徒或有圣职的教士，亦无论他们是贵族还是市民，他毫不吝啬地赐给他们以头衔、官位、许诺以及年金。

忽然有谣言传遍爱丁堡市（10 月初的事）说议会里最有势力的贵族汉密尔顿和阿盖尔已经离开议会，后面跟着他们的朋友们，退居金内尔堡（这是汉密尔顿的兄弟兰拉克伯爵的住宅），以躲避被拘捕或被暗杀的危险。人们听了惶恐到极点。无人不问，国王为什么出这种主意，为什么使逃难人这样害怕，却无人能回答。于是到处传播着许多奇怪的臆测，国王傲慢地大发牢骚说，这些谣言侮辱了他，他要求议会逐出汉密尔顿，直到国王的荣誉恢复为止。议会却是既坚定又稳健周密，不肯作匆匆的决定，而是下命令调查。听了许多见证人发言以后，委员会作了报告。报告说，详情没有叙说的必要，但国王没有必要要求赔偿名誉，逃亡者也没有恐惧的必要。两个贵族果然回到议会来，对于以往的事，一语不发。查理也是这样。人民大众从他们嘴里再也听不见什么情况了。

两造都不愿意让人知道更多情况，但是这件事却多少有了一个解释。那时，国王因为要把苏格兰赢过来，以反对英格兰，因而作了许多让步，他正在那里思考设法打倒两个王国内的他的仇敌呢。他知道，英格兰的心怀不满的人曾同苏格兰盟约党秘密通信，或许就因此导致苏格兰最后兴兵入侵。他自己就是亲身来找寻证据的，他深信法官们不能不判这种私通外国为叛逆。他打算于回国的时候，就指控议会的领袖们，但由于斯特拉福德被人迅速地用先发的手段制住，因而来不及宣布他们的叛国罪状，控告他们。有一个年轻而大胆的贵族，起初原效忠于盟约党的，后来又重新得到国王的恩遇，他就是蒙特罗斯侯爵。他曾应允替国王找出他急于想弄到手的文件。依仗这个许诺，查理就启程向北方来，但是他未到达以前，阿盖尔截留到一封用密码书写的信，这就引起苏格兰人的疑心。国王也已得知，蒙特罗斯已被监禁。蒙特罗斯侯爵被危险和热烈如火的报复要求所激，就打发人告诉国王，说国王若能够见他，他就可将国王的仇敌们的真实姓名，与他们过去的阴谋，全盘告诉国王。蒙特罗斯得到几个靠得住的朋友帮助，偷偷地从监狱出来，晚上走进国王的臣室，把他所晓得的消息和盘托出，他控告汉密尔顿同阿盖尔参与不逞之徒的阴谋，他使国王深信他们的文件会证实这件事，他最后又说服国王立刻拘捕这两个贵族，他们若敢抵抗，就立刻杀了他们。查理一向是不惜采用大胆的决定的。他一点也不想一想，这样粗暴的举动不可能不对于他想与之言归于好的人民产生不良后果。他全部同意了蒙特罗斯的意见。阴谋与让步同时进行。不料正当执行计划的时候，那两个贵族及早得到了警告，公然走了，使全局失败。

苏格兰议会很明智地尽力压下这件事，议会不复怕有危险，但也不敢走极端，以冒得而复失的危险。国王要掩饰他的阴谋计划及其失败，竟提升了两个贵族，进封汉密尔顿为公爵，进封阿盖尔为侯爵，并封莱斯利为莱文伯爵；但是汉普顿与英格兰的委员会完全明白发生了什么事，因此赶快报知伦敦，其时议会即将开会。那里的党人很恐慌，他们虽然不完全相信查理，却完全没有料到会有这种危险，领袖们一向以为他们从前与苏格兰叛党所发生的关系，以及那次的叛乱，已经被最近的和约所赦宥了。国王既表现出这样执拗不化的报复意图，他们自己也是决不可能妥协的，尽管这些人在平时还是不走极端的温和人士。海德会见了埃塞克斯勋爵和荷兰勋爵，他们正在很热烈地讨论新闻。海德讥笑他们胆小，要他们追忆他们去年对于汉密尔顿和阿盖尔二人曾有过什么想法，他们答道："自从那个时候以来，时局与宫廷都有了很大改变啦。"下议员们第一天开会，他们就请求埃塞克斯伯爵派卫兵。他们说，为保卫议会的安全，卫兵是不可少的。伯爵立刻照派。两院的领袖们在荷兰勋爵在肯辛顿的住宅里开会，以他们随时所得的消息及怀疑互相通知，且商量怎样对付。他们全是惶惶不安，日夜不宁，这就逼得他们敢作敢为。纽波特勋爵说道："国王若阴谋反对我们，他的妻室和儿女全在这里。"他们听了这句话就更恐慌，因为他们不敢利用国王的妻室和儿女来激动人民，因为既然苏格兰不曾发生什么事变，在伦敦就没有什么可以揭露的。

正在这样秘密骚动的时候，忽然传来消息（11 月 1 日），说爱尔兰发生暴动，其势甚猛，蔓延各地，到处屠杀，基督教和议会都受到眼前危险的威胁。爱尔兰的天主教徒，其领袖与人民，在各处起事，要求礼拜自由和政治自由，向王后乃至国王呼吁；并且将据他们自己说是他们所奉到的国王的委任令出示，并宣布他们将他们自己及国王从英格兰的清教徒派手下解放出来的计划，清教徒原是他们的共同的压迫者。这个阴谋久已在全国酝酿，此次纯然是由于偶然的机会泄露出来的，而且仅是在都柏林（10 月 22 日）在爆发的前两天晚上泄露出来的，所以几乎没有时间保护政府所在地，以免受到惊扰。变乱一起，就势如破竹，到处都没有遇到什么障碍。在爱尔兰的基督教徒，随处都是在毫无准备情况下被乱党攻击，被逐出他们的住宅，被他们穷追，被他们杀害，受尽种种危险。凡是宗教的仇视与爱国的仇视所能发明出来的用以反对异端、外国人以及暴政当局的各种折磨方法，无不用尽。伦敦得到基督教徒的遭受的最可怕及最令人难受的消息，说杀了无数的人，受了不曾听到前例的痛苦。实际上，这场灾祸确是如此之大，即使按着各人的恐惧或意图加以夸大，仍然不能算是不实，而不会令人难以置信。[①] 他们是一个半野蛮的民族，死抱着野蛮制度不放，那是压迫者们造成的令人感到可耻的制度，压迫者们还阻止半野蛮人摆脱这制度。现时压迫者本身闹分裂，半野蛮人自然是欣喜欲狂地乘机抓住解放的希望。他们急于要在一天之内报复几十代所受的虐待和痛苦。他们在自豪的欢乐中所干的过火行为，使得他们的旧主人们恐怖万分，张惶失措。英格兰的当局们，此刻简直无法抵抗。议会心目中只有对斯特拉福德与国王的仇恨，一心倾注于在英国确立民权自由的计划上，却忘记了议会还要在爱尔兰保留专制虐政。在那里，国库空虚，戒严法已废除，陆军已经缩小成微不足道的一支队伍，君权也被解除了武装。那里的政府甚至违反了国王的意图，禁止遣散的爱尔兰兵投效外国；因此这些爱尔兰兵也就布满全国，加添暴动者的力量。最后，尽管莱斯特伯爵已奉命继任斯特拉福德的职位，这时候还没有驻扎在爱尔兰的总督；总督公务归两个法官办理，他们既无才能又缺影响，仅仅因为他们都是热心的长老派，所以才取得了这样难办的职位。

整个英格兰都响起反对天主教士的一片叫喊声，声音中充满了恐怖和仇恨。基督教徒人人自危。国王在苏格兰得到消息，就赶快告知议会两院，宣布他在苏格兰人帮助之下，已经进行平乱，但是将来对此事的处理，完全交与议会办理。查理与暴乱并无关系，费林·奥尼尔爵士拿出来示人的国王委任令原来是一份伪造

① 原书此处举出被杀基督徒数字自四、五人至二十万人不等，系根据不同估计，未译。——编者

的公文。但是众人都知道，国王是憎恶清教徒的，他又不止一次地表示他信任天主教徒，最近三月他派人在爱尔兰搞的许多阴谋诡计，目的就是企图在必要时占据要塞及取得军队的助力，加上王后又曾答应过爱尔兰人，因此他们认为大可利用国王的名义，而不必害怕国王会作什么真诚的否认。一旦爱尔兰造反，查理就希望这样的危险会使议会更加就范一些。他并不帮助叛党，又丝毫不想同叛党联络。他与他的人民不同，他听见爱尔兰造反，既不发怒，又不害怕，也并不忙于要平乱。他把责任交与议会，那么如果平乱出了差错，就可以叫议会受国人的指责，同时又可以免得自己蒙受参预其事的嫌疑，这真是一举两得。他还可以摆脱他自己的责任、以免他的天主教民因为必将临头的严酷待遇而怪他。但是民意很激昂，用狡诈手段去对付是无济于事的，他既乏真心诚意，就骗不过他们。下议员的领袖们手段更巧妙，所处的地位更好，只想利用群众的高涨的情绪以为己利。他们的不安现在已经消失，因为英吉利人以为自己陷入的危境与他们相同。虽然爱尔兰乱党的宣言是很夸张的，他们的威吓也很激烈，但下议员的领袖都立即接受了国王所给他们的平乱的权力，尽管他们并不甚注意于平乱。英国送往爱尔兰的军队及军饷都不充足，而且送得很慢，部署又不好。他们的所有演说都是对英格兰而发的，他们所有的实际行动也全是针对英格兰的，他们决定采用一个决定性的、出其不意的步骤，要干就干到底。

议会开会之后不久，就有一个委员会奉命撰写了一篇大抗议书，指出全国所受的疾苦以及解救的途径。但是改革已经进行得如此之快，以致他们对于来自民间的怨诉未予重视。大多数的疾苦，至少政治方面的疾苦已经消失了。委员会不复注意于他们的任务，看来无人再想到这个问题了。

现在委员会忽然奉命（在 11 月初）恢复工作，并赶快写出一个报告。几天之中，委员们就写好一篇抗议书交与议会，当初的用意不过是揭露存在的以及急需要废除的苛政，以及全国人民的一致愿望。现在却不然啦。要把以往的弊政及过去的疾苦，说得漆黑一片，并缕述国王的全部罪愆，拿来同议会的功德相比较，还要讲议会所克服的困难和遇到的艰险，尤其是议会现在仍然面临着的威胁，因此需要议会竭尽全力来对付。简而言之，这篇抗议书就是向人民发出的一个呼吁，是特别针对着处于发狂状态的长老会派说话的。爱尔兰的叛乱已经重新点燃了火苗，这篇文章又加以煽动，要激发他们死心塌地地拥护议会，认识到只有下议院才能够把他们从天主教士、主教们以及国王手中解救出来。

当初次宣读抗议书的时候，有许多人嘁嘁喳喳表示反对。这样的敌视行动既缺乏公共的基础，又没有任何直接的或明显的目标，反而引起完全说不上是同宫廷友好的许多议员们的诧异与怀疑。他们抱怨说，抗议书用的语言太过于辛辣，又说对于已经解决了的疾苦还要表示愤怒，未免是多余的，又说文章对国王太粗暴无礼，而且给奉异端的人们以很多希望。现在，究竟存在什么隐蔽的阴谋，什么人所不知的危险，才有必要采取这样的暴烈办法呢？倘若这篇抗议书只是对国王而发的，我们能够希望有什么用处呢？倘若是对人民而发的，那么倡议的人又有什么权利由议会向人民发出呼吁呢？党魁们没有作出答复，由于不能把话全说出来。但是在私人谈话中，他们很热心地致力于多得赞成票，他们郑重解释说，他们不过是要威吓一下宫廷，使其阴谋诡计难逞而已。他们还说，他们要的只是通过这个议案，他们并不打算公布它。这几句话也不无效果，因为对事物的怀疑正在流行，只要提议人不说过激的话，而且言之成理，那么即使是平日性格中和的人也会接受的。过了几天（11 月 21 日），议会开了几个小时，正要散会的时候，党魁提议要将抗议书立刻交付投票表决。他们计算过他们的人数，认为准定能够通过。但是福尔克兰勋爵、海德、科尔佩珀、帕尔默等人激烈反对这个动议，坚持改到次日投票，本院很愿意地照办了。克伦威尔对福尔克兰说道："你为什么要改到明天？今天很快就可决定啦。"福尔克兰勋爵说道："时间不够呀，因为这个议案必定要辩论一些时候！"克伦威尔答道："很令人不快的辩论。"他说话带着坚决自信的神色，不知是真的抑或是假装的。翌日午后 3 时开会，等到天快黑的时候，好像还未开始辩论。现在不复是宫廷与国民对垒啦！这是头一次有两个党派相争，倘若两党都不代表全国，至少也是来自全国的。两党都挺身而出，都说是要支持公共利益与感情，两党都自称拥有高尚的和独立的市民作为追随者。共同的希望将他们联合成为一体，而方向相反的畏惧，却分开了他们。每党都很明智地预先洞察到一旦对方得胜的后果，却都料错了本党得胜将会产生的结果。两党互仇互恨，斗争激烈，为前此所未有；由于他们还顾一点面子，又不敢按照内心的怀疑平直地扬声互控，因此就更加相持不下，互不相让。辩论进行了好几个小时，身体孱弱的人，年高的人与无所谓的人们因为劳倦，都走了。国王的一个代理人国务大臣尼古拉斯，不等辩论完毕就先走了。本杰明·拉迪亚德爵士说道："这将是一个腹内无食的陪审团的一次判决。”[①] 濒临夜半，他们终于投票啦。赞成通过抗议书的一百五十九票，反对的一百四十八票。于是汉普登立即站起来，提议立刻付印。很多人叫喊道：“我们早已晓得了，你们要抬高人民，撵走贵族。”海德说道：“本院不习惯于这样地刊布其议决案，我以为刊布是不合法律的，且会产生有害的后果。若要通过这个议案，请允许我抗议。”帕尔默说道：“我抗议！”他的朋友们同声附和道：“我抗议！我抗议！”这却引起对方的惊骇和愤怒。贵族院习用抗议，可是在下议院是前所未闻的。皮姆站起来，证明抗议是非法而且是危险的。有人用咒骂打断他的话。他不加理会，还是说下去，就有人以威吓的话对答，于是全体议员都站起来。有几个议员势将拔剑出鞘，好像就要在议会里开内战似的。就是这样过了两个小时，有人又重新掀起骚动，以企图通过决议。后来汉普顿温和地但严肃地对这场丢脸的混乱表示惋惜，他建议议会暂时休会，下午再讨论。他们果然散了。福尔克兰勋爵出来的时候对克伦威尔说道：“这算是一场辩论吗？”克伦威尔说道：“我将来再相信你的话。”克伦威尔于是斩钉截铁地对勋爵附耳低语道：“假使他们刚才否决了抗议书，明天我就要变卖我所有的财产，永远不再见英格兰的面。而且我晓得有好几个忠实人，都作了同样的决定。”

下午的会议比较安静些，保王党放弃了胜利的希望，他们的对头们认为自己濒于失败的边缘，因此也无意再奋斗下去。他们已经宣布要弹劾主张抗议的人；但是海德在下院里有不肯抛弃他的朋友。帕尔默确实已被送到伦敦塔，但是他几乎立刻又出来了。

① 意思是说：判决得太匆忙了。——译者

在相互解释一番之后，这次斗争就默尔而息了。凭着三十二票的多数，就命人去印刷抗议书，但是命令的执行遇到了延搁，因为需要先送与国王一阅，他每日都在期待着。

他果然来了，自信而又态度傲岸，尽管他在苏格兰碰了钉子，尽管他对于议会的新的刻薄态度也是有所闻的。凡是他沿途所经的地方，特别是在约克，人民都欢声雷动，兴高采烈，表示亲切和欣喜。在很多地方，他对苏格兰人的让步，颇令人民欢喜。他们并不知道或不明白他的秘密手段，况且保王党无论在乡间或在议会，都聚在一起，表示他们的好感。在伦敦市也是这样，国王的朋友们选出了新市长理查德·古尔尼。他是一个活动而勇敢的人，他忠于国王，准备了一个很漂亮的盛会以欢迎他的主人。有一群市民骑马持械，在许多商行的旗帜导引下前进，迎接国王。人们在欢呼声中拥着国王到了白厅。国王盛设华筵款待他们，答谢他们的厚意，以爵士勋位赐封给市长和几个市参议员们。他到达的次日，为了向众议员们表示他认为自己地位已经巩固，国王就撤退了卫兵，那些卫兵是在国王出国时埃塞克斯伯爵专为下议员们的安全而命令设置的（11 月 26 日）。

时局现在改观了，从前是举国一致的热心，现在则继之以党争；从前是改革，现在则继之以革命。领袖们看出这一点，因此他们的行动忽然表现出新的特点。这一年 12 月 1 日，向国王呈递了抗议书。宣读抗议书的时候，国王很耐心地听了，随后他对委员会说道："议会想刊印这篇宣言书吗？"他们答道："我们无法回答。"国王说道："既是这样，我假定你们不期望我会对于这样长的一篇呈文立刻予以答复。事关重大，我将以和这件事的重要性相称的速度尽快作出答复。"下议员的领袖们都不在乎这一点。他们毫不拖延地立即提出几个计划，内容是抗议书所未曾提出过的。前此，他们已经要求解除民间疾苦，所援引的是古老的法律，现在他们所宣布的是一些新原则，不客气地要求革新。他们正在讨论一项议案，要求征兵出击爱尔兰，在议案的前言里，他们加进了下列几句话，“除了外兵入侵的时期以外，在任何情况下，国王都无权强迫自由的人民当兵，因为这是与人民的自由权利不相容的。”他们又提出另一议案：将来遇有组织民团和选派其军官等事，必须先得到议会的同意及许可方能进行（12 月 7 日）。在国王回来之前数天，有一项不许教会教士做官的议案，曾经利用长老会派的势力，再度提出，要求通过。但是上议院搁置不理。下议员们因此很是愤怒，说道：“我们下议院原是整个王国的代表，他们贵族不过是特别的个人，他们是以一种特别资格参加议会的。他们若是不高兴同意通过为保障国家生存和安全所必需的这几项议案以及其他议案，本院将同较为明了国家安全的重要性的贵族们联合起来，将议案呈与国王。”声望很高的几个贵族如诺森伯兰、埃塞克斯与沃里克诸伯爵，竟对这种语气不闻不问。在会外，这个政党以同样的热心团结在他们的党魁周围，居然刊出了抗议书（9 月 14 日）。伦敦市宣布，这次如此空前隆重地接待国王，决不意味伦敦市民对于他们的真朋友们的好感有任何改变，并表示，他们愿与议会共存，死生不渝。艺徒们也递了一张呈子，把贸易及工商业所受的损失，说得很是可悲，他们将这些都归咎于天主教士、主教们以及行为极坏的地方议员们。在各郡成立了许多联合会，专为保卫人民的权利与宗教信仰。国人从四面八方迅速前来，协助下议员们。不时有不祥的消息传来，证明国人对下议院的亲密关切；有一次谣传皮姆的生命遭受威胁；有一次说爱尔兰叛党准备入侵；一次神秘的访问，街上一句流言，都足够叫民党抓住，用来作为一个计划的根据，以号召同党们宣誓重申联合意志。下议员们每天在要求恢复他们的卫队，群众每天也集中在威斯敏斯特大厅的四面，做下议员们的卫兵，不停地发出喊声，宣称共同的危险即将来临。

面对这种依靠吵吵闹闹的情绪所维持的大胆的要求，查理这方面也召聚他所有的党徒，他们都是享受专制权力好处的臣仆们、国王的忠诚保卫者（他们不问国王的事业是什么，都照样忠诚保卫）。此外他还吸引许多市民，他们直到最近还是反对专制的，但是由于害怕新事物，又害怕过火行为，这些人又回来躲在国王宝座脚下。这些市民（也只有这些市民）在下议院形成了日益得势的保王党。这一派人以福尔克兰勋爵、海德以及约翰·科尔佩珀爵士为其领袖，查理决计要他们亲附他自己。查理在未赴苏格兰之先，曾同海德秘密会谈过几次，由于海德的相当聪明的建议，又由于他反对一切新事物，特别是由于他对教会的忠诚，所以他得到查理的信任。国王却并不同样地喜欢福尔克兰勋爵，因为他藐视宫廷，不太爱戴国王，他又不曾亲近过国王。福尔克兰反对维新人士，这是因为维新使执法过于不公，而并不是因为君权受到威胁。查理害怕他，觉得在他面前很拘束，但是又不能不敷衍他。海德是他的最亲密朋友，担任了谈判的任务。福尔克兰最初没有同意；他具有不肯苟且的品格，因此他不愿支持革命，但是他的原则性，他的理想，以及他的多少有些浪漫的想象力，常常逼他靠拢民权自由的朋友们。他将他对宫廷的反感归因于他不能服务宫廷，且归因于他决心永远不愿做假，不沾贪污，不用坐探。他说："这些都是有用的方法，也许是不能不用的方法，但我却绝不肯以此玷污我的双手。”查理觉得有必要俯求于一个臣民，因此暗自惊讶，又感到难堪，但是别无他法，只好坚持下去。海德对福尔克兰强调说，这样拒绝帮忙，必会对国王有很大损害。福尔克兰只得勉为其难，但是在受任以前就已觉得灰心，因为他这样为忠君而牺牲自己，既不是由于有什么特别感情，亦不是由于对前途怀什么希望。国王派他当了国务大臣。科尔佩珀虽然影响很差，却以富有胆量和在辩论中足智多谋闻名而做了管库大臣。唯有海德一人，与国王的愿望相违反，力拒担任任何职位，这并不是因为他害怕，而是因为为人审慎，又因他抱了一种见解，认为如果他保持他的外表上的独立地位，将可以更好地帮助国王。这三个朋友负起在下议院中为国王办事之责。查理也应允了若不先同他们三人商量，就不尝试做什么事。

与此同时，还有其他臣仆，其用处虽不及那三个人，但比他们更热心，急速地从国内四面八方前来保卫国王的名誉和他的生命。他们说，国王的名誉和生命，都在议会威胁之中。尽管封建制度日趋腐朽，但这种制度所孕育的感情，仍然能够使许多乡绅们振奋。他们在乡间的住宅里无所事事，又不习惯于思考或辩论，可是他们从心坎里看不起那班喜欢喋喋不休、吹毛求疵的市民，这些市民的阴暗的信条是：禁止饮酒、打猎等等古老英格兰的娱乐，他们居然擅敢约束国王，而他们的祖先们连伺候国王的体面差使还够不上呢。乡绅们追怀他们自己的独立地位，从而感到骄傲，因此就满不在乎民权自由的新需要了。他们与人民一样也发过怨言，反对过宫廷与暴政；但在他们看到国王已经作了许多让步之后，他们的缺乏远见和忠君之心使他们对于维新人士的目中无人和寸步不让的态度，感到愤愤不平。他们手持军械来到伦敦，高视阔步地在大街上整队游行，炫耀自己，且在酒店和公共场所大声发表他们的意见，还常常走到白厅，表示他们愿为国王效力，且求国王量才施恩。这时候还有其他的人来同他们联合，这种人并不真是那么一片忠诚，可是盲目瞎闯却有甚于他们，这些人是：被遣散的一文不名的军官，无所事事的人，其中多半是投机分子和冒险家，谁肯多花钱，他们就帮谁。他们在大陆上打过仗，放荡，贪婪，胆大如天。他们很讨厌议会，因为议会夺去了他们的行业，他们又反对人民，因为人民憎厌他们的作风。他们准备为无论什么主人及无论什么事业出力，只要有人肯用他们。此外还有青年律师，法律学生，宫廷豢养的人们，或急于要分享宫廷乐趣的人。有人以为与宫廷一个鼻孔出气就可以证明他们的出身高贵和好尚文雅。这种人，加入了终日挤满白厅的不安分的冒昧行事的人的行列。他们咒骂下议员，且侮辱拥护下议员的人，说了许多自夸自赞和挖苦他人的话，他们急于要替国王出力，或找寻机会以证明他们的忠君，从而猎取富贵。

民党也一样地急于要给予他们这个机会。民党的聚会日益增多，而且越加慷慨激昂。成群的学徒、工匠、妇女每日清晨从伦敦市往威斯敏斯特去，在经过白厅的时候就喊道："不要主教，不要天主教士的贵族！"他们喊得加倍出力。他们有时站住，行列中的一个人爬上柱子，对着群众宣读下议院的"心怀不满的代表们"的姓名，或上议院的"奸诈恶劣、腐败透顶的贵族们"的姓名。甚至胆大到公然要求撤去看守宫门的卫士，以便平民无论什么时候高兴的话都可以见国王。此后不久，就发生了激烈的冲突，于是用起两个名称分别称呼两党，即保王党与圆颅党[①]。市民起初反对圆颅党的名称，视之为侮辱，后来竟以这个称呼为荣。保王党在威斯敏斯特大厅周围找寻他们的仇人，侮辱他们，同时保护离开上议院时受人威胁的保王党们。人民的忿怒特别指向上议院，因为排斥主教们不许他们当贵族院议员的议案还搁置在上议院里，不肯交付讨论。约克大主教威廉斯徒步前往上议院途中，试图捉拿一个尾随在他后面侮辱他的青年，群众就向大主教冲来，他的朋友们费了很大的事方才把他救出来。两党轮流地捕人和释放被捕的人，这样一来，自然就发生流血。保王党夸海口说打散了许多对手，以此挖苦对手。翌日，他们的对头圆颅党又来回敬，这次他们有了更多的经验了，手里也有更好的军械了。有一天晚上，上议院正在开会，外面闹得太凶了，赫特福德侯爵走到主教们的席位前，劝他们不要走出议会。他说道："因为那些人发誓要等你们出去，用火把照着每一辆马车搜寻你们，使你们逃脱不了。"主教们问道："我们必须在这里过夜吗！"有几个主张排斥主教的议员们微笑地说道："很可能要在这里过夜！"不过主教们还是离开议院了，有的坐在群众所爱戴的贵族们的马车里，有的主教则从后门小道溜走。现在，即使是主教的朋友们之中，也有人开始想，主教们冒出席议院的风险，是犯不着的。上院曾经两次请求下院帮忙镇压（12 月 20 日至 30 日）。但下议员们闷声不响，或者反以保王党本身扰乱治安为答复。领袖们说道："现时正是用得着我们所有的朋友的时候，我们不能叫他们灰心。""上帝不许下议院用任何方法使人们灰心，阻挠人们用这样的方法来求得他们应该

① 参加该党的人头发都剪短，故名。——译者

享受的权利！”贵族们只好找地方官，请他们用法律来反对闹事的人们；地方官们奉了印有大玺的命令，才吩咐警察们派兵环绕威斯敏斯特大厅，以驱散乱民。下议员们却把警察拘来听审，认为那道有印信的命令是滥用权利，并送一个地方官人伦敦塔监禁。同时，下议院投票议决，国王既然屡次拒绝不肯派卫兵保护议院，只好由每个议员各带一个仆从来，派他把守议院大门，随他用什么武器装备都行。

这样的闹事，这样无休无止的吵嚷，这样不断发生的无法管束的扰乱秩序，使国王又生气又害怕；即使在他生平最恐慌的时候，也未曾有过这样的扰乱情景进入他的想象中，堂堂的人君，竟要忍受这样的大不敬，令他惊诧，也令他愤怒。现在他不仅仅是为了他的权力害怕了，而是为了他本人的安全，至少是为他的身体和生命的尊严而害怕了。王后比他更加心慌意乱，常常抓住他不放，诉说她的恐怖。做人君主的傲气与做丈夫的柔情蜜意，使得他想到，他所爱的人以及与他分享宝位的人，竟然面临危险与侮辱，他实在受不了。他四面看看，要找可以抗拒群众的柱石，要想方设法阻止或惩办他们的过火行为，他就决计免了伦敦塔总管威兼·巴尔福爵士之职，因为他是最矢忠于下议院的，国王要另派一个靠得住而有胆量的人继任。查理变卖了王后的珠宝，得了三千镑，赏给被免职的巴尔福爵士，来平他的气。后任就是托马斯·伦斯福德爵士（12 月 20 日以前的事），他是在白厅聚会的保王党的最大胆领袖之一。这时，国王对下议院声色俱厉，现在轮到他竭力用威吓手段啦。海德写好一篇坚决和有才华的文章，作为对下议院抗议书的答复。查理采用了这篇文章，并以自己的名义刊布它。征兵议案尚在议会讨论中，在此案尚未送与国王阅看之先，他亲到议会宣布说，前言里有一段话取消了他下令征兵的权力，因此必须先删去这一段话他才肯予接受（12 月 14 日）。爱尔兰事务没有进展，他就要求平民代表坚决办好这件事。只要下议院肯给军饷，他就愿意召集一万人的义勇队（12 月 29 日）。主教们也许得到君主的允许，聚会商讨他们的处境和地位。有人在上议院门外准备对他们行凶，他们就决定不来，并在一篇抗议书上发表他们所以不出席的原因，声明无论什么议案，若未曾经过议会全体合法的及必要的议员们的同意，一律无效。这篇抗议是突然之间由十二个主教[①] 起草并签字的，立刻送与国王。国王迫不及待地接受了，这个抗议使他希望有朝一日可以这个文件为借口，宣告他所无法压制的关系重大的议会法案为无效。他并不向他的新的顾问们提到这件事，与其说他尊重这些人的影响，不如说他更害怕听他们的忠告。他立刻吩咐掌玺大臣当天将这公文送给上议院，国王因为这篇东西而洋洋得意起来（12 月 30 日）。

贵族们见了大为惊愕。他们不能想象十二个主教（他们自身能否当议员的资格问题都尚在讨论中）居然敢于规定议会本身的命运，妄图以他们的缺席来否定议会。上院赶快把主教们的抗议交与下院。下议员们收到这件东西后，外表表示愤怒，而内心却是正中下怀，分外高兴。那是敌人的过错所引起的高兴。下院于是立刻提议弹劾主教们共谋反对国家的根本大法以及议会的存在。此事立刻提出并通过了，主教们的朋友被他们的孟浪从事激怒了，也许也是乐于找到借口以便可以坦然无愧地抛弃一个已经

① 他们是约克大主教，达勒姆、利奇菲尔德、阿沙夫、牛津、巴思和威尔士、赫里福德、伊利、格罗斯特、彼得博罗、兰达夫及诺里奇的主教。

破产的事业吧，所以也就不声不响。只有一个人起来替主教们说话，说他们简直是疯了，因此不必送他们到法官面前，只须送他们到疯人院。上议院批准了弹劾案，把主教们送入伦敦塔监禁。下议院的领袖们急于充分利用这个好机会，于是发动大规模的攻击。国王对于征兵议案曾经表示不满，议员们就说，这是破坏议员们的权利，这个权利就是，国王不得关注正在讨论中的任何措施。他们现在坚持要保护他们的权利。这是在这样惊涛骇浪之中的唯一的安全的寄碇所在。他们抗议国王派托马斯·伦斯福德爵士管理伦敦塔，因为此人声名狼藉，一无财产，二无宗教，又无道德，只以暴虐反对人民而闻名，且干得出极端残酷的事。他们还说，伦敦市面，一得到这个消息，无不恐怖万分，商人与外国人也不复将他们的现金现银寄藏在伦敦塔里。他们要求另派管理人员。迪格比勋爵现在成了国王最亲信的人，他曾因说过议会是不自由的而受到谴责。最后，还有种传闻，说王后不久也可能要被弹劾犯有叛国罪。

国王好像有打算让步的模样，他并没有采取援救主教们的行动；他免去伦斯福德管理伦敦塔之职，改派约翰·拜伦爵士充任。拜伦是个严肃而稳重的人，很受人们的敬重。国王不再提到闹事，对最近的辩论也不发牢骚了，可是仍然有秘密消息和含混的耳语使下议院的议员们不安。王后缄默不语，好像有什么希望提起了她的精神。迪格比勋爵一向以胆大妄为出名，常常晋见王后，好像与王后和国王越发亲密了。在白厅聚集的保王党人数倍增了。下议员们到了 12 月 31 日，再一次地请求派警卫队给他们，但并未明说他们害怕什么。国王对于这个请求不予答复，下院若有请求，应该使用书面申请。这么一来，众议员们就命人送军械到下议院里，好像目前就有危险似的。过了三天，国王的答复来了，是拒绝所请。答复的结尾说道：“君王言必以信，我今郑重对你们宣谕，我担保你们人人安全，不受暴力骚扰，如同我保护自己一样，与保护我的儿女一样。”但是下议院更加恐怖逾常，命令市长、执行官们以及市议会，调齐伦敦的民团待命，并派有力的卫兵把守本市各要点。

就在那一天（1642 年 1 月 3 日）检察长爱德华·赫伯特爵士以国王的名义进入上议院，控告金布尔顿勋爵及下议员汉普登、皮姆、霍利斯、斯特罗德以及哈斯勒里格等五人以叛逆罪。罪名之一，他们阴谋推翻本国的根本大法，企图剥夺国王的法定权威。之二，他们散播丑恶的谣言，使人民与国王离心离德。之三，他们兴兵抗拒国王。之四，他们勾结外兵即苏格兰人入侵。之五，他们取消两院的权利，并根本否定其存在。之六，他们聚众滋事激起民变，以反对国王与议会，意在用暴力手段使他们的罪恶计划得逞。之七，告他们招兵置械，与国王宣战。爱德华·赫伯特爵士同时要求上议院派一个委员会调查所告各款，并请看管所告五人。

贵族们听了，如同晴天霹雳，从来没有人预见事情会这样发展，也没有人敢第一个发言。金布尔顿勋爵起来说道：“我准备服从本院任何命令，但因弹劾我是公开的，我只要求审判我也是公开的。”他坐下来以后，众人还是不发一言。迪格比勋爵坐在他身旁，附耳对他说道：“他们给国王出的什么坏主意呀！我去打听打听看，谁献的计，我就叫谁倒霉！”于是他就马上走出议院，好像去打听他所说的消息。可是据说怂恿国王做这件事的人，恰恰就是他，而不是别人。况且他还担保，他将要求立刻拘捕金布尔顿勋爵，只要检察官一控告，他就动手。

当下贵族院就派人送信向下议院报告情况，说他们刚刚听说国王的人已经前往那五个议员的住宅，正在将房内无论什么东西全用盖过印信的封条封上。下议院当即投票议决，认为这种行动是侵害被控议员所应享的权利，于是命令警察尽职抗拒，并拘捕国王的官吏们作为犯人，解来议会听审。又打发约翰·霍瑟姆爵士赴贵族院要求立刻会商，他还奉命宣布，倘若贵族院不肯同下议员们一道向国王要求派卫兵，下议员们就要退往更安全的地方。当下议员们正在等待贵族院的答复的时候，有一个纠察官走来说道："我以我主人国王的名义，来请议长把五个议员交给我看管，我奉国王之命前来拘捕这五个犯叛逆罪的议员。"他就念出五个人的姓名来，五个人全在议院里，但并无一人离座。议长命这个纠察官退出。议院既不喧嚷，又无人反对，于是指定一个委员会，在议会仍在开会时前去告诉国王，说这样重要的信息需要考虑成熟后，方能答复。委员会里头就有国王的两个大臣，福尔克兰勋爵和约翰·科尔佩珀爵士。他们对于这个计划是一无所知。于是下院同上院共同会议，不到一个钟头的工夫，就联合议决，下令撤去贴在五个议员们的文件上的封条，同时还要求派来卫队。求派卫队的呈文，是由里奇蒙公爵送与国王的。他是国王的一个最忠诚的宠臣。国王答复道："我明天作出答复。"下议员们暂停会议，定于明天一时复会，吩咐被告们照常来威斯敏斯特出席。

1 月 4 日 1 时，下院照预定时间开会。现在他们加倍地不安，加倍地愤怒。人人心里都被一种新鲜的、无名的但是认为肯定要到来的危险的预感所激动。保王党们坐在那里面带戚容，一言不发。在他们对手之中，则传播着千百种的谣言，有起始于前夜的，亦有起始于昨晚与今早的：传说保王党已经开过会，说国王传话，要他们准备好，并说有两桶火药及武器已经从伦敦塔送往白厅。众人都挤在那五个议员的周围，有作种种猜测的，有报消息的，亦有提建议的。实际上他们自己了解到的情况比报告消息的人多得多；法兰西公使早已同他们通了秘密消息；有人说，皮姆的情妇卡莱尔伯爵夫人，早已告诉他们正在准备政变的消息；但他们却对此一字不提。忽然有一个军官走进下院，他是兰格里什上尉，新近从法兰西服役回来，他同几个被免职的军官有关系，因此有机会知晓所有进行中的事态。他宣告国王即将来到，他说他看到国王已从白厅出发，由三四百人，其中有卫士、保王党、学生等簇拥着，都执有军器，亲自来拘捕被告的五个议员来啦。下院立时沸腾起来，但是他们需要立刻决定办法，因此很快就平静下来了。下院力劝五个议员躲避，其时已有几个拔出剑来，准备抵抗。皮姆、汉普登、霍利斯、哈斯勒里格四人立刻走了。斯特罗德不肯走，人们就求他走，逼他走。国王已经进入庭院；最后斯特罗德的朋友沃尔特·厄尔爵士用力把他推了出去。其余的议员全都各就各位。国王穿过威斯敏斯特大厅，在两排的随从中走过，但是只有他的卫队随同他登楼，到了议会门口，他就不许他们再进一步，违者杀无赦。他免冠走进议会，陪他的只有他的一个侄儿，特殊伯爵。全体议员免冠起立。国王走过的时候，看看皮姆平日所坐的地方，没有见到皮姆在座，就走向议长说道：“议长先生，我请你让我，我要借你的位子坐一会儿。”他坐下了，四围看看，说道：“诸位议员先生，我这次到你们这里来，我的心里是很感歉意。昨天我因为一件要事，打发纠察官来，拘捕被指控为叛国的一些人，我指望的是你们服从，而不是得到你们的一个消息。我今天必须对你们声明，英格兰自有国王以来，决无一个人比我更关心你们的权利，更愿尽其权力所及以维护这样的权利。但是你们要晓得，一个人一旦犯了叛国罪，就无权利可言，所以我亲自到此。我想得知被控告的议员们中有谁仍在这里？诸位议员先生，我必须告诉你们，只要我所控告的人是在这里（所告的不是小过，而是大逆不道的重罪），我就不能说议会是如我所衷心期望的那样正确，所以我到来告诉你们，我在无论什么地方找到他们，我必定要拘捕他们。议长先生，他们在哪里？”议长双膝跪下答道：“陛下听言，我在这儿是议院的仆人，我除了听从议员的指挥之外，我自己是无眼看事，无口说话的。我很卑下地求陛下赦宥，陛下无论怎样问我，我只能这样答复。”国王说道：“也罢，既然我看见所有的鸟都飞了，等他们回到这里的时候，我望你们把他们送交给我。一个国王说话是算数的。你们应该深信我从来不想使用武力，我将使用一种合乎法律和公平的办法，进行对他们的控告，因为我一向不想用别的办法。现在因为我无法办理我来此要办的事，我就不再烦你们啦，但是我要告诉你们，他们一到这里，我希望你们将他们送到我那里，不然的话，我只得用我自己的方法去找到他们了。”他说完就离座，他的帽子还在手中。议员们仍然动也不动。但当国王退出的时候，从议场的几个部分都有人喊道：“权利！权利！”

国王一走，下议院什么工作也不进行，什么事情也不宣布，就休会一直到第二天。议员们全走了，他们急于要了解国王的计划已经进行到什么程度，以及舆论认为如何？他们看见在外面，在台阶上、在大堂里、在大门口，在伺候他们的仆人中，在聚集的群众中，有一种情绪，其气氛之强烈，一点不亚于他们自己的情绪。当日有可靠的人说道，这个时候大家别的什么都不谈，谈的只是保王党的侮辱。有一个保王党，名叫海德上尉，从衣袋里掏出一把手枪，开玩笑地说："枪里没有装弹药。"但是试打开一看，里面装满弹药，他说，他共有五发弹药。他咒骂议会，骂议员是竖耳朵[①]，割耳朵的恶棍，他还说要杀死议员，尽他的能力能杀死多少就杀死多少。五个议员退居市内，市民们执械以待，市长尝试平息他们也无效。人民自动地组成了强大的巡防队，以保卫公共安全。整个上半夜，都有成群的艺徒们巡行在大街上，挨户叫喊，说保王党快来放火烧市区了，还有人加上一句，说国王亲自率领他们来了。

白厅也是一样地乱哄哄。国王与王后切望这次政变能会成功，他们心里早就对它寄予最大的希望了。在他们同宠信们私下谈话中，念念不忘的就是这个策划。这天早上，查理先吻他的王后才出宫，答应她他将于一小时之内回来。他说，他终于做了他的王国的主人翁了。王后拿表在手，一分钟一分钟地数，直到他回宫。可是现在全盘失败了。虽然国王仍然坚持实现他们这个策划，却不指望有什么效果，亦不晓得怎样才能办成这件事了。他的最聪明的朋友们福尔克兰、海德和科尔佩珀都怒气冲冲，愁肠满腹，远远避开，也不献什么计策了。于是国王下令关闭城门，不许市民窝藏被告。但是宫里的人们没有一个相信这样的命令能有什么效果。那五个议员所住的地方，很多人都是知道的，但没有人肯去捉拿他们。只有迪格比勋爵自告

① 指狗。——译者

奋勇，为了洗刷在弹劾五个议员时，他在贵族院所提的有欠审慎的意见，以及他的退缩不前，借此将功补过。他在国王面前自告奋勇，愿同伦斯福德以及几个保王党一起，前往躲藏地方拘捕五个议员，无论是死是活，都拘来见国王。查理现在拒绝了这个贵族的建议，也许是因为他还剩下几分尊重法律的心，不然就是因为他本来就是摇摆于大胆与怯懦之间，他决定明天亲临伦敦市，郑重地命令市政厅（公会）交出那五个议员。他料想他御驾亲临，加上说几句好听的话，就能够平息他们的怒气，可是没料想到他对这股怒气的估计是大错特错了。

国王于是在 1 月 5 日 10 时左右离开白厅，不带卫兵，表示他完全深信民情的爱戴。群众聚集在他所过的路上，冷淡无言，有时不过有几个人扬声劝告他与议会同心同德。有几处地方却有人说了恐吓的话，“议会的权利！”“议会的权利！”的呼声在他的四周回荡。有一个人名叫沃克，将一本小册子摔进他的马车，书名叫《以色列人哪，各回各家去吧！》这是耶路撒冷十个部落向罗波安王造反的口号。[①] 查理到了市政厅，要求交出五个议员。他语气和平，态度和善，并坚决表示他崇奉新教，又说他的许多让步全是出于至诚，他允诺遵照法律办事。当下没有人说恭维的话答复他。市政会同人民一样，也是严肃而面带愁容。国王对一个执行官说话（据说是一个热心的长老会派），说他要同他进餐，这个官员鞠躬。等到市政会全体人员站起来散会的时候，他很隆重而恭敬地欢迎国王到他家里吃了饭。查理返回白厅的时候，群众的反应还是同他出宫时一样。在他再进宫的时候，他怀着一肚

① 见《圣经·旧约·历代志下》第 10 章，第 16 节。——编者

皮的气，闷闷不乐。

1 月 5 日下议员们开会，他们投票议决，说在他们权利受到这样巨大打击之后，必须得到补偿。又说必须等到有可靠的卫兵来保护他们，才可免再受这样的危险，否则，他们坐在这里开会，是不会感到自由的。因此，暂时休会六天。他们虽然暂停会议，却没有停止行动。有一个被赋予大权的委员会，在伦敦市成立，调查议员们新近所受的侮辱，与王国的一般情况，尤其是爱尔兰的情形。调查工作应与议会的可靠朋友即市民们协同进行。这个委员会很隆重地在市政厅开始办公（1 月 6 日），由一队有力的卫兵保护着，市政委员会派一个代表团同他们晤见，并把本市的全部兵力以及所有为本市服务的机关交与他们，提供他们调度使用。这个委员会议事同下议院一样繁忙，凡是议员都有出席的权利。五个议员所在的地方离此不远，因此这个委员会无论做什么事，都要听他们的建议，都要让他们知道。他们甚至亲自到过委员会好几次。当他们走过的时候，市民们大声向他们欢呼，以他们住在自己身旁，以能为他们的代表们担任保护人而感到自豪。正当下议员们得到胜利的时候，下议员的领袖们却用巧妙手段，用保持他们的畏惧心理来增高他们的热情。议员们与伦敦市民之间的联系愈来愈亲密，而且彼此互相壮胆。委员会终于以自己的独立权力（据说，好像已经将委员会当做议会一模一样）公布一个宣言，详叙其调查所得的结果。市政会于是递一呈文与国王，内容是抱怨国王任用恶劣的枢密顾问官、保王党、天主教士以及伦敦塔的新总管。呈文也为五个议员的主张大事宣扬，加以崇高评价，此外还要求所有的改革，那是议员们过去只是稍稍提到一下的（1642 年 1 月 7 日事）。

国王孤立了，独自一人深闭在白厅里，他的比较诚实的党徒们也不再承认他啦。甚至保王党现在也感到威胁，有一些已作鸟兽散，或则就是默不作声。国王试图写一封回信，答复市政会的请愿书，再次下令拘捕那五个议员（1 月 8 日）。可惜这个答复竟毫无影响，他的命令也毫无结果。两天之后，他知道议会又要开会了，民团、市民、连泰晤士河上的船夫，都亲自护送那五个议员回威斯敏斯特，气派就如同凯旋一般。国王向来以为有把握得到船夫们的爱戴的，现在却很气愤地说道："怎么？连水老鼠们也弃我于不顾了吗？"等到船夫们知道他说过这句话以后，就认为是奇耻大辱，宣称此仇必报。查理被人们抛弃，受了屈辱，无人理睬他。他每天必听到普遍攻击他的呼声，却没有一个人肯替他说一言半语反对他的仇敌，想到这点他就生气。一想到他的仇人们在他的王宫前凯旋般地走过，他就更加受不了。王后一会儿怒不可遏，一会儿又害怕得发抖，她力劝他离开伦敦。保王党与他所派的分赴各地的使者，都答应他说到处都有势力，到处都可以保他平安。保王党在伦敦失败，却夸口说他们在各郡都很有势力，他们说国王一离开议会，就能够自由啦。说议会如无国王，那么能做些什么呢？于是作出决定，一致同意国王先退到汉普顿行宫，随后若是必要，再退远些。他们又打发人将秘密命令送到各处地方官，认为他们好像是靠得住的。纽卡斯尔伯爵出发赴北方，因为他在那里很有势力。1 月 10 日，在下议员们复会之先一日，查理就离开了伦敦与白厅，同行的只有他的王后与他的儿女们，以及几个仆从，他从此注定与伦敦永别，一直等到后来上行刑台时再度回来。

国王出走以后，次日约下午 2 时，泰晤士河上有许多武装了的船只护送那五个议员回到威斯敏斯特，跟随在后面的有许多小艇，悬挂旗帜，装满市民。伦敦的民团在河的两岸上走着，长矛的尖子上插着议会的最后宣言。有一个军官是在瑞典王古斯塔夫斯阿道弗斯军中造就成材的，名叫斯基庞上尉，早一天奉命统率民团。他是一个粗野不识字的人，却很有胆量，律己谨严，甚为市民们所喜欢。有无数的人跟随这一队人走，当他们经过自厅的时候，他们立住了脚，大声叫喊道:“国王同他的保王党哪里去了？他们现在怎么样啦？”等到他们到了威斯敏斯特大厅的时候，那五个议员当即颂扬伦敦市热心国事，执行官们被介绍人议院，领受议长的感谢。等到他们走了的时候，又有另外一群人走上来，这是四千名骑士、乡绅、地主等，骑了马，从白金汉郡（这是汉普顿的故乡）来递呈子，指控信奉天主教的贵族们，恶劣的顾问们，并表扬他们的可尊敬的代表。他们还有第二张呈子给上议院，第三张递与国王。在他们各人的帽上都有一张印好的誓词，誓词是：无论谁是议会的仇敌，他们誓与议会同生死，共存亡。四面八方都涌现出欢欣鼓舞，自豪自信的热心，它容许并号召人民的领袖们作最大胆的决定。下议员们就在人民号召下作出经过斟酌的让步，如同领港的舵手，让步于狂暴的顺风一般。在几个小时之内，他们已经投票表决，若无议会的允许，不得用无论什么借口拘捕议员。又议决了一个议案，遇有必要时，上下两院都有权力可以暂时休会，改往别的地方开会。他们又递呈文与国王，请他免去约翰·拜伦管理伦敦塔之职，他们命斯基庞派卫兵围住伦敦塔，严密防守各处进口，以待国王答复。于是又发信与朴次茅斯的地方长官戈林，告诉他若不曾奉议会授权命令，不许在本镇接待军队或接受军火。又命令约翰·霍瑟姆爵士（他是约克郡的一个有钱有势的乡绅）立刻领兵前去防守赫尔，这是一个要害之地，是英格兰北部的重镇，况且这里有几处大军械库。到了第三日（1 月 13 日）议院投票议决，已受威胁的王国应该立即宣布进入防卫状态。贵族们不肯批准这样的宣言。但是这无关紧要：下议院通过了这个议案，把他们的意愿告诉人民，因此就达到了目的。

下议院预料有战事，料得不错。国王现在一心只想准备打仗，他在伦敦既无权力又受人侮辱。但是他一离开伦敦就只有他的党徒在他的四周，他就不会再时时刻刻地收到他自己懦弱的证据，他就可以全心沉醉这样的希望之中：用军队来征服他未作任何斗争自己就先逃掉的仇敌。保王党又自高自大起来啦，他们像是已经宣过战似的，急于要打第一仗。国王走后第一天，议会就知道伦斯福德带领二百名保王党徒正向金斯顿前进，这里离伦敦十二英里，是萨里郡的军械库所在，他们好像要夺取这个地方作为据点的样子。议会又得悉，迪格比勋爵奉国王之命前来欢迎这支队伍，感谢他们的热忱，并同他们会商一个攻敌的计策。议会立时采取措施，因此对方的这些企图都归失败。迪格比勋爵受到很有力的谴责，只好出洋逃避。查理仍嫌汉普顿行宫距伦敦太近，就于 1642 年 1 月 12 日前往温泽，伦斯福德及他的保王党徒跟随国王，他们在这里秘密商定，由王后携带王室的珍宝，前往荷兰，购买军械和弹药，以求取大陆的国王们的援助，用的借口是送玛丽公主给奥林奇王子。他在六个月前同公主结了婚，其时她还是一个未成年的女孩子。国王这方面仍然继续同议会谈判条件，打算慢慢退到北方（北方的党徒最多），定居于约克，就在那里等待机会和行动方式的成熟。如此，诸事俱已议妥之后，王后极其秘密地准备出发，国王则请议会起草一篇包罗议会全部不满事项的陈诉书，一次呈递给他，他答应一天也不耽搁地立刻秉公解决一切，以便这样地结束君民之间的争议（1月20日）。

贵族院得了这个消息，很是高兴，院中有许多国王的朋友。其他许多贵族之中有感到惊惶的，也有疲于奔命的，都愿结束这次斗争，以后就可以不必为将来而焦虑了。但是下议员们料事较为明澈，又较为坚决，他们不相信国王会答应他们的全部要求，即使他答应了，他们也不相信他说话会算数。在他们看来，他的提议不过是一种战略，想一举解决他们，以便把他们解散之后，他可以重揽大权，独断独行。下议员们对于贵族们如此急于感谢王恩浩荡，不敢苟同。若要他们赞成的话，那么先要国王让出伦敦塔、国王的各处堡垒以及民团的指挥权，交与议会所信得过的人掌握。贵族们不接受这条修正案，但却有三十二个贵族反对这个拒绝。在这些少数人的支持下，下议员们就用他们自己的名义将请求上呈国王。国王在答复（1月28日）中拒绝交出伦敦塔及各处堡垒的管理权，至于民团，却含糊其词地用躲闪的说法表示反对交出。国王的唯一的用意，显然是不再让步，同时延宕时间。下议院却不愿再耽误时机。下议员们到处都有侦探和朋友，在温泽有人帮他们的忙，正如在伦敦一般（因为到处的舆论都知道他们力量强大）。他们对于国王的一切计划都知道得一清二楚，也明白王后出洋的用意，以及宫廷在北方和在大陆的种种阴谋。危险咄咄逼人，在民团领导权问题解决之前，国王可能已准备好开战，那么议会怎样抗拒他呢？似乎近在眼前而纯属猜测的恐慌，激动着人心，人们谈及从伦敦塔里运走了许多弹药，又说有人计划谋害众望所归的几个领袖们的性命。况且几次的征战都全无效果，人们甚表不满。有人认为，唯有一场新的、有力的舆论热情的爆发，才能克服目前出现的种种新障碍；才能够迫使热心人士行动起来；才能够激励那些不冷不热的人上前；才能够叫他们的仇敌灰心丧胆。于是请愿书雪片似地从王国的各部分，从各郡，从各阶级的市民飞来，艺徒们、小店主、贫穷的工人、伦敦的搬运工，还有妇女们，成群结队地环绕着威斯敏斯特大厅，呈递请愿书。统率卫兵的斯基庞，看见这许多妇女，大为惊诧。她们喊道："你们得听我们说话，今天来了一个妇女，明天就会有五百个妇女来。"斯基庞只好向下议院请示，回来以好言劝她们回去。过了两天，她们又来啦，她们推举了安·斯塔格（她是一个有钱的酿酒店主的妻子），代表她们讲话。手里拿一件请愿书，她们很仔细地在请愿书末尾说明她们的动机，她们说道："我们妇女跑到这个庄严的会议地方来递请愿书，好像有点奇怪，有点不像样。但是基督赎买我们女人，出过很贵的代价，如同赎买男人一样，[①] 所以要求我们既然得过同样的恩惠，就应同男人一样地服从神的旨意。对公众的灾祸，我们也一样分享一部分。我们今天来这里既不是自大也不是自夸，也不是求与男人比肩，也不是求与男人有同样的权力，同样的智慧，不过是按照我们的地位，对于上帝和上帝的教会的任务，尽我们的职责。"议会接受了请愿书，皮姆走出来表示谢意，他说："善良的妇女们，你们的请愿书以及列举的理由已经收到了，而且已予宣读，本院谢谢你们，你们的请愿书递得正是时候。我们请求你们回家后，把请愿书作为祈祷文，在家为我们祈祷。我们准备解救你们、你们的丈夫和你们的

① 基督教传统说法：基督钉在十字架上，流血作赎价，以拯救世人。——译者

儿女，已往是这样，现在和将来都是这样。”她们就静静地走了，在群众热情的狂热和兴奋中，这是一种了不起的克制，在党派以阴谋互相倾轧之中，这是一种有道德的理智清明。

所有的请愿书说的都是完全一样的话，它们无不要求改革教会，惩办天主教士，镇压保王党。有些说得更详细具体一些，其中有公然威胁贵族院的。他们对下议员们说道：“让那些在投票议决时和你们意见一致的高尚的贵族们，同下议院团结在一起，如同一个整体一样与你们一同出席，一同投票。我们希望这就会扫除我们有害的恐惧心理，扫除了恐惧心理之后，就可以防止恐惧心理往往造成的后果：连最明智、最和平的人也会铤而走险。”人民在威斯敏斯特大门说道：“我们从来不怀疑众议员们，但是无论什么事，一到贵族院就行不通啦。我们要求知道那些阻止贵族们与平民代表们和谐一致的人们的姓名。”甚至在贵族院里头，两个党派的语言开始变做兵戎相见的语言。诺森伯兰伯爵说过：“关于民团问题，凡是拒绝同意下议院意见的人，就是国家的敌人。”有人叫他解释，他的朋友们就喊道：“我们跟他有同样想法！”在这个问题上，他的这些朋友当时只占全体的少数。广大群众聚集在门口，贵族们就害怕起来，有几个人出去了，有几个人改变了意见。大法官利特尔顿本人，除保留了几条无关宏旨的条件以外，和下议员们站在同一立场投票，这个议案最后得到众议院的批准。几天之后（2 月 5 日），悬了三个月未进行讨论的将主教们排斥于议会之外的议案，也通过了。

最后这个议案是单独呈与国王的（2 月 7 日）。关于民团的法令尚未起草。国王对此大惑不解。他刚刚告诉议会，王后即将启程；为了要和缓他们，他正式取消了控告五议员一案（2 月 2 日）。他还应允派下议院所推荐的约翰·科尼尔斯爵士管理伦敦塔（2月11日）。但是在这一切之中，他的目的是避免处理任何重大问题，一直到他有充分力量足以拒绝他们的一切要求为止。不许主教们充当上议院的议员，他良心上有点过不去；把民团交让出来，岂不是将全国可用的兵力，全盘交与仇敌统领？但是下院逼得很紧，他自己的枢密顾问官们也认为他无法拒绝。福尔克兰勋爵常常主张妥协，姑且假定他这人依旧是真诚的。科尔佩珀并不是特别忠心的人，而且他常常为自己打算，力劝国王批准不许主教们充当上议院议员的决议案。他又说，民团问题更为重要，因为有刀在手，什么东西都可以失而复得，随后就可以很容易地宣告，凡是以暴力强迫国王批准的法案，统统归于无效。国王问道："这是海德献的意见吗？"他答道："不是的，但我却必须承认，我认为这两个议案，没有一个是应该批准的。"国王说道："你说得非常对，我就照你的建议办。"科尔佩珀去见王后，指出国王和她所面临的危险，以及她在赴外国途中存在的障碍，而前往外国是目前唯一能够使国王推翻敌人的方法。他的态度诚恳，语气迫切，很快就感动了王后，他使她信服，也使她增添恐惧和希望，又使她不再那么友好地看待国教的主教们了。她冲进她丈夫的住室，泪如雨下，哀求他考虑他们夫妇的安全与儿女们的安全。查理不能抗拒她，他只好忧愁地让了步。他心头的悔恨滋味，颇有点像从前判决斯特拉福德时一模一样。他授权委员们用他的名义，签署批准排斥主教案，而对于民团则一字未提。他立刻于2月6日前赴多佛（2月16日），王后要在这个港口登舟。

他一到多佛，下议院就派人跟踪送信来。下议员们与科尔佩珀一样，认为民团问题远比排斥主教问题重要得多。主教们自己已经失败，而且已被监禁在监狱里了。下议员们已经迅速制定了法令，其中规定了统领各郡民团的将官们的姓名，要求国王立刻予以批准。国王说道："我需要时间去考虑这件事，等我回来就给回信。"王后登舟启程后，国王在返回途中，又在坎特伯雷接到另一封信（2 月 25 日），比第一信更加催逼得紧。同时他知道，下议员们反对他的儿子威尔斯亲王（亦名查理）出国，国王本来叫他往格林威治，意在携他同往北方。他又听说，代表们指控检察长赫伯特，告他以听从信国王的话而控告了那五个议员。国王并且获知，下议员们曾截留并拆读了迪格比勋爵给王后的一封信。他已经作了这么多的让步，但是反遭他们那样的不相信，很令他生气，一若他的让步真是出于至诚似的。他怒气冲冲地接见送信的人，却未给他们任何决定性的答复。2 月 26 日，他到了格林威治，看到威尔斯亲王，原来亲王的师傅赫特福德侯爵，不顾下议员们的禁令，居然应国王之召，同亲王立刻到达了这里。现在他对于他的王后和孩子们放心了，他就送信给下议院。他应允把民团交与下议院所派的统领们，但是条件是如果他觉得应该免他们的职，它就可以免他们的职。而且声明，国内几个重要市镇的民团应除外，在这些地方的民团，仍旧依照各该处被授予的特许状和古时的法律管理。后来，他不等议会的答复，就启程前往约克，这一路是分几段走的。他到了西奥巴芝，就有议会派来的十二个委员赶上了他（3 月 1 日）。议会得到国王的回信，就议决认为这个回信是明确无误的拒绝。他若固执不允许，议会只好不同国王商量，就处理民团之事。议会还说，只有国王回到伦敦才能够阻止眼前威胁着王国的祸事。议会公文的语气是粗暴的，突如其来的，好像要表示，议会知道自己的力量，并且不怕使用它的力量。

国王说道:“议会的话使我惊奇得不知如何答复是好。你们居然说到妒忌和恐惧!你们试扪心自问，我是否也可能同样地被妒忌及恐惧所扰?若说是的，我老实对你们说，你们送来的公文并没有减轻我的不安，关于民团问题，在我给予上次答复之前，我曾经考虑再三。我深深相信我的答复是适合于你们所能够提出的任何公平合理的要求的，也是适合于我所能够提供的任何正大光明的赐予的，因此，我实在是不便有所更改。至于说到要求我住在与你们相近的地方，只要能照顾到安全与不失体面，使我无理由要离开白厅也就行了。你们试扪心自问，我有需要离开白厅的理由吗?至于我的儿子，我必须好好地照应他，使我在上帝面前不愧于为父的天职，使我在国人面前也不负为君的大任。最后，我以我的荣誉向你们保证，我对于人民只希求公道和太平，我将用一切公正的方法来主持公道，永保太平。我依赖上帝的仁爱与天命，来保护我的身体和权利。”他说完这几句话以后，继续上路。一星期后(3月9日)，他到了纽马克特，又有几个委员来见他。他们带来了一篇宣言，议会在宣言中重新综述了所有苦情，所有恐惧，重申他们行为的正义性，再一次敦劝国王返回伦敦，与他的人民达成谅解，以消除促使全国人心惶惶的不祥的前途黑暗的预感。在这几句坚决的语言里头，充满了深厚的感情。当国王和委员们相见的时候，也有同样的流露。君民谈话谈得很久，很急迫，很诚恳，就好像是人们在面对即将来临的决裂时刻的激动心情，却仍然互相苦劝，力图避免最后的决裂。在这个时候，双方显然都觉得，虽然对于将来的各自道路都已看得清楚，虽然已无和解的途径，虽然觉得将来的相互斗争是必不可避免的，因此只好下定决心奋斗到底，但是双方都感到开始这场斗争的痛苦，不忍即发，所以虽然明知无望，却不能不作最后的努力，以阻止其触发。国王说道："你们要我怎么样呢？我违犯了你们的法律吗？我拒绝批准过任何服务于我的人民的安乐与安全的议案吗？我并没有问你们曾为我做过什么事。我的人民之中有谁曾被恐惧和忧虑导致发狂的？我曾给人民以自由和普遍的大赦，那是符合你们的设想的。所有我的思想和我的意图都是正直的，都是为了要拥护真正的基督教信仰，遵守和保全本国的法律，因此希望上帝也照此对待我和我的一切吧。我望上帝祝福那些使我得以保全的法律吧。"荷兰勋爵说道："但是民团怎么样？""民团吗，我不曾拒绝它呀。""但是陛下肯驾临靠近议会的地方吗？""我希望你们给我以理由，但是我深信这样的宣言不能使我回来。在亚里斯多德的全部修辞学中是找不出这种说服人的理由的。"彭布罗克伯爵说道："议会曾谦抑地请求陛下住到邻近议会的地方。""你们的宣言已使我懂得，光听你们的言词是不够的。""陛下肯否告诉我们，究竟陛下意欲如何？""如果威斯敏斯特学校的一个小学生听见我的答话还不能说出我的意向，我就会打他一顿。如你们以为我的答复是拒绝，那你就大错了。""陛下不能允许议会暂时指挥民团吗？""上帝在上，我不能允许，一个小时也不能。你们对我提出的要求，是向来不曾有人向一个国王提出过的，我只相信我自己该指挥民团，这样的兵权，我是连交给我的妻子和我的儿子也不肯的。"查理随即掉过头来对下议院的委员们说道："爱尔兰的事不能用你们的办法处理，四百个人绝不能办那样的事情，它必须由一个人才能办得了。假使交给我办，我肯拿我的头作抵押来了结这件事。我自己虽然是一个不名一文的乞丐，上帝在上，我却能够筹款办这件事。"这最后几句话很令人犯疑，委员们看出这几句话里就是承认有秘密的财源，意在以爱尔兰的事归咎于议会，使议会蒙受恶名，最后一层，他要自己一个人指挥军队，随他的好恶，任意处置。会议并无进展，委员们就返回伦敦。国王继续前进，平安地到达约克。

议会与国王现在开始斗争了，这是欧洲向来未曾出现过的情况。革命的清晰而光荣的象征从此开始了，而它注定要在我们的时代完成。双方不断进行谈判，双方都不希望有什么结果，甚至并不提出对待的条件。他们彼此间的宣告与书信往来，现在并不是针对对方说话，而是向全国人民说话了。现在双方都是对全国、对舆论说话，都向着人民方面寻求力量，寻求成功。君权的根据、君权的范围、上下两院的特别权利、人民必须服从君主到什么限度、民团、请愿书、分配官职，全变做正式公开辩论的问题，在辩论中，下列的问题先后出现，并经过解释和评论：社会秩序的普遍原则，各种不同的国家制度，自由所享的最基本的权利，英格兰的历史、法律和习俗。当议会两党的辩论暂时休止的时候，以及两者在战场上暂停战斗的时候，人们可以看到理性及科学所创造的几个月的中间阶段，使事态进行暂停一时，而各使用其最有才能的努力，彼此都争相在这一或那一事业上打上合法的印记，以求人民的自由归附。在议会开会的时候，英国不愿、甚至根本不曾想到革命；不奉国教的人想到的只是教会的革命。国人的唯一的企求和向往，就是（至少人们这样认为）回到法定的秩序，重新享受古代的自由，改革现存的及非改不可的弊政。领袖们自己尽管比常人更大胆，更有目光，但几乎不曾形成更远大些的计划。他们意志上的力量，大过他们思想上的壮志，他们过了一天又一天，心中并无终极的目标，也无系统，不过是被他们所处地位事态的发展驱使前进，勉强满足迫不及待的需要罢了。到了要拔刀相向的时候，他们都愕然起来。这并不是说他们胆怯，也不是说从议会和人民眼中看来，抽象的内战有什么不可思议或是犯罪行为。相反，他们在民权大宪章里头读到内战时候，总是很引以自豪的，在本国历史中读到内战也是如此。他们不止一次向国王挑战，废君立君的事也曾干过，这都是许久以前的事，当时笼罩在这些史迹上的苦难已经忘记了，人们只看见他们力量和权力的光辉典范。但是人民宣告他们的抗拒，通常用的都是法律的名义，用清楚无误以及已经公认的权利的名义；过去，在取得权利的过程中，英格兰总是认为它不过是在保卫它自己的传统。受到大众自发的尊重的只有“法律”和“法定秩序”，这种尊重是不允许讨论的，而且它可以批准最大胆的计划。而现在却不同了，双方各以“非法”和“标新立异”来指控对方，而且双方都是有道理的，因为一方违犯了王国的古老权利，不肯否定专制的大经大法，另一方却以尚乏规定而且含糊不清的原则为名，要求享有不久前还不为人所知的自由和权利。双方都觉得有必要在他们野心和行动上面披上合法的外衣，都企图不独用理性而且用法律证明他们所作所为都是正确的。全国人民同双方一样地很热烈地参加进来，他们比各自的领袖们更加感情冲动，这些感情好像是互相矛盾的，其实都是出自真诚的。有许多压迫人民的苛政，原是他们的祖先们的法律谴责过但未能防止的。他们现在刚刚从这些苛政之下摆脱出来，就很热心地追求更加有效力的保障。但是，他们仍将希望寄托在经验已经证明为不健全的法律上面。许多新见解和新思想正在他们脑子里酝酿着，他们对之予以生动的纯真的信赖。他们决心全力以赴地、信心十足地献身于追求真理的胜利的狂热，任何代价在所不惜，而且很尊重旧时的各项制度。他们愿意相信，他们不但没有更改什么旧事物，事实上他们是真心诚意地尊重古时的风俗制度，恢复它们的活力。所以英格兰这个时候刊行了许多小册子，有的是公家刊行的，亦有不是的，它们风行于全国各地。其中的言论，有大刀阔斧的，也有小心翼翼的，有一片真诚的，也有心存伪善的。全国人民的热情是漫无边际的，运动是普遍的，前所未见的，无所节制的。小册子，定期和不定期的杂志，在伦敦与约克以及所有大城镇成倍地增长，无远弗届。其中关于政治、宗教、历史问题、新闻、宗教经论无所不谈，此处还有计划、建议，还有骂人的文章，应有尽有，包罗万象。无论什么问题都有人提出来讨论。有许多人自愿在各处叫卖，有的在法庭前，在集日市场里，或在教堂的门口叫卖，人们争先恐后地买来阅读。正在这个四面八方思想潮涌的时候，这样的诉诸舆论，原是一件很新鲜的事。与此同时，在当时的作品和纪事中，可以看到，骨子里占中心位置的却是国民主权和国王的神赋权力之间的斗争，但是常引用法令、法律、传统以及本国的风习，以作争论的唯一的合法的标准。其实到处都在革命，不过没有人敢说出口，甚至人们都不愿说自己有这样的想法。

人心既然如此，因此议会在道义上处于虚伪的地位，因为革命本是由议会发动的，而且是为了议会的利益而进行的。议会既被迫而进行革命，同时又拒绝承认革命，那么议会的言和行就交替地互相背弃，议会也就有时很大胆，有时却很狡诈，有时很暴烈，有时又以伪善面目出现，如此反复无常。如果当做只适用于某一危机时期的例外的原则和措施，到必要时就可以废而不用的话，议会的根本原则是真确的，它所决定的议案也是合法的。但是双方都不肯以得到稍纵即逝的合法性为满足，况且各民族也绝不满足于为了短暂的道理和利益而热心努力。当他们单纯为了“今天”而决定他们的意见与行为的时候，他们试图相信这些意见和行为都是为了长久之计，而且他们自以为是在以永恒真理的名义驾驭未来。议会不满足于得到统治大权，还要作为一个重要原则议决，同时又好像是要规定出法律似的，不将统率民团之权交与国王。而且规定，国王不得拒绝批准人民所要求的议案，又规定，两院有权宣布什么是法律，而无须经过国王同意。最后，又规定，凡申请变更习惯法和现行法令都是可行的，但是所有申请保留旧法的，却应加以拒绝，作为无效。尽管古时的先例是不很确定的，又是多种多样的，但如将这许多通则作为永久性的大众的权利，则是显然和专制政体的历史基础相违反；其通常的情况，也与独裁制的存在格格不入。国王就利用了这一点。现在轮到他以旧时的英格兰名义，追述古代的法律，回顾以往的情况。有几个有才学的赞助人替国王鼓吹。爱德华·海德仍然住在伦敦，有时他独自一人，有时他会同福尔克兰勋爵，起草文章答复议会的各种宣言，用秘密使者很快地送到约克，私下呈与国王，国王又彻夜不眠，亲手加以抄录（使别人不晓得原作者是谁），以他的内阁的名义，刊布出来。这些文章，写得很有才华，很为晓畅，有时说几句讽刺话，如同刀刃一般锋利。其特别目的是在于揭露议会的奸猾手法，矫揉造作，以及违法行为。查理现在已不复统理国事，因此也不存在什么实际上的专制可解除。他把他自己的私见、他的终极打算和他的独裁希望一古脑儿深藏不露，一字不提。他居然征引法律来攻击他的敌人，也就是目前转而执行专制大权的那些人物。国王的出版物产生这样的效果，以致议会竭力予以禁止。同时，国王却把议会言论的原文，与他的答复，并列起来刊布。保王党的力量明显增大；他们不久就变得更大胆，以自由的名义作武器，反击他们的对手。伦敦市有一个富商乔治·贝尼昂，上两院一个呈文，反对他们关于民团的法令，有许多有势力的市民也在上面签字。肯特的乡绅们在巡回法庭开庭的时候（3月25日），又递了一个呈子，主张维持君权和主教制度。有几个议员（其中就有爱德华·迪林爵士，他是第一个提议反对主教的）公然请人做这样的事。保王党的小册子议论辛辣，调门不凡，自视甚高，目无别人，却大受读者的欢迎。甚至在大庭广众之中，他们咒骂下议员的领袖，颇受群众的欢迎与信任。他们反复指控皮姆，挖苦他是“皮姆王”，是“甜面包”，因为他从前受过这样的礼，国王赐给过皮姆的一万金镑，据说是当他嫁女儿的时候国王所送的嫁奁。又挖苦沃里克伯爵的胆小怕事，说“他的灵魂在他的鞋子里”。此外还有千百句不堪入耳的粗话，若在不久以前，是不会有人出口，亦不会有人听的。国王的朋友们在两院里神气十足，动不动发脾气，有些在过去本来是不大开口的人，如拉尔夫·霍普顿爵士，以及赫伯特勋爵，现在他们严词斥责对国王隐约地表现大不敬的一切言论。许多人显然以为国王又得势了，因此他们有时就应该拥护国王的立场，采取他的主张，不再迟疑不决了。议会恐慌起来了。这和议会领袖们的自我陶醉、自负不凡颇为抵触的。他们是在群众颂扬声中成长的，哪里肯耐心地忍受侮辱和轻蔑？现在双方正在打笔墨官司，他们决不肯允许敌人方面占有上风。为对付目前面临的新危险，不论危险是从政策或是从个人愤怒来的，他们只好使用极端的专制，以抗拒这种新危险。言论自由完全禁止了。拉尔夫·霍普顿爵士被监禁在伦敦塔里（3月7日），赫伯特勋爵受到斥责和威吓（3 月 20 日）。乔治 · 贝尼昂受到弹劾（3 月 31 日和 4 月 26 日），由肯特地方来的请愿书，被摔在桌子底下（3 月 25 日）。谣传这个文件还要再度呈送上来。克伦威尔赶快报告下议员们，他奉命拦阻此文的呈递（4 月 28 日）。此刻下议院还不甚注意克伦威尔，但是他比别人更有才能，而且比其他任何人更深入地明了革命的图谋。这个人的活动和影响，特别多使用于革命的对外工作，用于激发人心，用于观察、谴责以及引诱保王党走出家门。

战争近在眉睫，这是无可怀疑的了。双方不再能共处，亦不能在一个议会厅内同席共座了。每天都有议员离开伦敦，有几个人由于这种不和引起的憎厌或惊慌，而回转到他们庄园了，亦有人远离意料中将要失败的战场，到别处去寻求新的武力，以抗拒他们的仇敌。多数的人到了国王那里，他的全体枢密顾问官们或阁臣们，已经同他在一起了。有一宗出乎意料的事件，加速了这样的运动，从此无可挽回地分裂了双方。4 月 23 日，国王率领三百名骑兵向赫尔前进，并打发人向守将约翰 · 霍瑟姆爵士打招呼，吩咐他把地方交出。霍瑟姆为人懦弱，优柔寡断。他并不十分反对国王，可是由于不曾奉有上面训令，就使得他不知如何是好，于是只好哀求国王暂等，以便他把国王的命令告知议会。查理不管这些，继续前进，上午 11 点钟就兵临城下了。城里原有他的党徒；在前一天晚上，他的儿子詹姆斯即约克公爵和他的侄儿（是个有王室特权的王子）以及纽波特勋爵，都已经进了城，伪称只想在城里逗留一天。市长和市民们前去想开城门；霍瑟姆命令他们各回各家，随即带领他的几个军官登上城楼。国王亲口令他开城，霍瑟姆双膝跪下，张皇失措地口称恕不开城，因为他曾经宣誓守城，以候议会处置。国王左右的保王党们不胜愤怒之至，咕喽了一通。他们威吓霍瑟姆，骂他反叛，骂他卖国。他们对守城的军官们说："你们杀了他！你们把他扔到城外来！"但是决定请霍瑟姆抗拒王师的本是这班军官们。查理自己无论怎样努力威吓他们或引诱他们，都是枉然。对话了许久之后，国王暂时后退到离城很近的地方，过了一个小时，打发人去要求霍瑟姆容他只带二十骑入城，霍瑟姆仍不允许。他写信告诉议会说道："假使他只带十骑人城，我就不再能够做这个城的主人了。"国王回到城脚下，命人宣布霍瑟姆和他手下的人是反叛，同日写信给议会，要求对于这样的罪大恶极加以惩办。

议会完全赞同镇守将领的行动，回复国王说，国内的城堡与军械库都不是个人的私产。人们能够拥有他的田产或他的房舍作为己物，但国王无论引据什么法律都不能说城堡与武库是他的私产。当初把这些地方授交他经管的时候，原本为的是王国的安全，因此根据同一动机，亦可以授权于议会负起管理之责。这两句答复是很坦白又够符合法律的，却无异于对国王宣战。双方都认为这就是宣战。于是就有三十二个贵族，六十多个下议员（内中就有海德）都离开伦敦，前往约克。埃塞克斯伯爵和霍兰伯爵，以及一个内侍大臣，及管国王寝宫的其他头等人物，都奉了国王命令，前往陪侍他。他指令他们随侍左右，借此夺走议会的助力。但是他们得到议会的允许，拒绝服从国王的命令。国王就免了他们的职。掌玺大臣利特尔顿畏缩迟疑了许久，才把大玺送给国王，然后于次日走开了。伦敦人民因此哗然大惊。他们向来认为大玺所在就是合法政府所在，贵族们很惊慌，准备让步，但是下议员们的毅力阻止了这一切的犹豫不决。于是召集缺席的议员回到议会（5月25日和6月2日），有九个贵族正式宣布拒绝回来，立刻就受到弹劾（6月15日）。又下令（5月17日）不许任何国民接受国王命令拿起武器。议会命令各郡立即组织民团(6月4日)，有好几处地方自动地召集民团，并即操练起来。议会下令把赫尔地方的军械等运来伦敦，虽然遇着许多阻挠，却办到了。国王曾命令威斯敏斯特的各法院在约克审案，以便把全部合法政府集中在他的左右。但是议会抗命。各法院服从了议会。最后下议员们派了一个委员会同伦敦市磋商借款，却不说明是为了什么用途（5月31日），又派遣委员会前往约克。他们全是本郡有钱有势的乡绅，议会命令他们在与国王毗邻的地方居住，不管国王对此有何意见。凡是他们所观察到的，都要报告议会知道（5月2日）。

委员们的坚决程度，完全不逊于他们的使命所带来的危险程度。当他们到达的时候（5月9日），国王说道："诸位先生，你们来此想要些什么？我命令你们走开。"他们不肯走开，国王说道："你们若当真不服从我，我就劝你们不要成群结党，或者妨害我的公事。你们若是违反我的话，我就把你们关押起来。"他们很恭敬地作了回答，却还住在这里不走，无一不受侮辱，屡次受威吓，往往不能自由出门，却仍能设法探取这里的一切动静，送往伦敦。整个约克与伦敦相同，全是一片骚动。国王开始组成卫队，却不敢用高压手段逼人入伍。他召集附近地方的绅士们，想依靠他们的热心来办成这件事。许多人到了会，讨论时一片喧闹（5月15日），每当国王说一句话，他们就大声喝采一次。但议会的委员们一出现，就被他们大叫轰走。但是同一天有几千个小地主和农民来到约克，这都是大人们认为够不上被召集的资格的。他们却说，他们也有权会商国事，和绅士们一样，因此自动来到保王党会议厅的门口。保王党不许他们进来，他们就在别处聚会，反抗他们听到的绅士们所议定的办法。绅士们本身甚至也发生了分裂，因为对于征集国王卫兵一案，有五十多个绅士签字反对，在这五十多人里头为首的就是托马斯·费尔法克斯爵士，那时他还年轻，并不知名，但日后却证明是一个勇敢真诚的爱国之士。查理看见这种情形，有点畏惧，只好召开另一个会议，请所有小地主们参加，但不许议会的委员们与会。可是，会场设在海沃思泽地，与这些议员的住处相近，他们的朋友们就把会议详情告诉他们,且请问他们应该怎样办。赴会的人有四万多,其中有小地主，有农民，有市民，有步行的，有骑马的，有成群成群来的，亦有跑来跑去约集朋友的。保王党不久就察觉，他们正在传阅一篇请愿书，其中要求国王彻底打消开仗的意图，并与议会取得和解。他们（保王党）破口大骂,连咒诅带威吓,放马冲入成群的人丛中，从读者手中把请愿书抢走，说国王是不会接受请愿书的。查理来了，看了这情形颇不高兴，手足不知所措，又不知该对群众说些什么。他们的到来，以及他们的吵吵闹闹，已经触犯了他的行不通的唯我独尊的架子，他读了一通冷冰冰的模棱两可的宣言以后，就急匆匆地离开，以避免答复，不料这个时候，年轻的费尔法克斯走近他身旁,忽然一膝跪下,把群众的请愿书,放在他的鞍头上，他虽然在国王脚下，却不怕逆他的旨。查理放马冲他，逼他退后，也是无用。

这一郡原是最忠于国王的，居然有这些胆大包天的人，敢在国王面前递请愿书，保王党就害怕起来，尤其是刚从伦敦来的保王党人，他们满脑子里都是议会的势力和力量。他们以为来到这里加入保王党的队伍，向国王作衷心拥护的表示，已是太够危险的了。他们不愿再往前冒险，所以他们一到了约克，就露出冷淡和胆小。查理要求他们发表一个宣言，说明是什么动机促使他们离开伦敦的，以便告诉大众，议会经过这样许多纷乱和暴力之后，已不复是自由的，因而也就不成其为合法的了。他们在上面签了字，不料到了次日，有几个人告诉国王，他若公布这份宣言，他们将不得不予以否认。查理大怒，问道："既是这样，你们要我怎样处置这份宣言？"他们始终不肯让步，宣言只得不发表。保王党尽管人多，尽管夸了许多海口，却不曾办出一件事。约克既无金钱，又无军器火药，连军粮也没有。国王几乎不能供给自己的膳食与日常的家用。王后在荷兰变卖了一些王宫的珍宝，但是议会的威势如此之大，以致过了许久时候王后才能将钱送到国王之手。他严禁人民遵行关于民团的法令（5 月 27 日），他自己下令委派各郡重要的保王党，以他的名义征兵并组织他们成军。但是国王发过这道命令之后，为了缓和这项措施的影响，又立即郑重宣告，他并无战争的念头。在约克的贵族们，通过一篇谨慎地分发的正式宣言，内中申明，据他们所知，根本不存在关于战争的筹备或进行的意图。这许多的迟疑不决和这许多的诈骗行为，并不仅仅是出于软弱。自从议会的逃亡议员来到约克以来，查理颇被许多互相矛盾的献策所困恼。他深信他最可靠的力量，是建立在人民对合法秩序的尊重上。律师、地方官和较为知理的人士，都认为从此以后，如果他们已严格恪守法律，他就可以说，只有议会是破坏法律的，从而使议会信誉扫地。保王党却大声力争说，耽延会误大事，认为无论在什么时候，都以先发制人为妙。查理对于无论哪一派的策士都不能割舍，而尝试轮流听从两派的话，使双方都满意。

相反，议会的情况却和国王的情况不同，议会的问题现在简单起来了。走了许多保王党议员，使革命的领袖们得以独揽大权，不再受人掣肘，虽然偶尔还会听见少量反对的声音，但也只限于几声郁郁不得志的哀叹和警告。议会几乎根本不想给他们任何答复。大多数人认为打仗是不可避免的，就很大胆地接受这个事态，但主战的人的见解和感情却各不相同。为了装模作样起见，委派一个委员会设法阻止战争的发生（5 月 27 日），于是起草了一个包含十九条的妥协建议，正式送与国王（6 月 2 日）。但是在他们等候国王回信的时候，他们继续禁止下面送上和平请愿书，而且公开地大力进行战争准备。爱尔兰之乱日见蔓延，查理表示愿意亲自前往征讨，议会不要他去（4 月 15 日）。下议员们推荐沃里克勋爵当海军指挥。国王拒绝派他。尽管国王不允许，沃里克勋爵仍做了海军指挥。伦敦市长古尔尼胆敢在伦敦刊布国王的命令，派人用国王的名义征集民团替他出力。这个市长受到弹劾，解往伦敦塔，并被免职，而改由一个热心的清教徒彭宁顿当市长（8 月 18 日）。伦敦借出十万镑（6 月 4 日）。并由公款提出十万镑以平爱尔兰之乱（6 月 30 日）。两院进行募捐（6 月 10 日），要每个议员立刻一一表示他的态度。有几个议员不肯捐，亨利·基利格鲁爵士说道：“倘有需要的话，我将自备一匹好马，一把利剑，而且用不着说，我自会找到一个斗争目标的。”说完，他就觉得还是以退居到他的乡下住地为妙，因为说过这番话之后，在伦敦大街上行走，是绝对会遇见危险的。人民的狂热已到达顶点，保王党出走之后，无论是在威斯敏斯特抑或在伦敦市的不曾出走的保王党人，都心灰意懒了。议会诉诸市民的爱国心，人们就捐钱，捐金银器皿，捐珠宝，无论什么都捐出来，以装备几个骑兵队，这是借款，允许将来给百分之八的利息。教堂的讲坛上回荡着牧师们号召人民捐款的呼声，而收获远远超过了最热心的人们的要求和最高希望的人们的意料。在十个整天之中，有许多金银器皿，川流不息地送人市政府，人们来不及收，地方又不够装，贫穷妇女们送来她们的结婚戒指，她们的金银发簪。有许多人需要在门外等候许久，才能够把所捐献的物件交上。查理听见下议员们这个办法很得手，也颇想照办试试。可惜热心爱国却是不好摹仿的。牛津大学将它的金银器皿送与国王，剑桥大学也想学样，把金银器皿包扎好了，事实上有一部分已经送走啦，不料那个警惕心很高的克伦威尔忽然到来，不许他们再往国王那里送。国王的委员们好不容易地从这个那个贵族的乡下住宅里，收取寥寥可数的几宗微少的捐款。现在保王党人方面，唯一剩下的聊以自慰的消遣方法，就是嘲笑这些一毛不拔的朋友，殊不知这正是一个在失败中的朝廷的最无用而富有危险的自我满足呀！

妥协条件到了约克。它们超出最鲁莽的保王党的意料之外，也夺走了最温和的人士们的希望。议会要求完全取消国王的权力，权力完全归议会掌握，例如：册封新贵族，任免职官，教育国王的儿女以及他们的婚姻事项，全归议会做主；对于军事事务，文官事务以及宗教事务，无论有什么措施，必须先取得议会的正式许可。归根结底，这是他们骨子里的真正目的，有朝一日，这些均将成为革命的无法估价的成果。但是以议会统治权取代国王统治权，此刻尚非其时；这些是要等到后来的制度的自然作用，加上下议员们能在日常行使的权力中发挥其虽不直接但能左右一切的影响时，方能办到。由于当时民党力量还不够强大，还不能迫使国王任用民党的领袖们充当政府顾问，这就不能不使国王受他们的正式节制。他们深信，非如此就不能保证自身安全。这是一个错误的和不切实际的方法，不会得到什么良好效果，徒然陷国家于无政府状况。但是这是这个时期中最有才华的议员们所能想出的唯一方法。国王读了议会所提出的条件后，两眼冒出怒火，满脸胀得通红，说道："批准这许多条件之后，我们也许还可以光着头受人服侍，也许还会有人吻我们的手，口口声声称呼我陛下，而你们的命令'仍将以议会上下两院所宣布的国王权力形式发出'；我们也许还可以有人捧着我们的剑与权杖为前导；我们也许还以眼中看见一顶王冕与权杖而聊以自慰（但是，这都不过是枝枝叶叶，一旦根本死去，就永远不能再有枝荣叶茂了）。说到真权实力，我们早已被拒于门外，我们不过空有国王的虚名，不过徒有国王的象征而已。"国王从此中止了一切谈判。

议会本来也不预期有别的答复。议会一得到国王的答复，便连所有形式上的迟疑也消失了，于是正式提出内战的议案（7 月 9 日）。只有一个人反对，这个人就是初开会时反对讨论民间疾苦的本杰明·拉迪亚德爵士。他说道："议长先生，对于本院的荣誉和本议会的成功的忧虑，使我感慨万分！如果我们追忆三年前的事，我们就可以更明了地看清今天的形势，当时假使有人信而可征地告诉我说，在三年之内，王后将借故出国，逃到荷兰，国王将离开议会，离开伦敦往约克，宣称他在伦敦感到不安全，爱尔兰将会造反，在教会里头及在政府里头都将有像今天这样的不和，我们必定会一想到就不寒而栗。我们今天既然真的已经到达这个地步，我们就应该明达一些。从另一方面看，假使当时有人能够令人信服地告诉我们，说在三年之内你们将会有一个议会，那会被当做好消息，如果那人就议会将下一道法令，取消船捐并将船捐存在的理由及根据全予以根绝，以使这样的及类似的税捐，永不再有；假使说专卖权、高等法院、星法院以及主教们的投票权全将被取消，说要整顿会议，且加以限制，森林也要有扩张的限制，说我们将有三年召集一次的议会，或更好一些，要有一个长期的议会（除议员们本身之外，无人有解散议会之权），我们那时会认为，这是一场可望不可及的好梦。但是我们现在真的全盘到手啦，但我们却不以为乐。我们今日已站在更加安全的地位。事实上，有了这种种好处，其本身就是一种便利的、可观的安全保障，它们起着彼此互相巩固的作用。我们要留心，不要去争那些危险的、不安全的保证，不然的话，就许会冒得而复失的危险。现在我们虽然已经如愿以偿，我们却不能制造一种如数学那样准确的保证。须知一切人为的事前防范都会腐朽，都会归于失败。上帝的安排，不受凡人限制，成败全在上帝。……议长先生，现在我们需要运用我们的全部聪明才智，因为我们正濒临一场骚动、混乱的边缘。一旦流起血来，用不了多久，我们就要陷入一场必然的痛苦，而成功则是未定之数。唯有上帝晓得何时成功，以及得到的是什么样的成功！凡是在这里的人，无不应该各本天良，竭尽所能，以阻止流血。流血是大罪恶，它会污染大地。让我们挽救我们的权利和财产，但是这也是为了我们可以拯救我们的灵魂。我现在倾吐了我的良心话，我希望众位也畅快地说良心话。”这是一个好人的忠告，但徒劳无功，这个战场太过扰乱，不适于他的宁静和清纯的胸襟，使他只有引退的一途。其他的预见，其他的忧惧，同是具有充分根据的，但是更为意气用事，较少美德的激情结合在一起，很危险地左右着民党。现在这一天到了，善与恶，得救与逢险，在一片昏暗中交织在一起了；在其中，即使是最坚决的人，亦不能解开这个结，却全做了造物之主手中的工具，他今日使用人民来惩罚国王，明日又使用国王来惩罚人民。下议院只有四十五个议员和拉迪亚德一道站在审慎的立场。上议院只有波兰特伯爵提出抗议。于是，立时通过战争的措施，两院夺了政府全部公帑由自己使用，各郡奉命提供军火器材，号令一发，就必须立刻供应。于是设立一个保安委员会，会内有五个贵族和十个下议员，奉命负责国防，监督各机关执行议会的命令（这是1642 年 7 月 4 日的事），最后下令组织一个军队，其中包括二十营步兵，每营约一千人，七十五支马队，每队六十匹马。金布尔顿勋爵、布鲁克勋爵、梅里克、汉普顿、霍利斯、克伦威尔，这些人在威斯敏斯特与军营中，同当人民的领袖。他们奉命统率军队，以埃塞克斯伯爵为大元帅。

第四卷　1642至1643年

内战发生——国王在诺丁汉起兵——埃奇山之战——伦敦恐慌——布伦特福之战——谈判的尝试——内战的性质——王后从大陆归来——在牛津议和——埃塞克斯伯爵的不信任——议会内部不和——伦敦市的保王党阴谋——汉普登之死——议会屡次打败仗——议会的毅力——议会内主和派的努力——国王进攻伦敦的计划——他的计划失败——包围格洛斯特——埃塞克斯解围——纽伯里之战——福尔克兰勋爵之死——议会与苏格兰联盟——埃塞克斯凯旋回伦敦。

国王得知了这种种安排之后，现在就轮到他，这位业经从举棋不定的犹豫中解脱出来的国王，表现出更大程度的坚毅了！从荷兰运来了为数不多的军器及军火，王后答应还要多运些来。国王所派的赫特福德侯爵、北安普登伯爵、斯特兰奇勋爵、拉尔夫·霍普顿爵士、亨利·黑斯廷斯爵士等人，以国王的名义，在各处招兵，在西北各郡得到了一些成功。朴次茅斯守将戈林起义效忠国王。各方面都有保王党起事，他们蔓延全国，用武力强行进入议员的朋友们的家宅，劫夺钱财马匹军械，送到约克，并以所得的掳获品，以及他们所轻易取得的胜仗而自鸣得意。查理立刻觉得，这样违反秩序的行动，是有损于他的事业的。他要抑制他们，同时又要激发保王党的热心，他就亲自巡行约克、莱斯特、德比、诺丁汉与林肯等郡。所到之处，他都召集贵族前来，谢谢他们的忠诚，并力劝他们恪守秩序与小心谨慎。他比来时任何时候都活跃，又比一向和霭，常同平民谈话，每到一处必宣布他恪遵本国的法律，笃信本国的宗教。这样的聚集，这样的演说，乡绅们抛弃或防守他们的房舍，市民们重筑城墙，大路上有执武器自卫的行客往来,民团每天操练,这一切都表现出业经宣战的光景。同时，在国内无论什么地方，战争是时时刻刻都可以一触即发。双方对垒过几次，也流过血，不过更多地像打架，而不像打仗。国王曾进攻赫尔和考文垂，都未获得成功，这就予议会以口实，说国王先动手的，双方都怕对方说他先开战，双方都准备牺牲一切以维护他们的权利。可是双方都极端害怕对将来负责。到了8月23日，查理终于决定正式号召他的人民武装起事，在诺丁汉举起国君的旗帜。到了午后6时，他在俯瞰本镇的一个山头，有八百名骑兵及一小队民团护卫着他，他首先命人宣读他的布告。传令官已经起行，国王心里犹豫起来，他就把布告拿过来，铺在膝上，慢慢地改了几句，然后交还传令官。传令官很艰难地读了修改过的语句。于是军号大鸣，大旗送过来，旗上的口号说道，“该撒的东西当归给该撒”[①]，但是没有人晓得应该在哪里竖立大旗，又无人真确晓得最高掌权者召集臣仆们于他麾下时应行的古礼。满天是云，大旗漫卷巨风。最后，他们把大旗竖在堡垒内的高楼上，学理查三世的榜样，这是大家所知的最近的先例。翌日，大旗被风

① 这句话出于《圣经·新约·马太福音》. 第22章,第21节,又见《马可福音》,第12章,第17节,又见《路加福音》,第20章,第25节。——译者

刮倒了，君主问道："你们为什么放在那里，应该竖在空地上，在空地上，人人都可以走近，不应该放在监牢里。"他命人从堡内取出大旗，放在公园之外。传令官们将大旗试竖在地上，他们才发现这片土地坚如磐石。他们拔出刀来，挖了一个洞，把旗杆放在洞里，但是旗子还是定不住。他们只好用手扶旗，扶了好几点钟。看热闹的人们看见这个不祥之兆，心理很不安，于是都散开了。国王在诺丁汉过了几天，盼望国人响应，却无人前来。议会的军队在离北安普敦十多英里路的地方成立，有几团人。保王军的少将雅各布·阿斯特利爵士说道："他们若进行一次奇袭，我不敢担保国王睡在床上时不会被敌人抓走。"有几个枢密顾问官力劝他再度同对方谈判。国王说道："怎么，未战就先讲和！"他们认为国王的兵力单薄，坚持言和。8 月 25 日，派了四个代表前往伦敦，他们毫无所得就回来了。代表之一就是南安普敦勋爵，因为议会甚至不许他向下院传口信，他就回来了。快到 9 月中旬时，国王离开了诺丁汉。他虽然不愿离开伦敦更远，却在什鲁斯伯里安下大本营，这是由于他晓得西方诸郡更热心于他的事业。

埃塞克斯伯爵当了统帅有一个多星期了，当他从伦敦出发的时候（9 月 9 日），很多群众大叫大喊地拥着他，在空中摇着桔黄色旗子，这是代表他家族的颜色。凡有身上佩带其他颜色的，都会受到嫌疑并受到侮辱。他到了北安普敦，看见已经聚集了近二万人，议会的一个委员会与他同来，无论他走到哪里，委员们跟到哪里，都是受他节制，而无反对的权力。他奉命转递一份请愿书与国王，劝他回伦敦。国王若不听从的话，他奉命可以跟随国王，无论国王走到哪里。议会指示：无论使用兵力或用其他任何方法，总要拯救他的两个儿子威尔斯亲王与约克公爵，脱离那班背信弃义的枢密顾问官们的掌握，送交给议会。

请愿书连递交也没有办到，因为国王宣称，他决不肯从他曾经宣布为判逆的人们手中接受请愿书（10 月 16 日）。国王在什鲁斯伯里增强了力量，增加了自信。有许多新兵终于从西、北两方前来。他夺了几郡的民团的军械（这几郡略有抗拒），以装备新兵。议会将给养装备送到爱尔兰，要在切斯特登舟，路过西方，被君主截下了。希罗普郡和斯塔福德郡的天主教徒借给他五千镑。有一个乡绅给了他六千镑，来换取勋爵的称号。他的党徒也曾秘密地从伦敦送钱给他。他麾下现在约有一万二千人。他的外甥鲁珀特亲王[①]，新近于 9 月初从德国来，带了些马队，蹂躏邻近地方，已经得到掳掠残杀的恶名。人家都害怕他胆大逞蛮。埃塞克斯缓缓地前进，好像宁可跟随敌军，而不愿意超越敌军似的。9 月 23 日，埃塞克斯到了伍斯特郡，离开国王不过十多英里，他在这里过了三个星期毫无动作。查理看见敌军按兵不动，看见打了几次小胜仗，局势略有进步，就胆大起来，决计前往伦敦，将以一击结束战争。国王于是出发，在向伦敦行军的第三天，埃塞克斯回师追赶国王，保卫议会。

于是，伦敦一片骚动。无人料到这样突如其来的危险，议会的人士感到惊愕，保王党开始有所举动，人民则很恐慌。但是人民的恐慌又很容易地变成愤怒，议会就充分利用人民的愤怒。议会行动坚决，说话激昂，它立刻采取防卫措施来反抗国王，并对此时称之为恶徒的保王党人，采取严厉措施加以抗拒。凡是不曾自愿乐捐的人们现在都要按照议会任意规定的数目捐献，还要立

① 弗雷德里克五世和伊丽莎白的次子，波希米亚的国王。伊丽莎白是查理一世的姊妹。

刻交款。抗捐的要被禁在监牢里。犯有嫌疑的人被解除武装。人们还受到各色各样的征用，他们派人查看城里城外里的马厩，凡是合格的马匹都牵去供军用。又匆匆筑起了许多堡垒，成群的男女及孩子们很热心地建筑街垒。大街上有链条拦阻，且堆放了许多阻碍物，民团终日操演，一奉号令就可以出发。

10 月 24 日早上，忽然来了一个报告，说已经打过一次大仗，议会的军队大败，死了许多军官，还有许多被俘，这是从离伦敦不过几英里的阿克斯布里奇传来的消息。消息来源，据说是一个苏格兰人，詹姆士 · 拉姆奇爵士，他是一个骑兵上校，据说是当他逃经该镇时传出的消息。几乎同时又传来了大不相同的一个消息，却是同样地令人捉摸不定。这消息说埃塞克斯打了一个完全的胜仗，国王的残军纷纷败走，这是在阿克斯布里奇大路上遇见的人说的，据说他们正在奋马扬鞭奔来伦敦，报告这件了不起的好消息。

议会同人民一样，不晓得真实情况，就吩咐关闭全市店门，民团不许离防，市民候命，还要每个议员宣言他个人在任何现在和未来情况下，都坚决服从埃塞克斯以及他的事业。等到 10 月 26 日，沃顿勋爵和斯特罗德先生才从军中送来战况和战果的正式报告。

原来 10 月 23 日在凯因顿附近，在沃里克郡的埃奇山下打了一仗。双方的军队行军十天，常常相离不过十多英里，但彼此都不晓得相距如此之近。埃塞克斯到了这个地方才赶上国王的军队，他虽然有一部分炮队与几团人（其中就有汉普登的军队）留在后面，他却决定立刻攻击，同时国王也作了同样的决定，双方都急于求战。埃塞克斯意在救伦敦，而查理的目的却是扫除对他的事业满怀敌意的地区里的种种障碍，这些障碍有如，凡是他所经过的地方，就连铁匠们也全躲避了，不肯替他的马匹打铁掌。午后大约2时，两军开仗，力战到薄暮。诚实的福蒂斯丘爵士所率领的骑兵刚一冲锋就投降了，所以议会的骑兵被削弱了，被鲁珀特亲王打得狼狈而逃。可是亲王太过鲁莽，又想乘胜捞一把，一气追赶了二英里多路，完全不顾后方发生什么事。最后，汉普登的炮队前来阻击亲王，亲王只好折回战场，这才看见国王的步兵队已经被击溃散，统帅林赛伯爵受了致命重伤，已经做了俘虏，国王的大旗也落人议会军队手中。国王有一度只是孤家寡人一个，面临被俘的极大危险。只有埃塞克斯的后备军在战场上维持秩序。查理同他的侄子力劝军队再战，而他们却已经溃不成军，乱成一片。战士寻找军官，军官寻找战士，马匹疲倦倒地，此时实在是无法可施啦。两军都在战场过夜，两军都不放心明天，两军各自以为得了胜利。议会方面损失了较多的士兵，国王方面损失了许多有名的人物和军官，到了破晓，查理查看他的军队，见有三分之一的步兵及更多的保王党失踪。并非是全死了，而是因为天寒又缺粮，加上第一次交锋的凶猛，使许多志愿人员厌战，因此就分散了。国王还想再打，以便一鼓作气地往伦敦，但是不久他就发现这是办不到的。在议会的阵营中也讨论同一问题，汉普登、霍利斯、斯特普尔顿，以及大多数的民团军官与下议员，都力劝埃塞克斯再攻，他们说道："国王抵抗不了了，我们有三支生力军加入，因此他会落入我们手中，不然就是被迫承认我们的条件。只有速战速决才可以挽救国难，并解除议会面临的危险，这危险现在还难以预料。"但是职业军官们（都是在大陆编人队伍的），如达尔比尔上校等人，都持异议，他们认为用新练的兵打过这样光荣的一场大仗，就是很了不起了。伦敦已经得救。但是这样的安全是用很大的代价买来的，士兵们仍然是新兵，他们已经吓慌了，再也壮不起胆了，他们是不肯这样快就好好地重新作战的。议会只有这一支兵，应该多予训练，然后再作战，不可马上孤注一掷。他们说得很有道理，埃塞克斯只好听他们的话，将大本营迁到沃里克，在国王的军队之后，如此可以晓得他们的动静，以便应付。过了几天，国王向伦敦方向前进，当时却无即刻到达伦敦的计划。他的大本营扎在牛津，当时以全国的大市镇而论，以牛津为最忠诚于他。

在伦敦与在牛津，都公开举行感恩礼拜仪式。议会的朋友们奔走相告说，议会虽然只是打了一个小胜仗，却得到一场大解放。但是他们不久就看出，这次的解放并不完全，国王的军队布满各处，离京都更近，埃塞克斯的军队却离得更远。国王方面的大多数逃兵已经回营，他们有了掳掠的希望，这就治好了他们的第一次打仗的恐惧病。有好几处地方，如班伯里、阿宾登、亨利，不战就开门迎接国王。克伦威尔的一个特别要好的朋友，名亨利·马丁，统兵镇守里丁。他是一个同人处不来的又是动辄教训人的民党小首领，看到几个骑兵营就可耻地逃走了。国王就将大本营迁到这里。鲁珀特亲王到处搜刮掳掠，一直掠到了伦敦四郊，伦敦人心惶惶。上院的议员们提议讲和。有许多人恭听（10 月 29 日）。于是下令埃塞克斯率军靠近伦敦，当下议会决定要求国王发给安全通行许可证以便六个代表前往谈判。国王不肯把约翰 · 伊夫林爵士包括在六人之内，因为前天入夜（11 月 2 日）国王才宣布他是个叛徒。下议员们就收回他们的提议。11 月 7 日，埃塞克斯来到了。11 月 8 日，市长召集市民们在市政厅开一个大会议。两个议员即布鲁克勋爵和哈里·文爵士前去参加，要鼓舞市民的勇气，号召他们走出去投到将军的麾下。布鲁克勋爵说道：“因为他打了向来未有过的大胜仗，杀了约有二千（我爱说最低的数目）仇敌，我深信我们的损失不到百人，但若你连妇女儿童、马车夫与狗也计算在内，却不止此数。因为他们杀戮到鸡狗，他们所杀的总数就大约有二百。将军决定明天出发，要再建功勋，同从前一样，这都是为了你们。若是为了他自己，他能够做一个自由人，做一个绅士，做一个大人物，他爱到哪里去就可以到哪里去，所以，他决定明天出发，完全是为了你们。当你们听见鼓声时（因为决定明天击鼓），我但求你们不要说我不是军队里头的人，不要说我不是这个，又不是那个，你们切勿游移，只管出去奋勇打仗，那就是你们得解放的一天。”大厅里赞成之声响成一片，但还不能驱散市民的恐怖。国王得到其党羽的情报，知道伦敦的一举一动，就加快进兵。他到了科恩布鲁克，离伦敦十五英里。议会甘愿派五个代表，不再坚持让伊夫林当代表了。查理好好地接待他们（11 月 11 日），他说：“无论在什么地方，即使到了伦敦城下，我也愿意讲和。”当国王的答复在上院宣读的时候（11 月 12 日），埃塞克斯立起来问他该作什么？是继续进军，还是停止敌对行动？他奉命停止敌对行动，于是彼得·基利格鲁爵士前去谈判停战条件。他到了布伦特福，离伦敦七英里，看见双方又打起来了。国王虽然议和，却仍继续前进，出其不意地攻击驻扎在布伦特福的霍利斯的队伍，希望轻而易举地攻破他们，以便突然进入伦敦。但是霍利斯这一小队兵打得很勇猛，使驻扎在不远地方的汉普登的及布鲁克勋爵的军队得以及时赶到。这些军队，加上霍利斯的军队，抵敌国王的全部军队达几小时之久。伦敦已听见炮声，却不晓得是怎么一回事。但是这时埃塞克斯正在上议院，听见这个消息，立刻上马，带领他所能召集的人赴援。可是未等到他到达的时候，仗已打完了，临阵的议会军受到很大的损失以后，在一片混乱中退却。国王占领了布伦特福，却停顿在那里，好像无意前进。

伦敦大为愤慨，而且愤慨的程度因为恐慌的增加而大大上升。这个时候人们什么都不谈，只谈国王的背信弃义以及他的残酷，因为有人说国王本来企图在夜深时乘其不备攻城，而置城内的居民、他们的妻子儿女以及他们的财产于不顾，听任那些奸淫掳掠无所不为的保王党去糟塌。最热烈主战的人咬牙切齿地怨恨国王，说他居然将战争带到伦敦城下，使万千的和平人民大难临头。议会立刻利用这样的愤怒情绪。议会请学徒们投军，答应他们从军的时期将作为学艺的时期计算。伦敦市拨出四千人，是从市民团中选出的，并指派斯基庞率领。他一面率领他们，一面说道："我的孩子们，我的勇敢的孩子们，来呀！让我们欢欣鼓舞地祷告，欢欣鼓舞地打仗。我要和你们有福同享有祸同当。你们要记得我们是为上帝而战，为保护你们自己，为保护你们的妻子儿女而战。来呀！我的诚实而勇敢的孩子们，欢欣鼓舞地祷告，欢欣鼓舞地打仗，上帝会赐福给我们的。"整整一天一夜，这许多民团士兵和志愿兵陆续列队出伦敦，加入军队。布伦特福战役的后两天，埃塞克斯由两院的多数议员和一群旁观者陪同，检阅了二万四千人，部署在特伦罕草地上，行列森严，如临大敌。这里距离国王的前哨还不到一英里。

在特伦罕草地上，将军的军事会议中又重新开会了，这个会议是在埃奇山战役时开始的。汉普登和他的朋友们热烈要求立即进攻。他们说目前人民空前坚决，要求大获全胜的意志也空前迫切，这样的时机决不可坐失。在一个短时间内，这种建议处于优势，结果是下令调动了一些部队。但是埃塞克斯只是很勉强地才作了让步，而老军官们仍持反对态度。这时发生了一件偶然事件，使反对者的论据更为有力。有一天，正当列阵以待准备向国王开战的时候，不知道是由于国王的军队好似在作进攻的表示呢，还是由于别的原因，有二三百个从伦敦骑马出来看热闹的旁观者，忽然拍马狂奔回城。议会军队一见这种情形，勇气顿然动摇，失望到处播开，有许多军人就露出打算弃军而逃，跑回家去的样子。这次误会解除之后，他们才恢复了镇静神色，军人们坚决地归队了；本市的妇女们送来许多食物、烟酒等等，来给她们的儿子及丈夫，军人们才又恢复自信，兴高采烈起来。但是埃塞克斯坚决不肯凭靠众人的热心去冒险打仗。他命令已经前进的军队撤回来，而在四面八方完全采取守势。国王本来很怕被攻，因为已无军火，于是下令退兵，先退到里丁，随后退到牛津，就在该地过冬，退兵的时候毫无阻拦。

当日发生了许多迟疑和拖延，议会的领袖们虽曾努力加以排除，但是徒劳无益，这是由于另有有力的理由，而不仅仅是因为军人的摇摆不定，或将军们的小心翼翼。甚至在伦敦市，就有许多人满腹怀疑，许多人力持异议。主和派在城内大声申明他们的主张，现在主和的主张增加了声势，因为有许多人（尤其是高等市民）本来出于害怕和愁虑才赞成打仗的，又有许多人因为不知道如何阻止才答应打仗的，现在都加入主和派啦。有些人已递了请愿书，一面慷慨激昂地谴责天主教士和专制，一面却要求议会恢复和平（12 月 19 日）。议会把这些请愿书压下不发表，威吓起草请愿书的人，但是有许多请愿书是从乡间递与贵族院的，递书的人们以为贵族们比较愿意接受请愿书（12 月 22 日）。但是与此相反的请愿书却也不缺少：一方面，有新选出的地方官员及本市的公会会员。另一方面，有较下级的市民与群众，他们都很崇拜下议院中的最大胆的领袖，遇有机会，他们就很热忱地鼓舞他们，支持他们。有一个做生意的人名叫舒特，几乎每天(11 月 13,21 日，12 月 9 日等）都带领许多人来到下议院的惩罚法院，以“虔笃的和参加起事的人”的名义，要求议会振作精神打仗。议院很和气地接待他，多谢他的热心。但是当他说话说得太不客气的时候，而且对于贵族及军官们出语不逊的时候，议会就不得不责备他（12 月 11 日）。因为这个时候没有人敢说，甚至没有人敢于想象，下议员们能够同贵族分离，或者没有他们的支持就能胜利。因为要多少给主和的人一些满足，于是商定由本市公会正式递请愿书讲和，但却不是由议会讲和，而是要国王自己发起讲和。这种请愿书查理很不容易答复，他的答复必会使市民们不高兴。于是奉了两院的许可，就由市公会的一个代表团前往牛津（这是 1643 年 1 月 2 日的事）。当他们敦促国王回伦敦的时候，国王微笑了一下，他答应镇压所有的扰乱。国王说道：“光靠你们自己是不能维持秩序的。”他打发代表团带着他的答复回伦敦，并指定一个人陪着他们，这个人奉命当着聚集的市民们宣读他的答复。有一大群人聚在市政会听他读信（1 月 13 日）。曼彻斯特勋爵和皮姆在场，如果国王有所指控，他们就准备用议会的名义予以驳斥。国王所派的委员一看见这一大群吵吵嚷嚷的人，就害怕起来了，藉口他的声音低，请他们免他读国王的信。他们很严厉地要求他读，他只好服从，甚至被逼在两个大厅各读一次，以便人人都可以听见。

读了第二次之后，几个保王党徒迟疑地站在大门左右，冒险喝了几声彩，可是立刻被一阵粗暴的嘁嘁喳喳的声音所淹没。国王的信又长又尖刻，满纸都是指责他人的话，可是并未表示他愿意讲和。皮姆和曼彻斯特勋爵作了答复；群众大喊“我们要和他们同生共死！”如此，在一个时期内，没有人再提和平请愿书了。保王党调停双方，作了言归于好的尝试，也始终没有得到更好的结果。但是由于此事常常重提，使威斯敏斯特与伦敦市一直过着提心吊胆的日子。现在还没有人想到用专制的最酷烈的手段，使这许多调停的尝试告一段落，使其不复再提。这样的专制手段给双方以几天的无限制的大权，不久这种情况就受到长期继续的失败的惩罚了。由于议会需要集中精力同这样内部的祸患进行斗争，它就不能向外显示其全部力量，亦不能自由地对付其他许多矛盾。

在各郡里，情况却不是这样，并无任何因素阻碍双方，他们的行为又不承担总的以及有决定性的责任。他们的激情既不受政治需要和政治考虑的支配，也不受恐吓的制约。所以在伦敦附近地方，议员与国王的互斗好像是毫无生气，但在别的地方却不然，议会党与保王党之间的斗争，是自发地产生，斗争得很激烈，而且都是居民们主动进行的，几乎完全不问牛津与伦敦在干些什么。不到六个月，全国各地都出现了好战的同盟会，人民自由参加，有时是一个郡内意见相同的人组成的，有时邻近的几个郡成立一个同盟会，以支持他们的主张。这许多同盟会的第一步，就是各按该会的观点立场，或求国王，或求议会委任并授权他们的领袖，给予募兵、抽税之权，及采用他们认为是争取成功所必需的种种措施。此后他们就各自为政，几乎全凭他们自己的判断相机行事，不过有时报告伦敦或牛津，说明他们所处的地位与他们的行动，有时也要求给予协助或请示办法。[①] 如果本地没有这种同盟会，有时就由有钱有势的个人，招募人数不多的队伍同对手进行战争。战争或在本处附近的地方，或在较远的地方，这都要看他的勇气，他的力量，或具体情况的需要而定。这些领袖人物有时也同其他同盟会合作。在别处地方，如果在一个短时期间，在某地，主和的舆论占了上风，那就也会表现为独立组织。在约克郡和柴郡，双方均认为同对方势均力敌，如果一定要取得一方胜利会导致两败俱伤，所以就订立了正规的中立条约。几乎同时，在英吉利的两极端，德文郡与康沃尔郡，互派委员，彼此严肃地相约互不侵犯，任凭国王与议会爱怎样打就怎样打（1643 年 2 月间的事）。但是议会与国王都谴责这种协定。其已经订立的，也未免太过于相信对方的自我克制的能力了。他们不久也打起来了，打得和其他部分的人一样凶。在东方，在中部，以及在东南各郡（这些都是最富庶的地方），以议会方面的势力为最雄厚。在北方，西方，及西南各郡，则以国王的势力为最占优势。在这几处地方，田产分化较少，工业也欠活跃，高等贵族势力较大，罗马天主教的附从者也较多。但是在国内这两部分里头，即使是在国王势力强大的地方，其中最弱的派系，也拥有充分的力量，足以对敌方产生限制作用。而且议会方面具有一个有利条件，即凡是支持议会的郡，大都是密集和毗连在一起的，共同形成一个不可轻侮的保卫

① 两个主要的同盟会是：在北方，达勒姆、诺森伯兰、坎伯兰、威斯特摩兰诸郡支持王室；在东部，诺尔福克、萨福克、牛津、亨廷顿、贝德福德、埃塞克斯、林肯和赫特福德郡支持议会。其他还有几个，例如中部的北安普敦、沃里克、莱斯特、德尔比和斯塔福德诸郡的同盟会支持议会；在东南部，多塞特、萨默塞特、德文和康沃尔诸郡的同盟会支持议会。

伦敦的圆形地带。保王的各郡却不然，从西南蔓延到东北，即从地角到达勒姆郡形成一条狭长地带，半腰上被几处持相反政见的地区所隔断。这一地带的本身团结本来就不甚坚固，彼此间消息又不灵通，很少能通力合作，它仅能保卫查理设在牛津的大本营的后方。当然这个地方全是保王派，但可惜它是一个过深地插入敌境、形势孤立的地区。

时值严冬，双方的主要军队几乎都毫无活动，这种作战是不能产生什么立分胜负的决定性的结果的。每天每处都有出其不意的短促的出战，小城池乍得乍失，双方也有突然袭击，轮流有输有赢，彼此得失的规模相当。市民们这个时候虽然还没有变成正式军人，却能遵守纪律，积累经验。有几个领袖开始以勇气超群、将才出众或运气特佳而得名，但没有一个是闻名于全国的，因为他们的事功和影响都还只限于地方一隅。况且尽管人们的感情沸腾，但两派在相互对待上却还是彬彬有礼，相互忍让的。虽然贵族已不复得势，而下议员们新权力已成为这次全国行动的真正动因，但国人起事原本为的是反对国王与君主专制，社会里的各阶级并没有相互作战，因此无论是为了伸张自由，或是为了自卫，一概没有互相消灭的意图。在大多数地方，指挥权都是在景况几乎相等的人手中，他们习惯相同，即使在作战之中，彼此仍能互相谅解，互相尊重。保王派虽然进行奸淫掳掠，又无头脑，却并不凶残；与此同时，长老会会员虽然为人严峻，奉教若狂，却仍然尊重法律与人道。在历代内战的历史中，这样的先例是很少的。亲朋好友，左邻右舍虽在不同旗号下各为其党，却并不曾永远断绝往来，遇有急需时，仍能彼此相助。他们虽然执戈对垒，却还彼此以礼相待，如同新近还一同过过和平生活的人们一样，并不是从此就永赋分离的。俘虏们只要答应不再打仗，大多数就被释放了。假使不曾适当地照顾到俘虏们的生活必需，就让他们走了，甚至假使国王看见俘虏们在他眼前走过而露出漠不关心的态度，人们就会把这当做一种很严重的罪过。鲁珀特亲王的残忍野蛮的行为引起人们的诧异与愤怒，群众一提到他，无不表示反对与憎恶，把他看做一个粗野无教化的外国人。所以虽然这个战争各处都在大打特打，可是看不见那种促使一个战争加速了结的狂怒。双方公开地热烈地交战，但又好像都害怕过重地打击对方，国内虽然无时无地不在打仗，事态却并不见得变化得很快，议会或国王也没有停止在那些无关大体的辩论和毫无结果的会议中浪费时光。

可是到了 2 月中旬，王后的归来推动了事态的进展。在荷兰的一年多里，在央求别人帮忙及谈判条件中，王后显示出非常的灵巧与活动能力。贵族人士在荷兰是得势的，她的女婿，荷兰的州长，全力支援她。在尚无燃眉的危险扰乱王后的心绪的时候，她是充满自信和冒险精神的，但她在有求于人的时候，则会叫人感到她是明显的宽厚而很会巴结人。她是很能够使保守谨慎、酷爱共和的荷兰人关切她的事业的。议会派了沃尔特·斯特里克兰当大使（9 月），前往荷兰京都海牙，请荷兰联邦不要忘记当日英格兰曾经出力帮助荷兰联邦取得自由，因此现在他们至少也应该严守中立。但是荷兰人不听。斯特里克兰等了许久才得到觐见，很费气力地才得到荷兰政府的模棱两可的宣言。荷兰公民们公然对他表示恶感，王后继续不断地为她的出发作准备。有四条船装满了军械、火药、军官与战士，随她一同出发。议会命海军上将巴顿拦截王后等人，可是直到 1643 年 2 月 22 日王后的船在伯林顿下碇的时候，巴顿才追上他们。巴顿炮击该地，王后住在码头，炮弹落在她的住房上，甚至落在她的卧室内。她匆匆起床，逃到乡下，据说她在河边过了几个钟头。全国不久都传出她如何勇敢、如何危险的消息。纽卡斯尔勋爵带了一队士兵来护送她到约克，乡绅们欣喜欲狂地环绕着她，满腔愤怒，反对那个叛逆的巴顿。他们坚持说，巴顿特地对准王后的住处开炮，有成群的天主教徒赶来，投到她的麾下。人们很热烈地对国王及议会谴责这件违犯国法的事，但说了也是枉然。有许多人把纽卡斯尔勋爵的军队称做“天主教士和王后的军队”,希望借此贬斥并威吓纽卡斯尔，但也毫无用处。纽卡斯尔勋爵早接到国王的正式命令，因此他对这许多糟蹋他的话，一律轻蔑地予以不理，并保留他的新兵。他不久就发现他的麾下有了为数可观的人，王后继续住在约克，她并不急于重新和她的丈夫待在一起，而宁愿自己单独一人发号施令，不受拘束地自己裁决她的乱哄哄的宫廷所献出的各项计策。汉密尔顿与蒙特罗斯从苏格兰赶来，同她商量争取苏格兰赞助国王的方法。汉密尔顿向来是好用和解手段，又是很小心的，他坚持说尽管存在阿盖尔伯爵的确实是敌对的势力，但未尝不能够把苏格兰议会争取过来。一向飞扬跋扈而又胆大的蒙特罗斯坚持他的计策，说北爱尔兰一个很有势力的安特里姆伯爵已来到约克情愿效劳，可以由安特里姆统领爱尔兰兵在苏格兰登岸，再协同快要招募成军的高地人[①],屠杀长老会派的领袖们。他自己愿挺身出来，安排与执行这个计划。只要有人献策，王后都肯倾听。尽管她暗地里最中意的是暴烈的计策，但她却很小心地表示对所有效

① 指苏格兰高地人。——译者

忠于她的人一视同仁。同时她很秘密地同议会的某些领袖们谈判条件，并且颇有成效。这一些领袖们是不满意他们的同伙的，另外也有因与王后接近而受了影响的。斯卡巴勒的守将休·乔蒙德利曾在一个月前打败过一批保王分子，在3月底却答应把该市镇交与王后。连约翰·霍瑟姆爵士也有意要打开赫尔的城门，请王后进来。在未开战之前，他曾很无礼地闭门不许国王进城。总之，在整个北方，保王党是充满热忱和希望的。议会派却忧心忡忡，保持沉默，三番五次地写信到伦敦讨主意，求援助。

议会自身觉得很是为难。初开战时，议会自鸣得意地预期可以迅速成功，不料加税激使人民口出怨言，城里谣传有人搞阴谋诡计，有许多主和的议员虽不在议会内，可是每次风闻谈和，下议院总有许多人起而倡导。和平谈判的进行，从来没有完全中断过，现在有人建议重新讲和，同时建议为证实双方都有诚意起见，应在一开始议和时，各自遣散其军队。本杰明·拉迪亚德爵士赞成这个提议，他说："我经过考虑，早就期待着那令人战栗的一杯酒。我们将杯子传过一圈之后，它又传到别国，最后将再传回来，现在它果然又回来了。我们可以把余酒喝了，这是最难吃的，但愿上帝能够阻止此事。好在我们的愁苦不会拖久的，这也可聊以自慰吧，因为我们在这里不能像在日耳曼那样打仗，在那片辽阔的大陆上，虽然有些地区在打仗，但有许多边远的地方仍在做生意和耕田，来维持生活。我们四面环海，我们将要像在斗鸡场内一样地打仗。我们除了拿我们的头颅与我们的肋骨和敌人拼之外，别无更坚固的堡垒。所以，整个王国会突然变作一片火海。有人在本院说过，我们的良心迫使我们不能不惩罚杀戮无辜的凶手，但是先生，我们今日若不尝试迅速议和，那么将来所流的无辜的血，由谁去负责呀？无论在和约中抑或是在战争中，上帝都是一样地可信赖的。是上帝在议和中给人以聪明智慧，在战斗中给人以勇敢；而无论是战是和，成功都是来自上帝。杀人流血是莫大的罪孽，它污染了大地。我们为什么还要将我们这片土地污染下去呢？”这个提议被否决了（2 月 17 日），多数比少数只不过是多三票。拉迪亚德的话被许多好心人所传诵，下议员的领袖们一想到万一自己要被迫求和，内心就不寒而栗，因为他们知道，除非接受一种会对于下议院造成致命损害的条件，是不可能得到和平的。但是他们还是让步了，因为即使在他们的朋友中，也没有什么人如此热心于这件事情，以致不想避免这样的祸事（如果能够避免得了的话）。3 月 20 日，双方进行初步磋商之后，议会派五个委员前往牛津，奉命在二十天内先讨论停火，然后谈判和约。

国王以礼接待他们，他们同宫廷的交际是尊严的，很有气势的。诺森伯兰伯爵当主任委员，卖弄他的华丽排场。他把他府中的仆役、他的金银器皿、他的美酒全带来了，使用的物品是按期从伦敦运来的。保王党人访他，同他进餐，国王居然降格收受伯爵的礼物以供御膳。在和伯爵一起参加谈判的人（都是众议员）当中，有几个人将能到牛津躬与盛会看做一种荣幸，但是一开始谈判条件，这些华丽的排场就不起作用了。议会和国王双方都不能接受对方的条件，因为这些条件就是在战事未发生以前业经被不客气地拒绝的，若是接受了，不是这一方或那一方就将无以自卫了。有一天晚上，议会方面的委员们自称自赞地说，大约终于可以得到国王对于民团问题的重要让步了。会商许久之后，国王似乎想要让步，约好次早给他们回信，可是回信却与所议好的大不相同，他们大为诧异。他们这才晓得，在国王临睡之前，他的大臣不在面前的时候，管国王寝宫的人，也即王后的亲信，唆使国王改变了他的决定。有一个委员对内阁说道，“只要国王肯对于那些帮助议会的贵族们另眼相待，那么他们的影响是有利于他的。”可惜查理对于他的廷臣及他的人民，心怀痛恨，态度又高傲。有一天有人建议恢复诺森伯兰伯爵海军大将之职，国王连听也不肯听。追求私利的阴谋，即使成功了也是无济于事的。国王与下议员的领袖们都不要和平，国王曾应许王后，若未征得她的同意，他绝不会同他们达成和议。她从约克写信给他，劝他不要讲和，她已经因为在她不在场的情况下就开始谈判和平而感到极不愉快了。她对她的丈夫说，她若是不能正式地得到卫队保护她，她就要离开英格兰。国王密令驻扎在牛津的军官们递呈文力阻停火，有几个议会的委员们在私下谈话的时候，竭力以未来相恫吓，也是徒然。其他几个从苏格兰来的委员，求他召集苏格兰王国的议会，表示愿意居间调停，国王也是不听。他拒绝他们的请求，认为那是侮辱，他不许他们干预英格兰的事。后来他把他的最后答复告知委员们，说他愿意到议会，条件是议会必须将会议地点迁到一个离伦敦至少有二十英里的地方。议会一得到这个答复，立刻召回它的委员们，召回的命令是如此紧迫，使他们不能不立刻启程，虽然那个时候天色已晚，马车也还未曾准备好。

议会委员们在牛津的行动，尤其是他们与国王及宫廷的交往，使主战派不信任他们。诺森伯兰勋爵一到，就听说他给他夫人的一封信被公安委员会的一个委员亨利·马丁拆开，而马丁这个人有两件事很出名，一件就是他在里丁远远看见国王的队伍就望风而逃，另一件就是他说话粗鲁。伯爵是最顾惜自己的尊严的，非其他贵族所能及，他也素来习惯于受国人们的尊重。他在威斯敏斯特碰见马丁，他就要求他解释他为什么这样欺人，马丁嗤之以鼻，硬说他拆信拆得对，伯爵就当着好几个旁观者的面，用手杖打了马丁。当这件事闹到议会时，下议员们困惑不解，贵族们却以傲慢的藐视对待此事，几乎立刻将它搪塞过去了。这时候的情形很不妙，事事都暴露出来，分裂在酝酿中，但是人人又都想加以掩饰。春天到了，无论是希望讲和的人还是害怕讲和的人，都必须考虑战争的问题。就在委员们回到伦敦的那一天，埃塞克斯又出发了。汉普登的意见仍是主张他立刻开往牛津，围攻并打败国王。牛津普遍恐慌起来，人们谈到挥师北上以便和王后及纽卡斯尔勋爵会合，但是埃塞克斯或是由于对自己的兵力还不敢自信，或是由于对自己的成功已感到一点不安，拒绝了这个冒险的计划。他仍然驻扎在牛津及伦敦之间，而仅仅满足于围攻里丁。他认为为议会的安全起见，不能不占领这个地点。

里丁被围了十天终于投降了（4 月 27 日）。汉普登再度提议攻取牛津，埃塞克斯坚决不肯。他绝不是一个怀有二心的人，更不是畏缩不前。但他一直是怀着不忍之心作战的。他对于前途的郁郁不乐，因此他不复以能孚众望为乐事。即使在战事未起之先，下议院里就有人愤怒地反对他，尤其是公安委员会的人，这些人是民党的核心人物。更激烈的会员们甚至曾经提出问题，问可否于当时撤换他。据说有人提出汉普登的名字，由汉普登接替他。汉普登为人甚是聪明；叫他接管他根本不想要的权力，他是连想也不肯想的。且不管他有无统帅军队的能力，他不过是在埃塞克斯麾下当一个上校。但是自从开战以来，特别是在冬天，别的人已经取得了更为独立的地位以及更大的光荣。在北方，费尔法克斯和他的父亲，既使在纽卡斯尔勋爵处于优势的情况之下，仍旧能时时刻刻在各方面，以最大的勇敢同纽卡斯尔争夺对本国这一地区的控制。曼彻斯特勋爵当了东方诸郡的盟主，固然没有机会和任何著名的保王党领袖见个高低，但他曾给北方和中部各郡的议会党以有价值的支援，好几队组织完善的民团准备跟随他出征。他的坦率，他的豪爽以及他的温和，颇得群众的爱戴。克伦威尔上校也已经在同一地区里以各种惊人的战绩而闻名。他的神机妙算和指挥有方，在很多勇气充沛、信仰诚笃、虽有钱财但默默无闻的人们身上发生巨大的影响，而这些影响证明，他这个人是赋有伟大的天才和能力的。此外，在西方和南方，有一个威廉·沃勒爵士，他以击散过几队保王党，且在三个月之内攻下好几处地方，因而就得了个“征服者威廉”的外号。有人说，议会何愁没有将军和军队？因此，如果埃塞克斯拒绝去征讨保王党，那么他必得让位给别人。

虽然有人说过这些尖刻的话，可是并没有人跟着提出什么特别的议案，甚至也没有人提出公开的建议。埃塞克斯不仅是为一个心怀不满的党派效劳的军官，而且在亲附他的人当中，有在军中打仗的贵族，有主和的温和派，也有眼光比较清楚的长老会派，这些长老会派看见更为大胆的异派人的作法已经颇觉不安了。汉普登自己，以及政党的党魁们，虽然力劝这位伯爵好好振作起来，但却无意同他分离。这个时候，彼此的意见分歧还没有公开爆发，而仍在掩盖的形式下暗中起着活跃的作用。埃塞克斯不久就感觉到它的效果了。那些外表上装着对他敬重无比的人，实际上却用足气力偷偷地阻挠他。而那些拥护他的人呢，却认为口头上替他说说话已经很够啦，不肯再费力给他实在的支援。不到一个月，他就不得不抱怨说，他的军队情形很糟，一无军饷军粮，二无军服装备。艰苦的生活和疾病造成了严重的减员，这些兵员是不久前伦敦市精心提供的。他把他军中所缺乏的东西告知主管供应的各个委员会，可是他的敌人比他的朋友更积极活动，更不辞劳累，在各委员会里面拥有更大的影响。事实上，正是由于他的敌人的无休无止的活动，所以更多的执行权就落到他们手中，属下的员司也几乎全是他们所委派的。将军的所有申请，都没有效果。第二次战役虽已开始，却看不出什么具有决定性的改变。民党本已夺去了君权，但现在觉得君权又从他们的手中滑走了。现在已经有一个党，虽然暂时必须不声不响，但已有足够的力量使议会的大军不起作用，这个党也有足够的严肃认真精神，使它敢将现在的利益给与共同的敌人，而不计任何代价。

另外还有一支军队，在同样的情绪支配之下，也已经不声不响地形成了。尽管在牛津与伦敦之间进行着谈判和拖延，每天还是发生小接触，在这些小接触中，自从布伦特福事件以来，议会军常吃败仗。特别是保王党的马队，议会军的骑兵一见它就害怕，现在与封建时代相同，骑兵是最受人尊重、威力最大的军队。汉普登有一天同克伦威尔谈到他们党的这一点落后于人的地方，克伦威尔问道："怎能不是这样呢？你们的骑兵，大都是老弱无能的仆役，酒吧侍者之类的人，而他们的骑兵则是乡绅的儿子，有身份的人。你以为像你们部下那些贫苦的无业游民能够抵得住有决心、爱体面的绅士们吗？你不要当我的话是恶言，我晓得你是不会的，你必需用有点气概的人，与国王的乡绅一般，不然，你就非打败仗不可。"汉普登说道："你的话不错，不过我们办不到。"克伦威尔说道："我可以为达到这个目标做些工作，而且我已经打定主意要做些工作。我要招募一些人，我要教会他们敬畏上帝，教他们凭良心作事，我向你保证，这种人是不会打败仗的。”他于是到东方各郡招募青年，其中大部分是他认得的，他们也认得他，全是小地主或小地主的子弟，他们并不在乎饷金，素性不喜欢游手好闲。他们全是勇猛耐劳、奉教如狂的人，他们是出于良心驱使才去打仗的，他们投到克伦威尔的麾下，是由于信任他。他对这些人说道：“实不相瞒，我并不要你们相信我是奉命统领你们去为国王为议会而打仗的。假使国王现在在我面前，我会开枪打死他，如同打别的人一样。如果你们的良心不允许你们做这许多事，那你们就另投别处去吧。”大多数人听了这两句话后，仍是毫不迟疑地报名入伍。他们立时就被禁止享受家庭的安乐，禁止染上军人的放纵习气，他们奉命接受最严肃的纪律，把他们的马匹与军器收拾得干干净净，他们往往还得露宿，刚刚做完军事勤务又赶忙做礼拜，其间几乎没有休息。他们的领袖坚持要求他们尽心竭力当兵，正如尽心竭力于他们奋斗目标的实现一样热心，并要求他们将信教的狂热的精力，同当军人的恪守纪律的坚决性结合起来。等到开仗的时候，十四个连的这样的志愿军，组成一大队约有一千人马的队伍，由克伦威尔指挥。

一个月过去了，几乎平静无事。攻克里丁，原是在伦敦时所未曾考虑到的，却使牛津恐慌万分。国王不但不采取行动，反而在那里思忖是否应该逃走。议会被内部的不和所掣肘，它忙于应付内讧，大大过于应付外敌。议会有时企图使所有的人都满意，不问是激烈的抑或是温和的，也不问是政客抑或是信教诚笃的人；有时又会出现这样的情况：一个政党得来不易的具有决定意义的议案却得不到任何结果，好像大家一致同意要抛弃这个议案似的。长老会派长期要求成立一个教士大会并已得到允许，以彻底改革教会：这个大会果然召集了，但是议会本身就指定了一百二十一名会员，与他们做同事的还有三十名非圣职人员，十名贵族，二十名众议员，都居于上座。大会还召集了见解各有不同的教士们。这个大会既无权力，又不能独立，凡两院或一院有所咨询时，这个大会只有建议之权。有人指控王后卖国，没有一个人开口反对，皮姆把议案送往上议院之后（5月23日），就再也没有人过问此案了。由于国玺不在，法律的执行每天都受到阻碍，其他公共事务和私人事务也无法执行。下议院为了要终止这样的不便，而且要在法律方面也揽到国王大权，于是就命人另铸一个大玺（5月中旬），不料贵族院拒绝同意这样的行动。上院最怕的是滥用君权的象征，而不那么怕他们没有大玺的认可就行使君权。许多众议员认为参加此项恳求是明智的。有时，议会的各派共同表决通过一个议案，虽然动机各有不同，但仍拼凑起来形成一种导致假象的，并不起作用的一致。更多的时候，各党的势力不相上下，在彼此互相抵消之后，力量就化为乌有，看来要等待某些外部条件来迫使他们永远联合在一起，再不就永远分裂下去。

5月31日，禁食之日，上下两院都聚集在威斯敏斯特的圣马格雷特教堂内做礼拜。有人交一封信给皮姆，他立刻站起来，他在同他前后左右的人们很兴奋地悄悄耳语之后，不待礼拜结束，就匆匆地与他的几个主要的同事走出去了。余下的会众十分惊诧，既感到莫名其妙，却又有些好奇。

礼拜以后，议会开会。群众这才晓得是破获了一件牵涉甚广的大阴谋。据说有几个贵族，几个下议员，还有一大批市民都牵连在内。他们策划要武装保王党，夺取伦敦塔，抢夺军火库，以及重要的军事据点，要拘捕两院的领袖们，最后就是将国王的军队领进伦敦。日期定在当天，也就是 5 月 31 日，实行这个阴谋。他们又说，不久就可以弄清楚，因为已派出了一个调查团，据说他们提到几个人的名字，这几个人业已被捕了。

事实上，当夜与翌日已拘捕了一个下议员名叫埃德蒙·沃勒，一个有名的诗人，名叫汤姆金斯的，以及他的妻舅（从前依附王后宫廷的），一个富有的市民，名叫查洛纳的，还有其他几个人，他们并曾被审讯过。他们都承认存在着一个阴谋，不过所说的情形有详有略。至于这个阴谋的动机，以及它的范围，各人的理解却不同。有几个人只不过想拒绝纳税，意在要逼当局讲和。有的人却要招集许多人民于同时请求两院和国王议和。亦有许多人不过出席过某个会议，亦有的人不过是帮助开列过某些市民的名单，分他们为“存好意的、和平的以及仇敌”三类。虽然有这许多不同的看法与动机，但阴谋却是久已形成，而且日益有所进展。现在追忆前事，记得在三个多月前，在一次谈判条件以前（这种的谈判屡次决裂，又屡次恢复），沃勒就是被派往牛津的几个委员之一。当觐见国王的时候，他是最后被介绍的。国王以特别屈尊的态度对他说：“沃勒先生，你虽然是最后引见的一个人，却不是最坏的一个人，我也决不将先生放在末座。”从这个时候起，就有人时常与国王所在的牛津通消息，有几个加入保王党的商人，因为躲避议会的制裁，就离开伦敦，成了国王左右的重要人物。其中有一个名叫赫尔的，秘密地住在比肯斯菲尔德，受托传递消息。有一个贵妇名叫奥比涅，奉了议会的特许，前往牛津办理私事，回来的时候带回一个小盒子，里头有国王的命令，授权几个阴谋家用国王的名义征兵收税。最后一件事，就是前几天有人送信给赫尔说：“大船将进口。”这是一个暗号，意味着诸事齐备啦。他把这个消息送给福尔克兰勋爵。勋爵答道：“叫他们快点干吧，因为战事越来越止不住了。”

目前的证据已经超过政党的法纪所需要的了，议会如果能找到材料的话，还可以相信更多的证据。沃勒极其下贱地急于要救他自己的性命，就决心无论付出什么代价，都要达到这个目的。花钱，忏悔，指控别人，对最低微的和最强有力的保护人申诉，哀求凡是稍有势力的信教狂热的人都来倾听他的低声下气的悔罪自白，他毫不犹豫地夸大这次阴谋的范围，一如他从前（也许在牛津）夸大其词地吹嘘参与阴谋的人们的数目及势力如何大一样。波特兰勋爵和康韦勋爵都曾经从他那里接受过秘密指示，他现在谴责他们。他的答话牵涉到诺森伯兰勋爵及其他许多人。被卷入的人们虽然没有一个做过在法律上是犯罪的事，但有许多人预闻过其事，且是表示赞成的。但是议会却以大胆的明智，拒不利用敌人的轻率或敌人党羽的卑鄙表现，它认为按法律办事就足够保证议会的安全了。只传了七个人来受军事法庭的审讯，只定了五个人的罪，而只判查洛纳和汤姆金斯两人死刑。他们像勇士一样，视死如归（7 月 5 日），却并不自认为是殉道者，亦不装作是这样的人。他们还带着令人感动的至诚，对他们自己的主张是否正确表示怀疑。查洛纳一面走上死刑台，一面说道：“我曾经祷告上帝，如果从上帝看来我们的策划是不光明的，那么就让世人知道吧。上帝已经听见了我说的话。”汤姆金斯说道：“这件阴谋被人发现，我倒是觉得高兴，因为这件阴谋很可能产生很不良的后果。”沃勒也是被判死罪的人，但由于他的亲戚（克伦威尔就是其中之一）施用影响，顾念到他所作的坦白交代，就免了他一死。他的免死也许是由于人们尚有一丝尊重天才之心，即使这种天才只能使他的卑鄙表现更加显著。

几天之中，下议院的领袖们洋洋得意，以为揭破阴谋以及惩办预谋的人，就可以使牛津方面张皇失措，就可以吓倒伦敦的保王党，同时可以暂时停止议会的内讧，简而言之，就是有可能解除他们这一党的党内纠纷，使他们不必再为之白费精力。不料这许多希望很快地就幻灭了。伦敦的几处大教堂刚刚举行过感恩礼拜，颂声尚在耳际，由于时局紧迫而举行的议会团结大宣誓，余音尚未停息，议会就觉得自身已被外患与内争交逼得更厉害了。

国王已经听到伦敦的阴谋败露，但是还不大在意，因为他几乎同时得到消息，说他的将军们在南方、西方、北方，都得了大捷。他宁愿保王党的骑兵打仗得胜，而不愿通过市民们采用暗中掩蔽手段成功，况且这班市民们不久前还曾反对过他的计划。6 月 19 日有一件意外的事，似乎使他又想到了伦敦和议会。前一天，谣传离牛津十多英里的查尔格雷夫地方打过一场骑兵小仗，鲁珀特亲王奇袭并打败了议会军，汉普登受了伤。有一个俘虏说："我看见他仗还未打完就离了战场，这是和他的习惯很相反的，他垂着头，两手靠在马头上，他肯定是受了伤。"这个新闻在牛津引起一番轰动，不过是激动他们的好奇心，而不是激动他们欢喜。他们几乎不能相信这样一个人受了这样出其不意的袭击，就会倒下来，他们迟疑地不敢高兴。国王听了这个消息，也只能趁这个机会尽其可能同这个强有力的仇敌讲和。这个仇敌害苦了国王到这个地步，但仍有人认为他能够补救一切。汉普登的乡下邻居盖尔斯博士这时候在牛津，他是同汉普登保持密切的通信的。国王吩咐博士，作为博士自己的意思，打发人去问候汉普登，他若没有外科医生，他就打发他自己的医生去。博士表示迟疑，说道："我迟疑是因为我有几次为我自己的事写信给他，被他觉得我是一个不祥的人。有一次我的货物被人拦劫了，我求他救助，可是当我的信差才进他的门的时候，刚好有人来报，他的长子死了。过了许久之后，我的货物又被抢，我又打发人去求他，不料我的信差刚进他的门，又遇着一个人来报告他的出嫁的爱女奈特利夫人的死耗，所以在他看来，我好像就是一个不祥的枭鸟。”虽是这样说，博士还是接受了国王的委托。但是当他的信差于6月24日到达时，就看见汉普登已经奄奄一息。他的肩膀被两枚子弹击伤，受了六天的极端痛苦，信差于是告诉他是谁打发他来问候他的，且把来意告诉他，汉普登听了全身都震动，动得很厉害，他好像要说话，却说不出来，再过几秒钟就死了。汉普登的死被证实以后，国王就感到非常满意，比发现他的对头还活着更为高兴。现在国王有意于讲和了。在牛津的宫廷中不复提汉普登的名字，即使提起来，也不过重提他的罪恶，否则就是以胜利者的语气说，汉普登战死的地方，恰巧就是从前他反抗国王的地方，当日他是执行议会关于民团命令的第一人，也是募兵反抗国王的第一人。

伦敦以及全国却不一样，全都表现出最沉痛的悲悼。从来没有过一个人能如他那样地博得全国人民的信任。凡是民党的人，无论地位高低，亦无论出于什么动机，无不希望汉普登能有助于自己的观点的成功。比较温和的人信赖他的明智，比较激进的人信赖他的爱国赤诚；比较老实的人相信他的正直，好玩弄阴谋的人却信服他的才略。他为人谨慎小心，沉默寡言。他遇事都敢冒险上前，但从未失败，人人都爱戴他，而他现在死了，这是大家意料所不及的，人人的希望都受到了震动。幸福而极端罕见的机运，就是这样地使他的令名永驻于最高峰，与他同时代的人们的爱戴和信任把他推向了那个高度。人们的爱戴和信任也许使他的美德和他的荣名得免于像革命的其他最高贵的宠儿一样被推向岩礁，击得粉碎！

汉普登之死成了在两个多月当中接踵而来、连绵不断的殃及议会的祸事的信号，使至今隐而不显的弊端日益严重化，而这些祸事也只是这些弊端的结果。埃塞克斯的仇敌们掣他的肘，使他的军饷军需件件缺乏，他们一直指靠他的对手们的成功的，不料这种指望错了。与他同行的总司令及参谋们不断打发信差去要钱，要衣服，要军火和军械。与此同时，消息传来，说北方的艾瑟顿泽地，费尔法克斯吃了败仗（6 月 30 日），又听说威洛比勋爵不再能守住林肯州，以对抗纽卡斯尔勋爵，因此东部诸郡联盟（原是议会的保障）快要开门迎接敌军了。西南的情况更不妙，威廉·沃勒爵士在一个星期内连输了两仗，康沃尔的农民，是古代不列颠人的后裔，每次交仗，必击溃议会新召募的军队。有人看见他们在兰斯当，先是谦卑地请求许可他们拿下一座人皆以为不能走近的堡垒，两个星期后，他们在布里斯托尔城下，又以同样的勇敢攻城。康沃尔与别处不同，田地财产是不常易主的。一家乡绅，一住就是几百年，左右前后常是他们的农民和田工，本处的人老实、虔敬，没有新见解新思想，对于贵族的势力不亢不卑地服从。他们对于他们的长上及他们的古老风俗，是具有热诚的，正如同最热忱的议员们效忠于自己的观点和自己的权利一般。况且在这里与在附近各郡，都有国王的最有见识的朋友——例如埃塞克斯的姐夫哈特福德侯爵，他久已因为憎恨宫廷，退居他的庄园；贝费尔·格林维尔爵士，他是康沃尔最得群众爱戴的乡绅（这里的乡绅们是人人爱戴的）；拉尔夫·霍普顿爵士，他是高尚的人，又是一个最好的军官，他不求牛津方面的恩施，严禁掳掠，所到之处保护人民，他一面尽其为臣民的职责，一面却用一个善良市民的完整的人道主义对待人民。这些将军们的才德以及手下战士们的勇敢使得沃勒和他的军队在对比之下显得太恶劣了，也使他们产生了恐惧心理。议会的军队毫无纪律，往往整队整队地逃亡。议会派来的监军们，原是奉命来激发军人们的热心的，不料监军们自己先已恐惧，且把恐惧病传染给前后左右的人。有一天，多尔切斯特的地方官们把本处的防御工事给斯特罗德先生观看，询问他的意见。他说道："所有这些堡垒阻拦不了保王党骑兵半个钟头。他们把攀登二十英尺的城只是看做儿戏。"敌军初次招降，多尔切斯特就献了城（8月）。韦默思、波特兰、巴恩斯特普尔、比德福等四处地方，也仿例迎降。汤顿、布里奇沃特、巴思等三处地方早已降了，布里斯托尔是国内第二重镇，敌军一来攻就降了（7月25日）。这是因为守将纳撒尼尔·法因斯怯懦，他还是最激烈派的一个领袖呢。伦敦每天都得到丧城失地的消息。而牛津却不然，随着自信心的加强，军力也与日俱增。王后终于同国王会师，带了三千人与几尊大炮来。他们夫妇第一次见面在凯因顿沙丘，去年两派第一次交锋就是在这个地方。就在同日（7月13日）同时，威尔莫特和霍普顿两人大败议会的军队于威尔特郡的朗德韦沙丘。查理夫妇凯旋回牛津，与此同时，当沃勒出发往军前的时候，他曾吩咐路上的警察准备接收他的俘虏，这时候沃勒等人回到伦敦，手下连兵都没有了。

埃塞克斯仍然一动不动，人家责怪他按兵不动，他却反怪那些责怪他的人。在多次败仗中，他本人都是在场。这些败仗没有参与，但也没有防止。他终于写信给上院说道："议会是否认为应该派人去见国王，与他谈和，解决人民的宗教、法律和权利问题，且把为两个王国带来祸患的为首罪人加以公正的审判。不然的话，如果国王不愿回来，将来总会有一天以一战来结束这一系列的不幸的灾患。至于他们喜欢什么时候打以及在什么地方打，那都是无所谓的。我愿对诸位履行我应尽的职责。因此，如果现在不讲和，那么就不妨立时用武力解决问题。”假使这封信早到几天，它也许会大受欢迎。可是贵族们一听见最初几个败仗，就坚称他们愿意效忠于国王，并准备了新的议和条款（6 月 16 日）。下议员们却不是这样，他们的反应是愤怒多于灰心。下议院促请上议院迅速通过关于国玺的议案，上议院却拒绝通过。下议员们就以自己的权威命人刻了一颗大玺，一面刻上英格兰和爱尔兰的国徽，另一面刻的是下议院在威斯敏斯特开会，而并无任何象征代表贵族院（7 月初）。在这种分歧情况下。贵族院本来可能鼓吹埃塞克斯将军的议和主张的，可是不料就在这个时候（6 月 20 日）前后，国王由于他头几次的胜仗，高兴到忘乎所以，就正式宣称，聚集在威斯敏斯特的许多个人已经不再构成为两个真正的议院。由于许多议员已经退出，又由于缺乏辩论的自由，议会已失去合法存在的根据，因此从此以后，他不再称他们为议会。最后，他严禁全体臣民服从那个叛逆的集团。这个不分青红皂白的粗暴的加罪之词，反而促使两院重新团结起来。7 月 5 日，两院共同议决派代表去请求他们的兄弟苏格兰人，派兵来援救英格兰的基督教徒，因为他们有被天主教士永远奴役的危险。当埃塞克斯的信到达上院的时候，上院已决定他们既不再向国王递送文件，亦不再送议和条件与他，而要求他先收回他的关于不再承认他们为自由的及合法的上下两院的声明。

埃塞克斯并不强求别人接受他的看法。他劝告他们议和，原是出于一片忠诚，他以为他已经尽了他的职责。至于余下的问题，他尊重议会，在提出了他的意见以后，他不但完全不愿号令议会，反而表示准备恪遵议会的意旨。在几天之中，伦敦的各派好像形成了一个大团结。人人都对埃塞克斯表示敬重，他很快就得到了军火与援兵。沃勒虽然打过败仗，但是议会仍然表示感谢他的勇敢，以礼相待，仍将他看做一个极其有用的人。于是下令在东方各郡招募新兵，归曼彻斯特勋爵统率，克伦威尔担任副指挥官，任中将（7 月 22 日）。下议院先是发出警告，然后在霍瑟姆有机会献城与国王之前，就在赫尔逮捕了他（6 月 29 日）。现在他被监禁在伦敦塔里，听候惩办。费尔法克斯勋爵接管了他的军队（7 月 3 日）。派往苏格兰的委员们，有两个是贵族院提名的，有四个是下议院提名的，他们奉命赶快启程。教士大会中的大多数教士已经离开伦敦，分别前往他们的教区，抚慰人民，劝他们不要害怕，并号召他们重新努力。在伦敦市的一所教堂里，每天有许多教士在为母亲们、孩子们、姊妹们举行特别礼拜仪式，求上帝护佑他们家中为保卫国家和法律而出征的亲人。每天早上，一闻鼓声，就有成群的市民，有男有女，有贫有富，前往街头堡垒做工事。在议会里面，以及在人民当中，从来没有见过这样活力充沛的表现，也从来没有见过这样的慎重小心和团结一致。

但是危险仍在增加，国王到处得胜，人民虽然是情绪高涨，但是也有一些人不肯再受议会的牵连。有一个委员奉上院之命到苏格兰去联络，就是住在沃克的格雷勋爵，他借故推辞了这个任务。贵族院就将他送到伦敦塔里关起来。拉特兰伯爵本来是陪他同往的，也借口有病不走。下议院所派的委员们，只好自己前往，他们只能走水路，因为北方的大路不安全。费尔法克斯兵力不强，不能分兵护送他们。他们走了二十天（7 月 20 日至 8 月 9 日），当下国王接受了好一点的劝告，刊布了一篇较为温和的宣言。这样一来，议和又有了希望。8 月 4 日，由于诺森伯兰伯爵的提议，上议院又议决同国王讲和。这次的条件要算是迄今最温和的，其中要求双方立时遣散军队，由于亲附国王而被排出的议员们，现在决定请他们回到议会；民团及教会两个问题，留待将来谈判。一个问题归宗教会议去解决，另一个问题，则归议会审议。次日，把这些条件送到下议院，同时以高傲的声调宣称，现在到了结束国家的灾难的时候了。主战派被人如此出其不意地袭击，就竭力抵抗，说不应该因为贪图几个月的喘息时间，而冒失去几个月的努力和牺牲的代价得来的成果的危险。主战派又要求，至少推迟到苏格兰的回音来时再作决定，全无效果。其他的党派回答道："不该中断在牛津的和平谈判，平民和地位低贱的人们，也许愿意拖长战祸，可是，较为殷实的人家和财主富户，显然是要和平的，他们的办法就是拒供战费。无论如何，致送合情合理的条件给国王，可以得到和平，否则，由于国王的拒绝，至少也可以多募些兵，多筹些饷，那总比目前缺兵少饷的情况进了一步。"于是以九十四票对六十五票，议决对贵族的提议加以考虑。

此时，主战派受到剧烈的震动。在这样的逆境中去求和，得到的决不会是和约，而只是大败，使各方的公共利益和私人利益同受损害到可怕的程度；也使要求广泛改革的爱国人士断绝了最后的一线希望，并使怀有革命的雄心壮志的人们陷于绝望。于是他们就决心全力反对这个计划。8 月 6 日晚，虽然是个星期日，市长彭宁顿（他是不在国王大赦之列的）召集市参议员们来市政会开大会，翌日就递了一个威胁性的请愿书，要求下院取消上院的议案而代之以一个新的议案。递呈人阿特金斯同时把新议案送上。有些人写了一些小册子，在前一天四处分送，动员了不计其数的人们到来，大叫大喊，做这个议案的后盾。贵族们费尽气力才在人堆中挤进去，向下院抱怨群众的粗暴无礼，声称倘若不惩办这些聚众滋事的人，他们就休会一天，若再不办，就再休会一天。但是下院已经开始考虑和议了。辩论了许久之后，投票结果，八十一票赞成讲和，七十九票反对，议院内沸腾起来了。聚集院外的群众宣称，一定要得到使他们心满意足的答复才肯解散。院内反对讲和的人慷慨激昂地要求重新投票，坚持说原先投票有错误，表示决不甘心受愚，于是答应他们的提议，重新投票，仍是八十一票赞成讲和，但是对方的数票人称他们共得了八十八票，议长立刻宣布了这个结果，使得主和的议员们惊惶万状，茫然不知所措，狼狈离院。

两天后，8 月 9 日，他们试图用类似的手段来翻案，一大早就有二三千妇女包围威斯敏斯特大厅，头上戴白色带子，象征和平，递一张语调悲哀的请愿书，赞成上院主张。约翰 · 希皮斯利爵士走出来告诉她们说，下院也愿意讲和，且希望不久和议就可以达成，他希望她们先回各家。妇女们还是不肯走，到了 12 点钟，人数变得更多啦，有五千人之多，其中还有男扮女装的。在他们授意之下，就有一群人走入下议院的大门叫喊“讲和！讲和！”警卫队不过是几个民团士兵，劝她们退出，不料反使她们加倍激烈起来。“把反对议和的叛逆交出来！我们要撕碎他们；把那个恶棍皮姆交出来！”卫兵强迫她们退到楼下，有人向空放了几枪吓吓她们，她们说道“不过是火药！”就开始扔石头打民团，民团随即实弹放枪打她们。这时候有一小队骑兵到来，手执大刀，向群众直冲。妇女屹立不动了一会儿，她们让开一条路使骑兵冲过，妇女们一面骂他们，一面打他们。后来她们愿意退走，在几分钟的可怕的拥挤以后，她们全都散了，只剩下七八个受伤的妇女在那里啼哭，此外还有两个死的，其中有一个是许多人都认得的，她是一个歌手，自幼就在伦敦大街上唱古老的民歌。

胜利是彻底的，不过付出了很贵的代价，因为它是用欺骗和暴力赢来的。这样的方法使他们自己的成功很不体面，尤其是正在以法律名义进行改革的时候，正在口称要恢复法律的尊严的时候。现在已经有一句流行的口头话，说凡是责难国王的事，议会自己没有一桩未曾犯过。上院十分愤怒，人民已经流了血，自身肝肠上的创伤，已经超越其它任何感觉了。下议院的领袖们得到消息说，有若干下议员受重要贵族的指挥，打算离开伦敦，前往埃塞克斯的大本营里躲避，在那里宣布他们要退出一个为乌合之众的暴民役使的议会，去同牛津议和。这个计划未能成功，因为埃塞克斯为人正直，对他们不表同意。但这班人看见他们的将军也无意暴露他们，就很放心了。但是无论如何，波特兰、洛夫莱斯、康韦、克莱尔、贝德福德和霍兰勋爵，仍然离开伦敦到国王那里。诺森伯兰伯爵回到他在贝特渥斯的堡垒。这些都是知名人物，他们虽然不构成议会的全部势力，但至少曾做过议会的后盾，为它增过光生过色。有几个市民领袖们，看见自己孤立，很为吃惊，几乎好像受了威胁一般。皮姆自己曾被人控告通敌。但是另一方面，最激烈的煽动家们，最为热烈的热心分子，开始透露他们内心的感情了；约翰·索尔特马什（后来在费尔法克斯军中当牧师）说我们无论付出什么代价，都必须防止国王与人民的联合。

他还说，国王若不接受我们的全部要求，我们就必须毁灭掉他和他的一族，另请别人当国王。有人把报告这两句激烈说话的小册子送给下议院。却有亨利·马丁替他辩护。他说：“我看不出有什么理由要斥责索尔特马什。与其毁掉许多家族，不如只毁掉一个家族。”内维尔·普尔爵士说：“我提议，命令马丁解释他说的一个家族指的是谁家。”马丁毫不迟疑地回答道，“就是国王与他的子女。”（9 月 9 日）像这样激烈的话是前所未闻的，但是尽管他们这么讲，实际上却做不到。现在得不到苏格兰的消息，甚至也不晓得委员们已否登陆。他们每天都怕听到国王正向伦敦前进的消息，也怕听到国王已经包围格洛斯特的消息，那是西部唯一的尚在议会手中的大城。亦唯有依靠这一处地方隔断西南和东北的王室军队的交通联系，使两头不能协同行动。危险使热情发生了变化，两派现在都在认真地考查他们各自的处境。无论哪一方的势力，都不是强大到能够打倒对方，也不是强大到无论和战都稳居优势。温和派既无意在示弱中求得解救，激烈派也知道不能单靠狂热求得生存。温和派完全明白，要先打胜仗才好讲和，激烈派也晓得，得到了胜利，得让他们的对手发号施令，而他们自己却只有听命效力的份。于是暂时抛弃所有的互不信赖，暂时停止所有的个人野心。于是派了一个包含几位最热心主战的议员在内的委员会，往见埃塞克斯（8 月 4 日），告诉他议会正在设法招练新兵并以充分的军需供给他的军队，问他是否还有其他需要。总之，他们把国家的命运交到他的手里，并且保证议会完全信任他。因此，埃塞克斯伯爵和他的朋友专心作战，满腔热情，似乎已别无其他需求了。霍利斯一度打算携家隐居大陆，已经申请办护照，现在又取消了申请，决定留在国内了。无论在什么地方，凡是最近曾被控为怯懦或叛逆的，现在都在带头筹备作战，作出了努力和牺牲。他们过去的激烈反对者，现在已变得慎重听话了，热心地支持他们，但不那么大喊大叫就是了。他们甚至不加抵抗就同意将亨利·马丁驱逐出议会，送往伦敦塔，以惩戒他最近一次所说的狂言(8月16日)。这说明他们现在是如何要坚决地牺牲一切，以保证暂时的一致，因为这是唯一的安全保障。这样的明智行为，不久就收到效果。正当沃勒和曼彻斯特在分别训练后备军的时候，招募、筹饷及筹集各种必需物资的工作，也在以空前的速度进行，以供给埃塞克斯的军队，这个时候只有他的军队可以作战。有四队伦敦民团自告奋勇投到他的麾下，埃塞克斯遂于8月24日庄严地检阅军队以后，当着两院的几乎全数议员的面，统领一万四千人浩荡出发，准备兼程前进，以支援格洛斯特。正如他们所深惧的，国王已在前两个星期紧紧包围了那个地方。

查理在最近几次得胜之后，不曾下更大的决心攻取伦敦，这是他深以为憾的。确曾作过攻取伦敦的决定，其计划亦是可望得到成功的。计划内容是：国王从西向东挺进，纽卡斯尔（他在约克亦打过胜仗）从北向南进军。这两支保王党大军，定在伦敦城下会师。查理在攻下布里斯托尔之后，立刻派遣菲利普·沃里克爵士（是国王的一个最忠诚的党徒）把他的计划告知纽卡斯尔勋爵，且要他出兵。但是亲附国王的贵族们都不是他所能随意加以调遣的将官，他们的委任是国王给的，但他们的势力却不是他给的。在他们本人势力范围以内的地区，他们是乐于拥护国王的事业的，但是一丝一毫也不愿意从那儿调走，因为那意味着失去他们成功的手段，从而也将丢掉他们的独立。纽卡斯尔勋爵为人高傲，趣味不凡，喜好排场与安逸，害怕与人顶撞所带来的疲劳和厌烦。他有一个小朝廷环绕着他，高超的思想和优雅的风度吸引了许多和蔼可亲的人到他的府第。他绝不愿意跻身于牛津的一群廷臣之中，更不愿在国王军队中屈居于那个其貌不扬、缺乏教养的外国人鲁珀特亲王之下。他在冷冷地听取了沃里克所带来的建议之后，便津津有味地对他讲述爱尔兰头号造反分子蒂龙的故事。这个人被蒙乔伊副总督所俘，送他到女王那里。蒂龙看到副总督在客厅里，与那里的贵族们与乡绅们在一起等待着。他在爱尔兰时的那种架子和神气都不见了。他就对一个同乡发泄他的意见道："我被那边那个大人物所俘，觉得太惭愧了。我现在厕身于一群普通人中间，把自己降格到这种卑贱地步，在此恭候一个女人出场。"随后他表示，只要赫尔在敌人手中，他就不肯离开约克郡。沃里克把这个答复带给国王，国王不敢公然表示不愉快。现在仍旧有人劝国王向伦敦进军，王后也是这个主意。但是查理不太欢喜冒险。这并不是因为他自己怕危险，而是怕有失自己的尊严。去年在埃奇山和布兰特福两仗之后，由于他几乎抵达首都的大门，而仍被逼退却，未免大伤体面了。有许多优秀军官劝他围攻格洛斯特，其中有毫无私意的，亦有意在捞到一笔掳掠品的。威廉·莱格上校居然夸口说他曾同爱德华·梅西守将暗通消息，国王终于同意这个计策，他自己亲领军队于 8 月 10 日占据了俯瞰格洛斯特的高地，该镇只有一千五百人防守，居民不计在内。

国王一到，立刻要格洛斯特投降，限两小时内回话。还未到两小时，就有两个代表从市内来，一个是普特西军士长，一个是市民，他们来到军营。两人都是脸无血色的瘦子，穿了一身黑衣服，剃的光头。他们说道："我们从格洛斯特市来献回话与陛下。"于是有人带领他们见国王，他们捧读一封信道："我们是格洛斯特的居民、地方官及驻在警卫营的军人，谨复陛下，我们将按照我们的誓词和忠诚，效忠陛下并为陛下的子孙守卫此城。因此我们感到全体都有义务服从议会两院所昭示的陛下的命令。天神庇护，我们决心防守此城。”廷臣们听见这几句简单的答复，说得如此坚决，如此清楚，又看见来使们的奇怪形状，屹然不动地站在国王面前等待答话。廷臣们正在准备发出惊异、讥笑和愤怒来表示，查理却是和他的仇敌们一样的严肃，示意不许他们动手。国王对来使们说道：“你们若希望有救兵，那你们就大错了。沃勒是完蛋了，埃塞克斯不能来。”使者们一回到城里，居民就放火烧了四郊，如此，他们需要守卫的就只剩下城墙以内的地方了。

一连二十五天（8月10日到9月5日），当保王党全力攻城的时候，城里的人以不知疲劳的勇猛，使围攻的一切努力都归于徒然。守军只留一百五十人作为后备军，其余的全城兵士日夜不息地站在城防前列。市民与军人同甘共苦，同冒危险，妇女协助丈夫，子女协助母亲战斗。守将马西甚至开城击敌数次，只有三个人乘这个机会逃走。保王党军队疲于长期的围城，既无光荣可言，又不能休息，于是肆无忌惮地蹂躏四郊以示报复。军官们往往命兵士掳人勒索赎金，交了赎款才重获自由。营内的士兵日益不服从命令，营外的人民痛恨保王党的心也与日俱增。当时原可以试一试突然袭击的，但是像布里斯托尔那样的牺牲太大，记忆犹新，无人敢再献策。国王只望围困这个城市，饿死守城的人。忽然听见埃塞克斯快到，这大出他的意外。鲁珀特亲王从大军中拨出一队骑兵，企图阻拦，却无成效。埃塞克斯伯爵在大路上长驱直人，势不可当，敌人反而被他击退。他离国王的大本营不过几英里路了，国王的骑兵已经退到埃塞克斯步兵的前哨地方了。

查理想耍缓兵之计，哪怕耽延伯爵一天也是好的，就打发一名使者去议和。埃塞克斯答复道："议会不曾命令我议和，议会只命我解格洛斯特之围，我现在要去解围，否则的话，我愿留骸骨于城下。"士兵们听到国王派来的号手已到，就喊道："不讲和，不讲和！"埃塞克斯继续前进，第二天即9月5日，他正在普雷斯伯利高地上部署他的军队（离城五英里），看见国王的大营一片大火，他就晓得城围已解啦。

他赶快进城（9月8日），送各种食物进去，极力赞扬守将及他的士兵们，赞扬居民们的勇敢，赞扬居民们救了议会，并给议会赢得时间来救他们。随后，却轮到埃塞克斯自己受人们的热烈感谢了。无论在教堂里，或在他自己的窗下，或在街上走过时，他都受到人们的感谢。过了两天，他就回到伦敦，因为他眼前的使命已经完成了，现在只有他的军队才能够保护议会。因此，他立时返回伦敦的重要性决不次于这次的解围任务。

在他回去的途中，诸事都很顺利，不亚于他这次出征。有好几天他用计使敌人完全弄错他所走的路，西伦斯特连同存在那里的许多军粮，都落到他的手中。他的马队几次打退了鲁珀特亲王所统率的人人畏惧的骑兵的进攻，大获全胜。等到9月19日快到纽伯里的时候，他看见敌军已经先到一步，他们占据了该镇和附近的高地，并且已经拦住通往伦敦的大路。只有打一仗才能够排除障碍。国王亲自站在行伍前列，占了优势地位。国王可以从牛津和沃林福德得到援兵。这一带地方是对议会不怀好感的，当地人把无论什么东西都很小心地掩藏起来。无论战争是赢是输，他们都非打这一仗不可，为了避免饿死，也得出此一途。

埃塞克斯没有迟疑，翌日（9月20日）天晓，他自己亲领前锋，攻击主要的高地，逐走占据高地的军队。他轮流同各队打，又依次攻打各重要据点，打到天晚，两方都如此奋勇地相持不下，以致彼此在纪述战况时都以勇敢表扬对方。保王党军队由于有希望扭转中断了一系列的胜利的一次失败，而得到鼓舞，而议会军则因为能够不致于在功亏一篑的时刻失去足以弥补多次不利的一次胜利成果而感到兴奋。伦敦的民团表现得特别出色，鲁珀特亲王打散了敌人的骑兵后，曾两次冲向民团，但他们仍是站得密密麻麻的，长矛如刺猬一般屹然不为所动。有几个将领如埃塞克斯、斯基庞、斯特普尔顿、梅里克等，都身先士卒。仆人们、工匠们及随营的闲人们也冲出阵来，打得很勇敢，如同最勇猛的军官一般。到了天黑，两军仍各保持其阵地。事实上埃塞克斯是有所进展的，但是保王党军队挡住了他的去路。他本来期望明天再打，不料天一破晓，他吃惊地发现敌军已退，前路没有阻拦了。他就乘机飞速前进，无人拦阻，除了鲁珀特的马队几次无结果的来攻以外。再过两天，他毫无险阻地到了里丁。

这场恶战，使保王党灰心丧气。比起他们的对手来，他们的勇敢不见得逊色，可是他们的坚韧却远不如对方；他们既易于希望亦易于失望。况且保王党这次的损失也是巨大的，在一个国王的想象中留下了最深刻的印象。有二十多个著名军官阵亡，其中有几个不但官居显要，而且才德略著。例如森德兰勋爵，阵亡的时候不过二十三岁，不久之前才结婚。他才识兼优，所有明智的领袖对他无不敬爱，本党的基督教徒也爱戴他。又如凯尔纳丰勋爵，是个优秀的军官，他对部下纪律严明，是国王手下的一个无价之宝。他以待人公平赢得军人的爱戴，他最重一个信字，他说一句话都要算数的。当日莫里斯亲王统领西部军队，曾同韦默思和多尔切斯特两市镇订约使他们归降，后来他竟背约，从此凯尔纳丰勋爵无论怎样都不肯再在两军中服务。又如福尔克兰勋爵，他是保王党的光荣，虽然被伦敦斥为公敌，却是一个爱国人士。他虽然是牛津的一个大臣，却被人民所敬重。他并无亲上战场的义务，他的朋友们屡次怪他太过大胆，说是没有必要冒险。他微笑答道："我的职位完全不能剥夺我的年岁所给予我的权利。一个陆军大臣应该多少懂得打仗。"在过去几个月里，他热忱地面对着危险；人民所深受的痛苦，他所预见的更大的灾祸，他内心的焦虑，他的希望的破灭，他的内心深处的长期不安（尽管他是保王党的一员，但他对保王党的成功是和对它的失败一样的心存恐惧），总之，无论什么事都使他伤心绝望，他的脾气变坏了；他对前途的展望本来是很乐观，很活泼，又是很愉快的，现在却变作滞呆，阴沉沉的。他的爱好与他的习惯一向倾向于讲究修饰，可是新近既不讲究穿着又不讲究仪容了。无论什么谈论，无论什么消遣，不复能使他高兴了。他与朋友们在一起的时候，他总是两手托住头，许久不发一言之后，才很惨然地喃喃语道："和平！和平！"只有看到眼前有议和可能时，他才能稍微振作一下。打仗的那天早上，他的左右看见他比往常任何时候都更高兴，就觉得诧异。他有好些时不修边幅了，今天忽然又讲究起来，他说道："我若今天阵亡，我不愿敌人看见我穿着不清洁的内衣。"他的朋友力劝他到别处去，他的脸上忽然现出愁容。他说："不行，我对这种时局感到厌倦了，我预料本国将来要受许多痛苦，但是我希望在天晚之前摆脱痛苦。"他自告奋勇投入拜伦勋爵的队伍。刚一开战就有一粒子弹打中他的肚子，他坠马死了，但是没有人看到他死的情景。他成了一个太不适于一个品德清纯、异常敏感的人生活的崎岖动荡的时代的牺牲品。到了翌日才寻着他的尸首，他的朋友们，特别是海德，因为失去了这个好朋友，感到永无止息的悲痛。而廷臣们却因为一向把他看做和他们在思想和作法上都格格不入的人，因而对他的死无动于衷。查理表示了相当得体的惋惜，但是嗣后同大臣们议政的时候，查理反而觉得轻松多了。

埃塞克斯才到里丁，就有两院所派来的代表团（9月24日）来表示两院的感谢，询问军中所需，以便供应，还问他要求些什么。议会得了救，而且自认为现时所处形势已足以使议会相信它刚刚避免的危局不会卷土重来。和平谈判也是一样的顺手。当埃塞克斯正在解格洛斯特之围的时候，哈里·文终于抵达爱丁堡，同苏格兰人签订了很亲密的同盟和协约，这是一个在庄严的同盟和协约的名义之下的政治性及宗教性的条约，它的宗旨是联合两国的力量，来保护同一的事业。当天就分别开了国会和宗教议会（8月17日），投票批准。次日就有苏格兰的委员们起程前往伦敦。两院在伦敦同教士会议协商之后，也批准了这个盟约（9月18日）。一星期后（9月25日），全体议员们在威斯敏斯特的圣马格雷特教堂，免冠肃立，举手向天，先用口说，后来用笔写，宣誓恪守盟约。这个盟约受到伦敦市的非常热烈的欢迎。盟约承诺改革教会并拯救二万一千名苏格兰人。长老会看见他们的忧惧消失了，同时他们的希求也如愿以偿了。举行此项大典（9月26日）的次日，埃塞克斯进入伦敦，下议院全体议员，以议长为先导，前往埃塞克斯府邸，颂扬了他一番。伦敦市长及市参议员们，穿了大红袍，来感谢他保护了他们的生命财产及妻子儿女。陈列了在纽伯里所俘的保王党军队的军旗，给公众参观。有一面旗特别吸引人们注意，这面旗画出下议院的外观，上插两个犯人的头，旗上写道：“在外如是，在内亦如是。”人民围观这些战利品，参加战事的民团士兵则讲述详细情形给众人听，无论是人们在家里闲谈，或在教堂里做礼拜，或在大街上三五成群地谈天，不是大声歌颂埃塞克斯，就是无声地为埃塞克斯默默祈福。伯爵及他的朋友们决心尽量利用这次胜利。他走入贵族院，向他们辞职，求他们许可他到大陆去退隐（10 月 7 日）。他说国家已无危险，因此已解除他逗留在这里的责任了。当他统兵的时候，已经饱受痛苦的烦恼，而且他预料不久这些痛苦又将重来。因为，如果威廉·沃勒爵士仍然拥有一个不受他节制的独立的官职，而他埃塞克斯担任大元帅的名位，他则必须独负全部责任，而另外一个人却有不服从大元帅命令的权利。他饱尝过这种地位的痛苦，因而不再能忍受了。贵族们听见他的宣言，大为诧异，或装作诧异，决定即刻同下议院会商，但是正在这个当口，下议院送来一个消息，使会商成为不必要了。下院得悉埃塞克斯的宣言后，就迅速来告诉上院，说沃勒已辞职，以后愿听大元帅的指挥，而不再听议会的指挥。他们要求派一个委员会，在议会散会以前就把这件事办妥，沃勒及他的朋友们并无怨言就服从了，埃塞克斯和他的朋友则是胜而不骄。如此，两党好像在开始竞争的时候就言归于好了。

第五卷　1643 至 1645 年

双方的情况以及独立派的兴起——在牛津的行宫的行动——国王与爱尔兰人订立停战条约——议会在牛津——皮姆之死——1644 年之战——马尔斯顿泽地之战——埃塞克斯在康沃尔之败——长老会派领袖与克伦威尔之间的误会——尝试谈判——自我克制的法令。劳德受审和死亡——在阿克斯布里奇议和——整顿议会的军队——费尔法克斯受任将军——埃塞克斯辞职。

长老会会员的高兴达到极点：议会得救了，这全亏他们的领袖；他们的仇敌闷不吭声了；苏格兰军队相离不远，已应允帮助他们，他们是决不会食言的。因此今后将单靠他们来处理改革和战争之事。而且由他们随意处理，或是继续改革和打仗，或是停止一切。

在议会内外，在伦敦或在各郡，不久就有一阵宗教狂热和专制风气弥漫于各处。教士大会奉命起草一个管理教会事务的计划（10 月 12 日），四个苏格兰大臣奉命协同教士大会准备该党的一个宏伟规划——以便两国的礼拜仪式取得统一（10 月 20 日）。[①] 各郡所派的调查在职教士行为及他们的宗旨的委员会，加倍努力，

① 这四个大臣是亨德森、拉瑟福德、吉利斯皮和贝利。

几乎有二千名牧师从所在职位上被驱逐[①]，有许多人被控告，说他们是再浸礼派，或布朗派或独立派等等。他们得知送他们进牢的人就是不久以前与他们一同咒骂他们公敌的那些人。在伦敦市里，无论什么人，凡是拒绝在盟约上面签名的都不能当市政会的会员，连选举市政参议员时亦无权投票（12 月 20 日投票）。自从打仗以来，议会曾命令各剧院关门，却没有从宗教立场上宣布过反对演剧。仅仅说，国家多难，人民应该多悔罪及祈祷，不宜将时光糟蹋在娱乐上（9 月 2 日）。全国素来在星期日或节假日所玩的各项民间游乐全被禁止了，无论是自古以来就有的，或显然没有什么害处的，全在严禁之列，一种也不能幸免。冬去春来，自古竖起的五朔节花柱[②]（作为人们欢乐的象征）全被拔掉了，不许再立新的，即使是小孩子们犯了这条严令，也要重罚其父母，以赎子女娱乐之罪。大主教劳德已经被监三年，无人过问，现在忽然传他到上议院受审，且受命答复下议院所控的诸多条款（11 月 13 日）。狂热把仇恨和报复看做自己的天职。

对于战争也表现出了同样的狂热。本市的长老会派，因为在新近几次战役中立下了很大的功劳，就洋洋自得，不再谈和平了。有许多富裕市民出钱为士兵供给军装，还有自愿亲身入伍的。其中有一个名叫罗兰·威尔逊的，是一所很大的企业的既定继承人，拥有每年有二千镑收入的不动产，投到埃塞克斯麾下，带领一营自己招募及自己装备的队伍。甚至有几个领袖人物，如霍利斯、格林·梅纳德等人，向来对于谈和是很表友好的，现在却对市政

① 主教派的文章说被驱逐者达八千人，反对主教派的人则说不足一千六百人我采取的估计数字是根据尼尔提供的情况。

② 用花或彩带装饰的柱子，少男少女绕柱舞蹈游戏。——译者

会大声疾呼，鼓动他们作出最大努力。这个党从来没有像这个时候这样活力充沛，也从来没像这个时候这样大权在握。

但是这一派离垮台不远了。从一开始，这一党就担任宗教与政治的双重改革，但不是用相同的观点办这两方面的事。对于宗教方面，这个党的信仰是热诚的，信条是简单的、坚决的、连贯的。长老会的体制，是由平等的牧师们管理宗教事务，共同开会议事。从这个体制看它的本身，它不是人定的，不是软性而是硬性的，不是人们可以任意修改以适应时势与环境的。它自认是唯一合法的宗教体制，是奉神旨而存在的，简直可说是根据基督的法律而存在的。这一党坚持要不惜任何代价争取它的无限制的胜利，认为自己所进行的是一场神圣的及必不可少的革命。其政治观点却与此相反，不管该政党的语言和行为是怎样的严峻，它的思想却是空洞无物，它的动机也是稳健的，并未被系统的信仰和真正的革命激情所推动。它虽然出兵抗拒国王，但心里却爱独裁；虽然要君权受其节制，但还是尊重国王的特权；虽然只相信众议员，却并不怨恨或藐视贵族；既服从维新的需要，又服从古老的习惯；对于其自身并没有什么明确的看法，无论其宗旨或其行为的后果均是如此。它认为它只企求合法的改革，如此便于愿已足。

长老会派就这样交替地被傲慢或动摇、狂热或温和的截然相反的思想所支配，它从来不曾从自己队伍中涌现过一个领袖，而只是一贯地从和该党意气相投的情绪中得到鼓舞。它跟随着政治改革家的足迹，这些改革家是民族运动的最早的阐明者，又是他们的真正代表。这样的同盟是自然的而且也是必要的。何谓自然？因为这两党有共同的目的，都是只求改革，而并不要求取消政府。何谓必要？因为政治改革家们拥有大权，而且以他们在阶级、地位、财富和知识上的优势，维持这个权力。在这些优势方面，即使是最热心的长老会会员也决不会想到同他们争高低。大多数的政治改革家们虽然接受长老会的支持，甚至在必要时，还大作让步以收买他们的支持，但对于教会事务，却不能与他们的意见及观点取得一致。政治改革家们一向是满足于一个温和折中的主教制，其功能限于按照法律来管理教会事务。因此他们是十分勉强地支持长老会的，而私下里则尽力阻止他们的发展。这么一来，主张宗教革命的那一党的精力就被一些领袖们所抑制，这些领袖们既非该党所能抛弃，亦非该党所愿抛弃的。只有在政治改革问题上，两党的联盟才是完全而又是出于至诚的。换言之，在这样的事业目标上，领袖们和该党既没有什么奔放不羁的激情需要满足，亦没有什么一成不变的绝对原则必须遵循。

到 1643 年的年底,政治改革——至少是合法的政治改革——已经大功告成了。弊端已不复存在，他们以为必须改革的法律也已经改革，又曾竭尽所能改造了许多制度；凡是以保护古老权利为己任的人及拒奉国教的长老会员们所共同企求的，以及能够协力造成的，都完全办到了。但是宗教革命却几乎还未开始，而政治改革则正在动荡不定，缺少保障，大有变作一场革命之势。现在到了这样的时刻：迄今为止的占统治地位党派的内部缺点以及它们在结构上、纲领上以及在计划上的矛盾重重不可避免地暴露出来了。这一党每天不得不走在不同的道路上，并尝试进行各种不适当的努力。它想在教会中寻求的，却在政府中予以拒绝，它所持的立场与所发表的言论，往往先后矛盾；一会儿宣扬民主派的原则与感情，以反对主教制，一会儿又宣扬专制独裁制及贵族制的教义和影响，以反对正在上升的共和主义。同是这一群人，一只手在推倒，另一只手在破坏——今天提倡新事物，明天又咒骂维新派；有时敢作敢为，有时又缩手缩脚；有时做叛逆，有时又实行专制；有时以自由的名义去迫害主教们，有时又以权力的名义去制裁独立派。简单地说，这一派一面无日不大喊大叫反对专制和反叛，同时却自命有天生的造反和专断的权利，人们看到这一切都不得不叹为奇事。

这个时候这一派觉得已被他们的几个领袖抛弃、否定或被牵连，有些像拉迪亚德这样的人，原是最富自尊心最讲道德的，现在却不肯挺身出来奋斗，或要经过许久时间才偶露一面。即使露面也只肯抗议,而不肯采取行动。其余不甚诚实的人,如圣约翰等，或更为坚忍和有胆略的如皮姆等，或只是专顾他们自己的个人安全，要同新党妥协，言归于好，否则至少也不愿同新党失和，因为他们已认定新党将要很快地独揽大权。许多腐化堕落的人已经放弃一切爱国的希望。这些人心目中只有自己的名利富贵，在管理事务的委员会中，他们形成一个贪污集团，专以分配官职、征用物品，互相勾结，坐地分肥为事。过去参与过这次民族斗争事业的贵族中，前文已经说过，有人已经背离了，他们前往牛津向国王讨好。其余的贵族们则归隐于他们的乡下往宅，不问国事了，以免再受蹂躏，再遭没收财产，他们轮流同议会或同宫廷谈判条款。9 月 22 日，上议院只剩下十个贵族，到了 10 月 5 日，只剩五个了。于是每次开会都要点名，有几个人惟恐有人晓得他们不曾出席，又只好回到威斯敏斯特。但是较为高级的贵族，日益被人民大众怀疑，而且日益脱离人民大众，不独不再是长老会的支持者，而且成为他们的障碍了。他们的信教狂热使有才能的保护民权的人同他们脱离关系。而他们的温和的政治观点，却使他们摆脱不开不甚可靠的以及将会危害他们的同盟们。

况且这一派地位上升已有三年了，无论它在教会中或在政府中是否完成其计划，但是在这三年里头的公共事务都是由于得到他们的助力和同意才得以进行。只此一端，便足以使许多人讨厌这一派。人民就将所受的许多痛苦，及所遭遇的许多失望，都归咎于这一派。人民谴责他们，说他们惯好压迫人，不亚于主教们，说他们习于专横，又不亚于国王。一追忆到该派的自相矛盾，及该派的脆弱无能，就令人痛恨不已。而且姑且不问这种种不满人意的情况，又姑且不问党见及偏私，单从事态与意见的进展来说，人们暗地里都觉得需要有新的原则和新的统治者。

两派都准备就绪，力图争夺指挥大权，现在只在等待时机。早在这许多纠纷开始以前，长老会派还只是刚刚流露它的意向，企图强迫国教会采用一种共和制，并且利用那种形式来保持权力和信仰的运用，以与主教制争夺继承天主教的遗业，独立派、布朗派以及再浸礼派，即已公开质问，为什么让国教会存在下去？无论是天主教士还是主教派，或者长老会派，它们究竟有什么权利可以自封为有压制基督教徒的信仰，使其受一种虚伪统一的束缚？它们说，凡是信徒在一块聚会，凡是同一地方或邻近地带几个地方的居民，因为信仰相同而自由集会来赞美上帝，他们就是一个真正教会，任何别的教会都没有统治这个教会的合法权威。这个教会自己有权选择牧师，有权规定自己的礼拜仪式，有权用自己的法律管理自己。良心自由的原则（这是地位微贱的新教徒在盲目热情的错误行动中对人宣布的）刚一出现，就被人们看做是犯罪或疯狂。主张这种原则的人好像并不十分了解这个原则，就竭力拥护它。主教派与长老会派，牧师们和地方官都一齐要求严禁这个原则，他们之所以要反对，并无多少理由，不过认为有禁止的需要而已。应该怎样管理基督的教会，以及归谁管理，这两个问题几乎一直是需要讨论的唯一问题。大家都认为，他们只需要在教皇的绝对权力与主教们的贵族制、长老会的民主制之间任择其一就可以了。却并没有人追究这几种体制的起源、它们的形式或名称是否合法。

但是这时有一个伟大运动在动摇全局，尽管从外表上看有些事物似乎未受其影响。每天都出现任何一种体制都不能避免受其影响的考验，每天都出现一些争论，即使当权的党派试图阻挠进行争论，也是徒劳。全国人民的心力每天都被召唤来考虑社会的新问题，来衡量意见，来驳斥前所未闻的大胆僭妄的主张，这些都使全国人民得到思想上的解放，并利用其新得的自由，飞跃到与人文和社会相关的更广大的思想领域去，或是立刻大胆地摆脱所有的古老成见，所有的清规戒律。与此同时，关于奉行信仰与礼拜方式的自由，几乎成了绝对的事；但现在还没有用司法权或压制权来取代主教的大权。议会在忙于制服其仇敌，无暇过问它的党人在宗教方面脱离常轨的问题了。长老会派的热情有时叫两院发出带威胁性的宣言，以反对新的异派；有时政治改革者的恐惧及仇恨，与他们的奉教诚笃的盟友们的恐惧及仇恨合流，他们一同设法严厉地反对他们的共同对手。有一条法令的序文说明，它立意“禁止近来对宗教和政府名誉肆意毁谤的报纸、书本、小册子”。这条法令严禁出版自由，而在这以前是容许的。无论什么出版物都要先接受严格的检查（这是 1643 年 6 月 11 日的事）。但是权力不能阻止那些走在运动前面的人（运动自身被权力推向前进）。几个礼拜之后，只有保王党及主教派受到这条禁令的限制。

反之，新教派对此不是设法规避，就是置之不理，于是布满全国的都是数目日多、门类更繁、狂热更高涨的新的教派，例如独立派、布朗派、反浸礼派、反童年洗礼派、贵格派、唯信仰论派、基督的王国派①等。在长老会居支配地位的情况下，这次革命同时唤起了许多狂热教徒、哲学家和自由思想家来反对长老会派。

从此以后，全部问题面目一新，社会的动乱改变了它的性质。势力一向强大、素来受人尊敬的传统，过去曾经指导并限制政治改革家及宗教改革家的观点；对于政治改革家而言，这些传统就是古代英格兰的法律，至少是他们所设想的古代法律；对于宗教改革家而言，这些传统就是教会的组织方式，有如实行于苏格兰、荷兰和日内瓦的一样。这些古代制度既是一种典范又是一种约束。无论他们的事业是多么冒险，双方都不曾让步于空泛的愿望，也不曾让步于无限的要求。他们的计划并不是一切革新；他们的希望也并不是出于猜度。如果说他们在行动的趋向上有误解的话，他们至少是能够指出行动的目标的，而他们的劲敌却没有一定的目标来作指导，又没有历史的或法律的传统来限制他们的思想。他们自信有力量，以为自己有高尚的理想、神圣的品格和大无畏精神而自豪。他们赋予革命以决定的权利，以管理一切事物的权利，且以革命作为他们的唯一指导。在革命指导下，哲学家们不惜任何代价追求真理，狂热的教徒不惜任何代价寻求上帝，自由思想家不惜任何代价追求成功。于是调动制度、法律、习惯、事件等等，按照人的理性或人的意志来控制革命。一切都变作新的联合的项目，变作有学问的创造。

① 基督的王国一词出自《圣经·旧约》，意即“上帝的国必存到永远”。基督的王国派是狂热的盼望基督第二次降临的基督教徒。——译者

在这样的大胆的事业里头，一切都是合法的，不管是根据于对一个原则的信仰，或出于一种宗教的狂热，或以需要的名义行事。长老会派现在在教会里头严禁君主制与贵族制，那么为什么在国家体制里还保留君主制与贵族制呢？政治改革家们曾透露出他们的意见说，到了山穷水尽的时候，如果国王或贵族坚决地拒绝同意一个于民有利的议决案，众议员们就应该运用其自身的权威，强行通过它。众议员们既有这样的意向，那么为什么不明明白白地公开地说出来呢？为什么一定要等到事机紧迫以及抗拒为法律所许的时候，才请出民权来，其实早就应该以民权为合法的权力，且应该作为政权本身的基础了。国人摆脱天主教教士们的束缚和主教制教士们的束缚之后，国家难保不会有受长老会教士箝制的危险。这对教士们究竟有什么好处呢？教士们依靠什么权利才可以形成一个永久性的、阔绰的、独立的集团？他们依靠什么才可以有权要求地方官相助？如今试从他们手中收回全部司法之权，甚至收回贬逐教徒出教之权，只给他们留下可以影响人的劝导、讲经、教训、祈祷的职能，那么所有一切滥用宗教权威，所有令宗教与政治格格不入的困难，当然会立刻停止。再有一点，关于信仰等问题的合法权力，本来是属于信徒而不属于教士；选择及委派牧师的权利，本来是属于信徒们的；牧师们并无互相选派之权，选定之后亦无权迫使信徒们承认。不独这样，一个基督信徒本来就是一个牧师，就是他自己的牧师，就是他家庭的牧师，就是所有被他的语言所感动的人的牧师，这些人会因此而承认他是受感于天的，愿意和他一同祈祷上帝。上帝有权喜欢赐谁的福就向谁赐福，喜欢怎样赐，就怎样赐，有谁敢同上帝争呀？无论是讲经抑或是斗争，唯有上帝才能选择并赐封他的圣徒，等到上帝已经选定了，他就将他的事业付托与他们，而且单向他们启示应该用什么方法才能使上帝的事业得到胜利。自由思想家们听了这番话大喝其彩。对于他们来说，不管用什么方法，亦不管出于什么动机，都要实行革命。

于是独立派兴起了，他们比长老会派的人数少得多，在英国土地上的根基也没有长老会那么深固，但他们却已有了蒸蒸日上的势头，这都是从一种系统的和具体的事业目标来的，是由于在任何时候都不隐瞒自己的主张，也由于它胆敢毫不退缩地承担一切后果。英格兰此时正处于一个光荣的而又令人畏惧的危机之中，在此时际，人们忘记了自己的脆弱而只记得自己的尊严；既有只服从纯粹真理而不服从其他的雄心壮志，又有认定只有自己的意见才有权代表真理的那种不可理喻的自豪感。无论是政客抑或是信奉异派的信徒，亦无论是长老会派抑或是独立派，没有一派敢于认为本派用不着表明自己是有权利的，也没有一派敢于承认自己没有能力证明自己是有权利的。长老会派却经受不起这样的考验，因为他们的智慧是建立在传统和法律的权威的基础上的，而不是根据于原则的，因此他们不善于用专靠讲原则讲道理的方法来驳倒他们的劲敌的论据。只有独立派一家端出一条简单的主义（或原则）来，这个主义的形式是严格的，这个主义认可了他们的全部行动，足供他们在所处地位中的全部需要；它也使有毅力的人不致陷入自相矛盾，并使诚实的人不致假冒为善。只有他们一派开始发出一些强有力的号召，无论听者懂与不懂，它们都以最崇高的希望的名义，在人们心中唤起了昂扬的热情。这些号召是：权利平等，公道地分配社会财富，取消全部弊端。在他们的政治体制与宗教体制之间并无矛盾，在一般成员与领袖之间又没有秘密斗争，既无排他性的信条，又无严格的考验使人们难以加入该派。他们与他们的教派一样（他们也因这个教派而得名），以信教自由为一条基本大法，由于他们所建议的改革是那么规模巨大，他们的计划是那么广泛而尚待确定，就容许许多目的歧异的人投到他们的旗帜下来：律师们加入他们的团体，希望从他们的对手即教士们手中夺去全部司法权及管辖权；酷爱自由的立法家正在考虑在他们的帮助下制成一部新的、明晰的、简单的立法计划，以便从律师们手中夺去他们的巨大利润和过大的权力。哈林顿可以梦想在他们之中有一群圣人；西德尼可以梦想斯巴达的自由或罗马的自由，利尔伯恩可以梦想古代萨克森法律的恢复；哈利森可以梦想基督再来到世上，甚至那不讲原则的亨利·马丁和彼得·温特沃斯，也由于考虑到他们的大胆而受到人们的容忍；无论是共和派或是阶级平等派，无论是推理派或是理想派，无论是信仰狂徒或是有大志的人，都在兼收并容之列，并把这些人的愤怒，这些人的学说，这些人的想入非非的幻梦，这些人的阴谋诡计，通通积聚起来变成一个集体；只要同对保王党和长老会派怀有深仇大恨的各群人物能抱着同样的热切心情，一齐冲向那情况不明的未来，这就足够了。

尽管埃塞克斯和他的朋友在战场上和在威斯敏斯特的大厅上打了胜仗，但却不能平息更不能长时期地压制这些内部斗争，这在牛津或伦敦早已成为众所周知的事了。所有明智的人，无论是议会派抑或是保王党，都利用党争做他们联合的基础。国王从各方面得到关于这方面的消息，左右也力劝他利用这些分歧。无论是宫内大臣抑或是内阁大臣，无论是阴谋家抑或是真诚的朋友，各有各的私人情报来源，各有各的建议或办法。有人劝告应该不间断地把仗打下去，认为互相冲突的各派不久必定会只顾私斗，不顾公敌；也有人反对这个主意，他们劝国王不如叫在牛津躲避的贵族，特别是霍兰伯爵及贝德福德伯爵，出来调停，应该同埃塞克斯和他那一派谈判条件，因为他们那一派事实上从来没有放弃谈和。甚至有人提议，莫如试探一下先同独立派的领袖们谈判条件，因为同他们谈和，能够得到较好条件。洛夫莱斯勋爵已得到国王的许可，同哈里·文爵士很亲密地通消息，而他根本不知道哈里·文却是奉了他自己一派的训令来摸宫廷的底的。但是国王并未采用这些建议。事实上，那些背离了议会的贵族，即使求见牛津要人一面，也要费很大气力。这些要人一听见贵族来到，就大声表示对他们的愤怒。内阁郑重开会，详细地讨论应该怎样接待他们，虽然海德提过较为谨慎的办法（他新近奉派为财政大臣）。查理一面允许接见他们，但却决定要冷冷地相待。霍兰伯爵是一个最利落最精明的廷臣，他在杰明的帮助下，设法重得王后的欢心，却无效果。他用尽他的巧妙手段要恢复从前与国王亲密的地位，有时他装作和国王附耳低声说话，有时借词引国王到窗口说话，以便有机会示人以他能够同君主说私房话，但也是枉然。在纽伯里之役作战的时候，尽管他曾经自告奋勇，亲临前线，勇敢打仗，以他的血作誓言，作为重新效忠于国王的证据，但是，傲慢而沉默的国王却丝毫不为所动。宫廷对霍兰伯爵也是啧有烦言。这两个来牛津躲避的伯爵，看到宫廷执意不肯要他们效劳，现在唯有考虑怎样以最好方式脱离这种难堪的处境了。向国王建议努力打仗当然更为动听，但也无大结果。围攻格洛斯特的失败使得牛津陷入萎靡不振的无政府状态和公然结党营私；彼此以这次的致命失败互相责难，内阁对于陆军的无纪律颇有微词，陆军却很无礼地责骂内阁；鲁珀特亲王虽然在打仗时可以堂而皇之地不听除国王外任何人的号令，却很妒忌统帅；统帅与重要的贵族也口出怨言，大叫大喊地反对鲁珀特亲王的独立行事与下贱粗鄙。国王很尊重自己亲人的尊荣，因此也尊重他的外甥鲁珀特亲王，他下不了决心去责备自己的骨肉，而优待一个区区臣下；他宁肯这样荒谬可笑地维持王族体面，而不惜牺牲掉他的最有用的朋友们的权利甚至效劳。只有海德一个人曾经直率地尝试改正他的国王的错误，有时也有成功，但是海德在宫廷毕竟是一个新进，他并无职守以外的名望和权力，还不时需要国王助他一臂之力以抵制王后的脾气，或抵制有妒忌心的廷臣们的阴谋。他尚能维持作为一个有势力的枢密顾问官及一个明智之士的声誉，但并不处于任何真正的优越地位，亦不能获得任何重要的结果。简单地说吧，牛津与伦敦，同样地存在内部不和，但牛津的不和更能产生致命伤，因为在伦敦的不和推动事态的往前进展，而牛津的不和则反使事态更进一步陷入瘫痪。查理就是在这种一切都滞碍难行的情况下，在他内心深处厌倦他自己的那一班人马，如同他厌倦他自己的人民一样的时候，他才得知议会与苏格兰已结成新联盟，这样就又有一个王国准备同他打仗了。他于是命令汉密尔顿公爵(他重新得到国王的信任）做驻扎苏格兰京都爱丁堡的委员，准备不惜任何代价，都要阻止这两者的联盟。据说公爵奉命向苏格兰建议，将来内廷的官职，将以三分之一派给苏格兰人，从前原属于苏格兰的诺森伯兰、威斯特摩兰及坎伯兰各郡又交给苏格兰，国王答应定居于纽卡斯尔，而威尔斯亲王及其王廷则驻在苏格兰。即使国王真的答应过这几条，那也显然不是出于真心，而且显然也是办不到的。即使苏格兰议会倾向于不把它当做国王的欺骗手段，新近出的一桩事件也使这样一种欺骗成为根本不可能。安特里姆伯爵新近在爱尔兰被驻扎在北爱尔兰的苏格兰军队拘捕（那时他刚从船上登岸之后不过几个小时），在他身上搜出一个计划的几项证据。这个计划是他和蒙特罗斯二人同王后住在约克时所定的，预定要装运很多爱尔兰天主教徒进入苏格兰，又在北方召募高原的人，这就能够很有力地分了敌人的兵力，以利于国王。这个计划显然即将实行，因为蒙特罗斯是在围攻格洛斯特的时候回到国王这里的，而安特里姆则是刚从牛津来此。国王这个时候与他上一次前往苏格兰一样，正在计划最黑暗的计谋，以反对他的人民，同时，他正在对人民提出最动听的建议。在苏格兰京都的议会同在伦敦威斯敏斯特的议会订好了条约，并将这些详情通报伦敦。

这时它又将所打听到的一件更重要的事的详情告知议会。安特里姆伯爵的文件，显然暴露了国王同爱尔兰叛党保持经常通信，揭露他有好几次接受他们的建议以及他们的贡献。他甚至正在同叛党订立停战条款，他希望从这样的安排中，在下次交战中会得到最有利的结果。下列情况是完全真实的：当查理同英格兰对话的时候，总是对爱尔兰痛加咒骂，但他早已和爱尔兰谈判了很久的时间。叛乱所点燃的战火，已经在这个不幸的地方接连发生，但是没有达到目的。士兵共有一万名或一万二千名，饷既不厚，也很少有轮休的机会，平乱是大大不够的，但是却够阻止人民得到解放。1642 年 2 月，在内战未起之前，议会期望付出一番大力平乱，于是借了一笔款项以供一场决定性的征伐之用。至于叛党的财产，反正早晚是要充公的，最后免不了要变作国王的财产，于是用预先征收的办法，依照一定比例以便偿还借款。果然凑成了一大笔款，并送若干赠款给爱尔兰，不料内战爆发，议会自顾不暇，极少想到爱尔兰。即使想到，也不积极，更无成果，只能在该地的基督教徒闹得厉害的时候，对他们的怨言说几句安抚的话，而最要紧的还是要爱尔兰晓得，所有一切祸害都要国王负责。查理对于爱尔兰人民的利益很少注意，亦很少为爱尔兰的基督教徒作出牺牲。他责备议会不该动用一部分为安抚爱尔兰人民而抽收的款项，但同时他却截留解往爱尔兰的粮食，又从都柏林的军火库里头取走了爱尔兰本身所急需的枪炮及子弹。但是爱尔兰的重要基督教徒是贵族，都亲附主教制及王室，陆军的军官们中有很多人是保王党，是议会急于驱逐的，他们的将军奥蒙德伯爵，有钱有勇，慷慨大方，又是人民所爱戴的。他打胜叛党两次，但将胜利完全归功于国王。爱尔兰的议会党衰落得很快；亲附议会党的地方官全被保王党换了，议会曾派两个下议员前往爱尔兰当委员，要恢复已失的势力；可是奥蒙德不许他们入市政会。到了第四个月底，他觉得势力充足了，竟逼这两个议员回英国（2 月）。从这个时候起，所有军政民政的大权都集中在国王手中。现在国王已摆脱了麻烦的却是无效的监察，就不复迟疑不决了，他就放手进行他的意向及他的困难促使他要进行的计谋。王后本已按期同爱尔兰的天主教徒通信，对此查理无疑是知晓的。现在，爱尔兰的叛乱不像它初起的时候那样，仅仅表现出一群野蛮的暴民的狂怒的迸发和可怕的过火行动了。自从 1642 年 11 月 14 日以来，在基尔肯尼设立了一个操统治大权的二十四人的议会，审慎地井井有条地管理乱党，对国王已不止一次地表示服从与亲密，力劝他不要再与他的只愿效力于他的忠诚人民为难，以使他的仇敌快意。这个时候，查理还不认为他自己已处于很危险的境地，亦不能完全置和缓英格兰舆论的需要于不顾，所以尚不能公开同爱尔兰叛党联盟，但是他认为，他至少可以向爱尔兰表示一些好意，把用他的名义同爱尔兰打仗的军队撤回英国，转用来攻打更恶劣以及更可怕的反叛。奥蒙德奉命按照这个意思同基尔肯尼的议会进行磋商，与此同时，为了讲出一个理由，或者至少提供有个借口，于是不谈别的而只谈基督教的事业及其捍卫者在爱尔兰所处的困境（事实上也不假）。军队写了一篇长而悱恻动人的抗议，向都柏林的大堡陈诉，历数军人的疾苦，宣布他们决心不愿再当军人，因为他们已无法克尽厥职。同时将这样的备忘录送交牛津与伦敦，要国王及议会都晓得他们的痛苦。谈判正在进行；当安特里姆被逮捕的时候，正要达成协议。快到 9 月底的时候，也就是议会在威斯敏斯特郑重地接受它与苏格兰新订立的条约的几天以前，英格兰得知国王刚刚同爱尔兰叛党订立了停战一年的条约，调回前往平乱的英吉利军队，还得知不久就有十个团的部队回英，五个团将在切斯特登岸，五个团将在布利斯托尔登岸。

各方面一片喧哗，爱尔兰人成了英国人蔑视、仇恨和恐怖的对象。甚至在牛津城里，保王党也显然心怀不满，有几个军官离开纽卡斯尔勋爵的军队，向议会投降了。霍兰勋爵回到伦敦，他说天主教徒在牛津的确大有势力，说他的良心不容许他再在那里逗留下去。贝德福德勋爵、克莱尔勋爵、佩吉特勋爵和爱德华·迪林爵士，还有其他几个绅士，全学他的榜样，用同样的借口掩饰他们的三心二意，或他们的胆小怕事。议会却是十分欢迎后悔回头的人们归来。国王的行为变成大家各式各样咒骂和挖苦的对象，他们追忆他最近刚刚郑重发布的誓言，又追忆他提出答复时的盛气凌人的腔调，那时已有人抱怨宫廷与叛党私通消息了。此刻人人都自以为有功，人人以为自己是头一个机敏地窥破国王秘密举动的人，人人对于国王居然自认为有本事能愚弄他的人民，且妄想这样的彻底背信弃义会得到成功，而感觉无比的气愤。人民得知在调回的军队里头杂有为数可观的爱尔兰的天主教徒，又得知军队里头居然有许多女人身穿野蛮的奇装异服，手执长刀，就更加愤怒不止。国王对于被屠杀的爱尔兰基督教徒，不独不替他们报仇雪恨，反而收留那杀害英格兰基督教徒的万恶凶手在他的军队服务。有许多较为优秀的人士，本来不会染上群众的感情用事的偏见的，从此以后也深深恨上国王，有的是因为国王言行不一，有时是因为他宠待声名狼藉的天主教徒，向来尊敬国王的人，现在提起他来常常用起侮辱性言词。

查理很快就晓得这种情形，并且知道议会在背后煽风点火。查理认为无论何人，居然敢不以他的言词而以他的行动来判断他的动机，这简直是侮辱。他在盛怒之下打发人去请海德来，他说，他认为在他的全部宣言中，他曾提到过议员们是议会的一部分，这未免给威斯敏斯特的反叛者太多的面子了！因为他说他们是议会的一部分，那么，只要人们认为自己是这样的，他们在最初奉命召集的地方就应有更多的权力，多过于在别处召集的其他议员们。国王又说，许可他们继续存在的法令，从一开头就是无效的，因为一个国王无权取消自己实行解散议会的权力。无论如何，他们既已通过自己的反叛放弃了所有任何权利，因此他想命人写一篇通告，宣告他们在实际上已被解散，从而明文禁止他们集会，并严禁任何人承认他们是议会，或把他们当做议会来服从。海德听了国王的这番话，大为惊诧，又很着急，因为据他看来，只要稍微提出这种措施的设想，就是一种疯狂行为。他答道：“我晓得陛下已经周详地考虑了这个论点，我自己却未曾考虑过这个。它是需要很认真考虑的。我个人无法想象，由于陛下禁止他们再在威斯敏斯特开会，就可以阻止任何人前往那里去。反之，陛下的严令也许会教许多从前已经脱离他们的人再回去。也许议论中的法案归于无效，至少我希望它归于无效，但是这要等议会去宣布它才行，不然的话，无论什么法官，且不说无论什么私人，都绝不会宣布法案无效。最初的有力指责是说，他们收买人心，使人民反对陛下，这个指责又说陛下立意解散这个议会，立意取消这个议会所通过的全部其他法令，而其中有许多在人民来说是宝贵的。既然陛下常常否认有这样的意图，现在这样的一个宣言就足以证明现在挑起的全部妒忌与害怕是有道理的，这个宣言也使陛下的许多忠良人民感到心烦意乱。我恳求陛下在实行这个计划以前先要郑重思考。”

内阁的大臣们一听到海德对国王如此坦白陈词，几乎都表示同意海德意见。查理虽然骄傲，但一同这些大臣在一起，就摇摆、胆怯起来了。有人表示反对，他就不知如何是好了。即使在他同自己的枢密顾问官们会议的时候，在他不知道怎样回答，或不晓得怎样结束使他不愉快的讨论的时候，他多半就会让步。他迟疑了几天之后（只是外表上的迟疑，其实并不是真正迟疑），就放弃了这个计策。但是此时看来有必要采取一些决定性措施，即使仅仅为了使保王党保持警惕，并不让议会在此和平间歇期间得到便宜，赢得不耐烦的人民的注意，也有必要采取这些措施。有人提议说，既然议会的名义具有如此的号召人民的影响，那么何不在现在召集那些曾经退出威斯敏斯特的两院的议员，在牛津开会，用这个由于国王出席已毫无疑问地成为合法而正式的议会，来反对他们那个叛逆的及破裂的议会？查理不欢喜这个建议，因为一个议会，无论它怎样忠君，终是可疑的，不合他的口味的。既有议会，他就得听议会的建议，受它的势力所左右，也许要屈尊相就，从其所欲，与敌谈和，他认为这就有损于君王的尊荣了。王后反对得更坚决，她认为一个英吉利议会，无论怎样热心帮助国王，都断不能不反对天主教徒和她所宠待的人。但是，一旦大家知道有这个提议，就难以拒绝它了。保王党极其欢迎它，甚至内阁亦强调指出其种种优点。新议会将议决以款项支持国王，当大家看到有多少议员同威斯敏斯特议会脱离关系时，威斯敏斯特的议会将会丧失名誉。所以查理虽然心存不满，也只好同意了；而当日舆论看法的趋势是，若是打算解散一个桀骜不驯的议会，其所得的唯一效果不过是成立第二个议会。

这个措施起初在伦敦引起一番焦虑。伦敦知道保王党那时要在伦敦再作尝试，又听说保王党企图同市民们直接谈判和约，不要议会干预其事。又听说这个和约的基础已经商量好了，其中有一条就是承认在伦敦办成的借款。议会在付息方面每每脱期，而国王则愿保证到期清偿。又有人揭露在伦敦出现的另一个阴谋，据说是温和派与几个无名的独立派搞的，要阻止苏格兰人进入英格兰，而且准备以任何代价摆脱长老会党的束缚。最后，下议员们哀悼他们丧失了一个最老的、也许是最有用的领袖：皮姆刚刚于 12 月 8 日逝世了——他病了几天就逝世了。他的才华虽不及汉普登，但是在私下的评论及公开的辩论中，很有功于议会党，其重要性并不亚于汉普登。他为人坚决，耐烦，能干，他善于攻击对方，善于布置辩论或对策，他善于鼓动人民的义愤，又善于取得摇摆不定的重要贵族们对他的事业的决心支持。他几乎是各个委员会的不辞劳苦的成员。本党的决议案几乎全出于他的手笔，凡是他人所视为畏途因而规避的任务，他都慨然担任。一句话，他不怕辛苦，不怕麻烦，不要钱，不求名，他的雄心壮志完全注在他的党的成功上。他在得病之前不久，刊行过一本书为他自己的行为辩护，它是专门对主张秩序与和平的人立言的，就好像他对于已往有所遗憾，对于将来会发生的事又隐约地怕人责怪他似的。他死了，与汉普登之死相同，一方面既免得他受作出违心行动的痛苦，一方面又免得受违反过去一贯的生活的痛苦。现时正在要变改良为革命的人物，如克伦威尔、文、哈斯利格等人，不仅没有心怀恶意地指出这位维新老将接近晚年时略有迟疑的表现，他们还带头向他表示悼念和崇敬。皮姆的遗体停放了几天，以便成群结队的人前来瞻仰，也是为了要反对保王党传播说他死于特别病症的谣言。有一个委员会奉命调查他的身后遗产情况，且在威斯敏斯特大教堂为他建碑纪念。全体议员送殡，过了几天，全体议员承担代他偿还一万镑的债务，据说是他因国事而积欠下来的。

当下议员们通过上文所说的几个提案的时候，市政公会派遣一个代表团来上议院，感谢议会出力，感谢勋爵将军的勇敢，在议会面前重新宣誓，表示对于议会的神圣主张死生以赴，且请全体议员赴大宴会，以示团结（这是 1644 年 1 月 13 日事）。

议会又恢复了信心。在牛津议会预定开会的那一天（1 月 22 日），威斯敏斯特的议会点了名，上议院只有二十二个贵族到会，下议院却有二百八十人出席。在缺席的人之中，有一百人是奉议会之命办理公务的。两院决议，不容许对他们的权利加以怀疑，并决议，他们将以轻藐的态度拒绝和反对与他们的对手们通信。机会不久就来了。不到一个星期，埃塞克斯转交给上议院一件不曾拆封的文件，是保王党军队的统帅福思伯爵刚才送给他的。于是指派一个委员会来审查信的内容，委员会的报告迅速而简单，报告说这件公文并没有向议会说什么话，贵族院的将军只好送回原寄处，埃塞克斯立刻听命（2月1日）。

原来这封信是专门写给埃塞克斯本人看的。有四十五个贵族代表及一百十八个下议员聚集在牛津；信件告诉他，他们已经就任，还告诉他，他们愿意讲和，而国王也有意赞成，力劝他运用他的影响“促使信任他的议员们也趋向于议和”。这种说法系指在威斯敏斯特的上下两院，而查理已坚决不再承认他们是议会了。

到了2月18日，又有一封信送到埃塞克斯。这是福思伯爵请发通行护照给两个人，国王想派遣这两个人前来伦敦，奉命谈和。埃塞克斯答复道：“伯爵，等到你有信来要求一张通行护照给你前次信内所提的两个人，说明他们是奉国王之命前来伦敦议会的，我将很高兴地表示我乐于促进一切忠诚的人们馨香祷求的那种欢乐的实现，那就是，在国王与他的忠诚的和只此一家的议会之间的一种真正的谅解。”

查理发现他的对手如此地丝毫不肯通融，反而私自庆幸起来，认为如此他这边的人就可寄一切希望于一战。但是在牛津的议会究竟与国王的脾性不同，这个议会充分明了自己的弱点所在，对于自己地位的合法性大有怀疑，所以他们不敢自称为议会——这个议会且私下懊恼国王不准称威斯敏斯特的两院为议会，从而在议和的路上设置这样的障碍。这个议会力劝国王，请他无论如何在和解的路上再前走一步，求他多少退让一点，以平另外一方的气。查理答应写信给两院，提议谈判。他信上的称谓是:“致在威斯敏斯特集会的贵族们和下议员们。”但是在信里，查理说到“在牛津聚集的议会的贵族们及下议员们”，作为与他们平等的一方(3月30日)。埃塞克斯派往伦敦的一个号手不久就带议会的回信来了。这封信说道:“当我们考虑陛下信内所用的字眼的时候，我们对于和平的获得，感到比任何过去时代都更悲观失望，因为你的词句使现在聚集在牛津的人（他们做了违反他们职责的事，背弃了陛下的议会）置于和议会同等的地位。这个现存的议会，原是照着众所周知的基本法律而召集的，是照着陛下所批准的一条法令而得以继续存在的，现在陛下反而不许以议会的名称称呼他们。我们就不能不让陛下晓得，我们不能不克尽职责，因此我们决定以我们的生命财产，保卫并坚持这个议会的正当权利和全部权力。”

牛津的议会完全失去了重修旧好的希望，从那以后就认为自己这个团体尽管待在那里，却已无什么目的。但是他们继续开会，开到4月16日，刊布了几篇长而无聊的宣言，投票议决几种捐税与借款，对威斯敏斯特议会说了许多责难的话，通过了几条重重叠叠的议案，声明效忠国王。但是贯串这些决议的是它的忸怩，它的无所作为，以及它对于自身的弱点的惶惑不安。由于多少也要保全外观的面子，因此只好当着国王的面，有意地表现其保全法律秩序与和平的急切愿望。国王本来就害怕这许多策士们的监督，不久以后又发现他们不但讨厌而且是一无用处。他们自己也厌倦于死板的，既无目的又无结果的会议。在郑重宣布他将要继续按照他们的意见来约制自己的行动以后，查理于4月16日宣布议会暂时休会。议员们只好散了，议会的大门还没有关闭，查理就对王后自我称庆，说他终于摆脱了这个杂种议会，说它不过是作出胆怯的、煽动性的动议的巢穴。[①]

战事发生在即，而战幕揭开之前已有一些不祥之兆。尽管在冬天的时候，双方的主力军队还没有什么行动，在国内其他部分却已打了几仗，战况颇为有利。从爱尔兰撤回来的军队在西北地区打了六个星期胜仗之后，却被费尔法克斯在柴郡的南特威治城打得几乎溃不成军（1 月 25 日）。[②] 在北面，有利文伯爵所统领的苏格兰军开始向英格兰进军（1 月 19 日）；纽卡斯尔勋爵上前迎战，但是当他不在那里的时候，费尔法克斯在塞尔比（4 月 11 日）打败了许多保王党。为了巩固约克要塞以免为敌军所破，纽卡斯尔自己就不能不在这里闭城坚守。东面则有曼彻斯特勋爵和克伦威尔练就的一支一万四千人的新军，几已准备就绪，无论议会要他们前往哪里就开往哪里。南方则有威廉·沃勒爵士在汉普郡的阿尔雷斯福尔德，出其不意地打胜了拉尔夫·霍普顿爵士（3 月 29 日）。鲁珀特亲王在诺丁汉郡及兰开夏打过几次胜仗，却补不过这重重的失败。保王军越来越无纪律，无秩序，诚实的士兵日益感到忧愁和厌憎，其余的人则肆行蹂躏，作为他们的有勇无德的报酬；国王愈来愈节制不了他的军官，军官也愈来愈管束不了他们的士兵。伦敦却与此相反，所有的措施都是很正常的，比过去任何期间都执行得好。有许多人说些不满的话，说议会办事不迅速，而且计议不能保密，议会有所决定，国王便立刻得到消息。于是以两王国委员会的名义，成立了一个委员会，其中有七个贵

① 他在致王后的信中如此说，信上日期是 1645 年 3 月 13 日。

② 3 月 22 日，他放弃纽瓦克之围，后来在 4 月间，夺取了兰开夏的帕普沃思、博尔顿和利物浦。

族，十四个下议员，四个苏格兰委员，管理战时两王国间的关系，与外国书信往来等事，几乎握有绝对的权力（2 月 16 日）。有许多家庭很是热心，每星期少吃一顿饭，省下钱来送与议会，于是通过一条法令，把这种乐捐改作强迫捐款，凡是伦敦及四郊居民都得照纳（3 月 26 日）。一向未曾征收过的国内消费税现在开始征收了，它们是葡萄酒税、苹果酒税、啤酒税、烟税及其他好几种货物的税（这是 1643 及 1644 年的事）。有一个委员会专管没收的财物，现在倍加严酷。初开战的时候，议会有五支军队，即苏格兰军、埃塞克斯所统率的军队及费尔法克斯所统率的军队，这都是公款所供给的。此外还有曼彻斯特所统率的，及沃勒所统率的，这是本地捐税所供给的，每星期在某某等郡抽收，遇有必要时，这几个郡还要募兵，这些军队共计有五万多人，全部归两王国的委员会指挥调度。

尽管牛津一片高傲的气派，但不久又表现出不安的景象。宫廷不复得到伦敦的准确消息，看见议会办事那样秘密就很惊慌，牛津所知道的不过是伦敦正在那里积极筹备战事，大权都集中于几个最有胆力的领袖手中。他们谈论着决胜的措施，一言以蔽之，他们的情况很不妙。突然间传播一个消息，说埃塞克斯与沃勒带兵前来围攻牛津。王后已有七个月的身孕，立刻声称她要走开。有几个顾问鼓足勇气指出了这样决定的不良效果，也是枉然。查理自己也说，他希望她改变她的决定，可是无效。她说她一想起关闭在一个围城之中就受不了。倘若不让她向西方躲避，住在一个离战场很远的地方（遇有危险她就可以坐船回法国），那么她就宁愿死。她一听到反对的建议，她就十分生气，又是哀求，又是痛哭，各方面后来只好依了她，择定埃克塞特做她的躲藏地点。

快到 4 月底，她就与丈夫分手，此后他就再也看不到她了。

使王后感到这样恐怖的消息是很有根据的。埃塞克斯与沃勒果真领兵来封锁牛津了。费尔法克斯、曼彻斯特及苏格兰人，约好从另一方面在约克城下会师，共同包围该城。保王党的这两个重镇，及两支保王党大军，国王和纽卡斯尔勋爵，于是同时受到议会的全部军队同时进攻，两王国的委员会最近所采纳的就是这个简单而大胆的计策。

快到 5 月底，牛津几乎整个被包围了。国王的军队原驻在附近好几处地方，现在很轻易地被敌人驱逐了，他们被迫后撤，有的退入镇内，其余退入一个有堡垒的地点，那个地方在市镇的北边，城墙之外。援兵不能及时到来，鲁珀特亲王正深入兰开夏内地，莫里斯亲王正在包围多塞特郡的莱姆港口，霍普顿勋爵在布里斯托尔，正在要从敌军手中夺取该地，敌军曾设法与城里几个重要居民通了消息。有八千名伦敦民团的生力军来援，使埃塞克斯能够完成封锁行动。国王的处境此时危险万分，因而有一个最忠诚的枢密顾问官劝国王向伯爵投降，查理大怒道："也许我有落到埃塞克斯伯爵手中的一天，但是那是我死了之后的事。"当下伦敦流行一个谣传，说国王不知道怎样逃走，就决计出其不意地回伦敦来，否则就是请埃塞克斯保护他。下议员们很是恐慌，与国王的愤怒程度相同。他们立刻写信给埃塞克斯说道："伯爵，我们这里得到报告，说国王会来伦敦，我们奉本院命令请你竭力找出这种谣言的根据；以后无论什么时候如若你获悉国王有来这里或到你军队的意图，你就必须告诉两院，若无议会的指示，你不得采取任何行动。"埃塞克斯晓得在这一番说话的字里行间，藏着不信任他的意思，他就答道："议长，国王回到伦敦的消息是怎样来的，我全不知道。我将尽力追查这个消息的根源，但是好像伦敦是最可能知情的地方，而我们军中这里却并无这样的消息。等到我一晓得国王果然有意要回到议会或军队中，我必定有报告，我不能想象真的有什么根据，但是即使有的话，我相信我也将是最后一个听见这种消息的人。”

议会和军队随后忽然得到一个很不相同、却是更可靠的但大出他们意外的消息，他们听说国王已离开他们，逃走了。6 月 3 日晚上 9 点钟，他撇下第二个儿子及身边扈从，带了威尔斯亲王离开牛津，穿过两个敌军营盘之间地带，同在市镇北等候着的一支轻兵会合，迅速跑了，追不上了。

大家非常惊愕，显然需要立刻作出决策。现在再围攻牛津，就没有目的了。两军之间也没有需要共同努力的事了。国王既得自由，马上就变成很可怕的人物了，最要紧的是必须阻止他同鲁珀特亲王联合在一起。

埃塞克斯开了一个大型作战会议，提议既无大炮及辎重拖累的沃勒，应该追赶查理，他本人则统军西行，以解莱姆之围，平息这一片地方，使它处于议会的权力之下。沃勒反对这个计划，他说如果两军需要分开行事，两王国的委员会所分配给两军的任务并不是以此为目标。统兵西行，原是他的责任。但作战会议表示同意元帅，埃塞克斯很高傲地要求他服从。沃勒服从了命令，开始出发，但却先对委员会表示了满腹牢骚，说伯爵太藐视委员会的指令了。

在盛怒之下，委员会立刻报告议会，议员们经过辩论之后，就下达命令给埃塞克斯，叫他掉头去追赶国王，而让沃勒独向西行，因为当初本应这样办的。

伯爵参加作战，心情本来就不愉快。尽管他的仇敌在短时期中曾被他们的危险处境及他的胜利弄得十分胆怯，但是到了冬天，他们又重新开始怀疑他，攻击他，给他造出千百件的麻烦。当他快要出发的时候，有一份群众请愿书要求改组他的军队，而下院收受请愿书时，并未表示什么不快。沃勒的军队经常得到更好的供应，军饷也较能按期发给。曼彻斯特勋爵正在成立一支新军，显然也是为了反对他的，且准备在必要时，代替他统率军队。他在伦敦及在他自己阵营的朋友都很气愤，很怪那班不懂军事的人，居然胆敢从威斯敏斯特大厅指挥军事，并且向将军们发号施令，教他们怎样动作。他回答委员会道："你们的命令，既违犯军纪，又于理不通。我若现在回去，就只会鼓励各处的敌军。你们的受到怀疑但是无辜的埃塞克斯呈复。"他又继续前进了。

大为惊奇的委员会停止争执了，而且压下他们的怒气。埃塞克斯的仇敌觉得自己的力量还不足，不能把他搞下台，而且现在还少他不得。他们暂时只好敷衍他，不过在给他的答复里头，说了几句责备的话，告诫他以后不要再用这样的语气。他奉命前进，而从前的命令却是要他放弃前进的。

从沃勒军中传来的消息与这样谨慎的步骤大有关系。沃勒是委员会所最喜欢的将领，他追赶国王毫无结果以后，现在轮到他受即将到来的危险的威胁了。查理得知议会两个将军已分开，并得知他只需对付其中之一，于是他暂停前进，写信嘱咐鲁珀特亲王立刻往援约克，他自己却勇敢地顺着由牛津逃来的路往回走，再度回到牛津，那是在他离开牛津十七天之后的事。现在国王自己统率军队，采取攻势。当时沃勒在伍斯特郡寻找国王。沃勒一听到国王这样的举动，就兼程回头，因为留下来把守通往伦敦大路的只有他一人了。他得到一些生力军以后，不久就以他惯有的自信前去赴战，或至少迎战。查理及其臣下，在经历许多危险而意外地得到成功后，自然就更热衷于同对方交火。6 月 29 日，两军战于白金汉的克罗卜雷迪桥，沃勒虽然抵抗得很出色，但到底还是打了败仗，其失败的规模甚至超出了胜利一方的估计。

查理走了好运，居然表现出他向来不曾表现过的勇敢和技巧。他从容不迫地应付沃勒，他决定向西方前进，倾注他所能调动的全部军力进击埃塞克斯。最近敌方两支军队围困了他许久，使他几成釜中之鱼，现在他想以这样的两下重击，摧毁这两支敌军。除此而外，埃塞克斯也兵临埃克塞特城下。王后住在城中，分娩不过数日，尚不知道她丈夫的大胜，她又将恐慌万状了。查理打胜仗后两日，又出发了，他首先需要与人民言归于好，却不是真想议和，因此就从伊弗夏姆给两院发去一信（日期是 1644 年 6 月 4 日)，他虽不以议会名义称呼他们，但要求和平之意溢于言表，再次请开和平谈判。

但是查理刚刚离开牛津，在他的求和信息尚未到达伦敦以前，议会的恐惧之心已消散了，形势改观了。他们并不认为沃勒的败仗有什么重要意义；议会刚刚得到消息，说议会的将军们在约克附近打了一个极漂亮的胜仗，约克献城即在旦夕，简而言之，在北方的保王党军已濒于完全消灭了。

事实上，7 月 2 日在马尔斯顿泽地，在晚上 7 时至 10 时之间，打了一个迄今未曾有过的决定胜负的一仗，带来了这些重大结果。三天前，鲁珀特亲王统领二万人向约克进发，当他快到的时候，议会的将军们曾经决计解围，希望至少也要做到阻止亲王送给养入城，不料鲁珀特挫败了他们的这些策略，不战而进入约克城。纽卡斯尔力劝他满足于这次胜利，纽卡斯尔说，敌人军中不和，苏格兰人与英吉利不和，独立派同长老会派不和，克伦威尔中将与克劳福德少将不和，他若一定要打，至少也要等三千援军到来才好打，援军不久就可到达。鲁珀特不肯听他的话，很无礼地答称，他接到国王的命令；于是他派军队追赶正在败退的敌军。他们不久就赶上敌军的后队。两方的军队都停下来，调回前哨，准备打仗。两军只相隔几道壕沟，相距都在步枪射程之内，寂然不动有两个小时之久，互相等待对方先动手。纽卡斯尔勋爵向亲王道："殿下分派我什么任务？"鲁珀特答道："我不准备在明天以前开仗，你先去休息吧。"纽卡斯尔走上马车，他几乎还未坐下，就有一排枪声，告诉他仗已打起来了，他立刻回到战场。他并不统率什么军队，只带领几个绅士（他们与他一样都生亲王的气），与他们同做志愿的战士。不过几分钟，这片洼地变作一片混乱，两军相遇，冲入彼此的行列，纷纷扰扰，乱成一团，议会党人与保王党人，骑兵与步兵，军官与军人，或独自一人，或几人成群，在战场上乱走，请命令，找寻自己的队伍。各方遇见敌人就拼打起来，完全无计划，无结果。最先是议会军队的右翼溃败，随后就是苏格兰骑兵被保王党一阵猛攻，也被击散了，费尔法克斯竭力聚拢他们，也是枉然，他们四面八方乱跑，喊道："我们真倒霉，我们打败了！"他们传播他们打败的消息，传播得如此之快，以致有一个人从纽瓦克送信息到牛津时，这个地方以为打了胜仗，仅在几小时前点燃篝火，庆贺传闻的胜利。但是保王党的军队从追敌回来时，很诧异地发现，他们刚才所占据的地方，现在已被得胜的敌人占了，在苏格兰马队仅在他们面前逃走的同时，右翼虽然是鲁珀特所统率的，也遭遇同样的失败命运。他们激烈战斗之后，就被克伦威尔和他的马队的坚韧不拔所败。曼彻斯特的步兵完成了对敌军的挫败。克伦威尔看见已打败亲王的马队，便很机巧地重新聚集他的士卒，立刻回到战场，确证已取得胜利之后，这才想到祝捷。迟疑了一会儿之后，两军又开战，到了10点钟，战场上没有留下一个保王党，只有三千个战死者及一千六百个俘虏。

鲁珀特和纽卡斯尔夜半再入约克，彼此未相见，也未交谈。他们一到就互换信息，亲王送信息给伯爵说道："我已经决定今早带着我的马队和剩下的步兵走了。"纽卡斯尔答道："我到海边去，从那里登船前往大陆。"两人都说到做到，纽卡斯尔果然在斯卡巴勒登船，鲁珀特前往切斯特带着他的残军走了。两个星期内，约克就投降了（7月16日）。

独立派十分高兴，充满了希望。这次光荣的大捷应该归功于他们的将军及战士。克伦威尔的才略决定了胜利，这是议会军第一次击散保王党的马队，打大胜仗的都是克伦威尔所统率的圣骑士军（saints of the cavaliers），他们都是小乡绅，在战场上他们和他们的将军得了"铁甲军"的外号。他们夺到鲁珀特亲王的大旗，就陈列在威斯敏斯特，以显示胜利。假使他们没有在一阵热烈情绪中把夺来的一百多面敌人的旗帜撕碎了装饰他们的盔甲的话，他们原可以多送些敌军的旗与议会的。埃塞克斯也确曾打过两次胜仗，但是好像是出于勉强，只是为了拯救议会免其受临头的大祸而不得不战的，并无其他效果；而克伦威尔的圣骑士军则处处求战，敢于胜利。在今日这样伟大的一天里，苏格兰人表示出这样的怯懦，从今以后，是不是仍旧假装他们是在受制于长老会派的虐待？还要再说和平是必要的吗？胜利与自由是唯一的需要；无论付出什么代价，都要争得胜利与自由，以便充分实现那种为人民造福的改革；这些改革往往被只顾私利的人以及畏缩不前的人置于险境，而上帝之手则常常挽救这些人。到处都听到这种话，到处都有独立派、自由思想派或狂热信仰者、市民、讲经师或军人大声疾呼地表示他们的激情与愿望，到处都听到克伦威尔的名字，他的话比所有的人都激烈得多，同时他又以最善于创造最深远的谋划著称。该党现时仍相信曼彻斯特勋爵，克伦威尔有一天对他说道："勋爵，你完全成为我们自己人了吧，不要再谈预备议和的事了，不要再谈同贵族们保持良好关系了，也不要再谈怕被议会拒绝了。我们与和谈及贵族有什么关系呀？你在不再称自己为曼彻斯特勋爵、而只称蒙塔古先生以前，你的事情是不会办得顺手的。只要你和诚实老百姓站在一起，你不久就会统领一支军队，这支军队将把法律带给国王及议会。"

克伦威尔虽然存了胆大无比的希望，自己却一点未料到他这一派人已是胜利在即；亦丝毫未料到多快就有一场大祸临到他所最怕的对头身上。

埃塞克斯被轻易得来的胜仗所鼓舞，丝毫没有觉察到后面的愈积愈大的危险，只管往西挺进，越进越深。他在三个星期内解了莱姆之围，攻下韦茅斯、巴恩斯塔普尔、蒂弗汤、汤顿，几乎用不着一战就打散了试图拦阻他的保王党军队。当他快到埃克塞特的时候，王后打发人去要通行护照，以便前往巴思或布里斯托尔，为的是产后需要调养，他答道："王后陛下若是喜欢的话，我不独送陛下护照，我还要自己亲送王后到伦敦，到了那里，你无论要什么好医师或调养品都有，至于陛下所想去的那一两个地方，我未得到议会命令，就不能从命。"王后害怕起来，就逃往法尔默思，由此登舟往法兰西（7 月 14 日）。埃塞克斯继续前进。他在还看得见埃克塞特的时候，就得到消息，说国王打败了沃勒，正迅速进军前来打他，国王在一路上收集他所能统领的军队。于是立刻开作战会议，决定究竟应该继续前进，在康沃尔筑沟据守，还是回师去寻找国王，与他开仗。埃塞克斯主张同国王一战，但是其中有几个军官如哈里·文爵士的朋友罗伯茨勋爵，原在康沃尔有很多的田产，租钱久已不付，他们原要借这次出兵收租，所以他们反对回师。他们说，康沃尔的人民久受保王党压制，大军一到，必定群起响应，埃塞克斯就会得到从国王手中夺回这一郡的光荣，这一郡一向是坚定地支持国王的。埃塞克斯果然听了他们的话，先打发人往伦敦请援，就走入康沃尔的山隘。可是人民并不曾起来响应他，军粮行将告竭，国王已经逼近他了，他再度写信给伦敦，说他所处的地位极其危险，必需要沃勒和他人出兵攻打国王的后方，以分国王的兵力，才可使他的军队脱险。两王国委员会对于这件不幸之事，像煞有介事地喧闹一番，仿佛是满腔热血地要救他，号召人民为他祈祷，又命沃勒和米德尔顿，甚至加上曼彻斯特（他带领他的一部分军队已经从北方回来了），往救埃塞克斯。现在轮到他们表示极端的热烈了，沃勒写信说道："只要给我钱，给我人，上帝可作见证，如果我未能更快地前进，那决不是我的过错；但愿恶名与鲜血，溅在在前进的路上设置障碍的人头上。若是找不到钱，那么我没钱也前进。"但他并没有前进。米德尔顿也说一样的话，并挥师前进，但遇到第一个障碍就停步不前了。曼彻斯特根本不曾分兵赴援，独立派的领袖如哈里·文、圣约翰、艾尔顿、克伦威尔等因为在马斯顿泽地打了大胜仗，就信心十足，很高兴地以击中要害的拦截，赢得他们的仇人的破灭。

他们都不曾想到，正在这个时候，处于极端困难中的埃塞克斯也许已将他们的命运掌握在他的手中。8月6日，国王有一封信送到他的大本营，讲了许多敬重的话，又给他许多希望，敦劝他给他的国家带来和平。送信来的就是伯爵的侄子比彻姆勋爵。他军中的几个上校好像对此信表示赞成。埃塞克斯说道："我不给答复"，"我只有一个劝告，我劝国王回到他的议会去。"查理不再强求他。他虽然在马斯顿打了败仗，也许并不十分愿意用这样的一个人居间调停，但是他的左右却有很多人愿意讲和。保王党到了这个时候颇有独立和调查的精神，国王的御名现在不复如从前那样在他们身上具有潜力了。当他们聚会的时候，许多军官们很自由地讨论公共事务与国王的行为，他们相信埃塞克斯之所以拒绝议和，是因为他认为国王的诺言好像是缺乏保证。于是他们决定作出他们的保证，请他与他们会面。在力持这个计划的人当中，为首的是威尔莫特勋爵与珀西勋爵；一个是骑兵将领，一个是炮兵长官；一个是大胆的有识之士，却性好饮酒，军队因为他的乐呵呵的一片和气，很爱戴他；一个是冷淡而倨傲，但说话却很勇敢，席上常有美酒佳肴，有许多军官们常与他分享。查理听见他们的举动，以及用他们的名义所传阅的那封信，就大发脾气。虽然有人不满他们用这样的方法，却喜欢他们的用意。国王不敢禁止，便决定赞成此事，这封信变作正式文件，经他的允许，由莫理斯王子及统帅布伦特福伯爵及最初的那两个发起人的签字。一个号手送书到敌营（8月9日的事）。埃塞克斯答道："诸位勋爵，来函开端便表明你们致函前来是奉什么权威之命，可是我是议会所派，而议会却不曾授权我议和，我若同你们议和，就是违令。埃塞克斯复。"这样干脆利落的拒绝议和，颇令保王党难堪，于是放弃了所有的议和的念头，下令解除威尔莫特和珀西的兵权，双方又继续敌对下去。

埃塞克斯不久就发现他自己陷入极其危险的境地，他每天打仗，越打越深入危境，他的士兵已经厌战，队伍中酝酿许多阴谋，国王引兵围地，越围越近，在四面八方筑起了台垒，伯爵的马队已经没有多少地方可以取得粮草了，他同海上也几乎继绝了自由交通，而他唯有依靠海道才得到给养。总之，到了 8 月底，他被团团围困，保王党已能在附近高地上俯瞰他军中的全部行动。他处于这样极其困难的地位，只好命威廉 · 鲍尔弗爵士所统领的骑兵，尽一切可能突围而出，自己则统领步兵向福韦海口走去。骑兵利用夜深多雾，居然在两师保王党军队中间穿过。步兵在狭窄泥泞的路上艰难行进，后有国王率领的全部军队的追赶，只好一边走一边扔下大炮行李，后来就完全失去安全的希望了。此时众人都表示愿意投降。埃塞克斯灰心了，迷惘了，又急于要避免那样做的奇耻大辱，于是并不同任何人商量，只带着两个军官，突然离营，到了海边，登舟向普利茅斯行驶。他将他的军队交与斯基庞统领。

军中得知他已走了，斯基庞就召开一个军事会议，他说：“诸位，你们已经晓得我们的将军和几个重要军官撇开我们不管就走了，我们的骑兵也走了，现在只剩下我们去抵御敌军。我现在向你们提议，我们的勇敢并不亚于骑兵，同一个上帝会一样地帮助我们，我们还可以试试我们的运气，努力从敌军中突围，如同骑兵一样。我认为与其含羞忍辱而生，不如抱着廉耻与忠信而死。”可惜斯基庞未能把自己的英勇传给军事会议。有许多军官，原是忠勇军人，却是长老会派，如同埃塞克斯那样温和，也像埃塞克斯那样的忧愁，且垂头丧气。国王劝他投降，给他意想不到的优厚条件，国王只要他们缴出枪炮、弹药及军械，全数的军官战士们将可保留他们的自由，且保护他们平安出走，到最近的议会军所在地去。9 月 1 日，议会军如约投降，议会军受国王的骑兵保护，没有将军，没有武器，走过不久以前他们曾以征服者姿态所走过的地方。

这期间，埃塞克斯在普利茅斯登岸，写报告把他的败绩告诉议会，他写道："本党所受的最大打击，莫过于这一次了。我一心想回来接受审判，这样的大败是决不可加以隐瞒的。"一星期后，他奉到伦敦的回文道："伯爵，两王国委员会把你从普利茅斯的来信告诉两院，今奉两院命令让你得知，他们完全了解这次偶然事件的不幸，也认识到，天意既然如此，只好忍受，所以他们还是一样地敬爱你，还是一样地信任你忠于所事，为国宣劳，不减于从前。议会决计竭尽力量补救这次的损失，召集军队仍交你统领。上帝赐福，望你恢复到一种比前更好的情况，因此他们已经写信给曼彻斯特勋爵，命他统带全部骑兵步兵，即速向多尔切斯特进发。威廉·沃特爵士亦奉命赶快前往多尔切斯特，也教他统领全数骑兵步兵前往。两院已经派人押解六千步兵军械，五百支手枪，六千套军衣等等前往普利茅斯交与伯爵阁下，以鼓励你的军队，且使他们有军械使用。两院深信你在那些地方，招齐军士人们成为一军，加以部署，将于公家有利。"

埃塞克斯奉到公文，不胜诧异之至。他本预料必定会受弹劾，至少也要受严厉斥责。但是由于新近得到证实的他的忠诚，由于这次灾祸规模的巨大，又由于必须给点颜色给敌人看看，因此就导致那些一向犹豫不决的人在这种情况下对他的下属讲求团结一致，而他的对手们也决计不攻击他了。埃塞克斯已经被他自己的不幸与过失弄得很狼狈，因此他的对手们不再当他是个危险人物。他们深知他，他们预料他不久就会辞职归田，以免他的尊严受到这样的激烈震撼。直到这时，他们依然体面地对待他，他们自己也就得到了体面。他们避免追查埃塞克斯打败仗的真正原因，因为如果那样做，说不定于他们自己也有所不便。还有一层，主和的人现在不能不重新努力主战。独立派的领袖们既诚挚又有手段。他们仍是一言不发，看来议会全体都很庄重地忍受了这次大败。

开头，议会的活动及其坚决态度使国王的步调迟缓下来了。他给两院送去了一件和平的信件。在三个星期之中，他曾在普利茅斯、莱姆、朴次茅斯等处露了面，甚感满足。这几处地方都是不曾投降的。但是到了9月底，国王听说那个早已声言要在苏格兰境内倡乱的蒙特罗斯，终于成功了，并已一连打了几个胜仗。蒙特罗斯在马尔斯顿泽地战役之后，扮成一个仆人，只有两个同伴相随，步行通过苏格兰的边界，前往斯特拉森，那是他的表兄帕特里克·格雷厄姆的家，并在高地的入口处等候安特里姆送给他的爱尔兰援军登陆。他昼伏夜行，晚上走进四围的大山，到处亲自从他的党羽口中探听消息。他不久就听说爱尔兰队伍已经登陆（7月8日），往内地前进，沿途掳掠蹂躏，却不晓得往什么地方去寻找那个答应他们的将军。当他们正在阿索尔的边界上的时候，蒙特罗斯带了一个随从，忽然出现于他们的营中，作高地人打扮。他们立刻承认他作领袖，有几族的人听见他来了，也来参加，他立刻领他们去打仗，只要他们奋勇打仗，就随便他们去乱抢。他在两个星期内，打了两次胜仗，占据了珀思，并在一场突然袭击中攻下了阿伯丁。北方部族纷纷举兵响应，威声远震，转瞬到了苏格兰京都爱丁堡城下。

查理得到这个消息，就很高兴，以为挽救了马尔斯顿泽地之败，以为议会不久将在北方发现一支劲敌，且以为他不必再畏惧，只管在南方乘胜进军好了。他决计领兵前往伦敦，他因为要师出有名，且要表示决绝，在出发的时候，到处播传他的一篇宣言，其中号召南部及东部人民响应他，教他们自选军官，在路上加入他的军队，同他一起前进，并传议会来接受议和条件。①

但是议会已经采取措施：曼彻斯特、沃勒、埃塞克斯的联合军队已经从西面控制了伦敦。议会从来没有集中过这么多军队于一个地点。一听说国王快到，就有詹姆士·哈林顿爵士所统领的五个团的伦敦民团加入。同时抽收新税。下议院命人把存贮于伦敦塔的国王的金银器皿，熔化变卖，以供军需。等到后来终于得知两军已经列阵相对，店铺都关了门，人民跑入教堂，命人恭敬禁食，求主福祐即将到来的战争。

城里与在营中一样，天天都预料到战事行将发生，只有埃塞克斯一人疾病缠身，心灰意懒。他虽然奉命统领全军，但仍留在伦敦城内毫无行动。议会听说他尚未出城，就派一个联合的代表团前往见他，重新声明两院热情信任他。埃塞克斯多谢代表团，却仍不到军中。10月27日在纽伯里开仗，他并不在军中。一年前，当他从格洛斯特回来的时候，就在几乎同一地点打过一个很光荣的胜仗。埃塞克斯既不在军中，就由曼彻斯特勋爵指挥军队，这一仗打得很久，两方都拼命地打，埃塞克斯部下的士卒尤其奋勇建功，他们一看见他们不久以前在康沃尔所失去的大炮，就很勇

① 这篇宣言的日期是1644年9月30日。

猛地冲向保王军，夺回他们的大炮，送到他们自己阵中，欣喜若狂地搂抱这几尊大炮。可是曼彻斯特的部分军队受了严重的挫折，有一个时期，两方各称得胜，但是到了第二天早上，国王放弃攻打伦敦的计划，开始退走，回去牛津过冬了。

当下议会极少谈及这次的胜仗，也不曾举行公开的感谢得胜典礼。在胜仗消息抵达伦敦的第二天，两院还是照常进行每月的禁食（1644 年 11 月 30 日的事），好像没有什么可喜的事似的。人民看到如此冷淡，很觉诧异，于是开始有人散播不好听的谣言，人们传说若不是将军们意见不一致，本来可以打一次更具有决定意义的胜仗的，说他们并未拦阻国王，就让他逃走了，因为那时候一片月光，国王当着全军的面就跑了，当时只须略有所动作，就可以阻止他。人们后来得了消息，说国王又在纽伯里附近地方出现，而且无人拦阻他。他从唐宁顿堡搬出枪炮来（11 月 9 日），还要再战，而议会军仍毫无举动。到处一片喧闹，下议院下令调查。克伦威尔等的就是这个机会发表他的意见。他说道："这事完全归咎于曼彻斯特伯爵，自马尔斯顿之战以来，他就怕打胜仗，他就怕一次具有决定性的大胜；但是到了现在，国王最近在纽伯里出现，我们若要全歼了他的军队，原是最容易不过的事；我去见将军，我向他指明，怎样能够办得到这件事，我求他让我用自己的军队去攻打国王，别的军官也同我一道求他，但是他执拗地不许，他只说：假使我们打倒国王的军队，国王仍然是国王，永远有另一支军队，以延长战事，而我们却不能；假使我们打了败仗，我们不过是叛逆之辈，将由法律来杀我们，把我们的财产充公。"最后这两句话，最能激动议会，议员们不能忍受有人疑心他们抗拒国王是不合法的。曼彻斯特第二天在上议院答复克伦威尔的攻击，解释他自己的行为及语言，反过来指责克伦威尔不听命令，说谎，甚至背信。他说打仗那一天，克伦威尔与他的军队并不在指定的地点。克伦威尔并不答复这一点，只是更激烈地攻击曼彻斯特。

长老会派大为震动，克伦威尔早已使他们感到恐怖了，他们看到克伦威尔最初很听话，巴结曼彻斯特，遇有机会总是褒扬曼彻斯特，而贬低埃塞克斯。后来他逐渐在伯爵的军队中握有权力，甚至超过了伯爵自己的权力。他把这个军队变成独立派的避难所，以及各种各类的不奉国教派、盟约派及国王的仇敌的避难所，这些人在他的保护之下，可以奉教若狂，无论什么人都可以自由任意说话，祈祷，讲经。他们派一个苏格兰人，一个严格的长老会派，名叫克劳福德的上校，将他升为少将，企图借他抵消克伦威尔的影响，但是仍旧一无所得。克劳福德荒诞无稽地说克伦威尔怯懦，克伦威尔却一面专心挑他的对头的毛病，一面叫士兵们看不起他，也在议会和人民面前谴责他，不久就使得克劳福德无能为害于他了。克伦威尔得了手，又看见本党有显然的进步，就更大胆起来，居然公开宣布他是信教自由的保护人，他以自由思想家们及哲学家们的助力，使议会成立一个委员会（9 月 13 日），研究怎样可以使不奉国教的人满意，否则，至少也要使他们得以行其所安，不受干扰。现在他攻击曼彻斯特本人，一提起苏格兰人来，就侮辱他们，大说特说用不着他们也可以照样得胜，又说他们若尝试压迫英国，他主张驱逐他们出境。一句话，他的胆子现在越来越大，开始怀疑国王、贵族，乃至本国的所有古老的及合法的秩序是否有存在的必要。长老会派的领导人及温和派别的领导人，苏格兰的委员们，还有霍利斯、斯特普尔顿、梅里克、格林等人，听了他这番话，又惊又怒，就在埃塞克斯家里会议，要设法打倒这样危险的一个敌人。他们会商许久之后，就决计请教于怀特洛克和梅纳德。这两个人都是很有名望的律师，又是两院所尊重的，他们有理由相信这两个人是赞成他们主张的。快到半夜的时候，用大将军的名义请他们来，却不说是为什么事。他们应召来了，颇为请他们深更半夜到来和情况异常而感到惊讶。苏格兰首相劳登勋爵对这两个人略作寒暄之后，就说道："你们两位也很晓得克伦威尔少将不是我们的朋友，自从我们的军队进入英格兰以来，他用了许多见不得人的狡猾手段，夺去我们王国的体面与功绩，他也不是统帅的善心朋友，而你们和我们对于统帅都是敬爱的。你们两位都十分了解我们两个王国是协同一致的，曾经很庄严地订立过盟约，倘若有人从中煽动我们两国，应该怎样对付他呢？以苏格兰法律而言，凡是在国内煽动纷争及不和、贻害于国的，就称为公敌。你们两个人十分了解，你们的法律与我们的法律是否一样，这位少将是否如我们所说是一个煽惑人心的人，倘若他是的，你们也十分了解应该怎样对付他。"

两个律师你看我，我看你，大家都在等候他们的答复。片刻之间一片沉默，然后怀特洛克站起来说道："我看见座上的贵人们，不想再讨论这几个要点了，我今在大人允许之下，谨对于首相这样清楚地提出的几个特别要点，发表我的卑微的和自由的意见。'煽惑者'字眼的意义在我们英格兰，也同首相所说的苏格兰法律的意义相同，但是克伦威尔少将是否就是这样的一个煽惑者，却要有他所说的特殊的话及所做的特殊事情做凭据，看其趋向是否煽动两国不和，是否令两国发生意见，才能证实他是否那样一个人。我们的统帅和苏格兰的委员们既是极有荣誉又是具有权威的人物，我预料诸位必定先已觉得证据确凿，已可发生诸位所预期到的效力，然后才控告他犯罪，不然是不肯出面的。我以为克伦威尔少将是一个敏捷而多智的人，特别是新近在下议院有不小的势力，在上议院也有不少的朋友，况且他能够为自己辩护，以取得最佳的优势，我不曾听见统帅或首相，或其他人，说过什么详细情形，我又未听到人家私下所谈的话，足以作为一种清楚明白证据，能使下议院满意，相信克伦威尔是一个从事煽惑的人，因而应按法律惩办他。我以为此事大有可疑，所以我不能劝告诸位在这时候指控他是一个从事煽惑的人。我只请诸位命人搜集与他有关的言论，搜齐之后，诸位如果喜欢的话，我们还可以再来伺候各位大人。如有这样的证据，我们将较易于向诸位进言，诸位也更易于判断，究竟应该怎样办理这件事。”

梅纳德与怀特洛克意见相同，他且说“煽惑者”这个字眼在英吉利法律中原是很少用的，它将产生很大的解释分歧。霍利斯、斯特普尔顿、梅里克等人极力坚持他们自己的见解，说克伦威尔在下议院无大势力，他们极愿负起指控他的责任，他们并举出几件事实及几句言论，认为可以很清楚地证明他的阴谋。但是苏格兰的委员们拒绝参与这场斗争。快到早上两点钟的时候，梅纳德与怀特洛克退席。这次会议并无其他结果，除了促克伦威尔加快步伐以外。因为怀特洛克说道:“有一个靠不住的兄弟，把会议的经过告诉了克伦威尔。”这个靠不住的兄弟，或许就是怀特洛克自己。

埃塞克斯和他的朋友们另外设法补救这种威胁他们的不祥之事，他们的全部思想都倾注在议和上。议会始终不曾完全取消议和问题，有一次，有人正式提出议和，辩论之后，投票表决，多数主张议和，只有极少数的票，事实上只有议长的一票，[①]决定了本国的命运（3月29日）。又有一次，法兰西和荷兰两国大使接连来信于伦敦与牛津之间，愿居间调停，但很少是出于诚意的，而且双方往往加以规避，又同时表示左右为难。想讲和的人太多了，因此无人敢公然反对他；在最后六个月里头，由两院所委派的委员会和苏格兰委员会，都在从事于拟订和议的草案。

长老会派忽然催促草案的制订，几天之内，和议稿子就送给两院，辩论一番之后，于11月8日投票议决采用，11月20日，派了九个委员携带草约往见国王。他们以为国王在沃林福德，他们就到了那里，等了两个钟点，对于他们的使命、他们的护照，他们的随从，逐点作了许多哓哓不休的讨论以后，守将布莱克上校才接见他们，告诉他们国王已经走了，他们往牛津也许可以见到他。他们本来想在沃林福德过夜，但是布莱克与他们的委员长邓比勋爵，在谈话中大吵起来，布莱克的言词如此粗鲁，守兵的态度又如此怕人，他们想想还是不如立即退出这个地方为妙。翌日，他们到达牛津不远的地方就止步，派一个号手往见守将，告诉他们的来意。过了几点钟并无回音，国王在花园散步，看见山头上有几个委员和随从们，就询问是谁，有人说是委员们，国王立刻传基利格鲁来，命他领委员们入城，替他们安顿住处，还对他们如此久等表示歉意。当他们在几个保王党保护之下在牛津大街上走过的时候，人民聚在一处痛骂他们，甚至有人向他们掷石子泥块。他们被带到一间很鄙陋的小客栈，还未坐定，离他们

① 在通过一个议案以决定是否指定一个委员会审查荷兰大使提出的调停时，下院票数出现六十四票赞成和六十四票反对的局面，议长投了反对的一票。

的屋子不远就有人大吵起来。霍利斯同怀特洛克立刻出去，原来有几个保王党军官走进大屋，同委员们的随从吵起来，称他们的主人为“可怜虫”、“卖国贼”、“反叛”，不许他们走近壁炉烤火。霍利斯抓住一个军官的衣领，用力摇撼他，推他出去，责他无礼。怀特洛克也是这样，于是关了客店大门，守将派人守门。到了晚上，就有几个枢密顾问官来看委员们，海德在其内，对于刚才的骚扰说了一番抱歉的话，表示他们极其愿意与委员们协力议和，国王打发人来说明天接见他们（11 月 2 日）。

委员们觐见的时间很短，邓比勋爵大声读议会的提议，内阁及廷臣们都听了；国王不曾想到议会要他卑躬承受如此的条件，议会不信任他，要他放弃君权，要他交出保王党，以便议会报复。在座的人听时不止一次发出怒声。有一次当邓比勋爵念出鲁珀特亲王及莫理斯亲王的名字来，这时候这两个人本人正站在旁边。条件说道，两个亲王不在大赦之列。廷臣们正要开口大笑，国王回过头来很严厉地看他们一眼，众人不敢吱声，继续很耐烦很庄重地听着。读完之后，邓比勋爵问道：“你有权谈判和约么？”他们答道：“我们无权，我们奉命送条件来，请你们用文书答复。”国王答道：“好的，我将尽我的所能，赶快给你们回信。”委员们回到了小客栈。

当晚霍利斯和怀特洛克得了同事们的许可，往访林赛勋爵，他是伺候国王寝宫的，是他们的老朋友，因为受了伤他不能往访他们。他们同勋爵谈话不到一刻钟，国王进来，满脸和蔼的神色，走上前来说道：“两位，你们未能送更好的议和条件，更合情合理的条件来，使我心里难过。”霍利斯答道：“先生，议员们所能同意的就是这样的条件，我希望这样的条件可以产生好结果。”国王说道："我晓得你们只能送他们所愿送的条件来，我却要坦白承认，我看见后却引起不小的诧异，尤其是限制的条款。你们难道想象我会不顾及道理、不顾及面子，同意这种条件么？"霍利斯说道："先生，我本来希望其中有几条不是这样写的，但陛下知道，这些都是由多数通过决定的。"国王说道："我知道是由多数决定的，我深信你们来这里的几位以及你们的朋友们（我说的是议会里头，不是你们党内）曾努力不这样提，因为我知道你们是主和的。"怀特洛克说道："我从前到这里来过几次，以及现在这一次，来伺候陛下，总是得不到好效果，这使我心里委实难过。"国王说道："怀特洛克先生，我但愿他人的判断同你的和霍利斯先生的判断一样，如果如此的话，那么我相信我们的芥蒂早已得到好结果了。在我这一方面，我竭诚愿和，正因为要讲和，又因我深信你们两位，我向你们请教，对于你们的提议，我最好怎样答复，才可以促进所有的好人都乐观其成的和议。"霍利斯说到："处于现在的情况下，我们求国王勿怪，我们不能献议。"怀特洛克说道："事出偶然，我们此刻来到陛下面前。但是我们现在所奉的使命，不许可我们对于这件事在君主面前献策，假使我们应该献策，在这个特殊场合也不能做到。"国王说道："我能断定你们是有才略的，我现在不当你们是议会的使者，而当你们是我的朋友，当你们是我的私人臣下，我要请教你们。"霍说道："以私人资格说话，陛下已经看见，我们已经够自由的了，至于陛下的答复，我再进一步说，我以为最好的答复还是你自己到我们那里来。"国王说："我怎样能够平安地到达你们那里去呢？"霍利斯说道："你离开这里，直接回来议会，我深信你的身体不会受到损害的。"国王说道："这也许是一个问题，但是我猜，打发你们来这里的重要人物盼望你们所送来的条件，即日给予答复。”怀特洛克说道：“我相信，最好的最令人满意的当场答复，就是陛下到议会来。”国王说道：“我们不谈这个问题吧，我要霍利斯先生和怀特洛克先生到隔壁房间，稍事会商，然后把你们认为我应该答复的话，及你们认为可以促进和议的话，全写下来。”霍利斯说道：“我们服从陛下的命令。”

他们两人走进另一间屋子。怀特洛克迟疑了一会之后，很小心地掩饰他自己的笔迹，把国王要他发表的意见写出来。他们把写下来的东西留在桌上，回来见国王。国王独自进入二人刚出来的小屋子，拿了他们所写的东西，走回来，再谈了一会，国王很客气地走了。两个委员立刻回去他们的小客寓，对他们的同事们绝口不谈刚才这件事。

三天后（11 月 27 日），国王请委员会来，把一封加封的文件交与邓比勋爵，信面上未写姓名住址。国王说道：“这就是我的答复，你带回去。交与打发你们来的人。”这个伯爵看见这样非常的形式，又看见国王很执拗，不称威斯敏斯特的两院为议会，就求国王许他与同事们暂时退席，以便商量他们该做什么。国王说道：“你们为什么还要商量？你们无权谈判条件，这是你们一到的时候就告诉我的，我也晓得自从你们到后，未曾接到伦敦来信。”邓比勋爵坚持要商量，借口委员会也许有话要同国王说。国王有点怒意，说道：“诸位，我愿听你们从伦敦带来的要说的话，我却不愿听你们在牛津得到的许多妄想及幻想。我不让你们对我耍弄什么。”伯爵答道，“先生，对任何人都不耍弄什么，更不会对陛下耍弄什么。”“我不是指你。”“陛下至少也得许我们询问，这封信件究竟是写给谁的？”“这就是我的答复，即使它是一篇山歌，或是一篇罗宾汉的曲子，你也得带去。”“陛下，我们奉命主办的事，多少要比一支山歌要紧。”“这个我晓得，但是我再次告诉你们，你们说无权同我谈判条件，我的记性不见得不如你们的记性好。你们仅仅奉命将条件交给我，一个靠得住的车夫也可以送信来。”“我希望陛下不以车夫看待我们。”“我不曾说你们是车夫，我却要再说一遍，这就是我的回话，你必须带回去，我没有必要做什么了。”他们越谈越有气，霍利斯和皮尔庞特竭力设法使国王说，他这番话是对两院说的，却毫无效果。后来委员会只好领受这种形式的答复，就退出来。到了晚上，国王的寝宫侍役阿什伯纳罕来找他们，他说道：“国王感到，当他生气的时候，他可能于无意中说过令人不满意的话，国王却根本没有那种意思，他希望你们对他们所说的话作最好的理解。”委员们很郑重地说，对于国王所说的话都是很尊敬的，于是启程回伦敦，有一个号手陪着，奉命领取议会对他们带去的加封的文件的回文。

国王信上所说，不过是为里奇曼公爵和南安普敦伯爵索取一张通行护照，国王答应在几天之内由这两个贵族送他的详细答复来。护照立刻照发，两个贵族一到（12 月 14 日），就同当权的人见了面（12 月 16 日）。其实，他们也并没有带什么答复来，他们的使命只限于请他们开会商议，由双方派人谈判和约。只是他们说过这番话之后，他们仍在伦敦逗留而已。于是就有谣言说，有成批的可疑的人陆续来到，两院的几个议员多次与两个贵族见面，市政公会（独立派的势力占优势）显示极度不安。于是请两个贵族离开，可是他们以种种虚浮的借口，迟迟不行，伦敦日益不安；人民愤恨，其势汹汹，大有在党派的阴谋未能完成以前就要爆发之势。后来两个贵族在主和的人力劝之下，回牛津去了（12

月 24 日）。当时商量好，在他们走后三个星期，两王国的议会派二十三人，国王派十七人，在阿克斯布里奇定期商谈和约。

但是当长老会派一心谈和的时候，独立派却在备战。12 月 9 日，下议院考虑国中所受的痛苦，商量设法补救，但无人站起来说话，大家都好像盼望有种决定性的办法提出，可是谁都想避免负责。在长久的缄默之后，克伦威尔对议会说道："现在是说话的时候啦，否则就永远不要开口。目前已是最要紧的当口，因为战事旷日持久，已使我们这个国家到了流血不止以及濒于死亡的境地，我们今日必须救国，我们若不加速努力，更有效地打仗，若不抛弃所有的拖延行为，如同那些海外受雇的、只知逐利的军人一样，故意把战事拖长，必定会弄得国人憎恶我们，憎恶议会。我们的仇人在说些什么呀？议会初开之时原是我们朋友的那些人现时又在说些什么呀？他们说，两院的议员们得了高位了，得了兵权了，利剑在手了，在议会里有了利益了，在军队里有了权力了，就可以使他们自己永远居高位执大权，他们哪里会想赶快使战事告终呢？战事一告终，他们的权利也要告终了。我现在当着你们的面说的这些话，也就是人们在你们背后说的话，我完全不是指摘什么人，我晓得现在仍在掌权带兵的两院的议员们的高尚品质，我若可以把我良心上的语言明说出来，却并不影射什么人的话，我确觉得，倘若不给军队带来新的方法，倘若不更加努力地催促作战，人民将不复能再忍受战事的痛苦，就会逼你们订立不体面的和约了。不过我却要请你们斟酌，无论在什么时机，你们切勿对于统帅说不满意的话，或责他玩忽职务，因为正如我自己必需承认的，我也有疏忽的时候，所以我晓得在军事上玩忽是在所难免的，所以我们不必过于严格地追究这些事情的原因，我们不如竭力进行最必要的补救。我望我们各人都有真正英格兰人的心肠与热情，贡献于我们祖国的公共利益，使两院的议员们用不着害怕为公益而牺牲他们自己的利益。无论议会对于这件重大事情将来决议做什么，切勿当它是一种有损于他们尊荣的事。”

另外一个议员说道：“无论出于什么原因，两个夏天过去了，而我们还不曾得救。我们英勇打仗得来的胜利（人血原是无价之宝），这样得来的恩赐，好像是放在一个有洞的袋子里，因为今日赢来的，明日又输了，夏天的胜仗不过变作了一段冬天的故事，到了秋天不游猎了，等到明春再来游猎，好像已经流过的血不过成为在战场上施肥之用，以便得到更加满意的丰收。我没有作出什么决定，我却要说，很明显，军队既归几个不同的统帅节制，由于他们之间缺乏呼应，以致屡次不利于公共事业的进行。”有一个不知名的信教狂徒名叫朱什·塔特的，人虽无名，却不妨碍他的提议的重要性，他说道：“只有一个方法可以中止这许多祸害，那就是要求我们人人都要不惜一切地克制自己。我现在提议，凡是两院的议员，无论哪一个，在进行战争期间，一概不得当武官，亦不得当文官，请大家照此规定办事。”

这个提议并不是绝对新的，在1643年12月12日曾有人在上院发表过这样的意见，不过是偶然说出来的，并无效果。新近在1644年11月14日，下议员们大约是因为人民哗然不满，要安慰他们，所以派人调查议员们到手的全部各类职务的数目和价值。也许是有计划地，也许是碍于颜面，长老会派开头游移不决，不敢反对塔特的议案，几乎全无反对就通过了。两天后，又提出来作为一宗单独的议案，辩论得很长久又很激烈，在一个星期内辩论过四次（12月11日，14日，17日，19日）。人们都看得很清楚，这个议案的用意是在于从温和的政客手中，从长老会派手中，及革命的第一批领袖们手中，夺走其行政大权，只许他们关在威斯敏斯特的大会场里议事，议案的用意还在于企图在议会以外成立一支独立军队，不受议会节制。每次开会必重新辩论，越闹越激烈，有许多同独立派要好的，现在也反对这个办法。怀特洛克说道："诸位知道，希腊人及罗马人把战时的及和平时期的重要职位，派给他们的元老院议员们充当，他们有他们的理由，说是因为元老院议员们的利益超过其他人，因此最能为他们出力。元老院的议员们既与元老院同休戚，当辩论的时候他们在场，他们更明白他们自己的事业，他们自然不会有负与他们私人利益息息相关的托付，而他们的私利却正与公益有关。我现在很谦下地请你们议决此案，你们的祖先曾如此做过，他们认为议员们最宜于办最重要的事，我望你们也是这样想，不要在这个时候通过这条法令，不然，你们就会叫你们忠诚的仆从们灰心。"

别的议员们则更进一步，他们公然指斥他们的对头们暗藏野心。他们说道："你们说什么自我克制，其实这不过是忌妒与营私的胜利。"但是人民不会相信这样的预期，长老会派已经江河日下，声誉扫地，而且凡是不属于该党的人看见他们倒了也毫不惋惜。虽然独立派在议会里头还远不算是大多数，他们的提案却很胜利地逐关通过了。埃塞克斯的朋友们虽然作最后的努力，要求以他作为例外，不在严禁之列。于是他们的修正案被否决了，12月21日议决通过这一案，就送与上议院。

长老会派将全部希望寄托在上议院，而贵族们的迫切的利益就在于否决这个议案，全数的贵族都要受这个议案的影响，因为这条法令一实行，那么连他们的权力最后形迹也消灭了。但是就舆论而言，这一点却正是他们丧失信用以及他们的弱点的来源。为了要减轻这个议案的效力，为了免得人们疑心他们与牛津的宫廷勾勾搭搭，为了要阻止弄不好就要发作的保王党的阴谋，尤其要紧的还是，为了要使长老会派的激情得到满意，这一派的头子们在力图阻挡革命的进行的同时，也对革命作出些让步，并献给它一些牺牲品。许久以前，曾有四件弹劾案，都已束之高阁不理，现在要重提这些旧事，努力进行。第一件是麦圭尔勋爵被诉案，因为爱尔兰的叛乱，牵连了他。第二件起诉案就是霍瑟姆父子，因为他们要协同将赫尔地方献与国王。第三件起诉案，就是亚历山大·卡鲁爵士，因为他献圣尼古拉斯岛与国王。第四件起诉案就是劳德案，几次提出了又搁起了，此次又重提出；麦圭尔、霍瑟姆父子以及卡鲁三案都是新近犯的罪，曾经过法律证实，而且可能有起而效尤他们的人；只有劳德一案，他在狱里已经四年，年老体弱，现在只需要追究他帮同施行虐政的责任，而那个虐政已在四年前告终了。劳德的案情同斯特拉福德案类似，无法证实他大逆不道。若是要援用公权丧失法来定他的罪，如同当日定斯特拉福德的案的办法一样，却需要国王的许可。但是因神学观点而产生的仇恨既微妙复杂又难于平息，恰巧为首控告的就是劳德本人从前曾经如此不光采地致他的肢体于残废的同一个普林，现在轮到普林迫不及待地要羞辱与歼灭他的仇人劳德了。在受过长期的审讯之后（当受审时，这位大主教表现了出乎人们意料的才略及克制），就由仅仅七名贵族投票通过的简单法令（这却是不合法的，即使按照议会的很霸道的传统标准看，也仍是不合法的），宣布了他的罪状。他死的时候，表现了奉教虔笃的勇气，十分藐视他的仇人，也为国王的未来表示忧心忡忡。审讯其余三案时，也得到同样的结果。在六个星期里头，在托尔希尔竖过五次杀人架，[①] 比革命以来任何时期中的次数都多。一般的行政措施，也是以这样的精神为指导。在杀劳德前一个星期（1 月 3 日），一向被容忍下来的英国国教的礼拜仪式，正式取消了。经过教士会的提议，有一本书名《公共礼拜指南》经议会的批准，取而代之。党魁们明知这样的革新会招致许多人反对，而且并不太希望这种革新得到成功，但是为了保持即将要丢掉的权力，他们不能不需要那信教狂热的长老会派的任何支持，因此对他们有求必应，不敢拒绝。独立派却不如此，他们努力要上议院通过有决定性的法令，于是开始有人递请愿书，其中甚至有几个请愿书迹近威胁，要求贵族与众议员同在一院开会。为了考虑如此严重的问题，于是规定议员们于 12 月 18 日禁食一天，祈求上帝光照他们的心胸。当日在威斯敏斯特宣讲圣道，在场只有两院议员，无疑是任凭讲经师们去自由发挥。哈里·文与克伦威尔曾很精心地挑选这一天的讲经师。两院经过许多通信往来及会商之后，下议院全体走到上议院（1 月 13 日），要求采用这条法令，但是贵族们已经作了决定，就在这一天否决了这个法令。

这样的胜利好像是很重大的，时机又好像适于利用这个胜利。在阿克斯布里奇谈判的时期临近了。那些从伦敦逃走的议员偷偷摸摸地在牛津开过第二次会议，由于他们竭力苦劝，查理才终于答应称威斯敏斯特的上下两院为议会(快到 1644 年 12 月底的事)。他写信给王后，说道：“假使内阁里有两个人与我同意，我是绝不

① 亚历山大·卡鲁爵士于 1644 年 12 月 23 日被处死；小约翰·霍瑟姆，于 1645 年 1 月 1 日被处死；约翰·霍瑟姆于 1645 年 1 月 2 日被处死；劳德于 1 月 10 日被处死；麦圭尔死于 2 月 20 日。

肯让步的。”同时，他派定他的委员，几乎全数都是主和的，议会也派了委员；其中只有哈里·文、圣约翰和普里多，是另有其他看法的。1 月 29 日双方的谈判代表都到了阿克斯布里奇，满怀好意与希望。

他们彼此都以热诚相见，以礼相待。大家都是一向认得的，其中有好几个人在双方这样不和之前，原是很好的朋友。他们到此地当天晚上，海德、科尔佩珀、帕尔默、怀特洛克、霍利斯、皮尔庞特，且互相拜访，以能协力为国家求和平而相庆，从威斯敏斯特来的委员们因为受了更粗鲁更多疑的主人们的束缚，显然有更多的局促不安，且不敢坦白陈词。谈判以二十天为期，磋商的重点是宗教、民团与爱尔兰问题。商定每个题目讨论三天，或连续讨论，或交替讨论。在他们商讨的初步阶段，进行都是很顺利的，相互之间颇为信任和客气。但是当终于开始进入认真讨论的时候（1 月 30 日），在谈判的会议桌上，所有的困难又出现了。议会本身就有好几派，每派都有其根本的要害所在，谁也不肯后退一步；长老会派要求国家承认它为享受特别权利的教会；政客们要求指挥民团之权；独立派要求信教自由；国王不得不一一允诺，而国王从每一派得到的牺牲，恰是其他各方所绝对拒绝的。况且每方面一直盯牢的一个大问题，就是既和之后，大权是否在我这方面手上。这是最要紧的条件，这点若不成立，就无谈判可言。先谈的是宗教问题，不久就变成神学的争论，他们并不是谈判条款，而只是辩论，他们更急于讲明他们自己的一番道理，有过于商定一项和议。不久前彼此还是客客气气的，逐渐变成舌枪唇剑了，有几个委员因为有几个问题阻碍公开讨论的进行，就私下商量以便扫除障碍，不久这样的私谈也变成反唇相讥了。议会派来的委员中，有人同牛津的委员要好，特别是同海德要好，因为他们晓得他的见识超群，且是国王极其信任的人。苏格兰的大臣劳登勋爵，和彭布罗克伯爵、邓比两伯爵，久已同海德坦白会谈过，提及将来的种种危险，与在议会所酝酿的不祥的阴谋策划，又谈到国王必需作大幅度让步，才能挽救全局。海德很愿同他们讨论，可惜他一向倾向于自视过高，习于以才知自傲，不屑于迁就人，言词生硬而带讽刺。他为人诚实却看不起人，几乎常使来找他商量的人望而却步。小小的事情都暴露出各种纠缠不清的问题，都暴露出主和愿望与和谈是毫无用处。有一天是集市日期，有一个从伦敦来的狂热的讲经师名叫洛夫的人，在阿克斯布里奇的教堂里当着许多听经人的面，以最恶毒的语言，猛烈攻击保王党与和议。他说："议和是不会有什么好处的，从牛津来的人们满心只想流人的血，他们不过要敷衍人民，一直到他们能够下辣手伤害人民为止。这样的和约离和平远着哪，像天堂和地狱相离那么远。"国王的委员们要惩办这个人的胆大胡言，但议员们只肯打发他离开阿克斯布里奇，不敢再做什么。有许多不利于国王的谣传，是关于国王的真正意图的，谣言说国王虽然对于他的内阁的愿望作了如此之多的让步，其实他并不想要和平。他曾答应王后，不得到她的许可，他决不订立什么条件。他倒是一心企图酝酿议会内部的不和，根本不想同议会成立真正谅解，甚至有人怀疑他私下同爱尔兰天主教徒立了约，要他们成立军队。因此无论他的委员们怎样郑重其事地矢口否认，也不能令伦敦消除对国王的不信任。

这时，指定的谈判终结的期限快到了，议会无意延期。主和的人眼见两方的谈判委员还不曾得到什么结果就要分手，就很焦急，于是在快到 2 月中的时候，协同作最后的努力。据他们看来，关于民团问题，如果国王作一些让步，例如在若干年内让出指挥民团之权，交与几个领袖，其中有一半归议会委派，这种让步，似乎将不无效果。南安普敦伯爵就急匆匆地赶往牛津，求国王让出这个兵权。查理初时不肯，后经伯爵恳求，其他贵族也一同跪求，为他的君位与他的人民计，切勿拒绝这样的讲和好机会。查理终于让步了。他的顾问们心里本来很热烈地要求讲和，他们看见这一层成功了就喜不自胜，以为全部困难将可以很快告终。国王自己提议将民团交与某某等统领，其中就有费尔法克斯和克伦威尔两人。当大家陪国王吃晚餐的时候，在座的人都兴高采烈，国王嫌他的葡萄酒不好，座中有一个人哈哈大笑，说道，“我希望在几天之内，陛下将同伦敦市长在市政厅饮更好的酒。”南安普敦伯爵将于翌晨回阿克斯布里奇，他去见国王，接受国王写在书面的已经商定的训令。不料国王竟收回诺言，断然拒绝让步，使伯爵非常诧异。

原来当夜国王得到蒙特罗斯勋爵从苏格兰的另一端送来的快得无与伦比的一封信，这就导致国王忽然改变主意。在两星期前，蒙特罗斯在阿盖尔郡的因弗湖大败了阿盖尔亲自统领的苏格兰兵(2月2日)。他在信内把这件事告诉国王之后，就说他极端反对同英格兰的反叛议会立约。“陛下的军队在苏格兰大获全胜，给我满心的欢喜，却不料它被从英格兰来的消息冲得干干净净。当我最近一次觐见陛下的时候，我曾充分地向陛下陈述我完全明了陛下的叛民对于两个王国搞些什么阴谋策划，陛下也许记得，陛下多么深信我的看法是对的。我很晓得自那以后并不曾发生什么事，能够改变陛下对此的意见，陛下若多让他们一些，这班人是会得寸进尺的。我有许多理由确知，他们不将陛下变作一个草扎的国王，他们是不肯罢休的。尊严神圣的国王呀！我若胆敢发表我的愚见，说陛下若同刀枪在手的叛民言和，那就将大失人君的尊严，请陛下勿怪我直言。上帝在上，我何敢阻挠陛下对于人民慈悲为怀？但是我一想到和约已经商妥，而陛下和人民却以两军相见于战场，我不禁毛骨悚然。蒙上帝赐福，我向陛下谨作保证，我正在采取正确方法使这个王国重新服从陛下的命令，倘若我与陛下的其他忠心的臣民所协力进行的事在夏末以前不失败的话（原是不可能失败的），我就能够带一支英勇军队来效忠陛下，陛下所出本是堂堂的正义之师，陛下一定能对在英格兰和苏格兰的叛民大施惩罚。等到我征服这个王国归陛下统辖，等到我从达恩打到贝尔谢巴（我相信不久就能做到），我希望那时可以说（正如大卫的一个将军对他的主人所说），'你来吧！不然我就要用我自己的名字称呼这个国家了。'因为我的一举一动，都是为了陛下的光荣和利益。"这封信恢复了国王的最大的希望；南安普敦伯爵虽然不是那么自信，却不再力劝国王。他于是把国王拒绝的话带回阿克斯布里奇，却不说出什么原因。和议是打散了，长老会派的领袖们回到威斯敏斯特，因为和议不成，心痛欲裂，而且又使他们再次处于危险境地。

当他们不在伦敦的时候，这里的情况变得更危险了，独立派被迫抛弃克己的法令，至少也要暂时抛弃，热心地进行一件与之并行的事，就是军队的改组，在几天之中，诸事便齐备了，协调一致了，安排妥当了。计划、形式、经费及筹款的方法全都有了。[①] 规定将来有一支常备军，二万一千人，归一个指挥官统领，这个将军且

① 新的军队花费了五万六千一百三十五镑；款项来自十九个郡。

有权委派他部下的全部军官们，只要议会批准。将军就是费尔法克斯，因为在过去长时期内，他异常勇敢，为人坦白，善于取胜，军人一见他就会热心打仗，这位将军早已为众望所归。克伦威尔当众赞成派他做将军，私下里对他们本党也表示物色得人。埃塞克斯这次是保住了他的军阶；沃勒与曼彻斯特也保住他们的军官委任，却是毫无权力了。1 月 28 日，实行这次调整办法的法令，送到了上议院。他们至少也要提议几个修正案，并拖长辩论，以耽延其法令的通过。但是以这次而论，抵制是难做到的，因为这条法令原是人民所认可的。人民深信，军队里的头头太多，政出多门，就是战事拖延与效率不佳的真正原因。下议员们有了人民为后盾，就逼使这法案通行无阻，贵族后来让步了，于 2 月 19 日（在阿克斯布里奇和议垮台前两日）费尔法克斯经过介绍来到议会，他站在一把椅子旁（专为他预备的）质朴地和谦恭地领受议长的正式奖励表扬。

长老会派的领袖们一回到威斯敏斯特，就想努力弥补这次的失败。上院很愤激地表示不满，说新近有人针对上议院，使用攻击性和威胁性的语言，还到处传播说，下议院正考虑要废除贵族。下议院作了答复，郑重宣布他们非常尊重贵族的权利，而且他们将坚决地支持这样的权利（3 月 24 日）。苏格兰的委员们以盟约的名义，对两院（3 月 3 日）说了一番抗议的话，于锋利之中又带软弱，下议院不予理睬，送出另外一条法令给上院，更进一步加强了费尔法克斯的权力。从给他的委任令中，下院删去了一句话（所有这类的委令，向来都有这句话的）："要保障国王的人身安全。"贵族们决议要恢复这一句话；而下议员们表示拒绝（3 月 29 日），他们说："这句话会令士兵们灰心，且鼓励国王率领他的军队冒一切冒险。”贵族们一定要恢复这句话，在一连三次的辩论中，虽有下议员们的努力，上院在投票表决这一条的时候，三次都是赞成与反对票相等。因为这样，诸事都悬而不决。下议员们说：他们已经尽其所能，倘因此耽延误事，贵族们就应对于国家负责。(3 月 31 日）贵族们不但已经逆料到这样反对下去是毫无用处，而且也已看到行将来临的终局，所以他们开始倦于抵抗了。正在这个当口，阿盖尔侯爵从苏格兰来。以宗教论，他是长老会中人，但以政治论，他属于更大胆些的思想家之列。至于独立派的人，尤其是哈里·文与克伦威尔，不久就同他成为亲密朋友。况且阿盖尔有新仇要报：阿盖尔这个人有优异而幽深的知识，思想活跃，但是他在议事厅内所表现的坚决却远过于在战场上。蒙特罗斯打胜苏格兰人那一仗，阿盖尔刚到湖中，还不曾靠近战场呢，一看见他的军队溃散，他自己就逃了。从这一天起，无论在英格兰抑或在苏格兰，保王党们一提起阿盖尔的名字无不趁机侮辱他的。惟有叫保王党完全失败，才能使他的报复心理得到满足。他施用他的影响劝告苏格兰委员们和几个长老会派的头领，不要再反对，不但不要反对重新组织军队，而且不要反对自我克制的法令。他说：这样的反对徒然害事，将来由于情势必要，迟早会取消这样的反对的。这是难免的，不过或早或晚罢了。埃塞克斯看到他的朋友们的决心在动摇，他决计走在他们示弱之前就宣告他要辞职。4 月 1 日，在他出席上议院时，站立起来，手拿一张纸(这是因为他不长于言词,所以常常要看这张纸说话)。他说:“诸位勋爵，我从前奉两院的命令，担负这个重任，我伸手接受他们的剑。我敢说，我受任以来，在几乎三年之中，我一贯是尽我的忠诚为你们效力。在此过程中，我希望我既未失我自己的荣誉，又无负于公众。我现在看见通过了这许多的法令，就晓得下院的意志是要我空出我的位置。在格洛斯特之役以后，我原就想辞职，无论人家怎样批评我，我却并不是为自己而久不辞职，只因有许多人为公益起见，以大义责我，亦有许多人表示爱戴，我不能不听他们苦劝，其实我早已要辞职了。我现在辞职，我把我的使命交还当日给我的人。有人相信我的辞职会有利于现在的不妙的时局，我但愿如此。我求两院查核现在免职的军官们的欠薪单，照发大部分欠饷，以维持他们的生计，由公家承担将来偿还未给的部分，且求两院不以我此举为过分。诸位勋爵，我晓得我们处于现在这样不幸的时局里头，嫉妒是在所难免的，但是明智与博爱应该对之加以限制，不使其有害于国。但望我这一个建议不是不合时宜的，我愿我自己和我的朋友们既享受其他利益，亦分享我的建议的利益，由于我热爱议会才有此举，无论议会怎样酬我——我现时所受的待遇，他人亦曾受过，不止我一个人——我还是衷心祝愿议会兴旺发达。”

这一番演说，从上议院看来，好像是白天而降的解救，他们赶快通知下议院，他们不加修正就通过了重新组织军队的法令。邓比及曼彻斯特两伯爵亦同时辞职。上院因为他们两人因爱国而作出的牺牲，投票议决感谢他们，给他们以许多承诺，下议院全体赞成。翌日，上议院毫无阻碍地通过一条自我否定的法令，与最初的略有不同，却有助于得到同样的效果。这次斗争曾使人们很不放心，现在终于结束了，人们就深感庆幸。

第六卷　1645至1646年

独立派军队的组成——克伦威尔保留他的司令地位——1645年之战——议会恐慌——奈斯比之战——议会夺得并公布国王的私人信件——在西面的保王党的衰落——查理焦急并逃走——蒙特罗斯在苏格兰的胜利——国王试图同蒙特罗斯会师未成——蒙特罗斯失败——国王住在纽瓦克——国王回到牛津谋求再与议会讲和——议会不肯——新的选举——国王与反叛的爱尔兰人议和——和约被揭露——打败最后的保王党军队——国王从牛津逃出，在苏格兰军中求栖身之所。

埃塞克斯与曼彻斯特一辞职，费尔法克斯就离开伦敦（4月3日），在温泽建立大本营，他自己则竭尽全力从两支旧军里建成他打算自己统率的一支新军。有人预料这种行动必会招致激烈的反对；自我否定的法令不仅送到埃塞克斯与曼彻斯特那里，也送到克伦威尔那里。克伦威尔已排除所有这样的顾虑，且很郑重地申明道，就他个人来说，“他的军队曾经受过教育，无论是行军还是停驻，无论是战斗还是放下武器，他们全是服从议会命令的。”虽是这样说，却有几处兵变，尤其是在里丁的军队，那里有埃塞克斯的五个团的步兵，哈特福德郡也有兵变，是从驻有埃塞克斯的八个骑兵营，是达尔比尔上校统率的。斯基庞奉派为新军的少将，他一到来，就靠他粗暴但有效的雄辩本领，把里丁地方的兵变安抚下来。达尔比尔的军队，却未能这样容易地安静下来；伦敦甚至传闻说这些叛兵就要加入在牛津的国王军队；圣约翰向来是粗暴而又是偏向严厉的，他写信给在哈特福特郡的领袖们，劝他们手执利刃出其不意地对付叛兵。好在有几个免职的军官和埃塞克斯自己说好说歹地相劝，达尔比尔终于服从了，前往大本营。其实军人们的不满并不是十分显著，他们轻而易举地服从了新统领。议会发给他们两星期的军饷，下令变卖几个有罪嫌者的已经充公的产业，以应急需。克伦威尔虽然保证过他的军队不叛，竟也叛了，他们宣告不肯在其他将军名下服役；只有克伦威尔才有力量使他们回心转意回到岗位。他一听见他的军队哗变，就立刻说他将要在自己未辞职之先，替议会出最后一次的力。到了 4 月 20 日，组织工作几乎办完了，组织新军并不困难；只有在伦敦有几群结队的已经遣散的军官们闹得久些，他们或要求照发欠饷，或去那里观察事态变化。

国王及廷臣们在牛津怀着满肚子的希望。在阿克斯布里奇议和不成之后，尽管从苏格兰传来极好的消息，查理却觉得颇为不安。他虽然并不急于要讲和，但让主和派在威斯敏斯特占优势却是于他有利的。该党的失败，使他颇恐慌了一阵子。他决定同他的太子查理，即威尔斯亲王（他快到十五岁了）分离，打发他以大元帅名义进入西方诸郡，一面使这几个效忠的郡有一个能够激发他们忠君之心的首领，一面可以将可能威胁王室的危险分散。海德与卡佩尔和科尔佩珀两勋爵奉命陪太子前往，用太子名义指挥一切。到了这个时候，国王的思想绝望到这种地步，以致他同海德谈过好几次，万一他落在叛党手中，会发生什么问题。国王还用间接方式教迪格比勋爵探一探海德口气，倘若到了必要的时候，他肯不肯不待命令，甚至违背命令，决心带太子出国，领他到大陆去。海德答道，“现在不能答复这样的问题，要等到必要的时候才能解决。”3 月 4 日，太子与他的谋臣们向国王告别，此后他们就再也见不到国王的面了。但是一个月后，当牛津得知重新组织议会军队有许多障碍，又听说发生过兵变，又看见几个赫赫有名的将军免了职，保王党又觉得有把握了，高兴起来了。他们不久就只是议论这群乡下佬和讲经的工匠们，说这群傻子把有名望有本领的将军们都驱逐了，而他们的威势是全仗这几个将军的威名和才能造成的。他们反把和士兵们一样的无名之辈，和士兵们一样完全外行的军官抬举起来，做他们的统领。保王党们天天唱歌，说笑话，用一语双关的字眼，讥讽议会与保卫议会的人。国王虽然是一个很严肃的人，却容许自己被这种便宜的论据说服。况且他自己心里还有许多秘密希望，这是由种种的阴谋产生的，这些阴谋连他们最亲密的心腹们也不知道。

快到 4 月底了，费尔法克斯宣布在几天之中就要开战。克伦威尔前往温泽，据他自己说是去吻将军的手，且送上自己的辞呈。费尔法克斯一看见他走进屋来，就说道：“我刚接到两王国委员会的命令，是与你有关的：命令你立刻带领若干骑兵前往牛津与伍斯特之间的大路上，拦阻鲁珀特亲王同国王之间的交通。当天晚上克伦威尔就出发了，在五天之内三次遭遇战（它们是 4 月 24 日在艾斯利普，26 日在威特尼，27 日在班普汤丛林）中打败了保王党军队，攻克布列钦汤（4 月 24 日），新军的别的队伍还不曾行动；他把大捷的消息报知下议院。国王大声喊道：“谁把这个克伦威尔送给我，不论是活的或是死的，我都要！”当下在伦敦大家都为克伦威尔还未曾送上辞职书而感到高兴。

不到一个礼拜，议会就打定主意，不让克伦威尔辞职。战争已经开始了（4 月 30 日）。国王离开牛津，与鲁珀特亲王会师，正在向北方进军，或解切斯特之围，或同苏格兰军打仗，要在那一方面恢复他从前的优势；他若得手，他就有可能随意威胁东方或南方。这时候费尔法克斯正在向西进军，要救那个被太子所紧紧包围的重要市镇汤顿，使之不能拦阻他的前进。5 月 5 日费尔法克斯奉调回去，但是当下只有克伦威尔一方面能够注视着国王的动向。尽管有议会的明令，克伦威尔仍奉派继续统领军队四十天（5 月 10 日）。这时，威廉·布里尔顿爵士、托马斯·米德尔顿爵士和约翰·普赖斯爵士（三个爵士都是立过战功的将官下议员），也奉到同样的委派，也许是出于同一用意，否则就是不愿意叫克伦威尔一个人独享例外的待遇。

费尔法克斯赶快回师；国王继续向北进军。伦敦的人心多少有些镇定下来了，不像往常那样恐慌了，原因不知何在；现在不复有保王军守护牛津了，牛津是在王国中部的打仗的焦点，议会相信那里有他们信得过的朋友。费尔法克斯奉命（5 月 17 日）围攻牛津。[①] 他若攻克这个地方，那就将是一个极重要的胜利；倘若久围不下的话，他将能够从这里出发，向国王所欲攻打的地方进军，不会有敌军拦阻的。克伦威尔同他在牛津城外会了师。

不料他们刚会面，伦敦又惊恐起来，比往前更为紧张。每天都有不利的消息从北方传来；苏格兰军队不但不肯迎头痛击国王，反而向边界后退；有人说是那里因为需要抵抗蒙特罗斯的日益增

① 围城于 5 月 22 日开始。

长的进展，所以不能不退；亦有人说苏格兰军队不高兴，因为议会不愿受制于长老会及异邦的人，所以退兵了。无论是由于什么原因，国王因为占了他们退兵的便宜，就处于较为优越地位，只要走近切斯特的城下就能解它的围；这个地方原是他与爱尔兰交通往来的中点，这里一旦解围，他就易于领兵向东方的几处联盟的郡进军，而这几处过去一向是议会的屏障。无论冒什么危险，议会都要保全这几处地方，使自己不受侵犯。只有克伦威尔能够办到这一点，因为他特别在这一带拥有巨大影响；他原是在这一带地方开始招兵的，况且这里又是他打胜仗的地方。他奉命直接向剑桥进军，负责联盟各郡的防卫。

由于更紧迫的危险发生，不能不调克伦威尔回来。他出发一个星期后就有消息说，1645 年 6 月 1 日查理以猛攻夺了以富裕闻名的莱斯特。在西方的汤顿，新近有费尔法克斯所分出的军队来解了围，不料又被敌军围困了。议会得到消息后，一下子惊惶失措起来；长老会派却得意洋洋。“你们看呀，这就是你们所夸耀的改组的结果；自从改组以来，我们看见了什么呢？想入非非的空谈和几次败仗。国王一日之间就攻克我们几处最好的地方，同时你们的将军却在牛津前面一动也不动，无疑是等待宫廷的女人们吓破了胆，大开城门迎接他。”对此，唯一的答复不过是市政会于 6 月 6 日递一个呈文与上议院，把所有过错推在苏格兰人身上，怪他们按兵不动；归咎于招募新军的迟缓；也归咎于议会既与前敌相距甚远，仍企图遥控军事。呈文要求给将军以便宜行事的大权，要更坚决地威慑苏格兰人，而且要求以从前的兵权交还给克伦威尔。同时，费尔法克斯奉命（6 月 5 日）解牛津之围，前往搜寻国王，不惜一切进行战斗。费尔法克斯在未出发之前，先呈请议会（呈文上有他自己及十六个上校签字），要求派克伦威尔来协助。他说，统率骑兵非此人不可。贵族院迟迟不复，但下议院却批准得很快，有了下院的批准就够了。费尔法克斯立刻通知克伦威尔（6 月 11 日）；全体队伍加速进军；6 月 12 日，有几队议会的骑兵（原是前哨侦察队）在北安普敦以西的地方，出其不意地与国王的一支队伍遭遇。

国王完全没有料到议会军队会到这里来；他得到了牛津被封锁的消息。被围的宫廷害怕了，苦苦求他回来。因此，他只好放弃对北方及东方诸郡的征讨，回来解大本营的围。但是他的自信心并没有动摇；况且蒙特罗斯又打了一场胜仗，这更使他振奋。他写信给王后说道："自从反叛开始以来，我们的局势从来没有像现在这样好。"（6 月 9 日）因此他从容不迫地行军，在路上看见赏心悦目的地方他就逗留不进，一连几个整天进行打猎，而且任凭他的保王党们（他们比他自己还要觉得满有把握），同他自己一样地自由自在。他一听说议会军快到，就撤回到莱斯特，集中他的队伍，在那里等待不久就会从威尔士或西方诸郡开来的队伍。次日就是 6 月 13 日，当用晚膳的时候，他的自信仍是很强，毫未削弱，根本没有想到发动战役的问题。但是有人来报，几队议会的骑兵正在袭扰他的殿后部队。克伦威尔来到议会军中，已经有几个钟头了。国王立刻开作战会议；快到夜半时，虽有几个军官反对，苦劝等候援军，鲁珀特亲王不听，授意大家决定立刻回师，向敌军进攻。

翌日即 6 月 14 日早晨，两军相遇于北安普敦西北的内斯比。在破晓的时候，国王的军队列阵于稍高的地方，处于优越地位。派出侦察议会军情的哨兵，去了两个钟点后回来了，报告说不曾看见敌军。鲁珀特亲王不耐烦，自己前去前哨观察，只带了几营骑兵；事前约定，军队在他回来以前，不得有所动作。他才走了一英里半路，敌军的前锋出现了，大队面向保王军涌来。亲王在慌乱之中，误认敌军正在退却，他就冲向前，打发人去请国王赶快来同他会师，以免敌军逃掉。快到 10 点钟，后面的保王军赶到了，因为前进得太骤，行列有点乱；鲁珀特统领骑兵右翼，立刻冲击议会军的左翼，左翼是由艾尔顿指挥的，他在不久以后成为克伦威尔的女婿。1647 年 1 月 15 日，几乎同时，居右翼地位的克伦威尔骑兵，攻打国王的左翼，这是由北方几郡的骑兵所构成，归马默杜克 · 兰代尔爵士指挥；紧接在后面的居中两队步兵，一队是费尔法克斯与斯基庞率领，一队是国王自将，立刻交锋起来。自有战事以来，还未有过如这次这样迅速地变成全面的苦战。两军几乎是势均力敌；保王党军队陶醉在无根据的自信之中，在阵前发出高呼助威，他们喊的是："玛丽王后"，议会军则带着坚定的信仰，一面进军，一面高唱："上帝和我们在一起！" 鲁珀特同过去一般，第一次进攻总是得胜；艾尔顿的马队在一阵酣战之后被击破；艾尔顿肩上受伤，大腿也被刺伤，并落到保王党手中一个短时间。鲁珀特又犯起老毛病，追敌追到敌人的辎重，不料辎重有炮队保护，他因为要掳掠财物就竭力攻那个据点，反而失去了许多时光。而克伦威尔这方面，同他在马尔斯顿泽地时一样，颇能够控制自己及部下，冲人兰代尔的马队以后，留下两个将官以阻止敌军的集中，又赶快返回战场，两方的步兵正在那里交战。这场战斗打得更凶。国土亲自冲向议会军，初时议会军大乱，斯基庞受了重伤；费尔法克斯力劝他退出战场；他说道："我不退；只要还有一个人站在战场，我就不走"；他命令他的后备队向前挺进。有人一刀把费尔法克斯的头盔打走了；他的卫队长查尔斯·多伊利看见他骑马在战场上来回奔驰，光着头，没有头盔，愿献出他自己的，费尔法克斯不要，说道："没有头盔也没有什么。"他随即对着卫队长指着一队屡攻不退的保王党的步兵，说道："你向他们进攻过么？"——"我攻过两次，我未能攻退他们。"——"好吧，你攻他们前面，我攻他们后面，我们在中间会师。"他们果然在溃散的行列中间会师。费尔法克斯亲手杀死对方一个旗官，把大旗交与他的一个部下；这个人夸口说是他自己夺来的；多伊利听见他如此说，就很生气；这时候费尔法克斯恰巧走过，他说道："我立的战功够多啦，夺旗的功，让这个人拿去吧。"当克伦威尔带着他的马队胜利归来的时候，也正是保王军向各方节节败退的时候。查理看到这种情况就要拼命，自己率领唯一的一支留作后备军的卫队，攻打这个新敌人。号令已经发了，队伍已经动了，有一个苏格兰伯爵卡内沃斯骑马在国王身边跑过，忽然抓住他的马缰，粗声地说，"难道你要死吗？"突然将他拉向右转。与国王最相近的保王党军队也莫名其妙地向右转；别的军队也跟着转，不到一会儿工夫，全队都是背向敌人了。保王党军初时不过是诧异，后来变作恐怖，溃散在平原上，有逃走的，也有拦阻逃走的。查理在一群军官中喊道："站住！站住！"但喊也无益，溃散无人能够拦阻，后来还是鲁珀特带着他的马队回到战场上，溃散才止住了。有许多人围住国王，却全无秩序，疲惫不堪，主意毫无，希望茫然。查理军刀在手，两眼冒火，满脸全是绝望神色，向前冲过两次，很激烈地喊道："诸位！我们再冲一阵，就可以反败为胜啦！"但是并无一人跟着他；步兵向各方分散，拼命逃跑，也有已经被俘的；他们无路可走，只有败退一途；国王带着约二千骑兵，向莱斯特跑去，他的枪炮、军火、辎重、一百多面军旗、他自己的大旗、五千士兵，还有他的内阁全数文件，全落到议会手里。

这次的胜利超过了最大胆的希望。费尔法克斯用安静而平淡的语气，把胜利报告议会，既不牵涉到政治，又不作任何建议。克伦威尔也写了信，却是写予下议院的，因为他就是由他们委派的。他的报捷书的末段几句话说道："这次胜仗，不由其他，而全是上帝之功，光荣只属于上帝，无人能与他分功。将军是坚贞地忠诚地替你们出力的，我所能够给他的最好的表彰就是我敢说他完全归功于上帝，宁死也不愿贪天之功，这才是诚实和成功之路；凡是人力所能尽的勇敢他都曾竭尽其全力。先生，忠实的人们（他指那些狂热虔敬的独立派），这次很忠心地为你们出了力；他们是可信赖的；我以上帝名义求你不要使他们灰心丧志。我愿这次的战事可以使所有与之有关系的人产生感谢与谦仰之心。一个人既为国家的自由而拼命，我希望他为他的良心自由而信赖上帝，也希望你们为他所奋斗的自由而信赖上帝。"

他不过是一名下属军官，不过是议会的公仆，有一些人看到他用这样的腔调告诫人和奖励人，就觉得受了冲撞，但是现在正是在万众腾欢之中，他们的不高兴一点不起作用；当克伦威尔的信到达伦敦那一天，贵族们自己投票议决命令克伦威尔再统领军队三个月（6 月 16 日）。

同时他们又议决，应该利用这次大捷，向国王提出合理的议和条件（6 月 20 日），苏格兰委员们表示同样看法（7 月 28 日）。但是胜利者们丝毫没有这个意向。下议员们置之不答，反而要求全体市民到市政厅，听宣读从君主的行李中找出的文件，特别是国王给王后的信，市民们听了，就可以断定对于和议谈判可以寄托多少信任。费尔法克斯曾迟疑不决，不敢开拆这些文件，但是克伦威尔和艾尔顿驳倒了他的顾忌，而议会却是毫无顾忌的，于是于 7 月 3 日当着广大的人群宣读，得到了令人大吃一惊的效果。人们这才清楚，国王从来就无意讲和，从他的眼光看来，无论什么让步都是不准备算数的，无论答应什么，也并不会真的负责履行的，实际上他只想凭靠武力解决，其目的仍是为了独揽大权；尽管他信誓旦旦地宣言过一千次，实际上他仍是在同法兰西王、洛林公爵以及大陆的所有帝王们，勾勾搭搭谈判条件，请派外兵人英格兰助他。为了要在阿克斯布里奇议和，他好像也答应过称呼在威斯敏斯特的两院为议会，但也不过是有意欺人的，因为他虽以议会的名字相称，却偷偷地反对他自己的官样动作，并命人把他的反对记录在牛津内阁议会的议事册里。每一个市民，在亲眼看过这些文件之后，无不相信它们实在是国王的笔迹；在市政厅开过会之后，议会公布了这些文件。

于是人人大怒；主和派不敢出声了。有人设法阻止这些文件的公布，他们说这是对于家庭秘密的粗暴泄露。他们还问道，这是查理的真正笔迹，这一点可以相信到什么程度。会不会有几件是已经被改头换面，或者其余的被删除而未公布。他们暗示说，议会里面也有几个人并无诚意议和，也是一样地坚决反对和议；但一旦揭穿有人试图过欺骗人民，那么任何解释和任何借口，都再也不能为人民接受了。况且，纵使承认果有上述的事，国王的信用扫地，还是明显的。因此，不讲和则已，若要讲和，还是要同他打交道。现在人人都谈战争了；征兵正在加快进行，收税也很起劲，变卖罪犯的田产，全部军队都领到了饷，所有重要市镇都充分地供给军火。苏格兰人终于应允前进深入王国内地（7月2日）；费尔法克斯看见无逃军可追捕，只好继续前进（6月20日），要在西方诸郡内达到目的，只因牛津之围才逼他暂时放弃他的目标。

这几个郡本来是保王党起事所倚为长城的，现在全改变了；这并不是说公共舆论比以前更对议会有好感，而只是说人心更背离国王。国王虽然还有几团人马在那里，况且几乎全数市镇还是他的；但是现在不如开始时一样，在那里负责作战的不再是为人民所爱的、坚定的、众望所归的那些人，例如哈特福德侯爵、比维尔·格林韦尔爵士、霍普顿勋爵、特里范宁和斯兰宁等等了，那班过去的人物，他们都是国王的不谋私利的朋友，其中有几个已死，其他的人们则受够了的气，满怀憎厌，或被宫廷的阴谋诡计所离间，或成为国王的懦弱的牺牲品。现在取代他们而在国王左右揽权的是两个阴谋家，戈林勋爵和理查德·格林韦尔爵士。一个是保王党中最有名的酒色之徒，一个是其中的最贪婪的角色。他们依附保王党，并不是出于什么原则，亦并非有爱于该党，不过以保王党名义打仗可以有机会使他们满足私欲，并可以压制仇人，实行报复，又可以享福发财。戈林有勇，为部下所爱戴，在战场上既非无将略，亦非不努力，可惜他太过鲁莽，行为及说话太过骄慢，况且他的忠诚也是靠不住的；他早先已经背叛过国王，随后又背叛了议会，好像无论什么时候他都是在那里进行新的反叛。格林韦尔爵士不像他那样枉法乱纪，对于国内的贵族有较大的影响，但为人严厉而贪得无厌。他虽然不是一个无勇之人，却既谈不到无懈可击，至少并不十分坚决。他终日在那里为军队筹军饷，他却并不曾招募什么军队；不然就是筹划军队的出征费用，可是他自己连出征的姿态也未做过。军队及其领导人全发生了改变；这时候的军队并不是挺身而出保卫其感情以及其利益的一个集团。从前的军队和将军们确是轻浮的，然而还是真诚的，从前确是有些放肆，但是肯效忠的；现在的军队则不过是乌合之众，对保王党的主旨丝毫也不关心，日夜胡作非为，人民无法忍受，国家已经被他们的横征暴敛所毁，现在他们的罪行，更令人憎恨。太子，或者不如说太子的谋臣们，出于不得已，不能不使用这种人。他们不是费尽气力去满足他们，就是拼命约束他们，二者都毫无效果。他们有时拼命保护良民以求不受军人之害，有时又拼命劝人民来参军替代这些不良之辈。

他们只管号召，但人民不复响应了；人民不久还要走得更远一些了。有万千的农民聚集起来，自称为“棒民”（clubmen）武装了自己，足迹遍全国。他们并无党见，他们也不曾宣布拥护议会；他们不过要保护他们的乡村和土地，不使它们受任何人的蹂躏，他们不问这些人是用什么名义四处掳掠的，他们有理由拘捕他们。在上一年，在伍斯特郡及多塞特郡也曾同样地聚集过许多人，他们是由于被鲁珀特亲王的暴行所激怒而出来保护地方的。1645 年 3 月间，“棒民”在西方几郡，变成一支永久的、正式的、有组织的军队，甚至是几个乡绅所统领的，其中有几个曾在国王的军队中效过力，常常担任保护生命及财产的任务，以维持秩序与治安。他们同保王及议会双方的队伍和驻防军订立约定，担任供给他们军粮，条件是要求他们不许乱抢，这些“棒民”有时还在双方之间作和事佬，防止相互开火。他们的旗上有一联诗说道：

“你们若抢走我们的牛羊，

我们就一定同你们干仗。”

只要保王党在西方占优势，这些“棒民”就团结起来抵抗他们，他们好像比较倾向于同议会军联合。现在若是有人不肯加入他们以剿灭保王党的话，他们就以放火烧屋来威吓他们，并且邀请在伍斯特郡统领议会军的梅西来同他们一道围攻哈尔福德，保王党就是从哈尔福德出发蹂躏各地的。6 月 2 日，六千“棒民”在韦尔斯地方递上一份请愿书与太子，诉说戈林的种种不是，太子命他们解散，他们仍不肯散。7 月初，费尔法克斯以西方征服者的身份到来；保王党受到威吓，不敢再蹂躏地方了。“棒民”立刻掉转脸来，反对费尔法克斯和他的士兵。但是费尔法克斯手下有一支好军队，饷项及军食充足，他的军人，既能踊跃听命，又能恪守纪律，两个优点，相得益彰。费尔法克斯用温和手段对待“棒民”同他们订立条件，亲自参加他们的集会，一面努力备战，一面答应他们和平。不过几天，战事果然告终。7 月 10 日戈林在索默塞特郡的兰格波特被人乘其不备地袭击，大败了，就任凭残余队伍自由向各方分散。理查德 · 格林维尔爵士把派他为元帅的任命书送还太子，并且倨傲地埋怨说，他是被迫自己掏腰包打仗的。费尔法克斯到达三星期后，新近才在英格兰西部自居为主人翁在那一带横行的保王党们，几乎全部待在几处市镇里闭关自守，费尔法克斯不久就要围攻这几处地方了。

当下无论哪一方的人民都在互相询问：国王在做什么？——不，甚至要问国王究竟在哪里？因为谁也不知道他在哪里。在内斯比惨败以后，国王逃走了，从这个市镇逃到那个市镇，几乎是马不停蹄，有时向北奔，有时向西走，目标是要同蒙特罗斯或戈林会合，逃的方向是根据他的害怕和计划而改变。他到了赫尔福德就决定要往威尔士，他希望在那里征集他的步兵。派遣鲁珀特亲王前往布里斯托尔，自己却前往拉格兰堡，这是伍斯特侯爵府邸所在地，他是天主教派的首领，又是英格兰的首富。秘密的计策使他具有这样的决心，而只有天主教徒才能够在这些秘密计策中帮助他。此外，侯爵三年以来一贯给予国王以无限忠诚的证据，他曾借贷过十万镑给国王，又自己花钱招募两团士兵归他的儿子赫伯特勋爵及格兰摩根伯爵统领。侯爵虽然年老多病，仍然自己指挥在堡内的一队强大的守兵，他以盛大礼仪迎接国王，召集附近地方的贵族，用宫廷的筵宴、打猎、臣下见君王的仪节，及宫廷的娱乐招待他，这个逃亡中的查理觉得可以乘机略事喘息，好似已经恢复了他的自然地位似的。有两个多星期之久他忘记了自己的不幸，自己的危险与自己的王国，一味享受他的久别重来的君主地位。

在西方吃败仗的消息，终于叫他从忧患全无的幻梦中惊醒过来。同时他晓得了苏格兰人已从北方攻取了卡莱尔（6 月 28 日）正在向南推进，意在围攻赫尔福德。他由拉格兰出发去援救戈林，不料当他还没有到达塞文河畔的时候，他的新军的糟糕情形、军官们的不和、还有千百种初料所不及的困难，令他灰心，他就回转到威尔士。当他在加的夫，正在不知道应作什么的时候，他接到一封信，是鲁珀特亲王写给里奇蒙公爵，转交国王看的。亲王认为大势已去，请他议和，无论什么条件都要承认。查理一看见他的体面好像即将丧失，他立刻恢复了他的精力，这是即使他的个人身体安全在危殆中时也未曾有过的。他立刻对他的外甥答复道：（8 月 3 日）“假使我为之奋斗的只是别的事，而不是保卫我的宗教、王位和我的朋友，你的劝告是很有道理的。我承认，如果以一个军人或政治家身份说话，我必须说，除毁灭外我别无其他前途；但是如果我以一个基督徒的身份说话，我必须告诉你，上帝绝不允许叛逆得逞，不许上帝自己的事业被人推翻；无论上帝喜欢怎样惩罚我，他必不会叫我心感不平，更必不会叫我罢手不与仇敌干到底。我必须对我的朋友们郑重声明，凡是在这个时候不舍我而去的人，必须预期并决心为正义而死，不然就预期要受到更加不堪的痛苦，预期由于主持正义而受到专门侮辱好人的叛贼们的残暴给他带来的悲惨生活。上帝在上，我们切勿以这样的种种妄想自慰；你愈想讲和，这样的想法将使我失败得愈早。”为了鼓舞他的灰心的臣下，重新鼓起自己的全部勇气，他立刻离开威尔士，走过驻扎在哈尔福德城下的苏格兰军队旁边，而居然未被敌军看见。他赶快走过希罗普郡、斯塔福德郡、德比郡、诺丁汉郡，平安到达约克郡，号召在北方的所有的忠诚的保王党，与他们一道到蒙特罗斯军中，他同他们一样忠诚，而且仍然打着胜仗。

保王党服从君命，纷纷赶来。国王同他们曾经长期在一起，现在又同他们见面，就在全国激起一片热诚；只一提起招募一支步兵，就有许多人，其中就有庞提弗拉克特和斯卡巴勒两处的守军新近因为绝粮才投降的人，现在他们已获自由，前来投效。三天之内就有将近三千人愿为国王出力，答应可在二十四小时内立刻应召出发。他们现在只等蒙特罗斯的一封信，以便了解是在苏格兰抑或在英格兰同他会师。他们忽然得到消息说，大卫·莱斯利带领苏格兰骑兵解了赫尔福德之围，现时已经到了罗瑟勒姆，离唐卡斯特不过十英里，正在到处找寻国王。内斯比之败，曾给保王党对前景的信心以强大的打击；他们的自信现在却不复能够抵得住临头的危险了。有许多人从唐卡斯特走了，却无人补他们的缺；即使最勇敢的人，也深怕同蒙特罗斯会师已为时已晚；他们现在唯一注意的，只是国王的个人安全。他离开了，跟着他的还有一千五百骑，毫无阻拦地在王国中部穿过，在路上还打败过几支议会部队，于8月29日又进入牛津，现在国王手中只有寥寥可数的士兵，他不知道如何是好。

他到了这里两天，就得到报告说，蒙特罗斯新近在苏格兰大胜，现在不只是在高地上的王国北端的保王党很为得手，蒙特罗斯已经南来进入低地，8月15日，在离古时罗马人所筑的城墙坍塌遗址不远处，一个名叫基尔塞斯的地方，大败了贝利所统领的盟约派军队，这是蒙特罗斯的第七次也是一生最光荣的一次胜利。敌军完全溃散了，附近城邑，如博斯威尔、格拉斯哥甚至爱丁堡，无不大开城门，迎接胜利者；苏格兰议会所监禁的保王党人全释放了，有许多胆怯的首鼠两端的人，如道格拉斯侯爵、安南代尔和林里斯戈伯爵，以及西顿、德拉蒙德、厄斯金、卡内基等勋爵，现在争先恐后地表示效忠国王。议会的领袖们向四方逃走，有往英格兰的，也有往爱尔兰的，最后就是匆匆调回围攻赫尔福特的苏格兰骑兵以保卫他们的本国，有人甚至说当新近莱斯利在唐卡斯特附近出现的时候，他并不是要谋求与国王遭遇，事实上他是在向苏格兰前进，又说保王党恐惧万分，其实是完全弄错了。

查理得到这个辉煌的消息后，他又恢复了勇气，他立刻从牛津出发（8月31日），向前抗击苏格兰军，利用该军失利状况，逼它至少也要撤出赫尔福德之围。当他在路上走过拉格兰的时候，他得到消息说，费尔法克斯刚刚开始包围布里斯托尔，这是国王在西方的最重要城邑；这个地方却是很坚固的，而且鲁珀特亲王用很好的驻防军守城，答应至少也要坚守四个月，所以国王就不甚担心。当他走到一个离赫尔福德还有一天路程地方的时候，他听说苏格兰人在闻知他快到的时候，就解围而去，匆匆地向北方退走。有人力劝他追赶苏格兰人，说他们已经心慌意乱，既疲劳又无秩序，所经之地的人民又都是对他们没有好感的，因此只要频频出击他们，使他们应接不暇，就也许足以毁了他们。但是查理近日太过劳累，这远非他的体气所能胜任；他说他必须往救布里斯托尔。他在等待从西方调回来的军队的到来，于是又回到拉格兰堡。这个地方风景很能迷人，同时也可在这里同伍斯特侯爵讨论他们两人正在会同布置的重大而秘密的计划。

他一到这个地方，就得到了最出乎意料的消息，说鲁珀特亲王一受敌军攻击，就几乎不经一战地弃去布里斯托尔（9 月 11 日），而亲王并不缺乏高堡固垒，也不缺少人马军粮。查理被此吓糊涂了，这是他西方局面的完全毁灭。他写信给亲王说，"外甥，失了布里斯托尔虽然使我受了一大打击，但像你这样弃城而逃，更使我心痛，这不仅使我不再考虑那个地方，且使我的毅力受到空前的严重考验。以血统论，以友情论，你同我是很亲近的人，你竟做出这么样一件卑劣（我姑且用最轻的字眼）的事——我要说的话太多，因此只好不说啦！我唯恐有人责怪我的判断鲁莽，我必须追忆你 8 月 12 日的信，你在这封信里对我担保，若无兵变，你将坚守布里斯托尔四个月；你守了四天么？军中有过类似兵变之事么？我还可以再问下去，但现在我坦白地说，问也无济于事了。我的结论是，在上帝决定如何处置我的情况以前，你还是先行渡海自谋生存为好，我在信内附送一纸出国护照。我求上帝使你明了你现在的景况，并求上帝赐给你赎回你所失去东西的方法。我希望有那么一个比胜利还要可喜的合理时机，能够脸不发红地称我是你的舅父又是你的最忠实的朋友，英吉利国王查理。”

同日，他写信与牛津（亲王已退到了牛津），命大臣们要亲王缴还他的任命状，观察他的行动，并免了威廉·莱格上校的牛津守将之职，上校是亲王的密友。倘若发生什么激变，就拘捕上校，连亲王也可予拘捕；信后还有附笔说道：“你们告诉我的儿子，我宁愿听说他死了，也不愿听到弃布里斯托尔不守那样的怯懦行为。”

国王现时只剩下一条办法，就是与蒙特罗斯会师，这在过去是曾经尝试无效的，况且他必须先领军北进，解救再度被围的切斯特。布里斯托尔既已失陷，那么他唯一希望就是爱尔兰的救兵，但他们只能在切斯特登岸。他在赫尔福德过了一个极其绝望的星期方才出发；越过威尔士群山。他只有走这一条路，才能避开一支议会军，这支军是波因茨少将所统领、专门观察国王一切行动的。国王现时还有约五千人跟随着他，是威尔士步兵和北方的骑兵。他已经能望见切斯特了，这时候议会军赶上了国王的后卫（9月24日，在龙汤荒地）；议会军出发比国王迟，但找着了一条更直更好的大路，所以能够追上他。统领马默杜克·兰代尔爵士。他竭力猛攻，结果逼使国王的队伍纷乱后退。但围城的琼斯上校分开一支队伍自己亲身统领，忽然出现于保王党军的后面，波因茨集合他的人马。国王夹在两支敌军中间，眼见他的最好的军官们在他周围阵亡，不久他自己也只好逃走，完全绝望地回到威尔士，好像被一个不可逾越的障碍再次挡回，永远不能与蒙特罗斯会师了，而他是国王的最后希望。

希望现时已经变成幻想了；在最后十天里蒙特罗斯同国王一样，也是在那里东逃西奔，到处寻觅栖身之地和流散战士。9月

13日，莱斯利在离边境不远的埃特里克森林中的菲利普豪袭击了他，他那时的兵力已经单薄不堪，无力自卫而且根本没觉察到敌人的来临。无论他怎样力图挽回颓势，但手下的高地人仍然纷纷弃他回乡，以便保住他们掳来的财富。有一些贵族，其中就有阿博因伯爵由于妒忌他的战功，也带着部下走了。其他人，如特拉奎尔、休姆、罗克斯伯格这几个勋爵，由于不相信他会走好运，所以虽然曾答应在先，现时也不与他在一起了。不论蒙特罗斯本人如何英勇善战，策划高明，但他遭到小人们的忌恨，又未能使懦者感到有所保障。况且他为人喜爱排场，又好夸口，这都有损于他的影响；他的军官们很忠诚地为他出力，他的士兵们很热心地替他打仗，但他却未能在他的下属身上产生同样的效果。况且他的力量本无基础，而只是以他的胜仗作基础。审慎的人日益增多，他们很诧异地望着他，把他看作一颗空中的流星，可惜只有一个一纵即逝的前程。一次败仗就足够使他的全部胜利烟消云散；在他打败仗之后，一夕之间苏格兰的征服者变成了一个无耻的歹徒。

查理听说蒙特罗斯失败，他放跟四望，心惊胆破，完全不知道他的希望在何方。他现在连谋臣也寥寥无几了，最聪明的如卡佩尔勋爵、科尔佩珀、海德等人，他已经派去辅助太子，现在几乎只剩下迪格比勋爵一个人，此人还像过去一样有冒险精神和自信心，不断地想出导致失败的计划。尽管他的热心是出于至诚，但他所最注意的仍还是要保持他的势力。有一次，国王想退到安格尔西过冬，这是在威尔士海边的一个岛，与爱尔兰靠近，又是一个易于坚守的地方。大家很容易地使国王相信，他现在还拥有很坚固的地方如伍斯特、赫尔福德、切斯特、牛津及纽瓦克等等，何必这样的弃国而去？人人都倾向于驻在伍斯特，可是这是大大不合迪格比的胃口的。他是鲁珀特的仇敌，这是人所共知的。据说亲王将布里斯托尔弃守之后，激起国王愤怒并严责他的这个外甥的，就是迪格比。迪格比很晓得鲁珀特的积愤未消，肯定会要求面见国王，剖白他自己，以报前仇。现在镇守伍斯特的就是鲁珀特的兄弟莫里斯王子，若是国王驻在伍斯特，鲁珀特就更容易如愿以偿了。在国王可以选择退居的许多地方中，唯有纽瓦克最不利于鲁珀特，因为他在这里最难得见到国王，哪知国王偏偏决定往纽瓦克，国王的左右无不大为诧异。

鲁珀特亲王不久就得到这消息，他不顾国王的禁令，立刻前往纽瓦克求见国王。查理仍说不愿接见他，但是迪格比勋爵还是愈来愈不放心。这时突然流传一个消息，不晓得是有意传来的抑或是偶然的，说蒙特罗斯反败为胜，打败了莱斯利，现在正在边界上。国王不再打听虚实，就同迪格比及二千骑兵，第三次尝试同蒙特罗斯会师。哪知国王错了，不久他就晓得他弄错了，他们进军两天后得到确息说蒙特罗斯手下并无一兵一卒，目前仍然在高地上漂泊无归。国王无奈，只好计划回纽瓦克，迪格比也承认只好这样做。但他打定主意不回该地以冒与鲁珀特见面之险，他就劝国王无论付什么代价必须送援兵与蒙特罗斯，他自己担负送援兵去的任务。他们分手了，迪格比带领一千五百骑兵（几乎是国王手中的全部残余军队），连日往北行进。查理回到纽瓦克，手中只剩了三四百骑兵，现时这就是他的全部人马，他的管理寝宫约翰·阿什伯纳姆就是他的内阁。

查理一到，就听说鲁珀特在离此九英里的贝尔沃堡，与他的兄弟莫里斯在一起，还有一百二十个军官作护卫。查理因为鲁珀特未曾奉过他的命令就走到这样近的地方，本已经很生气，就打发人去告诉鲁珀特，若无他的命令，不许再前进一步。亲王不予理会，还是前进，有许多纽瓦克的驻防军官及守将理查德·威利斯也去迎接亲王。他到后并不经通报，就同他的部下直接晋见国王，说道："陛下，我来报告布利斯托尔失陷情形，且要洗刷我所受到的毁谤。"查理十分生气，又不知怎样才好，几乎不答理他。其时正是用晚膳的时候；亲王的护卫退出，王族们坐下进餐，国王与莫里斯交谈，与鲁珀特却不交一言；晚饭吃完，国王退入他的屋里，鲁珀特与守将同住。翌日，国王却允许召集军事会议，讨论几点钟后，就发出声明说亲王既非无勇，也非不忠，可是无论亲王怎样请求，再也不能在这两点以外，从君主口中得出再多的话了。

这一点不能使亲王及他的部下满意，他们在纽瓦克逗留，尽情地发泄怒气。国王设法禁止驻防军队的人数过多，守城军只有二千名，而将、校级军官却有二十四名之多，仅是他们的供应就几乎吸收了本郡的全部献款，附近地方的乡绅们，即使其中最忠诚的，也痛恨守将。查理决计免他的职，但为顾全面子起见，给他一个在身边左右办事的任命。国王就告诉他，派他当他的护骑上校。威利斯不肯当，说道人民会把他的超升当作是降级，又说他太穷，不能当宫廷的差使。国王打发他出去，说道："我将设法。"当日吃午餐的时候，查理正坐下，就有守将理查德·威利斯爵士、两个亲王、杰勒德勋爵以及守城军的二十个将校军官突然走进来。威利斯说道："陛下今早同我私谈的话，现在整个市镇都晓得了，使我的面子很下不去。"鲁珀特说道："理查德爵士失官，并不是因为他有什么错，不过因为他是我的朋友。”杰勒德勋爵说道：“这全是迪格比勋爵的阴谋，他自身就是一个大逆不道的人，我敢作证。”

查理很为惊诧，站起来，向他的私室走了几步，教威利斯跟随他。威利斯答道：“陛下，我不来。我受了公开的伤害，我希望得到公开的报偿。”查理听见这两句话，就不由自主的面色变作苍白，大发雷霆，对着他冲过去，用大声与威吓的态度说道：“你走开，不要再走近我。”他们也为之震惊，都匆匆地走了出去，回到守将家里，吹号上马，二百名保王党骑兵就此离开该镇。

全体驻防兵，全体居民，赶快对国王表示他们的忠诚和尊敬。到了晚上，那些不满分子，打发人来要护照，求国王不要当他们这种举动是反叛。国王说道：“我今天且不用这个名称，但是这种举动看起来却很像反叛。至于护照，他们要多少就给多少。”他看见这种情景，心里正在很不安的时候，又听到消息说迪格比勋爵带兵前往苏格兰，被一支议会军在舍伯恩打败（这是 1645 年 10 月中的事）。保王党军全散了，无人晓得迪格比往哪里去了。所以北方既无军队，又无希望了。纽瓦克现在也不安稳了。波因茨的军队开过来，陆续占据了全部的附近地方，对纽瓦克的包围日见紧密，国王是否能够突围，已经成问题了。11 月 3 日晚上 11 点钟，有几个团的残余保王党军队，共约四五百人，聚集在市场上；国王出来，指挥着一个骑兵营，往纽瓦克出发，在往牛津的大路上走。查理已经剃了胡子，在他所走的路上原驻有两小支的保王党守军，已经得到他的计划。他日夜行军，才很困难地躲过了敌军。1645 年 11 月 6 日他又到了牛津，以为自己得了解救，因为这里又有了他的内阁，他的宫廷，过他平常的生活方式，且可以稍事休息了。

不久他又郁郁不乐了。因为当他飘游无定、从这一郡往那一郡、从这个市镇到那个市镇的时候，费尔法克斯和克伦威尔都不怕他，而且知道波因茨的军队足以对他进行骚扰，费尔法克斯和克伦威尔已经在西方继续获胜。在不到五个月中，他们攻克了布里奇沃特（1645 年 7 月 23 日）、巴思（7 月 29 日）、舍伯恩（8 月 15 日）、德维柴斯（9 月 23 日）、温切斯特（9 月 28 日）、贝辛豪斯（10 月 14 日）、梯弗顿（10 月 19 日）、蒙默思（10 月 22 日）等十五处重要地方。他们对于愿意商谈的驻军便毫不犹疑地给他们体面的投降条件；遇有不大肯迁就的，他们就立刻予以猛击。在一个短期时间，"棒民"使他们不甚放心，克伦威尔有几次同他们说好话要解散他们，后来却发现自己不得不攻打他们。他对他们发动突然而猛烈的进攻，一打就收，娴熟已极，并随机应变，有时宽以济猛，有时猛以济宽。议会接受克伦威尔的意见，宣布所有这样的结合为叛逆（8 月 23 日）；有几个领袖被拘；军队的谨严纪律，重新使人民安心，"棒民"不久就不见了；当查理再回牛津的时候，在西方的保王党的地位濒于绝望，翌晨（11 月 7 日）他写信给太子，命他准备渡海前往大陆。

他自己并无计划，他不知如何是好。他有时非常痛苦，有时要寻求休息，以忘掉他自己已完全无能为力的感觉。但他又请内阁替他想个权宜之计，一件可望取得好效果的办法。现在别无他计可想：内阁提议送一信给议会，要求发给通行护照以便四个人前去商谈条件，国王不加反对就照办了。

议会此时无意讲和，比过去任何时候都不想讲和。有一批议员离议会投效国王之后，现在刚刚有一百三十名议员进入议会，补了他们的缺。补缺的措施耽延了许多时候；最初是由于谨慎，后来是由于难办，最后是有意如此拖延，后来还是由于独立派要求，才肯补缺。独立派急于利用战场上的胜利，以加强在威斯敏斯特的该派势力。在进行新选举的时候，他们开动全部机器，一个接一个地任命，甚至或是拖延任命，或是提前办理，完全看时机是否有利而定；而且暴力与奸诈并用，这是凡得胜而又处于少数地位的人们都喜欢使用的手法。独立派有几个人在不久之后就出了名，现在他们都进入议会了一他们是费尔法克斯、勒德洛、艾尔顿、布莱克、西德尼、赫钦森和弗利特伍德。但是各处的选举结果不尽相同：有许多郡所选的人，虽然是反对宫廷的却与闹宗派无缘，他们是法律、秩序及和平之友。但他们都无经验，彼此无联络，无领袖，对于把自己投身到他们过去的长老会领袖们门下不感兴趣，何况这些领袖中有些人已经丧失了他们的正直、干才及精力充沛的令名。这些议员不甚引起人们注意，亦无多大影响；补足缺额的第一件效果，就是授予独立派人士以更大的权力,使他们行事更为大胆。从此以后,议会所定的法令就更为严峻。有人断定，当国王的委员们驻在伦敦的时候曾在那里制造许多煽动人民的阴谋，于是决定（8 月 11 日）不招待更多的委员，不再谈判条件，由议会把他们的诸多建议作成议案，请国王采用或拒绝，就当他如同仍在白厅一样，照着按部就班的习惯进行。太子于 9 月 20 日表示愿意在国王与人民之间进行调停，费尔法克斯转达太子的信息给议会，他说：“我认为，我们有责任不去阻止你们的这位年轻和事佬的希望之花绽开。”结果他连复信也没得到一封。克伦威尔统领军队的期限快要到了。于是展期四月，却不曾指出什么理由（8 月 12 日）。于是加倍地严酷对付保王党；先前曾有一条法令规定，在保王党的财产充公以后，仍拨给五分之一赡养其妻子；现在取消了这条法令。又有一条法令（贵族院反对了很长时期），规定变卖主教们及保王党人的很大部分的产业（9月13日）。在军营里，在打仗的时候，也发生过同样的革命。凡在英格兰拘获的武装的爱尔兰人，杀无赦（10月24日）。爱尔兰人被枪毙者达数百人。若未被枪毙，他们就被背靠背地捆成一对对，扔到海里。就是在英吉利人之间，也不是从前那种表示互相容忍互相礼敬了。互相忍让是最初打仗时的特色，那个时候，尽管彼此兵戎相见，但两党人的教养与风习大致相同，习惯相同，其爱好和平亦相同。现在在议会队伍里头，几乎只有费尔法克斯仍然保持这种优美的人道主义；然而在他左右的军官们及兵士们，一群勇敢和善战的暴发户们，举止却是粗野的，要不然就是些心肠狠毒、性格猛烈的狂徒，他们不想别的，只想打仗，对于保王党并无别的考虑，一心只想把他们当作仇敌，要加以消灭。保王党方面则因为被这样粗俗的仇敌所挫败，实在不甘心，只好用越来越带侮辱色彩的挖苦词、俏皮话和歌曲来报复，聊以自慰。因此仗打得很厉害，有时且极其残忍。彼此互相藐视与互相仇恨的人打仗就是这样。议会本来与苏格兰人误会甚深，一向都是抑制着不曾发作，现时却是毫无节制地爆发了。苏格兰人抱怨说，不曾支付他们军饷；议会诉说，同是同盟的军队，为什么所到之处乱抢乱夺，如同敌军的行为一样。总之一句话，无论在什么地方都是越闹越凶，仇恨越来越深，措施越发残酷，越发坚决，不容许有达成和平的机会。不要说永远停止演变得如此之快速的事态是无望的，连暂时停战也办不到。

国王求和的试探被议会拒绝了，谈判和约的人也得不到通行证。国王又两次打发人来求和，仍然无效；议会告诉国王说，他的廷臣们从前在伦敦市所制造的阴谋使议会不能让他们回来（12月26日）。查理愿意自己亲身来威斯敏斯特同议会磋商和约（12月26日及30日），虽经苏格兰人力劝，议会仍如过去一样，不让国王前来议和（1月13日）。查理于1月15日再度要求谈和，他并不指望有什么成功，而不过想在主和的人们心目中，贬低议会信用。但是国王的仇敌们新近找到了更有把握的贬低君主信誉的新方法。他们郑重地宣布他们终于找到了国王玩弄两面手法的证据；说他刚才同爱尔兰不仅成立停战的条款，而且订立了同盟的条约，说有一万名爱尔兰叛党归格莱摩根伯爵指挥，不久就要在切斯特登陆；说这种不光彩的帮助的代价，就是完全取消其反对天主教徒的种种法规，准许他们享受礼拜的完全自由，承认他们有权享受他们所占有的教堂和田地；换言之，这就是爱尔兰天主教胜利了，而基督教完全失败了。1645年10月17日在斯莱戈城下打了一场小仗，驻图姆的大主教，原是一个叛党的领袖，偶然在战役中被杀，就在他的马车里找着一份和约，还有与和约有关的几封信。两王国委员会收藏这几件文件已有三个月，以待紧要当口之用。现在送与议会，议会立刻命令予以公布。

国王完全手足无措了；事实是确实的，不，议会还不晓得其中的全部情形呢。查理自己亲自谈判这些条件，已经几乎有两年了，他的左右，他的内阁，都完全无所知，奥蒙德侯爵原是他在爱尔兰的副手，虽然国王信任他的热诚，况且若无他帮助，国王是寸步难行的，但国王却对奥蒙德也瞒过了此事，有许多要点不曾给他知道。只有一个人知道全部机密，这个人是一个天主教徒，赫伯特勋爵，伍斯特侯爵的长子，他自己新近才受封为格莱摩根伯爵。伯爵为人勇敢、大度，做事无所顾忌，满腔热忱地效忠于陷入危险的国王，且效忠于他的受了压制的宗教。他往来不停地奔走于英格兰及爱尔兰之间，或奔走于都柏林与基尔肯尼之间。奥蒙德所不肯做的事他都揽承起来，只有他一个人晓得国王可以让步到什么程度。查理同新近来到爱尔兰（1645 年 10 月 22 日）的教皇大使林努齐尼有许多重要信函往来，是伯爵居间传递的。国王与教皇的信函往来也是他从中传递的。总之一句话，国王曾亲手签署一件公文，授权他（这件秘密只有他们君臣两人晓得）可以放手给予爱尔兰人无论什么条件，只要可以取得他们的有效的帮助，无论这许多让步怎样的不合法律也不碍事。国王保证认可并批准一切，只要不走漏消息，要等到有一天国王能够有效力地承认合约时，才好予以全部宣布。这个条约是 8 月 20 日订立的，格莱摩根还在爱尔兰急于催促此约的履行。这就是他频繁往来的秘密，国王在拉格兰堡久住，伍斯特侯爵住在那里，都是为此。况且国王有时在逆境中半吞半吐地表示出的神秘的希望，也是因为有了这个条约。

他们几乎同时在牛津与都柏林听说伦敦已知道了这个条约。奥蒙德立刻就明了，这对于国王的奋斗事业以及他的左右将会是多么厉害的打击。不论是如他所说，他确实不知道查理曾经授权作这样的让步，还是他想给他自己以抵赖一切的机会，总之他立刻命人拘捕格莱摩根（1646 年 1 月 4 日），责他越出权限，给叛党以所有法律都不能给予的利益，以致陷国王于极为不利的地位。格莱摩根始终不变地忠于国王，一言不发，不曾交出他手中的有“查理”签字的秘密指示。他甚至说，凡他认为适合于以国王名义应允的事，国王并不受一定批准的约束。国王赶快用一纸声明致议会（1 月 21 日），又备公函致送都柏林的政事会（1 月 31 日），否认他曾授格莱摩根以大权。据国王说，格莱摩根除奉命募兵，以及襄助爱尔兰总督工作外，别无其他任务；但是双方面动不动弄虚作伪，已成为一种古老而无用的习惯；没有人，甚至连老百姓都不再会受其骗了。过了几天（2 月 1 日），就释放了格莱摩根，他又用与从前相同的条件，谈判这一支爱尔兰军队到英格兰。议会投票议决，说国王自我辩护的理由不充足（1 月 31 日）。克伦威尔最后一次蝉联统领军队。查理发现，他自己必须再一次在战争中求生存，好像他还有能力能够继续打下去似的。

他现在手中只剩下两支人马了；一支在康沃尔，归霍普顿勋爵统领，一支在威尔士边界上，由阿斯特利勋爵统率。快到 1 月中旬，威尔斯亲王（仍然是西方的镇将，却已被戈林和格林韦尔两勋爵所抛弃），他召从前在那里带兵甚久的霍普顿勋爵来，劝他统领残余的军队。霍普顿说道："殿下，现在有一种新风气，人们若不愿意接受别人的委派，就说这不利于他们的荣誉，因此他们的体面不容许他做这件事或那件事。以我而论，我若在这个时候服从殿下的命令，就无异于决心要丧失我的荣誉；但是既承殿下不弃，以命令加身，我谨奉命，即使丧失荣誉也在所不惜。"他于是统领七八千人。但是他不久就被部下的士兵所鄙视，正如他憎恨部下的横行不法一样。其中真正勇敢的人还受不了他的纪律与他的严密监督，因为他们在戈林麾下，一向习惯于较少麻烦而又更多有利可图的战争生活。费尔法克斯仍然忙于征服西部，不久就来攻打他们。2 月 16 日，霍普顿在康沃尔边界上的托林顿地方，打了一个败仗，虽然不算大血战，却是一场不小的灾难。当他从这一个市镇退到那一个市镇的时候，他尝试招募新兵，却无效果；他既缺军官，又少士兵。他说道："自从我担任统率这支军队的时刻起，以至他们溃散的那个时刻止，还从没有发生过命令一帮人出战，而只有一半应命的事，也从未有过从下令以至出阵，要耽搁两点钟之久的事。”费尔法克斯向他这边进军，越逼越紧。霍普顿带了一小队至今仍忠于他的人马，不久就被逐到地角（Land’s end)。他在特鲁罗听说本地人因为厌战，正在筹划逮捕太子献与议会，以结束战争。不能不走的时候到了；太子带同他的谋臣们登舟，不过只退却到仍在英格兰的领土内的锡利岛，从那里还可以看见海岸。霍普顿放心了，本想再打一场，看有什么效果，但是他的部下们大嚷大叫，要他投降。费尔法克斯给他体面条件，他仍是闪躲拖延；他的军官们宣告，如不允许，他们就不要他过问，直接就同敌军谈条件了。他说道：“既是这样，你们只管商量投降，却不要代我谈判。”他与卡佩尔勋爵都不参与投降事宜。签了条款之后，军队就解散了。这些贵族们登舟，到锡利岛去和太子会合。国王在西方现时只有很少几处无足轻重的守军了。

阿斯特利勋爵所遭遇的命运亦不见佳；他率领三千人在伍斯特，国王命他带兵来牛津，国王自己则领着一千五百骑前去迎他。他想召集足够的人马，以候爱尔兰援兵，他现在仍然期望那里的援兵到来，不料在他们会师以前(3 月 22 日)，阿斯特利已被威廉·布里尔顿爵士和摩根上校统领一支议会军在格洛斯特郡的斯托地方追上，因为议会军窥伺他们的动静已有一个月了。保王党大败；阵亡及被俘的有一千八百人，其余全数溃散了。阿斯特利在拼命抵抗之后，仍然落入敌人手中；他年老了，仗打累了，步履艰难。士兵们为他的白发与勇气所动，拿一面鼓来，请他坐下休息；他坐在鼓上，对布里尔顿的军官们说道：“诸位先生，你们已经把事情办了，现在可以去玩耍啦，除非你们愿意自己闹起分裂来。”

事实上，查理剩下的唯一希望就是仇敌们自相火并。他赶紧尝试挑动他们。在降格相从，拼命联络几个长老会领袖的同时，他早已同独立派有密信往来，尤其是对哈里·文，不但表示热心异常，而且是阴谋层出。就在斯托之役之前，国务大臣尼古拉斯曾写信与哈里·文，求他设法使得国王到伦敦来，亲自同议会谈判条件，并同意如有必要让长老会的教派胜利，那么保王党就将同独立派联合，以扫除这样的霸道专制，保全彼此的自由权利。哈里·文是怎样答复这封信的，无人知道；但是阿斯特利打败仗之后，国王曾写信与哈里·文，说道：“请你完全放心，一切将照我所答应的履行。看在老天面上，请你赶快替我帮这个忙，不然就来不及了；我在看到我得到它的果实时，已经死了。我用不着把我的种种需要告诉你，但假使我必要这样做，我深信你将不顾其他一切考虑而满足我的愿望的。我所要求的不过如此，请你相信我，我将充分报酬你的功劳，我说完了；我若于你接信后四日内不见回信，我就不得不另行设法，上帝引导你！我已尽了我的责任了。”同时他写信给议会，表示情愿遣散他的全部队伍，大开所有他的驻防军所在地方的城门，而他则仍旧回到白厅居住（3月23日）。

议会得到这个建议，又听说国王或许并不等候回信就会径来伦敦，就极其惊慌。不论政客们或狂徒们，也不论长老会派或独立派，大家全晓得一旦国王到了白厅，本城的闹事造乱的对象就不再是国王了。人们一致打定主意，不能再坐待国王的摆布了。他们为了抗拒如此巨大的危险，就使用最最激烈的措施；于是下令，国王若来伦敦，不许人们前去迎接，不许人们走近他，亦不许给任何人以接近国王的途径。管理民团的委员会奉命阻止任何公共集会，拘捕所有与国王同来的人，并防止人民成群结队去见国王；若遇需要，还得保护他的人身安全，免受一切“危险”（这是他们的说法）。凡是天主教徒、保王党、免职的军官、受雇替人打仗的士兵，凡是反对过议会的人，一律奉命在三天之内离开伦敦（3 月 31 日到 4 月 3 日），最后就是成立一个军事法庭，凡是直接或间接与国王通往来的，凡是没有护照而从国王的军营或国王所占的市镇前来的，凡是收留或隐藏曾经执武器反对议会的人的，凡是有意放走俘虏的，杀无赦。自从有议会法令以来，还从未有过这样严酷的。

哈里·文未复国王的信，即使答复，也是无效果的。

当下费尔法克斯的部队以强行军前进，以图围攻牛津，已经有雷恩斯巴勒上校的队伍，及其他两团人马，驻扎在牛津城在望的地方。国王同雷恩斯巴勒谈判条件，只要上校肯承诺立刻领他到议会，他就把自身交给他。雷恩斯巴勒拒绝这样的条件。再等几天，封锁就能够完成，无论围困多长久，结果是万无一失，国王一定会落在他的仇敌们手中成为战俘。

只有一处可能藏身的地方了，这就是苏格兰人的军营。最近两月里，法兰西公使蒙特利尔先生，与其说遵奉马札林的命令，不如说是被查理的困苦所感动，已经在努力设法替他找到这所最后的避难所。公使初时被驻在伦敦的苏格兰委员们所拒绝。他也去过爱丁堡一趟，知道苏格兰的议会是不会答应的，最后他就对围攻纽瓦克的军队的几个长官谈话；他们倾向于同意，他就认为他自己有充足的理由，可以用法兰西国王的名义及保证，向查理作出允诺（4 月 1 日），说苏格兰人愿将他作为他们的法定国王招待他，愿保护他及他的亲族免受危险，甚至还愿竭力同他合作，奠定和平。但是苏格兰军官们的犹豫与他们的翻悔（他们虽愿意救护国王，却不愿同议会争吵），不久就使蒙特利尔明白他是太过相信苏格兰人了，他赶快打发人去牛津，说明他的错误。但是由于时迫事急，查理以及蒙特利尔自己被逼得顾不了那许多了。王后从巴黎与她在苏格兰军中的代理人常有书信往来，力劝查理信任苏格兰军队。在后来几次商议中，军官们曾对蒙特利尔作出一些许诺。他就告诉国王，但加以声明，说这是危险的步骤，若仍有别处可以安身，还是不如往别处躲藏为好。却又说国王若不能找着别处藏身之地，他将发现，在苏格兰军中，至少为他本人，是充分安全的。

无论怎样，查理不能在这个地方再等了；费尔法克斯已经到达纽伯里，三天之内就可以把该地完全包围了。4 月 27 日晚夜半，国王只带阿什伯纳姆和一个教士，即赫德森博士，博士熟悉路径，国王骑马，扮作阿什伯纳姆的仆人，背后有他们三个人的共同的衣包，离开牛津。因为要给所有的监视人造成假象，三人同时各从一门出城。国王走在通往伦敦的大路上。他到了哈罗山的时候，望见了自己的都城，站一会儿，苦心焦虑地思考，他应否就去伦敦，重进白厅，突然地出现于伦敦市，在那里近日人心对他有了好感，颇趋向于他。但是此人最不善于作出千载一时的大胆的非常决定，这是因为他心神最欠镇定，特别是害怕这会带来损害他的国王的尊荣的任何可能。他迟疑了几个小时，他从伦敦方向掉过头来，往北前进，走得很慢，又是漫步，好像仍然未曾打定主意似的。蒙特利尔曾答应来莱斯特郡的哈尔巴勒接应他，但他却不在那里。国王感觉不安，就打发赫德森去找他，转向东方的几郡，从这个市镇到那个市镇，从这个堡寨到那个堡寨，多半是沿着海岸走，不断地改变装束，到处打听蒙特罗斯消息，他很想到他那里。但对于他，这件事未免太过麻烦，又使他很不耐烦。赫德森回来了，情形没有改变：蒙特利尔仍然答应替他在苏格兰军营中找一个虽然不太舒服但仍是一个安全的栖身之所。查理最后打定主意，一半是出于自己的选择，一半也因为实在已经劳顿不堪。5月5日，在他离开牛津后九天，蒙特利尔一早就引导他进入克尔罕姆，这是苏格兰人大本营。

利文伯爵和他的军官们看见是国王，就装出极其惊诧的神色；于是立刻把国王到达的消息，告诉议会的委员们；并立即发出紧急文书告诉爱丁堡和伦敦。军官们及士兵们对于国王深表敬意；但是到了晚上，在向他表示应有的崇敬借口之下，在他门口安置了牢固警卫。因此，当查理想摸清自己所处的地位，试图颁发当晚的口令时，利文伯爵说道："请陛下恕我无罪，我是这里的年资最高的军人，陛下还是让我执行那个责任吧！"

第七卷　1646至1647年

独立派的焦虑和阴谋——国王在纽卡斯尔逗留——他拒绝议会的提议——议会与苏格兰人谈判条件，要他们交出国王并退出英格兰——苏格兰人同意——国王被带到霍姆比——议会与军队忽然发生不和——克伦威尔的行为——他设法把国王从霍姆比送往别处——军队向伦敦前进，弹劾十一名长老会领袖——他们退出议会——国王住在汉普顿宫——军队同国王谈判条件——伦敦市起事，主张议和——两院有许多议员退入军队中——军队送议员们回伦敦——长老会派失败——共和党与平等党——士兵们怀疑克伦威尔。兵变，士兵反对军官——克伦威尔的干才——国王恐慌——国王逃往怀特岛。

伦敦于5月2日获知国王已离开牛津，却并无迹象表示他在哪里或往哪里去了。有人谣传他躲在伦敦市，于是又声明，无论何人窝藏他都杀无赦。费尔法克斯送信来说，国王往东方走了。于是打发两个可靠的军官罗素上校及沃顿上校去找寻国王，无论他在哪里，亦无论在什么情况下，一定要找着他。议员们与保王党们都深陷于同样心神不定之中，只好耐心地等待着，议员们带着恐惧等待，保王党带着希望等待。

5月6日晚，终于有消息到达，说国王在苏格兰军营里。翌日，下议员们投票决议，只有议会有权处置国王个人，应该立刻将他领到沃里克堡。贵族们拒绝批准这个议案；他们却赞成命令驻扎在纽瓦克附近的波因茨监视苏格兰军队的行动；费尔法克斯奉命遇有必要时立即出发。

但苏格兰人方面却愿意走开。他们就在国王到达的那一天接到国王的命令，叫镇守纽瓦克的贝拉西斯勋爵，开门让他们进城；他们放弃这个市镇，送给波因茨，过了几点钟后，他们把国王放在先锋部队中，向着自己国界上的纽卡斯尔前进。

独立派怀着满腹焦愁与怒气。在过去的一年里头，他们诸事无不顺手；他们是军队的主人翁，处处打胜仗，又通过这些胜利，在人民心目中留下很深的印象。所有当时的奋发有为之士，立有雄心壮志的人，抱有高超希望的人，急于追求富贵的人，心存侥幸进取念头的人，或正在酝酿什么经国大计的人，都投到他们的麾下。天赋奇才也唯有在独立派中才可求得位置与权利。米尔顿此时还年轻，但已经以才高识广闻名于世，刚刚开始以前所未闻的高贵文风，要求信教自由、言论自由以及离婚的以利；长老会的教士们为他的敢说敢道激怒，在议会控告他，不料告也无效，就宣告议会容忍这样的著作就是犯罪。又有一个非常之人名叫约翰·利尔伯恩，他已经以他的激烈反抗专制暴政而闻名。他开始进行不懈的斗争反对贵族、法官和律师；他的名字已经得到大声喝彩的群众的拥护。不奉国教的信徒们与独立派相联合，人数和自信心日益增长，因此，待到长老会终于从议会得到认可，承认长老会是只此一家的官方教会，也于事实毫无补益。独立派有律师们及自由思想家们协助，成功地维护了议会对于支配宗教事务的无上地位；而长老会派的措施如此被削弱以后，就只好比较迟缓地实行了。当下独立派的党魁们的个人运气是蒸蒸日上的，特别是克伦威尔；当他们从军中来到威斯敏斯特的时候，议会用庄严隆重的礼仪欢迎他们；当他们回到军中的时候，议会又将钱财、田地、礼金和官职，大量送给他们的亲友，这就说明他们的势力何等雄厚和普遍。简单一句话，无论是在伦敦或在各郡，也无论是在政治或宗教方面，在利益或观念上，社会动向明白地显示有利于独立派。正当他们如此得意发达的时候，正当大权探手可得的时候，他们忽然发觉面对丧失一切的威胁；因为一旦国王与长老会派联合起来以反对他们，他们的一切就会化为乌有了。

他们用尽全副力量来抵挡这样的打击，假使他们能够自由凭他们的冲动行事的话，他们或许会立刻派兵去打苏格兰人，用武力捉到国王。但是尽管他们在新选举里头是胜利者，但他们在行动上不得不更加小心；他们在上议院位居少数，在下议院也只占朝不保夕的优势，目前所依仗的只是新议员的缺乏经验，而并非由于得到他们的实在好感。他们依靠的是间接措施，他们谋求以各种方法，大胆的或狡诈的秘密或公开的方法来激怒苏格兰人，挑起人民反对他们，希望导致分裂。小军官在伦敦城外拦阻苏格兰的信使，截留他们的公文，苏格兰人申请惩办这些小军官，也不予理会（5 月 9 日）。北方诸郡纷纷递呈文控诉苏格兰人勒索、横行、蹂躏人民。市长福特用本市的名义为苏格兰人进言，并要求制裁扰乱宗教及政治的新异端（5 月 26 日）。贵族们致谢市政会，但下议员们连几句简单的、干燥无味的答复也不给。这里还剩下为数不多的几团人马，原是埃塞克斯的残余军队，在这些军队中长老会派的情绪占优势；此外还有些军队，有一旅驻扎在威尔特郡，是梅西少将所统领的，他是格罗斯特的勇敢守将；有人对于这些军队说了许多不满意的话，后来只好将他们遣散了。独立派无论在议会或在报纸上，或在会场公众地方，尤其是在军中，一提起苏格兰人，无不任意加以侮辱；一会儿当着众人愤怒的时候，指出苏格兰人的贪婪，一会儿又挖苦他们鄙吝，用一种笨拙却有效力的诡计，利用国人的成见，以及群众对苏格兰人的不信任。他们巧妙地不放过任何机会来激起人民的愤怒和藐视，以反对苏格兰人。最后，下议员投票议决：现在用不着苏格兰军队了；先付给他们十万镑，并发表声明问他们还欠多少，请他们回到苏格兰去（6 月 11 日）。

这几个办法并未得到所预期的效果，苏格兰人既不表示难堪亦不表示恼怒；但是他们的举动却是迟疑的，这却更合他们的仇人的心意。愿意为国王出力的领袖们，迷惘到了极点。查理为搞两面手法，这是不可救药的，因为他认为对待反叛的人民不必讲什么信用，现在他一面求他们帮助，一面却想方设法毁掉他们。在离开牛津的前几天，国王曾写信与迪格比勋爵说道："我要诱致长老会派和独立派与我联合，以借此叫两派互相消灭，我是决不放弃这样干的机会的，那样一来，不久我又是国王了。"（3 月 26 日）在长老会派方面，无论是苏格兰人抑或是英吉利人，都在他们的牧师控制之下，决计要保全盟约与他们的教会的胜利，并表示除非作为代价，他们决不肯对国王作任何妥协，亦不肯帮助国王。所以即使是最温和的人，最关切将来的人，也不肯信任国王，不肯对他稍微减低他们的要求。正在他们疑难之中，他们需要同时对付他们的敌手的控诉和他们本派的需要，他们的言论就自相矛盾起来，他们的行动也互相抵消；他们愿意讲和，答应同国王讲和，却常同他们的朋友们谈及他们怎样害怕独立派；但是他们的宣言又说他们如何热心为盟约，如何坚决靠拢议会，如何决心与他们的兄弟英吉利人结成牢不可破的团结，再没有如这个时候说得那样多，那样强调。他们对于国王及保王党也从来没有这个时候表示的那样的拒不信任，和那样的绝不妥协。蒙特罗斯的最著名的同伴六人，是在菲利普豪的战役中被俘的，定了罪名就处决了。使用这样的严刑重罚完全是出于报复，而且在英国内战中这样作法也是史无前例的。查理在离开牛津之先，曾写信与奥蒙德侯爵，说他所以前往苏格兰军中，不过因为他们曾应允过于必要时支持他并拥护他的公正权利（4 月 3 日）；他们所说的话，或许不是这样直接痛快，但毋庸怀疑，他们实际上一定给国王讲过道理，使他期望得到他们支持的。奥蒙德公布了国王的信（5 月 21 日），苏格兰人立刻否认，露骨地说那是“一片最无聊的谎话”（6 月 8 日）。现在对国王个人的看管更严密了。从前武装护卫他的人，现在一律不许靠近他。凡是他的书信，几乎全数截留。苏格兰人的领袖为了特别表示他们忠于盟约，终于来见国王，请他受教于基督的真理，他们的最有名的传教师亨德森特地前往纽卡斯尔，正式担任劝告被劫持的国王改变宗教信仰的任务。①

查理同他的对手辩论教理，他坚持原来分歧，辩论得很是娴熟，又不失尊严。他的对手是温和而彬彬有礼的，国王毫不妥协地坚持他的国教会立场，辩论时并不中伤对方。在讨论的时候，国王写信给仍然坚守阵地的保王党的守将们，叫他们投降，献出

① 辩论于 5 月 20 日开始，一直进行到 7 月 16 日。国王与亨德森之间往来的所有文件，都已收集在《殉教国王查理的著作》（1662 年）中，第 155—187 页。

市镇（6月10日）；写信与议会，催促他们送条件来（6月10日）；又写信与奥蒙德，叫他继续同爱尔兰人谈判条件，但同时国王却以正式命令他停止谈判。他写信给格莱摩根（国王此时的以秘密计谋相告的唯一心腹）说道："你若能够拿我的诸王国作抵押，为我筹得一笔大款，我将很为高兴，等到我恢复这些王国之后，我就还你全部债款。请你告诉教皇大使：我若能够把我自己交到他的手上和你的手上，我一定欣然照办，因为我晓得所有其余的人都是蔑视我的。"（7月20日）

议会的条件终于来了（7月23日），彭布罗克和萨福克两个伯爵与四个下议员，奉命送条件来，其中有一个名叫戈德温的开始宣读条件。国王打断了他的话，说道："请原谅，你有权谈判么？""没有，先生。""既是没有，那么除了这份工作的荣誉以外，一个能干的、靠得住的号手，也可以胜任这件事，如你一样。"戈德温读完条件，国王说道："我想，你不会指望我对于如此重大的事情立刻就给予答复。"彭布罗克伯爵答道："先生，我们奉命至多只在这里逗留十天。"查理答道："那好，我将在适当的日期之内给你们答复。"

过了几天，委员们没有听见什么消息。这期间，国王很难受地读着这些条件，读了又读，越读越觉得更受屈辱，越读越觉得条件严酷，有过于他经常加以拒绝的那些条件。议会的条件要他加入盟约，完全取消主教制的教会，向议会交出陆军、海军及民团的兵权；最后一条，要他同意将七十一个人（全是他的最忠诚的朋友），排除在特赦范围以外；凡是他左右的人，凡是曾经执戈为他出力的人，一律不许担任官职，开禁与否，全凭议会的高兴。但是大家都劝他承认这许多条件：法兰西大使贝利弗厄是与议会的委员们同一天到达纽卡斯尔的，也以法兰西宫廷的名义劝他接受这些条款。蒙特里尔将王后的信带给他，也很恳切地劝他迁就。在贝利费厄建议之下，王后甚至从巴黎差遣一个男侍从威廉·达文南特爵士，奉命来告诉国王说，所有他的朋友们都不赞成抵抗。查理很不高兴地问道："什么朋友？""就是杰明勋爵。""杰明完全不懂得教会。""科尔佩珀勋爵也是这样意思。""科尔佩珀没有宗教。海德是不是也有这样想法？""我们不知道，先生，枢密顾问官不在巴黎；他已经抛弃太子他去，留在泽西，并未陪伴太子往王后那里；王后很不以他这样的行为为然。""枢密顾问官是一个忠实人，他绝不会抛弃我，不会抛弃太子，也不会抛弃教会，他不同太子在一起，我心头难过，但是王后一定是误会了。"达文南特运用一个诗人的活泼想象与一个宫廷风流骑士的献媚女人的词令，竭力劝阻国王，国王大怒，粗暴地逐他出去。长老会派苦劝国王，其恳切程度也不亚于达文南特；有几个苏格兰的市镇，包括爱丁堡在内，递了几份请愿书，说了好些友好的话，说得也是这件事情；伦敦市也想力劝国王，但下议员们以一个正式的禁令禁阻了他们。到了后来，苦劝之外又加上了恐吓，苏格兰教会的大会说，国王若拒绝盟约，就不应允许他进入苏格兰境内。洛登勋爵当着苏格兰委员们的面，在国王很庄严地接见臣下的时候，对他宣言，国王若坚决拒绝条件，苏格兰绝对不会让他入境；又说，英格兰很可能会将他废了，而建立另一种形式的政府。

国王的傲骨，他的宗教上的斤斤计较，加上由于他的几个轻信人言和好弄诡计的朋友的鼓舞而造成的内心秘密希望，使他拒绝听从人们的劝告。国王日复一日地拖延，不肯答复，等到 8 月 1 日传委员们前来，他写好一篇东西交给他们，并不绝对地不接受条件，而只是要求到伦敦来亲自与议会磋商。

独立派抑制不住他们的欣喜心情。委员们回来时，照例由议员们提议向他们致谢；有一个议员喊道："我们应该谢的是国王。"有一个长老会员很焦急地问道："他拒绝了我们的条件，我们现在该怎么办呀？"一个独立派答道："假使他接受了我们的条件，我们又该怎么办呀？"苏格兰委员们送一封信来，说他们愿交出他们占的所有地方，并将军队撤出英格兰境（8 月 10 日）。贵族们投票议决，承认他们的同胞苏格兰人有功于英国。下议员们不同贵族一起投票，不过通过一个议案，禁止说苏格兰人的坏话，且禁止刊行任何东西反对他们（8 月 14 日）。有一个短时期，由于国王拒绝了条款，而令这一派灰了心，那一派却觉得因此而放了心；两派好像都在一心一意致力于协力调整他们的利益和他们的讨论，以取得和谐。

但是对立两方因审慎或泄愤而宣布的停战是不能持久的，苏格兰人所提出的建议产生了两个问题，他们要求已久的欠饷应该怎样清偿？国王个人应该由谁来处置？一提起这两个问题，两派又重新冲突起来。

关于第一个问题，长老会派很容易地处在有利地位，苏格兰人的要求，确是太高；在他们所承认的议会已拨的款项之外，他们还要求七十万镑；他们还说，他们还没有提及苏格兰因为同英格兰联盟而受到的极大损失，那可以经由议会公平核计应偿多少。独立派则切齿痛恨地挖苦苏格兰人，反对这样昂贵的兄弟交情。现在轮到独立派另列一个清单，以对抗苏格兰人的要求了。他们说，苏格兰人曾在各处抽收过许多税捐，又在王国北方逼捐，证明苏格兰不独不该要求还欠款，反而欠英格兰四十万镑，但是通情达理的人是不能承认、更不会认真辩驳这些互相责难的话的。苏格兰退兵显然是必要的，北方诸郡大声疾呼地要求他们退出；但是要他们退兵必得给他们钱呀，因为同他们打仗花钱更多，而且打仗对议会更为危险。独立派老是顽固推宕，好像不过是由于盲目的热情或耍政党的手腕。长老会派却不然，他们答应劝苏格兰人酌减他们所要求的数目；所有游移不决的人，不信任人的人，或不肯开口的无党派的人，因为不喜欢长老会派专制，有过几次帮独立派，使该派居大多数地位，这次却同他们的对头们走一条路，投票议决最多只肯给苏格兰人四十万镑。当他们一出英格兰境，就给他们一半，其余一半分两年付清。苏格兰人应允了，于是立刻在伦敦市募债，以教会产业作抵，以便付钱与苏格兰人（10月13日）。

但是一提起怎样处置国王本人的问题，长老会派的地位就变得左右为难了。即使他们愿意将国王留在苏格兰人手中，但是这个意思，他们连提也不能提，因为民族体面攸关，那会遭到绝对拒绝的；人人都说此事与英格兰人的颜面有关，说处置他们自己国王的权利是英格兰人所独有的；苏格兰人有什么法律根据要留在英格兰境内呢？他们不过是外国兵，花钱募来的外国兵，他们显然是什么都不想，只想要钱，给他们钱，让他们回本国去，英格兰不要他们，也不怕他们。在苏格兰人一方面，虽然他们很愿避免两方闹翻，却无论怎样也不可能耐心地忍受这一切侮辱。他们说查理不但是英格兰人的国王，也是苏格兰人的国王；他们与英格兰人有同样的权利监督国王本人与财富；照盟约规定，这是他们的责任。于是两国争得很激烈，开过许多次会议，刊布过许多小册子，发过许多宣言，相互控诉过好几次，冲突日见激烈。

人们不分党派，愈来愈猛地大声疾呼谴责苏格兰人的非分要求，他们在大众心目中的名望已经一落千丈；民族的成见与仇视又重新抬头了。英格兰人较为自由，较为宽大，较为开明，奉教的狂热又比他们的盟友较为普遍与较为勇敢；因此，在英格兰人来说，苏格兰人的贪婪，心眼窄小好打算盘，与他们的神学的书呆子气愈来愈感到讨厌。长老会派的政治头头如霍利斯、斯特普尔顿、格林等人倦于斗争，因为斗来斗去，总是受折磨，总是低人一等，因此就急不可待地寻求结束斗争的方法。他们自己忖度，如果苏格兰人把国王交给议会，那么遣散那支使人致命的军队，那支独立派所依靠的唯一力量，就将成为易事。本来，议会和国王的真正仇敌，也是该军队，所以他们劝告苏格兰人，为他们自己事业的利益起见，确以让步为妙。同时贵族院或许受了同样的影响，也作出决定（9 月 24 日），后来也对五个月中悬而未决的下议院议案表示同意；这个议案就是：“只有议会有权处理国王本人。”

苏格兰的长老会派（至少他们之中的多数人）也愿意相信这个策略的明智而且愿意遵守它。他们已被他们自己的抗拒弄得进退维谷，既不知怎样坚持他们的抗拒，又不知道怎样放弃它。但是长老会内的国王朋友们，新近取得了更多的权力，变得更为大胆了。这些人以汉密尔顿公爵为首领；从前因为他的行为摇摆不定，致使牛津宫廷不信任他，国王也不相信他，把他监禁在康沃尔的圣·米歇尔山上三年。这个地方一落到议会手中，他就离开那里，在伦敦过了几天，探望两院的朋友，随后他往纽卡斯尔，那时查理同苏格兰军队刚好来到纽卡斯尔。不久，他又同从前一样，重新得到国王的宠信。等他回到爱丁堡，他就竭尽全力为国王谋求安全。立刻就有苏格兰的几乎所有高等贵族、市民及温和的长老会员，环绕在他周围；此外还有谨慎小心之辈也来了，因为他们讨厌群众的盲目的狂热与牧师们的高傲和专断。还有些老实而胆小的人，愿意不惜任何牺牲，但求能得到一些休息，也全来了。这些人们导致并构成了一个新的及严肃的代表团，往纽卡斯尔跪求国王接受议会的条件，这些人全是查理的同乡，又几乎都是他年轻时的朋友，他们的哀求动摇了他的决心；他对他们说道："平心而论，对我陈说的所有危险和不便，并不足以怎样地打动我，最使我心不安的倒是我的桑梓之邦的人们如此热肠地苦劝我，而我却不能使他们充分满意。我要你们正确地明白我的意愿；我并不是拒绝听从你们的劝告，一点也不是——我郑重对你们说，我只要人家听我说些什么，我希望你们力劝在伦敦的人们听我讲道理。假使一个国君不倾听他的任何人民讲道理，人民就会当他是一个暴君。"翌日，或许是又经过人们苦劝之后，他愿意限在五个教区设立主教制教堂，而其余都是长老制，他只为自己及他们的同教朋友要求自由信教与自由礼拜，等到后来，他将会同议会解决所有他们相持不下的意见不同的各点。但是局部的让步，并不能使长老会派满意；国王越作更重要的让步，他们就越怀疑他的真诚。所以几乎无人理睬他的提议，汉密尔顿灰了心，谈起他将往大陆躲避；同时有人传播消息说，苏格兰军队快要回国，查理就立刻写信给公爵（9 月 26 日）："汉密尔顿，我有许多话要写出来，却没有多少时候写，这封信却很适合于这个时代：不合常规，又无道理可言——那些要把我弄到他们手中的在伦敦的人对全国的人说，他们并不想要我当俘虏。啊，不想要我当俘虏，一点也不想要我当俘虏！只是派了一队光荣的卫兵日夜看守着我。永远伺候我，使我的本人得到安全罢了！因此我必须告诉你

（这不是什么秘密话，我愿人人都知道），当这个军队撤退的时候，我决不肯留在英国，除非我可以清白无误地，照老方法所了解的含义，保留一个自由人的身份，而且无论在什么借口之下都不许对我强加一个侍从。你这么一走，就从我手中夺去表白我自己的手段了。”信后写道：“我是你的最可靠、最真实、最忠诚、最永恒的永久不变的朋友。”汉密尔顿果然不走了。苏格兰议会开会（11 月），最初的几次会议好像宣布要以坚决而积极的善意来对待国王，议会宣称（12 月 16 日）对于他本人及他的子孙、愿意支持王朝政体，且支持他对英格兰君权的正当权利；且愿送秘密训令在伦敦的委员们，叫他们谈判条件，以便国王能体面地、安全地、自由地前来伦敦。不料翌日长老会的总会的常设委员会写一封公开的抗议给苏格兰议会，斥责它听信背信弃义的劝告，且诉说议会把两王国的联盟（这是信徒们的唯一希望）推向灭亡，而仅仅为一个废弃基督盟约的国王效力。汉密尔顿和他的朋友们面对这样的干预，无计可施。这个俯首听命的议会收回了昨日的投票议决案；温和善良的人们什么都干不成，只得重新送信与国王，求他接受条件。查理又回信说要求亲自来和议会磋商。

恰恰就在查理第五次表示这样无济于事的愿望的时候，议会正在签订条约，规定苏格兰军队应该怎样撤回，以及给发军饷的办法（12 月 23 日）。在伦敦市开始筹措的借款，立刻足了额，12 月 16 日苏格兰人在退兵前将领到的二十万镑，分装二百箱，贴了两国印信的封皮，用三十六辆车拉走，并有一队步兵护送出伦敦。司令官斯基庞当日发出命令，任何军官或士兵，无论言行或其他举动，得罪了任何苏格兰军官或军人，以致他们出来控告的，将严惩不贷。1647 年 1 月 1 日，这个车队到达约克，该地燃放大炮欢迎，三个星期后，苏格兰人在北阿列顿（Northallerton）领到第一批款项。订此约的时候并不曾提到国王的名字，但是条约签字之后一个星期（12 月 31 日），两院投票议决，应该把国王送往北安普敦郡的霍姆比堡。当两国讨价还价的时候，国王无疑是交易的一部分，因此下议员们才讨论过这个问题：究竟应该派人去纽卡斯尔从苏格兰人手中郑重其事地把国王从苏格兰人手中接收过来，还是不用任何仪式，仅仅要求苏格兰人把国王交给斯基庞，连同该地的钥匙，以及收到款项的收据便可。独立派坚持要照第二个方案办事，他们看到这样将可一方面侮辱国王，一方面又侮辱了他们的劲敌，就得意无比。但是长老会派居然成功地拒绝了这个提议（这是 1647 年 1 月 6 日的事）。于是于 1 月 12 日有九个委员，即三个贵族代表与六个下议员，带了为数众多的随从，由伦敦出发，前去恭恭敬敬地将他们的国王领到手。

当查理初次知悉议会的决议案及快要将他迁到霍姆比堡的时候，他正在那里下棋。他安安静静地下完这盘棋，然后说道，等委员们到达时，他将把他的意向告知他们（1 月 15 日）。他的左右却表现出更多的焦急。他的朋友及仆人们朝四面八方看看，想寻找援助，寻找逃难之处，一会儿盘算再次逃走，一会儿又想试图在国内的某个穷乡僻壤，发动保王党的新起事，以拥护国王。甚至人民也开始被国王的厄运所感到。有一个苏格兰牧师在纽卡斯尔在国王面前讲经，讲的是“诗篇”第五十二篇。开头一句是：

“勇士啊，你为何以作恶自夸？”

国王站起来，但不朗读这一篇，而开始读起“诗篇”第五十六篇来了：

“上帝啊，求你怜悯我，因为人要把我吞了！”

此刻，全体听众情不自禁地，不约而同地一齐立起身来，与国王同诵那篇诗篇！但是群众的怜悯是来得慢的，而且长期难见效果。

委员们到达纽卡斯尔（1 月 22 日）。苏格兰议会已于 1 月 16 日正式同意交出国王。查理听见这个消息时说道：“我是被卖出去和买进的。”他却还是很客气地接待委员们，同他们愉快地谈话，并且向彭布洛克勋爵祝贺，说他以如此高龄，气候这样冷，还能够长途跋涉不怕疲劳。国王又询问道途的情况，简而言之，国王似乎急于叫大家相信，他是很高兴回到议会去的。在他们告别以前，苏格兰的委员们，特别是眼光最犀利的劳德戴尔勋爵，尝试作最后的努力，劝国王接受苏格兰盟约。他们说道，“只要他肯接受，我们就不把他交给英吉利人，我们愿意把他送到贝里克，为他取得更合理的条件。”蒙特利尔仍然居间调停，他们愿意赠给他一大笔款子，只要他能够得到国王一句应允的话。查理仍是坚持拒绝，但对于苏格兰人如此对待他，却也并无一句怨言。他同等地以礼貌对待两国的委员们，显然是竭力避免流露出不信任或愤怒的情绪。苏格兰人不胜疲累，终于先走了，把纽卡斯尔交给英吉利的军队（1 月 30 日）。国王于 2 月 9 日离开纽卡斯尔，有一队骑兵保护，他走得甚慢，一路上都有成群的热心人迎接，所有染有国王的病[①] 的病人都送到他的马车左右，或他的住处的门口，以便他走过时可以以手触他们。委员们大惊，不许病人来接触他，可是禁止不住，因为现在还无人习惯于压制或害怕。士兵们也不敢太过粗野地驱逐人民。快到诺丁汉了，这里原是费尔

① 瘰疬病。——译者

法克斯的大本营所在地，他出来迎接国王。他一看到国王就下马，吻了国王的手，又上马，在他身边很恭敬地同他谈话，陪他穿过该市镇。费尔法克斯离开国王后，国王说道：“将军是个讲信用的人，他对我并没有食言。”两天后，他进入霍姆比，附近的许多乡绅和其他人等聚会庆祝国王到来，国王为他得到他的人民的欢迎而深自庆幸。

长老会派甚至在威斯敏斯特也对所有这些事情不太放心，但是不久却高兴起来，因为他们发现他们自己已经是国王的主人，终于能够自由自在地大胆攻击他们的仇敌了。查理于2月16日到霍姆比。19日，众议员们已经投票议决应该遣散军队，只留下可能需要用于对爱尔兰作战，用于镇守要地，及警卫国内各地的部分军队不予解散。[①] 费尔法克斯几乎被解除统率保留下来的军队的权。[②] 他虽然还有兵权，议会却颁布了一些法令，规定议员不得在他的军中任职，又规定他手下的军官军阶不得高过上校，他们都须遵守长老会的教规，还要遵守盟约。[③] 贵族代表们说为了要解放伦敦四面的各郡（这都是最忠诚于国家的事业的），要求军队在未遣散之前，应该驻扎在离伦敦较远的地方（3月24日）。又在伦敦市募借了二十万镑，以付给被遣散的队伍的一部分欠饷。最后派一个特别委员会，长老会的全部领袖，如霍利斯、斯特普尔顿、格林、梅纳德、沃勒尔，几乎都在委员之列。这个委员会奉命监督这许多办法的执行，特别是催促救援部队出发，不幸的爱尔兰基督教徒对他们的到来盼望已久了。

---

① 动议以一百五十九票对一百四十七票获得通过。

② 动议以十二票之差未获通过，即一百五十九票对一百四十七票。

③ 动议以一百三十六票对一百零八票获得通过。

进攻并不是出乎意料之外。独立派在最近两个月内，已经觉察到他们在议会内的势力下降，因为许多新议员尽管开头曾同他们合作，但由于害怕长老会的专制，已经开始反对他们了。克伦威尔有一天对勒德洛说道：“为议会出力是多么可怜呀！无论一个人怎么真诚，只要有一个律师毁谤他，他就永远难以恢复名誉，投军却不然，一个人为将军出了力，他就是一个有用的人，既不怕人责怪，又不怕人妒忌。假使你的父亲今日还活在世上的话，他会结结实实地给他们中间几个人一顿该得的教训。”勒德洛是个真诚的共和派，此刻还不清楚他本派进行的一些阴谋，但却和他们同具充分的热情，一时不明了他朋友这两句话的用意所在，因此也没有对这个试探做什么反应。别人却更容易上他的当，被他所诱。克伦威尔在军中已经有几个有才略的帮手和对他盲从的工具。不久成为他的女婿的艾尔顿，原是一个学法律的，现在却是骑兵总军需官，为人坚定、执拗、机灵，无论什么最大胆的策划，他都能够极其诡诈地、不动声色执行出来，而外表却装着像一个老实的大老粗。兰伯特是陆军里头的一个最有才华的军官，野心勃勃，爱好虚荣，他同艾尔顿一样也是学法律的，长于演说，又从他的法律学习中练成一套婉转取媚的本事，并利用他的所长，以对待士兵。此外还有哈里森、哈蒙德、普赖德、里奇、雷恩斯巴勒，全是上校，他们都表现经过考验的勇敢，一向为士卒所爱戴，而且都亲近克伦威尔。哈里森亲近他，因为在聚会向上帝祈祷的时候他们常在一起。哈蒙德亲近他，因为全仗克伦威尔，他才娶了汉普顿的一个女儿为妻；其余的人们亲近他，或是由于克伦威尔天才过人，或是由于盼望有朝一日能同他一齐高升，否则就是作为下级军人服从上级。现在战事已经结束，克伦威尔借重这些人，以保留他的议员地位，保留他在陆军里头的全部影响，而且以不倦的活动遥控军队。议会一谈到遣散军队时，这班人就大声地发出怨言；特地从伦敦来的新闻、暗示及建议，专门送交与这些军官们，他们立刻偷偷传播到军中，号召士兵们力争补还全部欠饷，拒绝赴爱尔兰打仗，而且要避免在他们自己中间产生不团结。当下克伦威尔为了解除人们对他的(表面上并不活动的)怀疑，常常从议会的席位上发言，痛陈军人的不满，并倾吐自己对于议会是多么忠心耿耿的言词。

最初来的一份请愿书，只有十四个军官的签名（3 月 25 日），语气是很谦下很和解的。他们答应命令一下就启行往爱尔兰，现在满足于送上几条客气的建议，提出清还欠饷以及士兵们有权利期待的几项保证。议会向他们致谢，可是腔调是很高傲的，意思是说，无论什么人都不配对议会指手画脚，教它做这做那。这个答复一到军中，立刻又准备了一个请愿书，这次比第一个还要坚决，还要具体。这个呈文要求将欠饷扫数付清，不得丝毫拖欠。要求规定凡有不愿意往爱尔兰的，不得加以强迫。要求对残废军人及军人的寡妇及子女，应与恤金，请愿书又说，迅速付饷给士兵们，就可以避免使军人成为驻在地方的人民的负担。这次的请愿书就不止是几个人签字了，而是由全体军官及全体士兵具名，这次不是对议会说话，而是对费尔法克斯说话，他是军队的天然代表，又是他们的权利的保护人，有人读请愿书给每一个团听，凡是不肯签字的军官，都受到威吓。

议会一听到关于军队这种举动的情报，就命令费尔法克斯禁止他们，并宣称，凡有不听命令的，坚持这种举动的，即以国家敌人以及扰乱治安论罪，还要某某等军官们来议会解释他们的行为。

费尔法克斯答应遵从。哈蒙德、普赖德、利尔伯恩以及格兰姆斯等往威斯敏斯特（4月1日），大声驳回别人控告他们的话。普赖德说道："不对，并没有对各团宣读请愿书"，事实上是对每一个连读的；议会不再往下追问了。他们说，这就够啦。请愿书被抛在一旁，而且不予承认。

于是又恢复办理遣散军队的准备工作。在伦敦市开始募债，进行迟缓，募到的又不够用，于是每月抽统税六万镑，以补足其数。现在特别要紧的事，还是加速催促出征爱尔兰的军队成立，凡是愿来入伍的，都允许给予许多好处，派斯基庞和梅西率领他们。有五个委员，全是长老会中人，前往总司令部告知这样的决定。

委员们到达的那一天（4月15日），有二百名军官聚集在费尔法克斯家里，同委员们会商。兰伯特问道："我们在爱尔兰归谁统帅？""已经派定两位少将斯基庞及梅西，"哈蒙德答道，"大部分的军队很愿追随斯基庞，若是别人，他们是不肯追随的。他们知道这个伟大军人的高贵品质与他的勇敢，但是他们还要几个他们也曾有过共事经验的普通军官。"军官喊道，"是呀！是呀！把费尔法克斯和克伦威尔给我们，我们就愿意去了。"委员们不知所措，走出屋子，请所有善意为怀的人们，到他们的寓所去谈。只有不到十二个或十五个军官接受了这个邀请。

再过几天（4月27日），就有一百四十一个军官送请愿书给议会，郑重其事地为他们的行为辩护。他们说道："我们虽然当了军人，但我们希望并不曾因此失去国民的资格，亦不会因此而被剥夺我们在国家大事中的利益。在我们为我们的同胞购买自由的过程中，我们希望我们没有失去我们自己的自由。我们希望议会永远不会拒绝我们上递请愿书的权利，因为议会的仇敌还有这种权利，议会尚且称赞仇敌的请愿书，接受他们毁谤我们的话。有些人说了假话，告诉你们说军队想陷全国人民于奴隶之境。我们热切地请求你们主持公道，为我们雪冤，我们还求你们按照我们的需要，负责过问我们得来不易的薪金，尤其是士兵们的军饷。”

议会几乎还未读完这封请愿书（4月30日），斯基庞就站起来，读另外一封信，这是前天有三个士兵送来的。信里头说有八个团的骑兵明白声言拒绝前往爱尔兰服役，他们说，这是一个不忠实的计谋，是想伤害他们及许多诚笃奉事上帝的人们。它不过以此为借口，要拆散士兵们与他们所爱戴的军官们，以掩饰一撮人的野心，他们本来做臣仆已久，但是新近尝过君权滋味，由于要维持主人地位，所以就蜕化变为专横残暴的人。长老会派领袖们看见自己受到攻击，又惊又怒，要求议会把其他公事延搁下来，立传那三个士兵来受询问。三个士兵来了，他们态度坚决，并无局促不安。议长问道：“这封信是在哪里写的？”“在几个团里开会商量写的。”“谁写的？”“各团队选派的代表团写的。”“你们的军官们赞成了么？”“极少数军官晓得有这件事。”“你们晓得么？除了保王党外，他人不可能提出这样的办法？你们自己曾经当过保王党么？”“我们在埃奇山之战之前就入伍，替议会出过力，此后一直在军中。”其中有一个走上前说道：“有一次我受了五处伤，我倒在地下，斯基庞少将看到我倒在地上，他给我五个先令去休息，我若说谎，有少将能够证明。”斯基庞很关切地看了这个士兵说道：“真有这事。”“你们说到君主权力，这句话是什么意思？”“我们不过是我们的队伍的代表，议会若有诘问的话，请写出来，我们带到团里去给大家看，再把答话带到这里来。”

议会里一片喧哗，长老会派乱说了许多威胁的话。克伦威尔对坐他身边的勒德洛说道：“这些人是决不会走的，要等军队进来拉着他们的耳朵拖出去，他们才肯走呢。”

气忿变成了不安。刚才暴露的是令人惊恐的事实，现在所要压制的不再只是心怀不满的士兵了，整个军队已经联合起来了，他们已成为一个独立的、也许是对立的劲敌，它已经有了自己的政府了。现时有了两个会议，一个是军官们的，一个是士兵们所称的代表团或“鼓动队”，他们管理一切行动，并还准备以军队名义谈判条件。已经采取一切事前预防措施，以支持这个权力与日俱增的组织；各营各连选举两个鼓动代表；遇有必要开会的时候，每个士兵出四个便士充当经费，两个会议绝不许有共同行动以外的单独行动。同时，有一种并非没有根据的谣言在流传，说军队的条件已经送给国王了；条件说国王若愿任军队的首脑，愿受军队的照顾，军队愿意重立他为国王，享受公道的权利。议会看见有这样的新权力显现出来，不独怕军队胜利，更怕的是军队此时此刻的力量。较为小心的议员们变得胆怯了。有几个人离开了伦敦，有几个人如怀特洛克等，只好讨好将军们，特别是巴结克伦威尔，克伦威尔也热心地领他们的情。于是决定依顺军队的要求，同军队自己的领袖们商议，看看有什么效果。从前只议决发给将要遣散的军队六个星期的军饷，现在愿给两个月的（5 月 14 日）。又规定一条法令，特赦军人们在战争期间所犯的所有违犯规则及不合法律的行为，还指定款项以帮助军人们的寡妇孤儿。最后一条，就是派克伦威尔、艾尔顿、斯基庞、弗利特伍德（这几个将军全是议员，又是军队所可以接受的），重新建立军队与议会之间的和谐，以期言归于好。

两个星期过去了，他们虽然不在大本营，却好像并没有产生任何结果。他们常常写信，可是信里没有什么内容：有的军官的会议未得到鼓动队的同意，就拒绝答复。有时鼓动队自己要求放宽限期，以便同士兵们协商。日复一日，议会的委员们看见在自己眼皮子底下这个敌对政府更为巩固起来并取得了更大的权力。可是克伦威尔仍是不停地写信，说他正在用尽力量安抚军队但还是无效，又说他的影响且因此而大受损伤，说眼看他自己也要很快地变作士兵们怀疑和憎厌的对象了。有几个委员终于回到伦敦，从军队带回去的一方面是同样的提议，一方面又是同样的拒绝。

长老会派的领袖们早已预料到这一点，他们就利用议会的意向（议会原本指望能得到更好的东西），只用了几小时就投票通过了一个更为坚决的议案。霍利斯提议，议会投票议决，凡是不肯报名前往爱尔兰的军队应该立予解散；这项措施的细节如日期、地点、办法都安排好了。议会将要突然地、分别地解散这些队伍，要在几乎同一时间，或相隔不久的时间，就在其所驻地点内，分别予以解散，这样就可使他们既无法会商，又无法一致行动。这个计划的最初行动所需的款项，已送到各个地点，并且派几个全由长老派组成的委员，监督计划的执行。

委员们发现军队已陷入十分混乱之中。大多数的团听说议会要以攻击相威胁，他们就叛变了。又有几个团的士兵疑心军官们靠不住，就把他们驱逐了，自己做主出发，在飘扬的大旗下，与他们的同袍会合。亦有些军队占据了教堂，武装坚守起来，宣言不愿解散。又有一些部队将送来的准备分配给被解散的军队的金钱夺到手。大家吵吵闹闹要求开大会，让全军的人发表意见。又立刻用士兵的名义写一封信给费尔法克斯（5 月 29 日），说倘若军官们不肯领导他们，那么他们完全懂得如何自行开会，如何自己保护自己的权利，而不依靠他们。费尔法克斯不知所措，心里很难过，于是苦苦劝告军官们，倾听士兵们的呼声，并写信给议会，对于各方面都讲真实话，可是无论对于哪一方面都没有发生作用。一方面他仍是受人们爱戴，但另一方面也发挥不出力量。后来他召开一个军事会议（5月26日）。军官们（除了六名军官以外）投票议决，说议会的几个议决案不能使人满意；说既然没有更好的保证，军队是不会解散的；又说军队分驻的地方应该更集中一些，应该开一个大会以解除恐惧，安定军心；最后说，本军事会议应该递送一个措词谦虚的呈文给议会，报告所发生的情况。

议会现在不可能再存幻想了。议会的权力正在面临军队的挑战，议会自己的力量不再足够了。要对付这样的敌人，它需要依靠在名义之上的实力，也需要依靠除法律以外的一切其他支持。目前一方面只有国王可以赋予权力，另一方面，只有伦敦市，可是伦敦市完全是长老会派，而且快要变作保王党了。在这个观点之下，已经实行了一些措施。经过市政会的同意，已将民团指挥权从独立派手中改交给一个长老会派委员会。已决定多派卫兵保护议会，加拨一万二千镑以供卫兵的军饷。有成群的退伍军官，都是埃塞克斯的忠诚旧部，自由地住在城里。这一派人甚为懊恼的是埃塞克斯已经不在人世，他是去年下半年突然去世的（9月14日）。那一天他打猎归来（据说那个时候他正在十分努力提倡讲和），几乎是突然地死了。他这一死，对长老会派似乎是一个大的打击，甚至有谣言流传，说他是被仇人毒死的。但是沃勒、波因茨、梅西都是满腔热情，都准备公开自己的立场。议会完全有理由害怕国王对于他们并不怀有比过去好一点的感情：因为有两次（2 月 19 日及 3 月 8 日），出于神学上的仇恨所产生的苛刻的执拗，他们曾不许国王同自己的牧师一起礼拜。此外有两个长老会的牧师在霍姆比很庄严地举行他们自己的礼拜，但查理一贯拒绝参加。他们曾把国王的心腹仆人也赶走了，又经常阻止国王同他妻子儿女朋友们通信的企图。有一个苏格兰议会的委员邓弗林勋爵，费了许多周折，才得到他们许可同国王晤谈（5 月 13 日）。最后，国王对于他在纽卡斯尔收到的提议对议会作了一个详细的答复，交与议会（5 月 12 日）。但过了两个多星期，议会竟毫无考虑国王的答复的表示。经过如此之多、如此恼人的折磨、等待以后，和解好像是十分困难的了；但是这样办的需要却是很紧迫的；如果国王有理由抱怨长老会派的话，他却仍然知道他们并无意完全毁了他。即使国王在霍姆比的时候，虽然受着严密的监视，但还是把他当国君看待，荣誉礼节未缺少过。他的内廷仍是保持着华贵的排场，宫廷的礼仪还是一丝不苟地遵守着，至于常驻该处的委员们（全是长老会派）的仪容，全是毕恭毕敬，彬彬有礼的，所以他们相处得很好。国王有时请他们陪他散步，有时同他们下棋或玩滚木球，也常常以优礼相待，并乐于常和他们往来。他们想，他不至于不知道议会的仇人也是他自己的仇人，而且他不至于拒绝现在向他提供的唯一安全办法。贵族院投票议决（5 月 20 日）敦请国王陛下住在靠近伦敦的地方，住在奥特兰兹堡。下议员们没有参加投票，但表示了同样意见；同驻扎的委员们之间，特别是同驻防军统领格里夫斯上校之间的通讯，愈来愈频繁而神秘。这时候无论在威斯敏斯特抑或是在伦敦市，无人不怀抱希望，盼望国王不久就会与他的议会联合起来。不料到了 6 月 4 日，消息传来，说在前一天一个有七百人的一支队伍已把国王从霍姆比带走，国王现时在军队手中。

事情果然是这样，6 月 2 日国王用过午餐后，在离霍姆比二英里的奥尔托普草地上，玩滚木球的游戏，陪伴他的委员们很诧异地看见一个面生的人穿着费尔法克斯的卫队军服，站在许多旁观人堆中。格里夫斯上校问他是谁，从哪里来，军队里谈些什么？这个人回答得很生硬而傲慢，好像知道自己是一个重要人物似的，却还不算无礼。不久就有人在查理左右传说，说有一大队骑兵正向霍姆比驶来；格里夫斯对那个陌生人说道："你听说过他们要来么？""我不止听说过，我昨天还看到他们离此不过三十英里。"这句话引起很大的惊慌；大家马上回到霍姆比；多少作了一些防备袭击的布置，驻防军表示效忠于议会。快到夜半时分，一队骑兵到来，在堡墙外，要求进堡。委员们问道："你们的司令是谁？"他们答道："我们全是司令。"有一个人走上前（就是在几点钟前人们在奥尔托普草原看到的那个人）说道："我名叫乔伊斯，我是将军卫队的掌旗官，我要同国王说话。""谁派你来的？""我自己派我来的。"委员们大笑。乔伊斯说道："这不是什么好笑的事！我并不是来这里领你们的教训的；我与你们委员们无关；我是来见国王的，我必须和国王说话，而且马上就要同他说话。"格利夫斯与布朗少将（他是委员之一），命令驻防军准备开火，但是士兵们已经同新来的人谈话，放下铁栅，大开堡门，乔伊斯的人们已经在院子里下马，与同袍们握手，口称他们奉军队命令安置国王于安全地方，因为有人要劫持国王，送往伦敦，号召其他部队，重开内战。他们还说，驻防军司令格利夫斯上校预闻这个阴谋，并要实现这个阴谋。士兵们听见了就喊道，他们不愿抛弃军队。格利夫斯不见了，匆匆逃走了。委员们会商几点钟之后，知道必须放弃抵抗的希望。这时已是中午，乔伊斯占领了堡垒，在四面安置哨兵，就休息了，让他的士兵们休息到傍晚。

他10点钟回来，要求会见国王，有人答道："国王已经睡了。"他说道："我不管，我等得够久啦，我一定要见国王，"他于是手执枪口翘起的手枪，逼人领他到国王卧室。他对国王的侍从说道："惊动陛下的安眠，我抱歉得很，但是我没有别的办法。我一定要同他说话，立刻就要同他说话。"有人问他是否委员们授权给他做这件事的？"不是的，我已经派卫兵在委员们的门口，看守他们。命令我来的人们是不怕他们的！"他们力促他放下武器，他绝对拒绝了。他们迟疑着不肯开门，他就发起怒来，国王被吵闹所惊醒，拉了铃，吩咐侍从们让他进来。乔伊斯走进卧室，脱下帽子，仍拿着手枪，神色仍很坚决，却并非无礼，国王就当着他所叫来的委员们的面，同乔伊斯会谈了许久，随后打发他出去，说道："乔伊斯先生，祝你晚安。如果你手下的人们履行你所答应我的全部条件，那么我就愿意同你一起走。"

次晨6点钟，乔伊斯的士兵骑在马上，列队在堡垒的院子里。国王在楼梯口出现，有委员们及他的仆人们跟随在后。乔伊斯走上前，国王说道："乔伊斯先生，我必须问你，谁授权你居然敢于来拿我，逼我离开这个地方？""先生，我是奉军队的命令来的，以防止军队的仇敌们的阴谋实现，他们想叫国内再次流血。""你所奉的不是合法的权威，我不承认在英格兰除我自己以外的任何人的权威。其次，我也只承认议会的权威，你有托马斯·费尔法克斯爵士的书面命令么？""我所奉的是军队的命令，而将军是包括在军队内的。""这不是一句答复，将军是军队的头脑；你有没有书面的命令？""我求陛下不要再盘问下去。我已经说得够多啦。”“啊呀，乔伊斯先生。你必须对我说坦白话，你必须告诉我，你所奉的命令究竟在哪里？”“先生，就在那里。”“在哪里？”“在那里。”“但是到底在哪里？”乔伊斯指着他背后的兵士们说道，“在这里，在我的背后。”国王微笑了，说道：“你的指令确实写得字迹清楚，你的任务确实也是公道合理的。我已经好久没看见过像你们这队人漂漂亮亮、规规矩矩的先生们了。但是你必须明白，如果你要我离开这个地方，如果你不答应以礼待我，你必须使用武力，你还须明白，什么也不能强使我做对不起我的良心或有损于我的体面的事。”全体兵士喊道：“绝无这样的事，绝无这样的事。”乔伊斯说道：“我们绝对不肯逼人做违反他们良心的事，更不用说对于陛下了。”“诸位，现在你们须告诉我，要我到哪里去？”“到牛津，陛下。”“不好，那里的空气不好。”“那么到剑桥。”“也不好，我宁愿往纽马克特去，那里的空气总是与我相宜的。”“陛下喜欢往哪里就往哪里。”当国王正在要走向内室的时候，委员们向着士兵们前走几步，蒙塔古勋爵说道：“诸位，我们是奉两院的委任来到这里的，我们希望知道你们对于乔伊斯所说的话是否都同意？”“完全同意，完全同意！”白朗少将说道：“凡是愿意要国王同我们住在这里的，请说话。”“我们不愿意，我们不愿意。”这就表示委员们毫无力量，委员们只得听命。有三个委员同国王一起上了马车，其余的上马，乔伊斯下令出发。

这时派了一个人到伦敦去，带了乔伊斯的一封信，向克伦威尔报告，诸事成功，如克伦威尔不在伦敦的话，就命此人把信交与阿瑟·哈斯里格爵士。如果他也不在那里，那么就把信交与弗利特伍德上校。到底还是弗利特伍德接到了信。原来克伦威尔同费尔法克斯都在司令部，费尔法克斯一听见这个消息，就很难过，他对艾尔顿说道："我不喜欢这件事，是谁发这个命令的？"艾尔顿答道："原是我发的命令，是叫他们把国王严密看守在霍姆比的，我并不曾命他们把国王带走。"克伦威尔是刚从伦敦来的，他说道"带走是必要的，不然的话，就会有人把国王带回议会了。"费尔法克斯立刻派惠利上校带两团骑兵往迎国王，送他回霍姆比去。查理不肯回去，以抗议他所受的粗暴待遇。事实上他是高兴改变一下囚禁的地方，又喜欢看到他的仇敌内部闹不和。两天之后，费尔法克斯和他的全部部下，以及克伦威尔、艾尔顿、斯基庞、哈蒙德、兰伯特与里奇等人在剑桥附近的奇尔德斯利觐见查理（6月7日）。这些人中的多数人很恭敬地吻他的手，头一个吻手的是费尔法克斯，只有克伦威尔和艾尔顿两个人保持一个距离。费尔法克斯很郑重地声明，对于国王易地一事，他毫无所知。查理说道："你如不把乔伊斯立问绞罪，我就不肯相信你的话。"于是传乔伊斯来；乔伊斯说道："我告诉过国王，我并不曾奉将军的命令；我是奉的军队的命令办这件事的，只管开一个军人大会，若是有十分之三的人们不赞成我所做的事，我愿意在我们全团人面前受绞。"费尔法克斯谈到开一个军事法庭审判他，但也是白说。当他离开国王的时候，国王对他说道："先生，我同你一样地关切军队。"查理希望人们把他送回纽马克特去。惠利上校住在这里陪他，费尔法克斯回司令部，克伦威尔回威斯敏斯特。威斯敏斯特的人在那四天之中不知他为什么不见了，都甚感诧异。

他发现两院一会儿愤怒，一会儿又害怕；一会儿坚决，一会儿又很软弱。最初得到国王被带到别处的消息时，人们普遍感到沮丧；斯基庞（长老会派坚持把他当作自己一派的人），带着伤叹的腔调，提出一个议案，要求人们举行禁食，以便从上帝得到力量恢复议会与军队间的和谐一致。另一方面，又投票议决立刻为了发还欠饷拨出一大笔款子，另一方面，又决议从议会议事录中取消并删除某一次的宣言，因为那篇宣言，将士兵们的第一件请愿书看做是一桩反叛的言论（6 月 5 日）。但是后来得到的消息又引起了愤怒，多少恢复了议会的勇气。他们从委员们的信件中知道了在霍姆比发生的事情的详细情况；他们也知悉了乔伊斯给克伦威尔的信；他们甚至以为他们确知某些军官和主要的煽动家是在哪一天在司令部会面，而这次的胆大的突击就是由克伦威尔授意策划和决定的。等到中将在议会再次露面的时候，他们就说出他们的疑团来，克伦威尔热烈地否认这些，他请上帝、天使和人们作见证，他说今日才认识了乔伊斯，过去他是不晓得有这么一个人的，如同未出娘胎的孩子未见过太阳一样。尽管他这样说，霍利斯、格林和格里姆斯顿仍是丝毫不为所动。他们就到处找证据，决心一有机会就提议拘捕克伦威尔。有一天早上，在两院未开会之前不久，有两个军官来见格里姆斯顿，他们说道："不久以前，军官们开了会议，讨论应否清洗军队，只留下可以信得过的人。这次克伦威尔说道：'我是很相信军队的，但是另有一个团体的人，特别需要清洗，那就是说下议院——而只有军队能够办这件事。'"格里姆斯顿问道："你们可对本院把这番话再说一次么？"两个军官答道："我们愿意再说一次。"他们就陪他到威斯敏斯特，议会正在开会，辩论已经开始了。格里姆斯顿一进院，就说道："议长，我向你提议暂时停止这个辩论。我要提一件更重要的事，一个更严重的问题，一个关系到我们的自由和我们的生存的问题。"克伦威尔正在院里，格里姆斯顿就控告克伦威尔，说他正在企图利用军人反对议会。格里姆斯顿说道："我的见证人在这里，我提议让他们进来。”两个军官果然进来，重说了一遍刚才所说的那番话。两个军官一退出，克伦威尔就站起来，泪流满面，双膝跪下，呜咽一番，很热烈地说了些话，做出种种姿态，使全院的人深深感动或惊奇不已。他作了许多动人的祷词，他说倘若国内有一个人比他更忠于议会，他就请上帝降祸于他克伦威尔。克伦威尔随后站起来，他谈国王，谈军队，谈他的仇人们，谈他的朋友们，谈他自己，足足说了两个多钟头。所有的事情都谈到了，又把所有事情搀在一起。他的话谦虚而胆大，冗长而动人，他很热烈地反复强调，说他受到很不公平的攻击，受到毫无道理的牵连，他说除了极少数人之外（这些人都是眼向着埃及的大陆的）军官们与士兵们无不是忠于他的，他们很容易地受他节制。总之一句话，他这番话，说得很有效果，所以当他坐下的时候，他的那一派完完全全占了上风。事过三十年后，格里姆斯顿回顾道：“当日若是他喜欢的话，议会的确可以把我与我的军官们，送往伦敦塔幽禁起来，说我们毁谤了他的名誉。”

克伦威尔太聪明了，因此他并不急于报仇，他看问题看得太清楚了，因此他对于他的胜利的实在价值也不作自欺的估计。他立刻看出，这样的演剧场面，是可一不可再的。当天晚上，他就偷偷离开伦敦（6 月 10 日），回去与集中在剑桥附近的特里普洛荒地的军队在一起。他对于长老会派和议会向来总是戴上假面具的，现在他知道即使运用他的两面派本事也不再能伪装下去了，只好把假面具脱下来，公开担任独立派和军队的领袖。

他到达后不几天，军队就向伦敦进军，全体部队已经庄严地签字宣布，要将他们的奋斗目标坚持到底。他们在一篇题为《谦逊的宣告》的文件里，向议会陈词，不复只是描述他们的疾苦了，而是很骄傲地表示他们的各方面意见，谈到了国事，议会的结构，选举，请愿的权利，以及国家的普遍改革。最后在这许多史无前例的要求之外，还加上一个计划，要求弹劾十一个下议员，即霍利斯、斯特普尔顿、梅纳德等人，说他们是军队的仇敌，说议会所以陷人种种的致命的错误之中，都是由于这十一个人。

长老会派早已预料到这样的打击，因此作了事先的准备，以保护自己免受损害。在最近两星期中，他们运用种种努力，以引起伦敦市民对他们的好感：对于盐税及肉税，民间一向啧有烦言，这种税取消了（6月11，25日）。学徒们曾反对禁止举行宗教庆祝节，尤其是耶稣圣诞，向来到了这一天，全英举国欢庆，可是后来竟指定一些公共休息日以代替这些宗教欢庆日（6月8日）。大众仍然吵吵嚷嚷，反对一群贪婪的议员们，反对一个人独兼许多优差，独赚许多赔款，以及充公的利得。下议员们于是投票议决，任何议员都不得担任任何肥缺，或接受馈赠，或私占反叛分子的充公财产。已经收到的非法赃款，应该上交国库，他们的田地应按照习惯法的规定，用来偿债（6月10日）。最后指出，过去曾派有一个委员会专管受理市民们的疾苦申诉书，久已形同虚设，现在在更为有力的基础上重新设立这个委员会。

但是已经到了这样的时刻：政府的各项让步除了证明时势艰难外，不证明任何东西了。在这样的时候，各派承认自己的错误，目的只是为了灭罪。伦敦市憎恨独立派，但又害怕他们。对于长老会派的头头，伦敦市是愿意效忠于他们的，但又看不起他们，不信任他们，正好像是对待他们的丢了面子、打了败仗的主人们一般。有一个时期，这些办法好像收到一些效果：市政会宣称它坚决支持议会（6月10日）；市民们组成了几个营；民团又重新招募起来；退伍军官又成群结队地到梅西营里、沃勒营里以及霍利斯的营里，报名投效。在伦敦四面开始筹备防御。议会投票决议，要军队撤退，把国王交与议会的委员会，并请国王住在里奇蒙，单独受议会的保护（6月15日）。军队不予理会，继续前进，费尔法克斯以军队的名义，向市政会写信（6月11日及14日）责怪他们招兵买马，反对军队。市政会送了一封毫无意义的复信，以伦敦的恐惧作为招兵的借口，而且郑重声明，如果军队肯退出，且愿驻扎在离伦敦四十英里远的地方，所有的分歧就会很快停息（6月12，15日）。费尔法克斯答称：这封信来得太晚了，他的大本营已经驻在圣·奥尔本斯，必需立刻送一个月的军饷去，议会投票议决照给，但一定要军队后退（6月15，21日）。军队要求首先将他们的仇敌，就是那十一个议员从议会开除。下议员们下不了决心亲自动手进行如此沉重的打击；这一层已经讨论过好几次，但是大多数总是答称，这样空洞的控诉，既无事实支持控诉，又无证据证明事实，不能如此任意剥夺议员们的权利。军队反驳道："当初控告斯特拉福德勋爵的时候，何尝不是空洞的，而且完全是一般性的，当日你们是事后才提出证据的，我们现在也这样办，事后再给你们证据。"于是军队仍然前进。6月26日，该军的大本营在阿克斯布利奇。伦敦市派委员会赴该军部讲话，但毫无效果。人民的恐怖有加无已，商店已经闭门，人们很痛恨地批评那十一个议员，怪他们执拗，以致深陷议会及本市于危险。十一个议员明白这种语言，表示自愿从议会告退，人民很感激他们克己为国（6月26日）。就在十一个议员告退的那一天，下议院投票议决，采纳军队的各项提议，愿意供给饷项，并愿派委员们协同军队共商国家大计。当下请国王不必来里奇蒙，无论如何至少请国王住在较远的地方，不要比军队大本营所在地距离伦敦更近。费尔法克斯承认了这几个条件，退兵数英里，派十个委员与议会的委员们会商（6月30日和7月1日）。

国王在听到这几条决案的时候，正在准备依照议会的要求，起程前往里奇蒙，或者至少他有那样做的企图，因为自从议会表示那个意向以后，就有许多人很严密地监视他，实质上等于把他从这个市镇拖到那个市镇，跟着军队走。无论他在哪里停留，都有不少卫兵包围他的住处。他对此很为生气，说道："既是我的议会请我往里奇蒙，那么倘若有人阻止我，那就必须要使用武力或抓住我的马缰，才能阻止得住我。如果有人胆敢尝试做这件事，那就莫怪我使这个行动成为此人一生最后一个行动。"等到他知道原来是议会本身反对他起程，知道议会什么都向军队让步，知道议会同军队正在谈判条件，就好像同一个征服者商谈一般，他就轻蔑地对他早先的仇敌们甘受这样的屈辱而微微一笑，急匆匆地将心头的计谋指向另一方向。除了埋怨军队采取的阻止他逃走的措施以外，他别无怨恨军队之处。军官们对待他是很有礼貌的，而且比议会的委员们要依顺得多。军队让两个牧师谢尔登博士和哈蒙德博士，与国王同住，他们用圣公会的仪节自由地执行他们的教职。他的老仆们，甚至新近才卸去武装的保王党们，现时并没有人不分青红皂白地被禁止走近国王身旁了。里奇蒙德公爵、南安普敦伯爵、赫特福德侯爵都蒙允许探望国王，军队的领导人也好像乐于向保王党的贵族们表明，他们是能够做到宽猛相济的。甚至在下级军官这一阶层，他们的军人风度也使他们排斥曾经使国王在纽卡斯尔和霍姆比常吃苦头的那种琐细的防卫措施和零敲碎打的苛待。自从牛津失守以来，国王的最小的儿女们，他的幼子约克公爵、女儿伊丽莎白公主以及他的第三子格罗斯特公爵，不是住在伦敦附近的圣詹姆斯宫就是住在锡昂宫，议会派诺森伯兰伯爵照管他们。查理表示他想念儿女们，费尔法克斯立刻正式要求议会照准，他说道："国王要见儿女，原是出于天伦之情，若是这样的小事还不获准，那么设身处地来着想，谁能不痛心呀？"国王同他的儿女们在梅登黑德见面（7月15日），周围有一大群人，这些人在王族所走的路上，散满绿叶与鲜花，军官们与兵士们不但不生气，不疑心，而且与平民一样，深被国王父子相见的欢乐所感动。他们让国王带他的儿女们同往他的住处卡弗沙姆，一同团聚两日。其中的几个人，特别是克伦威尔与艾尔顿，眼光本是最清楚不过的，他们不肯恭维自己说他们同长老会派之间的斗争已告一段落，也不敢相信他们的胜利已经巩固了。他们在计算了得失机会之后，就对将来很不放心，此外，又考虑到即将临头的危机可能发生的若干情况，于是就通盘进行研究，他们若是亲手立下复辟大功，换来的国王恩待是不是他们那一派的最好保障，是不是猎取富贵和权力的最稳当的方法。

不久以后，就有种种谣言，说军队对国王进行照应，说有几个军队领袖向国王献殷勤，传遍了王国各地。甚至传说已交与国王考虑的条件，言之凿凿。又有许多小册子流传民间，有赞扬军队的，也有责怪军人的。领袖们就认为有必要正式否认这许多谣言，甚至于用愤怒的腔调要求惩罚造谣言和撰写小册子的人。但是同国王的谈判仍旧进行。军官们仍然恭敬地、恳切地以礼对待国王。军官们居然同保王党们熟悉起来，并且几乎以友谊相待，就像已经体面地交过锋的敌对双方，现在又愿意和平共处了。对于这件事，国王曾写信与王后，语气中很有些自信，不久王后同跟随她到巴黎或藏身于诺曼底、鲁昂、卡昂或迪埃普的避难的人说话，总拿这点新希望作为唯一的话题。有两个人特别惯于在外国散布这样的消息，而且还很小心地装模作样，好似他们所晓得的情形还要多，不过不便明说罢了。他们且表示，无论什么人都比不上他们那样能够为国王出重要的力量。二人中的一个就是约翰·伯克利爵士。从前他曾勇敢地守卫过埃克塞特，直到国王逃往苏格兰军中三礼拜前，他才投降。另外一个人就是阿什伯纳姆，他在纽卡斯尔离开国王，仅是为了要躲避议会的怨恨。两个人都是爱好虚荣、夸夸其谈的阴谋家，不过伯克利胆子大一些，而阿什伯纳姆则更狡诈一些，更有本事左右国王。伯克利由于偶然机会，和阿什伯纳姆奉国王的命令同几名重要军官通过信，至少他们自认这些来往有足够的重要性，值得自我吹嘘，也值得从中捞取利益。王后竟毫不迟疑地相信两个人的保证，他们奉她的命令从7月初间先后出发，以谈判人的资格去见国王与军队。伯克利一登岸，就有一个他所相熟的保王党艾伦·阿普士利爵士来迎接他。这个人原是克伦威尔、兰伯特等人打发来的，言谈之中请他相信，他们没有忘记当日夺取埃克塞特的战役之后同他会谈的说话，也没有忘记他的绝妙计策，现在他们很愿意领教，催他赶快前往。伯克利一听见这信息，觉得自己原来是一个超过他的自我想象的重要人物，自然是得意非凡，所以只在伦敦停留了一会，就赶快到里丁去。这是目前大本营所在地，他到了不过三个钟点，克伦威尔就打发人来对他致歉意，说未能立刻来访。当天晚上10点钟，伯克利听说有人报告：克伦威尔，雷恩斯巴勒以及哈德雷斯·沃勒爵士三个人来访。三个人一致郑重声明，他们以完全的善意对待国王。雷恩斯巴勒说得平平淡淡，克伦威尔则带着很深的感情。他说道:“我刚才看见最能动人的情景，就是国王与子女们相见，我们有许多人都误会了国王陛下的为人，尤其是我。我现在很确知，国王是这三个王国中最好的人；我们大家都受过他的恩惠。如果他接受了在纽卡斯尔的苏格兰人的提议，那我们就全完了，彻底完了。我是一片真诚地向着国王的，但求上帝降福于我！”据克伦威尔说，军官们全相信，倘使国王不恢复他的正当权利，无论什么人在英格兰都不能安全地保有生命财产；他们不久就将采取毅然决然的行动，使国王会不再迟疑地相信他们的真心真意。伯克利快活极了，翌日就去觐见国王，把他与他们晤会的情形告诉国王。查理只是冷冷地听他这番话，因为他已多次听过类似的安慰语言，因此不予置信，无论如何，至少他是希望通过沉默来表示他是不重视这些话的。伯克利莫名其妙地退了出来，他心里有点不高兴，以为国王或因不甚知道他的为人，因此就有了成见，他又想到，阿什伯纳姆不久就要到来，他或许会取得更大的成功。当下他继续同军队谈判条件，军官们包围着他，甚至还有几个素常以挑唆为事的人，有几个是克伦威尔的朋友与爪牙，也有几个不相信克伦威尔的，劝伯克利留心防他一着——他们说道:“克伦威尔这个人是很不可靠的，他的行为和语言每天不同，见什么人说什么话，他所专心致志的只是无论发生什么事情，他总要做胜利一方的魁首。”伯克利认为，克伦威尔所最亲信的艾尔顿却好像是为人公道而又最坦白的。他对他介绍军官会议正在准备的条件，甚至还采了他所提出的供选择的方案。过去对国王提出的条件都不如这次提出的温和，他们只要国王交出指挥民团之权十年，以及选用大臣之权十年，要他贬逐七个顾问官出国，要他收回长老会主教们以及牧师等人的民政和强制的全部权力。又要求：开战以后所封的勋爵，不许当上院议员，保王党不许当下届的议员。艾尔顿说道：“有必要把战胜者与战败者做一些区别嘛。”这些条件远不如议会条件那么苛刻。而且既不要求废除主教制教令，又不要求所有保王党人交出大笔罚款以在实际上毁了他们，亦无议会任意以法律停止国王及其下属行使职权的条件。可是，在另一方面，军队确实要求了前所未曾提出过的几种改革，它们在性质上确是更为严重的：例如选举权以及纳税权的更加平等的分配；改变民事诉讼程序，取消一大串政治的、司法的及商业上的特权，总之一句话，就是将前所未闻的平等原则，引进社会和法律中去，但是在提出这些建议的人的思想中，这些并不是针对国王的尊严或权力的。并没有人认为国王的特权对于保留腐朽选举区[①]、律师们的骇人听闻的暴利以及一小撮债务人的欺诈并不感兴趣。因此伯克利认为这些条件的特点是出乎意外的宽大。据他看来，一个差一点就一败涂地的国君，以如此便宜的代价就将王冠购买回来，这是过去未曾见过的。他求得他们的许可，在由军队正式将这些条件提给国王以前，先由他私下给国王通个消息（约在7月25日）。他这次和国王的会晤，使他比上次还要感到惊奇。查理认为这些条件太苛刻，谈起来就大发脾气：他说道：“他们若是当真想和我达成条件，那么就应当提出我所能接受的条件。”伯克利试着说了几句话，力陈拒不接受的危险，国王忽然打断话头说道：“不，这些人没有我就不能自拔，你将看见他们将会乐于承受更公平的条件的。”

伯克利努力要找出国王这种敢于自信的根据，但是怎样也找

① 指虽然衰落但仍有选举权的城市。到1832年，才废止这些城市的选举权。——译者

不出来。这个时候有消息传到大本营，说伦敦爆发造反，全市骚然，成群的市民和学徒不停地包围威斯敏斯特大会堂，人们预料议会随时都可能投票议决请国王回来，并使那十一个议员重进议会。这几条议决案将会对军队和它的支持者导致致命的结果。在最近两个星期中，特别是自从批准十一个议员请假六个月（7 月 20 日）以来，他们这一派的人就失去了所有的眼前希望。形势越来越逼人。乌合之众、请愿书、大声叫嚣，都宣告了这样的事件爆发。双方都认为这是带有决定性的一种措施，是它引起事件爆发的。长老会派委员会，前两个月担任了指挥伦敦民团的任务，现在解散了，于是独立派就收回了这个重要位置（7 月 25 日）。伦敦市不能如此退让，市民岂能任仇敌来代表他们，统率他们！不到几小时，全市普遍激愤起来，皮毛会馆张贴出一张通告，自告奋勇，愿尽一切努力促成国王体面地自由地回来伦敦。立刻就有许多人签名其上，当邮差起程前往大本营的时候，就将许多张这样的通告遍送全国，又递一张请愿书，要求议会予以批准。遣散的军官们与人民联合起来。所有发生的事，都说明一个既广泛又生气勃勃的运动已经形成。

军队立刻向伦敦进军（7 月 23 日）。费尔法克斯以军队名义写了几封威吓信。独立派有了这样的支持，就在议会宣言，凡是赞成伦敦市承担保王任务的，一律以大逆不道论（7 月 24 日）。但是这些威吓来得太迟了，来不及镇压大众的骚动。在宣言发表之后的第二天早上，就有许多学徒、遣散的军官、水手，成群地挤在威斯敏斯特大厅门前。他们在那里又叫又骂，显然是带着什么大胆的策划来这里的。惊魂未定的下议员们就座以后，命人关闭大门，命令议员们不经准许，不许出门。随即从市政会送来一份请愿书，语气还算温和有礼，要求把民团指挥权交还刚才交权的人们，并告诉议会，人民已不能再忍耐下去，可是并无威胁之意。议会正在讨论请愿书的时候，议长得讯说，门外的群众要另递一封请愿书，于是派两个议员出去接受，立刻予以宣读。这个请愿书与公会所发表的意思相同，可是语气却更见缓和，殊出意表。但是议会却继续进行辩论，并未予以答复。一天快结束了，群众不但不疲倦，反而增加了烦躁。群众占据了通往议会的所有街道，脚步与吵闹的噪音已经弥漫议事厅。有人声大喊道："让我们进去！让我们进去！"凶猛的捶击撼动了大门。有几个议员拔出刀来，有一个短暂时期击退了冲进来的人群。上议院也受同样的威胁，有些学徒爬上窗口摔石头进去，假使不听他们发言，他们就准备做更为极端的事。两院的议员们抗拒了一会儿；下议院的门终于被人攻开，最凶暴的暴徒约有四五十人冲进来，他们并不脱帽，用充满威胁的姿态，仗有背后的群众撑腰，就喊道："投票议决！投票议决！"议会让了步，撤销了昨天的宣言，民团又归长老会委员会指挥。暴动看来要告终了；议员们站起来出院，议长也离了席，这时群众抓住了他，要他坐下。议长问道："你们还要什么？""我们要国王即日到伦敦来。"这个议案立刻提出，投票议决通过了；只有勒德洛一人大声坚决地反对说，"不赞成！"

军队一听到这个消息，也几乎一样地大闹起来，特别是在下级军官当中，在鼓动派与军人当中。没有一方面不责备国王失信，责备他是刚才的暴动的同谋者。劳德戴尔勋爵（他从伦敦来是代表苏格兰委员们同国王商量事情），引起了人们的很大怀疑。有一天早上，勋爵还未起床，就有一群军人，突如其来地走入他的卧室，逼他立刻走，不许他再同国王见面。阿什伯纳姆是前三天到这里的，他为人傲慢，自命不凡，更令他们不欢喜，更令人怀疑。他拒绝同鼓动派打交道。他对伯克利说道：“我一向只和正人君子交往，我和这帮家伙是讲不来的。”他又对伯克利说，“我们若能将军官们争取过来，叫他们真心护卫国王，就可假手于他们，号召整个军队。所以我将以全副精神用在军官们身上。”即使有一些军官，曾经一度倾向国王，现时已有几个开始同国王疏远了。艾尔顿说道：“先生，你自命为议会和我们之间的公断人，其实将来我们才是你们及议会之间的公断人。”话虽是这样说，但由于对在伦敦所发生的事态不太放心，他们仍正式决定将条件送给他（8 月 1 日）。阿什伯纳姆和伯克利都在场，查理显得冷漠而高傲，人家读条件时他带着讽刺神态微笑听着，用一种咬牙切齿的腔调，三言两语就来了个全部拒绝，他好似对自己力量很有把握，十分得意地表示他讨厌一切。艾尔顿粗暴地坚持原条件，说军队绝不肯再让一步。查理突如其来地打断他的说话说：“你们没有我就不行，我若是不支持你们，你们就要完蛋了。”军官们很惊奇地看看阿什伯纳姆和伯克利两人，好像要诘问他们国王这样的接待是什么意思？可是在伯克利方面，他却以焦急的眼色警告国王别那样过分，却毫无效果。终于，他走到国王身边，附耳低声对他说道：“陛下说话的神态，好像有了我所不知道的秘密力量似的。陛下既然隐瞒不明告我，希望陛下也隐瞒着不让这些人知道。”查理觉得他自己说得太多了，就赶快将语气缓和下来，但是军官们，至少他们的大多数，已经作出他们的决定了；果然，一向最反对妥协的雷恩斯巴勒，已经一言不发地走了，他去告诉军队，不能再信任国王。这次会议就以干巴巴的无精打采的局面告终，正好像两个人之间，一方面不再能同意什么，同时也确认没有可能再互相欺骗下去一样。

军官们还没有回到大本营，就有几部马车从伦敦来到，群众大为惊奇地看见有六十多名两院议员从马车下来，为首的是两个议长曼彻斯特勋爵和伦索尔先生。他们解释道，他们刚才从盛怒如狂的乌合之众丛中逃了出来，来到军中以求安全与自由。军队的高兴不亚于它的惊奇，军队本来生怕与议会发生猛烈的决裂，而现在议会本身，议长们和忠诚的议员们，竟前来登门求他们庇护。军官们和军人们围住避难人，倾听他们讲说受尽多少危险和侮辱，无不表示愤怒。他们感谢上帝激发议员们下定如此的爱国决心，并且对议员们表示崇敬。对于克伦威尔与他的朋友们而言，那番惊异的表示，其实全是假装的，因为在最近五天里头，他们利用在伦敦的代理人，特别是圣约翰、哈里·文、海斯勒里格以及勒德洛等人，从中大做手脚，这才造成议员的离开。

于是伯克利赶快把这件令人沮丧的新闻告诉国王，劝他立刻写信给军队的将领，信内要给他们以国王更加情愿接受他们建议的希望，至少也要解除他们的怀疑，冲淡上次会谈中产生的坏影响。伯克利说，这是克伦威尔和艾尔顿的建议，他们认为只要国王承担这一点，他们仍愿担保军队对国王并无二心。但是查理也得到伦敦消息：这次闹事原是他自己策划的，是得到他同意的。现在他已得知，当避难的议员离开伦敦的那一天，留在伦敦的议员居大多数，就选举了两个新议长。下议院，议长佩尔罕先生；上议院，帕勒姆的威洛比勋爵。被驱逐的十一个议员恢复了席位，这样改组的议会立刻下令，要军队停留于原地，且命伦敦尽力准备防卫工作，命梅西、布朗、沃勒、波因茨等人赶快招兵。据说伦敦的人民热情很高，市政会开会的时候，有几千学徒前来，誓愿尽力保卫国王，以抗拒任何危险与任何仇敌。只有索思沃克的居民表示反对。但是当他们向市政厅送请愿书的时候，波因茨带领几个军官不问情由地驱走了他们，他们肯定是不敢再试的了。城里募集捐款，在城上架了炮，最后就是正式请国王回伦敦。每条街上都有人鸣号宣布这个决议，几个钟点以后，决议就要送到国王那里，最迟不过明天。

国王对伯克利说道："我姑且等一等，写这封信是来得及的。"当下有个信差从大本营来；又有议员从威斯敏斯特逃来，与他们的同事们会合在一起，其余的人写信说，他们回乡间去了，不承认伪议会。即使在伦敦，独立派人数也是不多，但是做事却很果断。既未丧失勇气，又未坐失时机：凡是他们无法绝对阻止的种种措施，他们至少设法打断、拖延或加以削弱。募集来的钱慢慢用；梅西新募的队伍并无军械；有几个长老会牧师（其中有马歇尔先生）被军队说服，努力向人民散布恐惧心理，使他们倾向和解。高贵的议员与高贵的公会会员，已经听从他们的话，就以能参与再建和平为体面，自鸣得意。简而言之，克伦威尔告诉阿什伯纳姆说，在两天之内，伦敦市就可掌握在他们手中。

查理仍然迟疑不决；他召集他的最亲密的臣仆，起草信稿，争论了一番，又弃去不用，再写了一封，这才在信上签了字（8月4日）。阿什伯纳姆和伯克利出发了，送信到大本营。他们在路上遇见第二个信差，是他们的友人、两个军官派来的，催他们赶快将信送到；他们到达了，哪知在他们到达之前本市已经投降了。逃亡来的议员正在豪恩斯洛希思检阅军队（8月3日），人们大声欢呼，军队走在议员前面，向伦敦进发，以便确知可以通行无阻地开进伦敦。在胜利者看来，国王的信件和同盟已是一钱不值了。

事后的第二天，即8月6日，辉煌的令人敬畏的大军整队从肯辛顿步往威斯敏斯特，三个团作前军，一个团殿后，在两军之间的是费尔法克斯和他的部下军官骑在马上，逃亡的议员们乘自己的马车，其后就是许多与他们观点相同人，这些人很想分享他们胜利的光荣。路旁站着两行士兵，帽上插着桂枝，大声喊道："议会万岁！自由的议会万岁！"他们在海德公园看见市长及市政厅参议员们来见将军，称颂他使军队与伦敦市重归于好。费尔法克斯在市长等人身边走过，几乎没有作任何回答。再往前走，到了查令十字[1]，公会的全体会员也前来颂扬，费尔法克斯对待他们也是待理不理的。到了威斯敏斯特，才晓得大多数的长老会派领袖已逃走了，或则躲藏起来了。费尔法克斯恢复了军队的朋友们的议员席位，带着谦逊的神色，听他们讲冠冕堂皇的感谢话，听见他们投票议决发一个月的饷给他的军队，随即前去接收伦敦塔，他刚刚奉派当伦敦塔的总管。

两天后，斯基庞在中军，克伦威尔在后军，全军游行通过伦敦，军容威严，寂然无声，纪律森然，并无任何市民受过哪怕是最轻微的侮辱，军官们就是要使伦敦市民放心，同时也是要向全市示威。他们达到了目的。长老会派看见这许多军人，虽然高傲非凡，却是严守纪律的，虽然威势赫赫，却是服从命令，只好回家关住大门。到处都是独立派揽权，胆小的人急于表示信心，成群地环绕着得胜的军队。公会求费尔法克斯及他的军官们赏脸赴宴，他拒绝不去，于是他们就更加迅速地命人打制一个花纹凸出的黄金

---

① 伦敦市中央的一个繁华广场。——译者

大口水罐献给他。还有许多学徒前来向他祝贺，他正式接待他们，他乐于使大家晓得军队也有素为人们所害怕的少年成为自己一派的人。两院以奴颜婢膝的态度向他表示感激，特别是贵族们更是低声下气。他们投票议决，当议员们逃往军中躲避时，凡是未逃的议员所办的事，不用专案取消，即自动作为无效（8 月 6 日）。这个议案，很令下议员们不安，他们准备控告当日使议员们退出的滋事的人们，但是大多数留在威斯敏斯特、不曾逃走的议员当日曾参加现在声明绝对无效的议案。他们三次不肯让步（8 月 10 日，19 日）。翌日（8 月 20 日），有一队骑兵扎营于海德公园，又有队伍驻扎在前往议会的各通道口。在议会内，则有克伦威尔和艾尔顿使用威吓手段，支持贵族院的议决案，后来果然通过了。军队的完全胜利已经成熟，从前受过它压制的人，现在也说军队的所作所为是完全合法的了。

在这次伟大的以及轻易取得的胜利以后，革命运动（它一向受到压制或节制，因为斗争的需要，即使独立派内部的人也因为斗争的需要而不得不受到约束）现在可以自由翱翔了，每个人的激情、希望和梦想都变得更大胆了，人人都公开表态了。在该派的较高阶层中，在下议院中，在军官们的大会议中，提出了明白和切实可行的共和制的计划。哈里·文、勒德洛、哈斯里格、马丁、斯科特及哈钦森等人，过去遇到有人告他们反对独裁制，他们几乎是不予置答，现在则公然用藐视态度提到独裁制了。主权在于人民的原则，以及以人民的名义由人民指派的一个唯一的议会，已成为他们全部言行的指导准则；在他们谈话中，任何迁就国王的想法，不论其在任何条件下，都一律说成是叛国。在地位比他们低的人们中，例如在平民中间与在军队中间，大众的激情是既普遍又强烈的。现在所要求的改革，多是前所未闻的，四面八方都有改革派涌现出来。他们的无边无际的要求，可以不尊重任何法律,可以推翻任何现状事实。人们愈是浑然无知,愈是默默无闻，就会愈加自信，愈加天不怕地不怕。每天必有许多请愿书和小册子出来，向四面八方发出威胁。法官传他们到法庭，他们反而质问法官，命令他们让出他们所霸占的席位。他们在教堂里受到长老会牧师们申斥,他们就冲上讲经台,拖牧师下台,自己上台讲经,以狂热的叫喊发抒感情，却又都是出于至诚的。在这些举动背后，并无什么有力的完整的理论做指导，也没有什么明确的与普遍的计划作中心；这许多众望所归的英雄们全是共和派，他们的思想和愿望超出政治革命远甚，他们的目的在于改革社会以及社会中人与人的关系、风俗习惯和感情。不过在所有这些举动之中，他们的见解不免狭隘而混乱，有些人只是消磨他们的勇气于重要的但枝节性的维新，例如废除贵族的或律师的特权，亦有的满足于虔敬的宗教梦想,例如盼望基督快要降临统治世界,又有所谓“唯理派”要求每一个人依照理性行事。又有人讨论要实行权利的及财产的绝对平等，他们的敌人用“平等派”这个绰号来称呼他们。他们坚决不承认这个名称，或其他什么名称，认为这与他们的身份不相符合。因为他们既不形成一个笃信什么信仰的系统，也不是一个急于要向着一定具体目标前进的派系。他们是市民或士兵，是梦想家或是善于诡辩的政论家，全都酷好革新，虽有热心，却无计划;他们有着模糊的、本能的平等要求,有着朴素的独立精神,这就是他们所共有的特色。他们被纯朴而乏远见的雄心壮志所激动，对于所有那些他们认为懦弱或自私自利的人来说，他们是难以对付的人。他们曾先后做过各派的后盾，也构成过各派的威胁。

各派不得不在不同时期，或则利用他们，或则欺骗他们。

克伦威尔最善于利用他们，也最会欺骗他们。谁也不像他那样受过这些默默无闻但是颇具实力的热心人们的亲密信任。在他们眼中，克伦威尔的为人无一不佳：他的突然爆发的想象力；他愿做大老粗、乡巴佬的同类和伙伴的热望；他所说的话既是那么神秘莫测，又是那么听来耳熟；他的态度有时平易近人，有时又高超无比，使他有时像一个充满灵感滔滔不绝的牧师，有时又像一个朴实无华的庄稼人。甚至克伦威尔的自由活泼而善于随机应变的天才，也使人看起来只是一个平凡的才略在那里竭尽所能为一个神圣的事业服务。克伦威尔在这些人当中，找到了许多极其有用的人材，如艾尔斯、埃文森、贝里、塞克斯比、谢泼德、怀尔德曼等人，全是鼓动者委员会的主要成员。只要克伦威尔中将说句话，他们就鼓动军队反对国王或议会，在这些鼓动委员中以利尔伯恩为最难驾驭，又是个最不轻信人言的人，因为他不肯服从命令，所以过去脱离了军队。他却最相信克伦威尔；他写信给克伦威尔说道："我认为你是英格兰的最有力量的人，我认为你是一个心胸完全纯正的人，我认为你是一个完全无私见的人。"克伦威尔不止一次利用利尔伯恩的勇敢以反对长老会派。但是等到长老会派的毁灭已成定局的时候，当独立派已经把国王、议会及伦敦市全放在他们自己掌握中的时候，当革命的全部狂热和愿望冲出樊篱成为盲目的、不可满足的、不可遏制的力量时，独立派的领袖们的地位，特别是克伦威尔的地位（这时已人人都注意他了）就颇受影响了。现在轮到他们招致不信任，感到害怕了。本派里头有不少人看到同国王谈判的条件，很不以为然，仅仅是由于现实的需要以及有落在长老会派手中的危险，这才使憎恶心理和怀疑受到了约束。现在所有这样的需要不存在了，上帝把他的所有仇敌交到了他的仆人们的手中。然而胜利者并不去巩固并发展上帝的事业的胜利，反而去同罪犯做朋友，与他们商谈条件，第一个罪大恶极的人就是国王，两年以来，有一些虔敬的信徒早就号召要在他头上报仇雪恨了，而且他新近居然狂傲到拒绝那些本来不该向他提出的建议。自从新近发生的事件以来，国王不独没有因这些事件而受到损失，反而借此恢复了他的权力和光荣。在将军们的同意之下，他回到了汉普顿宫（8 月 24 日）。他住在偶像崇拜的排场中，有一班廷臣围在他的周围，这班人的气焰比从前任何时候都高。他过去的顾问官们如里奇蒙、赫特福德、卡佩尔、南安普敦等人又赶快回来伺候他，好像他又快要行使君权一般。现在谈谈奥蒙德本人，这人原是爱尔兰的保王党的最危险的领袖，直到最近还在爱尔兰进行反议会斗争，好不容易才诱使他交出都柏林。奥蒙德一回伦敦，将军、中将和其他将领都迫不及待地向他献殷勤，他可以自由地进见国王，无疑又是同国王策划在爱尔兰再来一次起事吧。这时国王的最活动的亲信如伯克利、阿什伯纳姆、福特、阿普斯利，时常往来于宫廷及军部大本营之间，克伦威尔和艾尔顿经常欢迎他们，而对于许多好人却挡驾不见。克伦威尔及艾尔顿有时亲自去见国王，有时打发人去送信与他，来往得很密切，有人看见他们两个人在公园陪国王一个人散步，大家也知道他们常常同国王相晤于密室，连他们的内眷，如克伦威尔夫人、艾尔顿夫人、惠利夫人，都曾在汉普顿宫觐见过国王，国王用很隆重的礼节招待她们。这样的亲近，未免太不成话，这样的屡次会商，只能意味着谋反。在共和派及狂热人士中，特别是在士兵们的会议上，天天都说这样的话。贵族将利尔伯恩监禁在伦敦塔的牢狱里，为的是要禁止他说话，禁止他散布他的小册子。他从监牢里写信给克伦威尔，说了激烈的话，他那封信最后的几句话说道：“你若仍同向来一般，轻视我的警告，你要晓得我将用尽我的势力和影响反对你，使你的命运发生你所很不喜欢的改变。”①

克伦威尔轻视利尔伯恩的劝告，不理会他所发出的孤零零的威吓。但是既有许多过去对他忠诚的依附者的愤怒支持在后面，这又有所不同了。在必要时，他是准备不顾一切地跳进阴谋和大胆的希望的旋涡中的，虽然他对危险和障碍仍然是敏感的，而且无论他的目的或激情是什么，他总要向周围看看，看人们在做些什么，然后再相机行事。他求伯克利与阿仕珀纳姆不要常去探望他，还求国王在与他往来的时候，要加倍小心。他说道：“如果我是一个诚实的人，为了使国王陛下深信我的意向是真诚的，我已经做得够多的了；如果我不诚实，那么无论我做什么也是无济于事的。”这时，他到伦敦塔探访利尔伯恩一次，谈了很久，恳切陈词，语意沉痛，表示他为他们的共同主张如何努力，并用激烈的言词力陈不团结的危险，询问他在恢复自由以后打算做什么。在告别的时候，还答应尽力教管理此事的委员会赶快释放他。

利尔伯恩不曾恢复自由，以亨利·马丁为主席的委员会竟延搁他们的报告。克伦威尔与国王的往来，虽然不如以前公开，却并不稍减其活动。他不像他的本派的人那样盲目自大，精力被野心和疑虑消耗掉；反之，克伦威尔却被彼此极不相容的各种思想和希望激荡着心灵。他同无论本派的任何人，既不愿轻易食言，

① 信上日期是1647年8月13日。

又不肯作下无可补救的约定。据他看来，共和派的成功似乎还是个问题，狂徒们的欲望又变幻莫测，士兵们的诡辩以及激烈的不听命令，威胁到他自己的权力。以他的气质而论，他原是反对无秩序无法纪的，但他自己也正在酝酿无秩序无法纪。国王的名字仍然构成一种力量，与国王联合还不失为一种手段，国王的复辟也还是一种机会。他同许多人一样，将国王留作备用工具，等到一个更好的机会到来就不惜将他抛弃，总之是把自己的命运推向最大成功可能和最便当的路上就是了。在国王方面，他也十分明了议会和军队的意向，同意再举行一轮谈判；他现在不怎么对独立派的人说话，而主要地是对它的头头们说话，所表示的是对个别人的恩待，而不是公开的让步。他愿派艾尔顿为爱尔兰总督，愿派克伦威尔为总司令，兼国王的卫队长，并授他为埃塞克斯伯爵，还颁赐他嘉德勋章。对于他们的重要朋友们，国王也允予以相似的好处。这时有两个保王分子，即法官詹金斯与一个保王党刘易斯·杜伊斯爵士，与利尔伯恩一同被关禁在伦敦塔里，不断地同他谈到将军们与宫廷已经订立的约定，且提及其中的条件，这引起了他的疑心，且促使他加以传播。像这样的政治交易，仅仅怀疑它可能存在，就足以造成一派的混乱；如果成立这笔交易，就会使国王得到该派头头们的支持，否则的话，他们自己反而会失去支持。

两个将军不可能不知道这种计谋。他们已在国王左右布满暗探，看守国王的就是惠利所率领的那一团士兵，他是克伦威尔的表兄弟，又是他所提拔的人。国王的一举一动，他的散步、谈话、会见以及顾问官们的举动，他的仆人们无意中泄露的话，他无不一一详报给克伦威尔等人知道。[1] 他们不止一次表示不满，说从汉普顿宫来的报告，好似是有意传播出来似的，是为了使他们丧失对军队的信任，使军队不能在那里为国王效劳。艾尔顿原是一个比较不肯通融的人，又不甚能容忍欺诈，因此很不高兴，早已到了打算中止谈判的边缘。但他们还是继续商谈。不久，连两个将军的公开行动，好像也在证实士兵们的怀疑了。议会在苏格兰人力劝之下，也为了多少给主和的人一些满足，决定把纽卡斯尔所提的条件再度送与国王（8 月 27 日）。新近才到汉普顿宫的劳德戴尔和兰拉克两个伯爵，再次劝说国王接受条件，且与长老会派联合，因为只有该派是真心真意救他的。克伦威尔和艾尔顿看出这一着很危险，就加倍向国王表示忠诚，作出许愿，力劝国王拒绝那些提议，劝他要求将军队所提的远为温和的条件作为基础，重新谈判新约，且愿用尽他们的影响支持这样的要求。艾尔顿传话给国王说："我们决心要清洗议会，一清再清三清，一直清洗到他们愿意同陛下友好地安排事务为止。至于我自己，假使我已经答应陛下而办不到，那么我宁愿同法兰西人，同西班牙人，同保王党或无论什么人联盟，以帮助我办成这件事。"查理听从了将军们的劝告。下议员们得到国王的回信后，[2] 就举行了很激烈的辩论。被激怒的长老会派不肯放弃他们的提议；狂热派要求无论什么条件都不接受，亦不提出；为了履行所允，克伦威尔和艾尔顿力主满足国王的愿望，且请开始商定国王与议会间的一个以军队所提出的条件为基础的和约。他们的这一步显然是绝对不会有什

---

① 惠利在一封信中详谈了国王如何消磨时间的情况以及汉普顿宫中发生的所有事情。

② 回信日期是 1647 年 9 月 9 日。

么结果的，因为长老会派及狂热派已经联合起来，志在打败这个方案（9月22日）。

士兵们的怀疑和愤怒，形成了威胁的局面。每站都有人结成社团；有些是公开的，吵闹不休的，亦有的是秘密的。到处都回荡着“野心、叛逆、诡诈”这些言辞，而且都牵涉到克伦威尔。凡是克伦威尔在热烈的议论中无心之间流露的三言两语，现在人们都追忆出来了，并愤怒地加以评论：例如在他说“必需停止迫害保王党”时，他说道：“这是因为现在国王在我手掌心里，议会也在我的衣袋里呀。”又有一次，他说道：“既然霍利斯和斯特普尔顿曾经有这么大的权力，为什么我就不该同他们一样，统辖全国？还有一点他在委员会里头是奉命专管利尔伯恩的事的，又是他提出千百件小事，以便继续把利尔伯恩关在监里。”利尔伯恩当着鼓动派的人正式谴责他，一一数出他和他的党羽所担任的许多公职。鼓动派因此要求议会释放利尔伯恩，要求费尔法克斯释放那四个军人，他们说这几个人不过是因为得罪了国王，说过威吓国王的话，才被监禁的。利尔伯恩和怀尔德曼等人，甚至还曾建议派人暗杀克伦威尔。虽有这么一说，却是未曾尝试实行；但是也许是由于这一点或是由于其他理由，连鼓动派的会议也受到军人的怀疑，他们说，克伦威尔中将安插暗探在军队中，将所有消息都告诉了他。有几个团因为要避免这样的危险，就选派更纯正的激进派称为“新代表”，奉命留心访察叛徒，无论在什么地方，也无论付出什么代价，都为至上目标而努力。有几个高级军官，有几个众议员，如雷恩斯巴勒、尤尔斯、哈里森、罗伯特·利尔伯恩[1] 以及斯科特等人，就是这个运动的带头人。这个最激烈的派系就是这样与军官大会和议会分离开来，公开开始宣布自己的原则、主张和计划。

克伦威尔越来越不安了。他看到军队分裂，看到保王党与长老会派乘这个机会利用军队的不和，克伦威尔自己受到意志最坚强的几个人的攻击，而他们一向是他的最可靠的同盟者、最有用的利器。日复一日，查理的意向更招致人们的怀疑。当艾尔顿逼国王公开同他们联合时，查理对他说道："我要尽我所能耍些花样。"劳德戴尔及兰纳克这两个勋爵仍然不辞劳苦地伺候他，只要他肯同苏格兰人联盟，他们答应将有一支苏格兰军队来支持他。据说条约的初步要领已经商妥了；甚至还有人说，已经有苏格兰军队开向边境来，因为在苏格兰、汉密尔顿的势力已超过阿盖尔的势力。英吉利保王党如卡佩尔、兰代尔、马斯格鼋夫等在很秘密地策划起事。国王曾对卡佩尔说道："我切实告诉你，两国不久就要打仗，苏格兰人相信所有的英吉利长老会派人士会给与合作，因此让我们的朋友准备好吧，武装起来吧，不然的话，无论哪一派得胜，我们都将所得无多。在此期间，驻扎在伦敦附近地方的军队情势十分危急；军队要钱发军饷，伦敦市却不理会，军官们既无饷可给军队，就无法节制他们。各方面都散发大胆直言的小册子，有些宣布士兵们的反对国王的计划，有些列出国王与将军们谈判的条件。费尔法克斯要求建立严厉的检查制度，但无结果，而在此以前是很容易得到的。克伦威尔自己对伦敦市讲明军队的需要，但也无用。他用尽心智，用尽手段，劝狂热派说，他们若

① 约翰·利尔伯恩的兄弟，一个步兵团的上校。

是要温和派发给军饷，他们就须得约束他们的狂热；他又力劝温和派说，他们若想要约制狂热派，他们就得给他们钱。可惜无论怎样相劝，对两方都未起作用。他设法使人推举他的心腹做了士兵们的“新代表”，但也是枉然。他虽然出了许多力，却得不到什么效果，现在尽管他十分审慎地行事，这一点也不利于他了。他一向同各派都有书信往来，他曾设想同各派通统取得协作方法，但不料现在无论在哪里，都掀起一片狂暴的无法压制的骚动，其趋势会抵消他的所有计划，并破坏他的全部影响。他有这样大的才略，又作出过这么多的努力，所得结果却只不过是使他的处境更加困难更加危险。

正在克伦威尔万分困惑不知如何是好之际，在汉普顿宫国王寝殿里有他一个坐探，那天来向他报告，说从堡里将送出一封信给王后，信内有国王对付军队及将领们的真正计划。这封信缝在一个马鞍子里，由一个并不预闻秘密的人顶在头上，将于当天晚上 10 点钟左右送到霍尔本街的蓝色野猪酒店，有一匹马在那里等候，将这个信差送往多佛，邮船将从那里启碇开往法兰西。克伦威尔与艾尔顿立刻作出决定。他们两人改扮成兵士模样，只随带一个士兵，从温泽前往约定的地方。他们一到，就让跟来的人看着门，进入酒店，坐下喝啤酒。快到 10 点钟，信差果然出现了，头上顶着马鞍。他们一听说这个人到了，就立刻出店，手执利刃，藉口奉命搜查，就夺了马鞍，再走入店内，割开马鞍，取出那封信，又很小心地将马鞍缝合好了，交还那个受惊的信差，还满脸和气地说，他是一个老实人，可以叫他继续赶路。

他们的送情报人并没有欺骗他们，查理果然写了一信给王后，说两派都巴结他，说他自会联合向他提供最有利益的条件的那一派，说他宁愿同苏格兰长老会派商量条件，而不愿意同军队商议。他又说道：“此外，只有我自己明了我的处境，关于我可能作出的让步条件，你尽管放心好了。时机一到，我完全知道该怎样对付这些混蛋的，我要赐予他们的，将不是光亮的嘉德勋章，而是绞刑用的麻绳。”这两个将军面面相觑，他们的全部怀疑就这样得到证实了。他们就回到温泽。从此以后，关于如何对待国王，他们已经胸有成竹，正好像国王对待他们也已经定了局，不再丝毫游移一样。①

他们的行动不应该再摇摆不定的时候到了。狂热派爆发了愤怒，使军队处于一片混乱。10 月 9 日，新鼓动派以五个团骑兵（克伦威尔的一团在其内）的名义，写好了一长篇宣言，名为《军队的声明》，提出他们的疑问、主张和愿望。10 月 18 日，他们正式递交将军，11 月 1 日又出现第二个小册子，标题为《在共同利益的基础上争取当前稳固的和平的人民公约》。这是以十六个大队的名义对全国说话。军人们在这两篇文件里头控告军官们叛国，控告议会侵吞公款，力劝同胞们和他们联合起来，要求迅速解散现在的议会，声言以后无论什么人，亦无论什么团体，都不许同议会分享统治权。议会应该三年一任。《公约》主张选举权应该按照人口及税项在全国平分，规定不得有人连任议员，国民欠债时不许监禁他们，不得强迫他们在陆军或海军中服役，亦不能单纯由于宗教的关系不许人担任官职，各省应有权任命各省的全部地方官员。又规定，人人平等的民法应该予以改订，构成一部单一的法典。最后一条就是有些权利，特别是信教自由的权利，应

① 此事发生于 10 月间。

该声明是不可侵犯的，应该是最重要的人权。

领袖们一听到这样的一部表达群众的思想及希望的宣言，就不安到极点。领袖们之中的更为明智的人，虽然一向反对宫廷与长老会派，却认为君主制及贵族院制是很有权威的，而且是深深植根于传统之中，法律之中及人民风俗之中的，现在忽然要改为共和制，并且近在眼前就快出现，它们的效果正如出现一个致命的奇怪想法。在共和派的人士当中，尽管大多数是真诚而勇敢的，但也并不以军人的所有看法为然。有些人在本镇或本郡选举中很有影响，深恐新法令会夺去他们在地方上的优势，亦有拥有教堂产业的人，听见人民怨愤，说这样的教产出卖得太贱，要求概予取消，他们也害怕起来。律师们急于要保留他们的势力和他们的利益。所有诸如此类的人士，以及其他人等，都很激烈地反对解散议会，深怕如举行新选举，他们的前途事业就会流入不可知之数。况且他们的共同意识是对维新派军人们的社会新贵地位，对他们的狂热的神秘主义，以及对上目中无人的反抗劲头，十分看不惯。面对着保王党和长老会派，同一个无人能驾驭的政党建立一个政府，而这个政党竟然十分愚蠢地天天要把它与作为它的唯一支持者的军队的联合置于困境之中，这样做怎么可能呢？为了满足那些崇奉异端的无名之辈的幻想，而无情否定所有传统，否定英吉利的自古以来受到人们敬重的权利，这样做又怎么可能呢？但这样的幻想却正在全国各地的下层群众心中，激发起一种前所未有的激动情绪，这些情绪就是那些模糊的却是闪耀着光辉的绝对正义观念，就是对于平等幸福的热烈向往；这样的热烈向往，虽然往往受到抑压但永远活在人们心中，不会泯灭，它有时却会以盲目而狂烈的自信向四面八方爆发。对于这些，那些领导人是不肯去听，也不知道怎样回答的，因为归根到底，他们也同意这些原则的，而人们的向往也是以这些原则的名义公布出来的。

结果，他们的最初行动是脆弱而起伏无常的。议会投票议决，谴责这两个小册子的发表构成反对王国政府的罪行，要惩办其作者，但是因为同时要讨好共和派，就宣称无论议会对国王提议什么，国王都必须予以采纳（11 月 6 日）。军官们在普特尼召开大会（10 月 22 日），请鼓动者的主要人物们参加大会，有一个委员会（里头也有他们几个代表）奉命立刻开单列举他们的要求。不久，这个委员会就有一份报告送给议会，开列了许多要求，但是国王的名义及国王基本特权也同时列于其中（11 月 2 日）。鼓动者反对这一做法，军官们就答应他们，将早日开会，自由讨论君主制度应否存在的问题。不料到了这一天，艾尔顿突然离开会场。他抗议道，即使略为触及这个问题，他也永远不再参加此会。辩论中止了，延期到下星期一，即 11 月 6 日再谈。无论是否再度闪躲这个问题，无论是否希望作为整体的军人能多所迁就，大家一致认为先召集一个全军大会，以便发表共同的看法。

虽然这个提议是克伦威尔自己作出的，但他却很容易地看出这个补救方法的危险。每一次新的辩论，都要激发军队的新的分裂。越同他们协商，他们就越要摆脱他们的领导人的节制，陷入无政府状态。若要挽救军队，若要使军队可供使用，一定要立刻恢复纪律和自上而下的控制权力。要办到这一点，必须采取坚决的措施。士兵们，至少是其中的活动分子，和它的领导人及狂热分子，显然已经下定决心不要国王了。无论谁人，只要是袒护国王的，他们就抛弃这个人，甚至还要攻击这个人。只有顺从他们的意愿并奉行他们的共同意志的人，才能够节制他们，才能得到他们的服从，获得他们的力量。克伦威尔于是下定决心。开大会那一天，他禁止一切辩论。高级军官们宣称，为了恢复军队的和谐，所有军官及鼓动者们必须回营归队，现时且不开大会，改为三个特别会议，在主要的几个师里头开会。当下暂时停开军人大会，任由将军及议会办理。国王在汉普顿宫的处境突然发生了变化；他的顾问官里奇蒙、南安普敦和奥蒙德奉命离开；他的最亲信的臣仆伯克利、阿什伯纳姆等人，都被调开了。他的警卫人员数目加了一倍。他不复能享受散步的自由了。从各方面都传来不祥的暗示，有人说军人们要逮捕他，要从军官们手中将他抢走，如同军官们过去从议会手中抢走他一样。克伦威尔很不安地写信给惠利上校。讨论这个问题，问他真的怕有人要如此这般地对国王下手，还是只不过吓唬一下国王，或是和向来一样，为了小心预防一切可能的危险，他仍然想骗骗国王，显得尊重他的愿望，仍然装着愿意为他效劳。

这许多变卦，这许多报告，这许多新的限制，千百种造反的谣言和前所未闻的阴谋策划、甚至说有人要谋杀他的谣言——这一切都使这个不幸的查理陷入日益痛苦的焦虑；他的想象力是多疑善变的，尽管还有几分沉着，现在却是心乱如麻了；某一天打猎不顺手，晚上作了一场噩梦，或者他的灯突然无故自灭，事事都被国王看作是不吉之兆。在他看起来，他的仇人们是什么都干得出来的，虽然他的傲气还拒绝相信目前他们就敢于走极端。有人建议他逃走，他也很想逃走，但是逃到哪里去呢？怎样才能逃走呢？谁帮他逃走呢？苏格兰委员们主动提出要帮他逃走。有一天，查理正在打猎，劳德代尔教人对他示意说，他们带了五十个骑兵正在邻近一个地方候着，国王若愿意参加一道，他们就马上以最快的速度奔向北方。但是要作突然决定时，国王就心慌意乱，况且当初不是苏格兰人把他献给英吉利人的吗？苏格兰目前有什么可以藏身之地？苏格兰人已经出卖过他，而且在苏格兰他不复有方法能抗拒长老会派的扼制和盟约的束缚，因此他不肯同他们逃走。另有一群人则劝他乘船前往泽西岛躲藏，从该岛再前往大陆是很便当的，这就将会迫使各派以公道相待。但查理仍然信赖他们的连续多次的诺言，仍然信赖军官们的善意。他还居然自己欺骗自己说，他们的冰冷态度是出于做作，是假装的。他还相信军队再度开会时，他们就会控制激进分子，重整军纪，与国王重新谈判条件。他要作出这最后一次的尝试之后才肯离开英国。但是逃脱的念头越想越频繁，越想越迫切。有人对他说，有一个德国的预言家往见鼓动者委员会，宣称他是奉天命来启示神旨的，不料他刚刚提到与国王和解的话，他们就不听他说下去了。克伦威尔想尽方法给国王暗示逃走为妙。不知是谁对查理说，怀特岛是一个既便利又安全的避难之所。该岛与大陆相近，居民又是保王党，不久以前是哈蒙德上校作镇守官，他是国王最忠诚的一个御前牧师的侄儿。查理对于这个提议比较听得进去，于是搜求关于该岛的情况，而且多少作了些准备，但仍是迟疑不决，想从各方面找到一条下最后决心的理由。有一个占星家名叫威廉·利利，当时在伦敦很出名，是倾向于大众党派的，但是无论什么人来请教他，他都是来者不拒。查理打发一个女人沃尔伍德夫人用他的名义，去请教他最好逃往何处躲避？一个忠诚的保王党，市政参议亚当斯刚刚送君主一千镑钱，沃尔伍德夫人从中取了一半，去办这件事。利利郑重其事地查了各星宿，就答称国王应避往东方，到埃塞克斯郡去，那里距离伦敦二十英里。沃尔伍德夫人赶紧回报国王，哪知查理却来不及等她回来了。11 月 9 日，有一封匿名信，好像是一位真诚的朋友写来的，警告国王说祸在眉睫；又说几个钟点以前，鼓动者们在深夜会议，决定把他架走，他若不立刻置身于他们所不能到的安全地方，那么无论什么可怕事都有可能发生。还有一封信警告他，要提防在第三天被派来守卫该堡的卫兵。查理听见之后很是惊慌，立刻作了决定，于 11 月 11 日晚上 9 点钟，在桌上留下几封信，只随带一个贴身随从威廉 · 莱格从后楼梯出门，进入森林边上的一个公园，事先得知他的计划的阿什伯纳姆和伯克利已准备马匹在那里相候。那天夜间，一片漆黑，又有狂风暴雨，他们向西南行，只有国王一人识得森林的路径，就当了向导。他们迷了路，到了天亮才到达汉普郡一个小市镇萨顿。阿什伯纳姆早已备马在此替换。就在他等待他们的那家客店里，一个议会的委员正在开会讨论国事。国王一行就立刻继续赶路前往南安普顿。国王并不宣布他打算往哪里去。到了与市镇相近的一个高坡上，查理才说："我们下马吧，商量一下最好做什么。"据说他们首先谈到阿什伯纳姆已接洽好的一条船，至今还无消息。随后谈到转入西方诸郡，伯克利曾担保那里他有许多忠诚拥护国王的朋友。最后才谈到到怀特岛，在当时所提到的几个计划中，以这个为最便利，足可以扫除他们眼前处境的重重困难。而且，从他们所走的道路来看，国王出发的时候显然就是想到那个岛的。但是并没有先通知守岛官，若无一种担保，这个人靠得住吗？于是作了安排，阿什伯纳姆和伯克利两人应先前往该岛，摸清哈蒙德的态度之后，再告知他国王对他的信任。国王应该在距离几英里路之外的蒂希菲尔德等待他们回来，南安普顿勋爵的母亲在蒂希菲尔德有一所邸宅，国王就在那里等着。他们分手了，翌晨这两个保王党在该岛登岸，一直前往卡利斯布鲁克堡，这是守岛官所住的地方。哈蒙德不在堡里，在本岛的首邑纽波特。当天他可能从首邑回来。阿什伯纳姆与伯克利便前往该邑，路上遇见哈蒙德，开门见山就把来意告诉他。哈蒙德一听，面无人色，马缰从他手里落下来，浑身发抖。他说道："两位先生，你把国王送到我这里来，就是毁了我，他若尚未登岸，就求他不要来，因为我既要对于国王尽我的责任，对于他这样信任我，居然光临，我当然不胜感激之至，但我又不能有负军队的托付，这样我真是不知怎么办才好了。"他们努力使他安静下来，详论他这次可以建立援救国王的大功，又有助于军队与国王之间所订立的协议。同时又对他示意说如果不愿同意，国王也绝不以此相强。哈蒙德不住地诉说他的困难，但当这两个保王党流露不信任的神态，几乎要收回他们提议时候，他的犹疑不决情绪少了一些，询问国王现在在哪里，以及目前有无危险。他这才说抱歉的话，悔恨他刚才没有立刻委身于国王。他们谈了许久，双方都是小心翼翼，谨慎非常，双方都不敢把事情说翻，但谁都不敢拍胸脯切实负责。后来哈蒙德好像终于让步了，他说道："国王决没有必要抱怨我，将来谁也不能说我令他失望。我愿学一个讲荣誉的人做事。让我们一同前往，把这番话告诉他。"伯克利还是疑心他，要想闪躲他这个提议。阿什伯纳姆却接受他的计划，他们立刻一起启程。哈蒙德只有一个名叫巴士开的军官相随。他们所坐的小船不过几个钟点就到了。阿什伯纳姆一个人先去见国王，留下伯克利、哈蒙德与巴士开在堡寨的院内。查理听了他叙述的情况就大声说道："啊，约翰，约翰，你把守岛官带到这里来就毁了我啦，你还没有觉察到我现在离开了他一步都不能动了吗？"阿什伯纳姆力陈哈蒙德应许的话、他所表示的善意和他的迟疑，这正好证实了他的真诚。国王却是不听，他绝望了，在屋里走来走去，走得很快，一会两手交叉在胸前，一会举起两手抬起两眼向着天空，流露出极深的痛苦。后来，轮到阿什伯纳姆激动了，他说道："陛下，哈蒙德上校只同另外一个人在这里，要保证这个人不出毛病是最容易不过的。"国王答道："你说什么呀？难道你要杀了他吗？你要世人咒骂我，说他冒性命的危险前来助我，我却很卑鄙地干掉他的性命吗？不行，不行，现在来不及走别的路了，我们只好相信上帝啦！"当下哈蒙德和巴士开等得很不耐烦，伯克利只好进去见国王，他奉命带领那两个人来觐见国王，查理却是用坦率诚恳的态度接见他们。哈蒙德又说了一遍他所承诺的话，虽然仍是空泛的和带着为难情绪，范围却广泛得多。天快黑了，他们登舟前往该岛，岛上已经传开国王到达的消息；许多居民出来迎接他。当他在纽波特的大街走过的时候，有一个少妇走向前去，给他献上一朵盛开的红玫瑰花（尽管这时候天气很寒冷），大声祈祷，求上帝搭救国王。他得到切实保证，说全岛的居民都是忠于他的，说甚至在卡利斯布鲁克堡里头，那里驻有十二名老兵防守，全体都对国王表示好感，又说随他之便，无论什么时候他都可以很容易地逃走。查理慢慢地放下心来，不那么害怕了。翌晨他起了床，从堡寨的窗口，观看迷人的山水风景，呼吸早上的新鲜空气，看到哈蒙德处处表示尊敬，国王又得了许可，随便在岛上骑马，并保留他的仆人，他喜欢见见谁就可以见见谁。他的久久扰乱不宁的神志又一次觉得安宁了。他对阿什伯纳姆说道："本岛的镇守官到底是一个君子人，我在这里，不再怕鼓动派军人麻烦我了。为了我这次所采取的决定，我真希望为我自己庆贺庆贺了。"

第八卷　1647至1649年

在韦尔集合军队——克伦威尔镇压鼓动派，随后又同他们言归于好——议会送和约初步条件与国王——国王拒绝，并秘密同苏格兰人谈判条件——议会议决不再与国王打交道——国人对议会普遍不满，反应有利于国王——克伦威尔与独立派之间的麻烦——第二次内战发生——克伦威尔在西方，费尔法克斯在东方和伦敦四面作战，兰伯特在北面作战——科尔切斯特之围——苏格兰人进入英格兰——克伦威尔领兵迎击他们。普雷斯顿之战，威根之战，沃林顿之战——克伦威尔在苏格兰——长老会派重新在伦敦占居优势——议会又同国王谈判条件——在纽波特谈判——各派地位的改变——军队从怀特岛把国王带走——国王被转移到赫斯特堡——随后又迁到温泽——长老会派最后一次为国王出力——审讯国王，处以死刑——王朝被废。

议会委员们和驻守汉普顿宫的军官们，到了惯常的时间在晚饭桌旁等候国王出来。他们未见他出来，很为惊异，终于走进他的屋里看看，只看见他亲笔所写的三封信，一封给委员会主席蒙塔古勋爵，一封给惠利上校，第三封给贵族院的议长。给议长的信内说明，他所以逃走的理由，原为的是要避鼓动者的阴谋，且因他和任何一个国民一样，也有自由居住以及居住在安全地方的权利。其余两封信，不过是感谢蒙塔古与惠利两人照顾他，吩咐他们怎样处置他的狗、马、绘画及他室内的零碎家具。他不曾说出他要走哪条路，以及躲避的地方。

威斯敏斯特大厅十分惊慌，更使人们张皇失措的，是与从汉普顿宫来的信同时送来的、由温泽大本营来的一封信，是克伦威尔在半夜写的。他说他赶快送这个消息给议会。他说最早得消息的是他，他在议会之先，也在国王启程之前，就已得知情况了，因为当时传开消息说，一向都是防守严密的汉普顿宫正在 11 日那天防守松懈了，连向来把门的哨兵也撤走了。哈蒙德的信不久也来了（11 月 13 日），报告议会说国王已到，他郑重声明他完全效忠于议会，且请议会颁发指示。但是人心的恐惧仍未减少。克伦威尔也接到哈蒙德的来信，好像凡是议会的所有公仆都应该向他提供消息，事事必须同他商量似的。他把信的内容报告议会，报告时神采飞扬，即使最不怀疑的人们听了之后也很诧异。据他们看来，惊人的迹象表明已取得了一些成功，一些希望已经如愿以偿，可是这个迹象究竟是什么性质，他们却又看不出来。

不到两天，克伦威尔又使他的仇敌们产生新的更大的恐怖。11 月 15 日，约定召开三次军队会议（以便调整军中的分歧）的第一次会议，在韦尔举行。克伦威尔同费尔法克斯同往该处，他所信任的军官们在他们周围。这次只召集了七个团的人员，这七个团是骚动较少的，因此重建他们的纪律好像也是最容易的。克伦威尔打算凭借他们的服从来威吓其他更为不羁的士兵，或利用他们的榜样，来平靖那帮闹得比较厉害的士兵。但是他们到了韦尔的公地上，这两个将军看见到会的有九个团之多，不止七个团，哈里森的骑兵团和罗伯特·利尔伯恩的步兵团，都是不召自来，并且来势汹汹。这支步兵团驱逐了所有中尉以上的军官，只留了布雷上尉一个人，现在统领他们，每个军人帽上都有一份“人民之约”，上写：“给英格兰以自由，给士兵以权利”。好像被共同的冲动所激，他们在平原上不时大叫大喊，回声四应。雷恩斯巴勒、尤尔、斯科特，特别是约翰·利尔伯恩，原来是被禁在伦敦塔的监狱里的，最近下议员们却允许约翰·利尔伯恩每早出狱呼吸新鲜空气增进健康，他策马在公地上跳跃，从这一队往那一队，鼓励精神振奋的人，并称温和的人为懦夫，到处反复对他们进行劝说：他们既有利刃在手，他们就有义务用刀子为本国取得充分的及永久的自由，这才对得起良心。费尔法克斯、克伦威尔和他们的部下，在士兵们喧闹声中，走向比较平静的几个团，以军官大会的名义，对他们宣读一份平静和坚定的劝告文，斥责新的鼓动派的煽动叛乱的行动，并指出这会给军队导致的危险，又要他们回忆他们的头领曾经以实际行动爱护和信赖他们，要他们回忆头领屡次领导他们打胜仗，答应一定在议会里帮助满足士兵们的合理要求（不论是为自己的抑或是为国家的），只要他们肯签字声明，愿意回心转意遵守纪律，且从此以后尊重他们长官的命令。七个团的士兵以欢呼接受这番话，费尔法克斯向哈里森的军队走来，士兵们一听见他重述这许多诺言，就把“人民之约”从帽子上扯下来，大声叫喊说是上了人家的当了，情愿与将军们同生共死。利尔伯恩的军队仍然坚持叛乱，军心骚然。他们大声说叛乱的语言，以回答费尔法克斯。克伦威尔走上前，他对士兵们喊道：“把你帽子上那张纸扯下来！”他们不扯，他忽然走入队伍中，指出十四个叛迹已显的士兵，命人拘捕他们，就在现场开一个军事法庭，处三人以死罪。军人委员会吩咐道：“让他们抽签，抽着死签的立刻枪毙。”理查·阿纳尔抽中了，他原是一个狂妄的鼓动派，立刻在他的队伍前正法。其余的两个判了罪的人，同他们的十一个同胞，被人领走了。斯科特少校与布雷大尉被捕。军中寂然无声，全部队伍都回了营，其他两个代表大会并无丝毫怨言就开完会了。全军好似又受将领们的完全节制了。

克伦威尔却一点也不自欺，深知这样的胜利是靠不住的，甚至是危险的。当他在下议院宣布这件事时（11 月 19 日），大多数人都为鼓动派的失败而开心，议决向他表示感谢，长老会派却并不掩饰他们的冷淡态度，共和派亦不隐瞒他们的愤怒。从长老会派看来，克伦威尔的任何成功都是可疑的，无论它的外表上的效果怎样。共和派则把他在韦尔大会上的举动，看做他的阴谋诡计的又一证据。勒德洛反对向克伦威尔致谢。有一个牧师名叫索尔特马什，自称奉了上帝的特命，特为从乡间进京，来告诉将军们说上帝已经抛弃将军们了，因为他们监禁他的圣者们。总之一句话，第一阵令人麻木的局面过去之后，就有一批小军官及少尉以上的军官，以及各团的几乎全数的革命派士兵，对克伦威尔及艾尔顿宣布说，无论什么严刑峻法，无论什么暂时的阻碍，都不能使他们放弃他们的计划。他们决心不要国王，决心建设共和，他们宁冒全盘失败的危险，也要分化军队，他们至少要带走军队的三分之二人员。与其眼看着这样被人打垮，不如孤军进行他们的创业计划。克伦威尔并不想逼他们走这样的极端，他确曾打算用一个范例，来阻止军内无政府主义的蔓延，但他却深知狂热分子的势力不可轻侮，因此也愿意同他们和解。他并不明白宣布拥护共和制，可是仍同他们说国王种种不好，承认他们对国王不存什么幻想是对的。他自己承认，有过一个时期，他曾被世俗的虚荣所眩惑，未能看清上帝的事功，又未能完全信任上帝的圣者们，不曾拜服于他们足下，因此求他们代他向上苍祈祷，以求上天的赦宥。有几个最会讲经的人，其中就有休·彼得斯，他是一个诡计多端、唠叨不休的热心人士，他们承担替克伦威尔在各地大造舆论、宣传他的主张和信条的任务。克伦威尔甚至向狱中的士兵送去安慰人心的诺言，他坚决表示，他所坚持的一切，只是在军队中保持团结和纪律，以作为保证成功甚至安全的唯一途径。有许多人相信他的话，他的讲话向来是热情洋溢而又豪壮有力的。当然，也有一些人，并不是真的盲无所见，却也知道他们需要利用他的天才，一面尽管怀疑他的忏悔并非出于衷肠，另一面却下不了决心拒绝他的诚心。况且他们之中大多数都认为鼓动派操之过急，搞得太过火了，也认为士兵对于官长也应该予以更多的服从与尊敬。雷恩斯巴勒、尤尔斯和斯科特都承认了他们的错处，并答应将来行事要更加审慎。12 月 22 日，终于在大本营开了一个大会，军官、鼓动派、牧师共同谈话和祈祷达十小时之久。各派都以公共利益为重，但是他们的互相仇恨及互相猜疑，并未完全消灭。他们议决释放囚犯、议决布雷上尉仍回本团，要求议会恢复雷恩斯巴勒的海军中将官职。这次和解以毁灭国王为条件，于 1648 年 1 月 9 日以一次严肃的宴会庆祝成功。

就在这个当口，约翰·伯克利爵士来到大本营，查理一听见韦尔大会的结果，就打发爵士来祝贺将军们的胜利，且提醒他们勿忘记他们的允诺（11 月下旬）。伯克利不仅携带国王的信函，而且带有哈蒙德给费尔法克斯、艾尔顿和克伦威尔的信件，但还是颇有点不放心。他在半路上遇见骑兵旗手乔伊斯。这个旗手见他这样大胆很是诧异，且告诉他说，鼓动派不但什么都不怕，而且已将将军们拉到他们的一边去了，准备开庭审判国王呢。当他到达温泽的时候，军官们正在开大会。他进见将军，把几封信交与他，奉命退出。过了半点钟，又被传进来。费尔法克斯严厉地对他说：“我们是议会的军队，我们对国王的提议没有什么答复，只有委用我们的人们才能作出决定。”伯克利看看艾尔顿，随后又看看克伦威尔。他们似鞠躬又似未鞠躬，轻藐地微笑着。这一天过去了，他既未得到什么说明，亦未得到什么消息。后来到了傍晚，他的过去最亲密的朋友守卫官沃森有信来，约他半夜在嘉德客店背后的马场相会。伯克利才从他口中得知发生过什么事情，说军队正在欣喜欲狂。但说道：“我到这里来是冒生命的危险的，因为今天午后，艾尔顿曾作过两个提议，一是把你当作俘虏，送往伦敦。二是不许人同你说话，违者处死。国王若能逃走，若爱性命，还是逃走为妙。”伯克利问道：“国王有信给克伦威尔和艾尔顿，命我转交，你看我交给他们好吗？”“你得转交，不然他们会疑心我把他们的计划告诉你了。”

果然不出所料，伯克利既得不着两个将军的回信，又不能见他们的面。只有克伦威尔传话来说：“我肯尽力为国王效劳，但是他却不要希望我能为他而毁了我自己。”约翰·伯克利爵士赶快带回这个令人沮丧的消息给国王，恳求他立刻逃走，片刻也不可耽延。也许查理可以逃得了，因为据说王后曾经打发一条船来，就在该岛四面巡航，已有好几天了。但是有一个新的阴谋又复活了国王的希望。下议院在为国王的事很热烈地进行一场争辩之后，[①] 投票议决（12 月 14 日），提出四个条件，以议案的形式，送与国王，

① 贵族院于 11 月 26 日提出动议，下议院于 27 日以一百十五票对一百零六票通过。

他若接受的话，就许可他按照他几次要求的那样，亲自同议会商议条件。这些条件是，第一，海陆军统率大权交与议会执掌二十年,以后如因王国的安全需要,得由议会继续执掌此项大权。第二，国王必须撤销自己过去所发表反对议会的诬称议会为违法及反叛的一切宣告。第三，国王应宣布凡在他离开伦敦以后所封的勋爵全部作废。第四，议会有权在它认为适当时，作出长达任何时间的休会决定，可以移至任何地点开会。查理虽然在困境之中，但仍无意批准这四个议案，因为如批准了即等于承认使他至于此极的战争是合于法律的。但是他知道苏格兰委员们曾经竭力反对过这四个议案，他们又因议会不把他们的抗议当作一回事，甚表愤怒。国王得到伯克利的信时也收到苏格兰委员们的秘密建议，劝他拒绝这样令人难堪的几个条件，他们还答应亲自来怀特岛，以苏格兰的名义,同他商量更好的条件。伯克利回来时,国王对他说:“我必须等待，在我离开王国之前，将与苏格兰人定下条件。他们一旦看见我脱离了军队的手掌，他们就会提出加倍的要求的。”

于是劳德戴尔、劳登和兰纳克三个勋爵，到了卡利斯布鲁克堡。登比勋爵与他们的五个同事，都是威斯敏斯特的委员，几乎也是同时到达的（1647 年 12 月 23 日）。已经在汉普顿宫开始的谈判，现在又重新很神秘地由国王同他们进行，因为他们说，他们所需要的只是亲自对国王郑重声明他们反对议会的条件。这次的秘密条约谈判，在两天之内就议妥签字（12 月 26 日），藏在岛上的一所花园内，等待日后能够安全地取出来。这件密约答应派一支苏格兰军队来干预，以恢复国王的正当权利。条件是国王必须肯定长老会派在英格兰存在三年，可是并不要求国王自己及他的朋友们崇奉长老派教义。到了三年期满，国王应该向教士会议咨询意见，由他会同议会订定这个教会的宪纲。此外尚有几条附件，都是有利于苏格兰的，但大大伤害英格兰的体面。还有一条，双方同意为了协助苏格兰军队，全国的保王党都应拿起武器，又规定奥蒙德应该前往爱尔兰重新率领该处的保王党，国王一经拒绝那四个条件以后，就该从该岛逃出，前往苏格兰边界，在贝里克或在他处，以自由的身份等待行动时刻的到来。

诸事如此商定以后，查理送信给议会委员，说他预备给他们答复（12 月 27 日）。在三年前，在牛津谈判条件的时候，国王就曾决定把答复装在密封加印的信封内，因为怕他们一旦知道他拒绝，或知道了他的计划的话，他们就会采取措施推翻全局。但是登比勋爵顽固地拒绝以这种形式接受国王的回信，他说道："议会授命我们带回去的不是陛下高兴给我们的无论什么东西，而只是要么接受，要么拒绝那四条议决案。"查理只好照办，大声宣读回信，回信是绝对拒绝那几个条件，又表示事前不承允接受任何条件，而要求亲自与议会面商。委员们退出，同哈蒙德讨论了一会，就回威斯敏斯特去了。他们走后几个钟点，国王正在同阿什伯纳姆和伯克利讨论准备明晚逃走方法时，堡寨的大门关了，禁止陌生的人进来。各处派了加倍的守兵，国王的几乎全数臣仆奉命离开本岛，而最先被要求离开的就是阿什伯纳姆和伯克利。

查理满腔怒气，忧心忡忡，坐立不安，他打发人去请哈蒙德来。国王说道："你为什么这样对待我？你所奉的命令在哪里？是什么鬼神教你这样做的吗？"哈蒙德其实并不曾奉过正式命令，只好不响，在那里犹豫。最后他才谈到国王陛下刚才对于议会的提议所作的答复。国王说道："你不是以你的荣誉作过担保，在任何情况下，不利用机会以反对我吗？"哈蒙德答道："我什么也没有说过。”国王说道：“你是个会说遁词的人，你能为我找一个牧师来吗？你口里说信教自由，难道就不许可我信教自由吗？”哈蒙德说道：“我不能让你见任何牧师。”国王说道：“你既不把我当作上等人看待，亦不把我看作基督教徒。”哈蒙德说道：“在你的脾气变好些以后，我才肯同你说话。”国王说道：“今晚我睡得很好。”哈蒙德道：“我曾十分礼貌地对待你。”国王道：“现在你为什么不以礼待我呀！”哈蒙德道：“你太趾高气扬了。”国王道：“这是我的鞋匠的过错，但是我的鞋跟同前几双是一样高的。”他在屋里走来走去，这几句话说了好几遍，随后他掉过头来对哈蒙德说道：“我可以自由走走呼吸呼吸新鲜空气吗？”哈蒙特道：“不能，我不能允许你。”国王道：“你不能允许我！这是你待我以信吗？这是你待我以忠吗？你回答我呀。”哈蒙德赶紧走出去，激动不已，两眼含泪，但他却不改变他新近作出的安排。

这时议会的委员们回到了威斯敏斯特，他们刚刚报告他们的使命及其结果，就有一个一向阒然无闻的托马斯·罗思爵士站起来说道（1648 年 1 月 3 日）：“议长先生，疯人院是为精神病设的，而地狱（陀斐特）[①] 却是为国王们而设的，可是近来我们的国王们的所作所为却好像他们只配送到疯人院。我提议把国王扔在一旁，不用他治理国事。我不管你们建立什么政府形式，只要没有国王或魔鬼就行。”艾尔顿立刻支持这个提议，他说道：“国王拒绝那四个议决案，就是不给人民和平，不肯保护人民，人民甘愿臣服于他，原是以保护人民为交换条件。国王既然拒绝保护人民，我们就拒绝对他臣服，我们只管自己办理国事，用不着他了。”

① Tophet，参看《旧约·以赛亚书》，第 30 章，第 33 节。——译者

长老会派听见他这样粗暴地攻击国王，大吃一惊，但因查理拒绝条件，又感到烦躁，他们有一会儿弄得不知如何是好，又很胆怯，但却也有几个议员发言反对这个提议。梅纳德说道："如果通过这个议案，至少就我们的权力而论，就等于解散议会，当国王们拒绝接受我们的请求，或拒绝聆听我们的陈述时，我们一向是把它看作是对我们的特别权利的最大破坏，因为这种做法的趋向，就是不解散的解散；而且，就我们方面而言，我们现在若决定不再接受国王的信息，亦不对他再有所陈述，我们就等于宣布说我们不复是一个议会了。"这件事讨论得很久很激烈。长老会派重新恢复了自信力，议会初时对长老会派很冷淡，好像有些摇摆不定。克伦威尔就站起来说道："议长先生，国王是一个极有见识和天才的人，可惜太习惯于欺诈，太习惯于虚伪，我们是无法相信他的。他一面指天誓日说他怎样酷爱和平，却另一面暗中同苏格兰委员们谈判条件，不惜陷国家于另一场战祸之中，现在大家一致寄望于议会，盼它运用自己的权力和决断，来治理和保护国家，且要议会切勿再教育人民将安全和治理的希望寄放在一个执拗成性的人身上，上帝已经使这个人的心变成铁石一般硬了；过去有一些人付过鲜血的代价保护你们免陷于如此之多的危难，现在他们仍会再以同样的勇敢和同样的忠诚，不顾一切反对，来保护你们。要教育人民千万不要由于你们忽视自身的以及国家的安全的缘故(其中也包括人民自身的安全)，致使自己感觉到被人背弃了，感到被置于受仇人恶待和欺凌的境地，而人民为了你们的利益曾经镇压了那些仇人。请你们切勿使人民于失望之余，由于不愿依附你们而另寻生路，自求安全。我一想到人民这样的决定会对你们产生什么破坏性后果，我就浑身战栗。我只好请你们自己去判断吧。”他坐下，一手抓住剑把。他说过之后，无人再发言。这个议案立刻通过（一百四十一票对九十二票），翌日送与上议院（1月4日）。贵族们起初好像有些游移，辩论曾暂停两次（头次1月4—8日，二次8—11日）。军队送来了两份宣言，[①] 一通是给下议院的，满纸全是庆贺的话，还有许多威吓仇敌的话，还有一通是给上议院的，说得温和而婉转，语气和解，反驳外间流传的不利于贵族的谣言，且答应尽力支持贵族的一切权利。议会的怯懦分子，有时流露害怕，有时又表现得放心，随他们的心情而有不同。当讨论终止、投票表决时，只有沃里克与曼彻斯特两勋爵反对。

在另外一面，王国各地都发出坚决和强烈的抗议，保王党说道：“过去一直被看作凭空的毁谤或无稽之谈的推测和控告，现在终于成为事实了。”群众的看法向来是动荡无定的，现在也同保王党联成一气，反对这种最可恶的叛逆了。当国王还来不及答复议会宣言的时候，若干私人出于自发的热诚代替国王作的答复，已经出现了。从来未曾有过现在这样多的关于保王党诡计的报告，从来未曾有过现时这样多的激烈的小册子把威斯敏斯特围得水泄不通。[②] 有一个领半俸的海军上尉名叫伯利，在怀德岛上教人沿着大街敲鼓，召聚许多工人、妇女及小孩，他自己带领他们，要到监牢里释放国王。立刻有人制止这个企图，伯利被处了绞刑，说他在议会里攻击国王，犯了大罪。不久以前还反对国王的事业的各郡，现在反而被相似的保王感情与愿望所激动。甚至

① 1月11日，信上日期是1月9日。

② 其中有两份小册子尤其引起了很大激情。一份题为“议会的十诫”、一份题为“坐在威斯敏斯特的下议院里的我们的上帝和救世主们的新约全书”。

就在议会的大门口，就有若干埃塞克斯郡的业经遣散了的士兵聚集起来，大声喧哗，喊叫道：“上帝救救国王！”并拦住马车，逼车中人与他们一道举杯祝国王万岁。共和派看见他们的胜利反被这些人来捣乱，就很愤怒。他们虽然得到少数几个郡的祝贺表示，却毫无用处。下议员们虽然宣布他们有计划要改良法律，要使打官司少花许多钱，也不起什么作用。对于诉讼和讨债，他们虽然暂时停止实行他们的特别权利（1月4日），亦没多大用处。这几条重要的改革，不过是共和派本身或几个知识较高的人所要求和欣赏的；有若干条与人民的成见有矛盾，亦有若干条并不为愚昧无知的人民所理解，但是由于一切都似乎是出于私利，所以破坏了改良的效果，既不为舆论所拥护，就只好使用专制手段。前一些时已经开始的对那些为首挑动长老会派或保王党滋事的议员和伦敦市的地方官的控诉，现在更在加紧地进行。凡有曾经武装反对议会的，都奉命离开伦敦，严禁居住在离城二十英里以内的地方(这是1647年12月17日的命令)。又下令检查全国的治安法官，意在淘汰其中在原则方面受到怀疑的人。又颁行一条法令（12月17日），凡是预闻过或被控预闻过阴谋反对议会的人，都不能被选为市长、市政会会员，亦不能有权选举此项人员。不久，这些人连陪审员也不能充当了，且无选举议员的权利。委派了一个委员会专事压制言论自由，现在该委员会奉命每天出席办公，拨一笔款项（1648年1月6日）给他们以奖赏查获及没收反对分子的印刷机的人。最后，军队又在伦敦市举行游行，他们带着打仗需用的武装器材，从中分拨三千人，一半驻守白厅，一半驻守伦敦塔。

于是，那些狂热分子，那些心地狭隘而严厉的人，以及本派的群众，纷纷额手相庆，认为这些措施就是他们本身强大的有力证明，干起事来也就加倍地起劲了。只有克伦威尔虽然同他们合作，却是有所不安。这并不是因为他对趋向成功的东西还有什么瞻前顾后，而是因为他虽然已经下定决心反对国王，但是共和派人以及狂热分子们的企望与他们的野心，在他看来全是疯狂的。他眼见全国的主要地主和富裕的国民，几乎所有稍有名望的人，都汲汲于归隐，退出董事会，不问地方上的公事，事权遂落在景况较差的下层民众手中，他们固是急于揽权，也能够雷厉风行使用权力，不过，要叫他们保持权力就不中用了。他既不能相信英格兰会长期甘愿受这样的统治，也不肯相信在为数可观的这许多市民承受法律压迫的基础上能够建立起可以稍为持久的什么局面，也无法相信在议会里头以及议会影响范围内的与日俱增的分歧与混乱，终久不至于以征服者自身的毁灭告终。他的不知劳倦的想象力，决心找出一些方法来结束这样的情况，否则至少也要在这样的黑暗的混乱中，找出一条最快、最安全的路，以成就他的伟大功业。有一天他请来重要的独立派人士与长老会派人士、牧师们及无圣职的教徒们，在他家里吃饭，热烈地讨论和解的必要，至少也需要暂时停止他们之间的争执，以便共同对待显然即将临头的新危险。可惜长老会派的脾气太不能迁就了，况且他们的神学雄心又太过于排他，容不下这样的联合，会议没有结果。克伦威尔又开了一个会，另请政治领袖们来，其中大多数同他一样都是军官，还请了许多共和派人士，他说他们必须共同研究英格兰最适宜于什么形式的政府，因为现在他们要负责管理了；实际上，他的目的在于摸清这些人中究竟有哪些人会坚持不变，究竟谁是可以预期会协助他的，谁是他应该警惕的。勒德洛、哈里·文、赫钦森、西德尼、哈斯勒里格等，都大声宣布自己的看法，反对王朝专制，因为《圣经》、理性和经验都是谴责独裁专制的。将军们却较为有保留，他们认为，共和制虽然好，却不敢确定会成功，最好不作仓促的决定，而观察事态的进展、时势的需要，逐日服从上帝的指挥。共和派却坚持要人们作出一个不闪烁其词的宣告。于是辩论得很激烈，勒德洛及其他的人力逼克伦威尔明白表示他自己的态度，因为他们说，他们决心要晓得谁是他们的朋友。克伦威尔先是支吾其词，后来因为被逼不过，他忽然站起来，勉强说了一句笑话，匆匆地出了屋子，一面走出，一面甩一个椅垫子打勒德洛的头，勒德洛也甩了另一个椅垫子向他背后打去。勒德洛还说道:“我这一垫子，叫他下楼下得更快。”

与此同时，危险逼近了，心怀不满的人日益增多，胆子也越来越大。不仅在西方与北方，即在伦敦附近地方，在米德尔塞克斯，在埃塞克斯，在萨里，在肯特，在富翁家宴席上，在巡回法庭上，在市场上，或在保王党能够同人民会晤相处一堂的地方，到处有人站在保王的立场，写请愿书，拟计划，搞复辟，甚至公开地宣布自己的主张。在坎特伯雷，圣诞节那一天，正在市长竭力推行严禁庆祝圣诞节的法令的时候，发生了暴动。人们喊道，“上帝，国王查理，与肯特郡！”该市的军火库被人攻破了，有几处议员住宅被人围攻，有几个市政官员被人殴打。幸亏几支军队来得快，不然的话，附近村庄的农民会加入运动，非闹出大事不可。在伦敦，有一个礼拜天，正在教堂举行礼拜仪式的时候，有几个学徒在穆尔费兹作球戏[①](1648年4月9日事)，有一群民团士兵命令他们散开，他们拒不受命并打跑了民团士兵。后来来了一队骑兵把学徒

① 当时法律，礼拜天不许进行娱乐活动。——译者

们打跑，他们就散布到全城，号召他们的同事及泰晤士河上的船夫一齐来助威，成群结队的人在四面八方集合起来，他们在晚上集合，以出其不意的方式攻占了两处城门，用铁链拦住街道，打鼓高喊“上帝与国王查理！”攻打市长官邸，夺得一尊大炮，随后又夺得军火库。到了天亮，看来他们已经占领了伦敦。军事会议开了一夜，官方不敢攻打造反的人民，他们讨论驻在伦敦的两团兵是否够用，等待援兵是否更好。费尔法克斯与克伦威尔决定立刻动手进攻，于是马到成功。两小时之内，已经听不见街上有什么声响，只听到正式军队走回营地的整齐脚步声。人民虽然是逃走了，却并没有被征服。每天都有一些意外事件发生，使人们更加愤怒，使他们更加大胆。当长老会会员及市参议员们被下议员带到上议院去的时候，他们坚决地拒绝承认上议院的法律权力，拒不下跪，不肯脱帽昕读诉词。他们每次到威斯敏斯特去，每次由那里出来，都有群众如醉如狂地向他们欢呼。于是严禁市民集会，宣布各郡的管理委员会有权拘捕及监禁全部的不法之徒，甚至连嫌疑犯也不能免（4 月 18 日）。但是公愤升级的速度超过于专制独裁发展的速度。在诺威奇、伯里、圣·埃德蒙兹、塞特福德、斯托马克以及其他许多地方，常常借口一点小事就击鼓，居民很快就跑去拿起武器。军队也发现，仅仅来一下威胁性的示威是不能达到镇压的目的的，军队很快地就看出，有些别的事情远比百姓聚众闹事更可怕。在南威尔士的彭布罗克郡，有两个上尉波伊尔与鲍威尔以及兰霍恩少将，本来都是战功辉煌的军官，因此得以参加议会军，现在反而脱离议会军（2 月底），竖起国王的大旗，得到本地的保王党支持。没有几天工夫，就把本地的权力全部抓到他们手中了。大约就是在这个时候，苏格兰议会开会(3 月 2 日)。

汉密尔顿和保王党以同温和的长老会派联盟为幌子，在选举中取得多数。虽然阿盖尔和激烈一些的教士们企图打倒他们，但未能成功。尽管来自伦敦的委员们大量使用金钱和恐吓手段，也同样无济于事。议会在对待狂热分子时非常小心，甚至到说话谦恭已极的地步，其实这个议会是捧国王的，它立刻投票（5月3日）议决成立一个应变委员会，授以行政大权，叫它募集一支四万人的军队，赋以保卫盟约与国王并对抗共和派及几个异端派的任务。在英格兰北方的保王党，只等这个信号便就起事。他们的主要领袖朗格戴尔、格伦汉姆、马斯格雷夫等人住在爱丁堡已有一个多月，有时公开地、有时秘密地同汉密尔顿会商造反的计划。在爱尔兰，芒斯特省的总督英奇昆勋爵一向是拥护议会反对叛乱的最忠诚的支持人，现在也投到国王大旗下了。最后，当所有这些消息到达伦敦的时候，议会内及伦敦市内的长老会派都抬起头来了。为了掩饰他们的希望，就故意大喊大叫说他们自己非常害怕。有一个人名叫约翰·埃弗拉德，来市政会发誓（4月23日）说，两个晚上之前，他在温泽的嘉德客店床上听见隔壁有几个军官，其中就有总军需官格罗夫纳和尤尔斯上校，彼此互相承诺，说只要苏格兰军队一入英格兰境内，军队就开入伦敦市，解除市民的全部武装，勒令他们交出一百万镑钱，否则就大肆劫掠，还要本市出钱把所有他们所能够搜查到的心怀好意的人送往各团服役。据尤尔斯说，艾尔顿知悉这个计划，于是向议会递了一个请愿书（4月27日），由市政会要求伦敦市收回在前几次滋事中被夺去的锁链，要求军队必须将大本营迁往远些的地方，又要求把伦敦及其郊区的军队交由斯基庞统领。这些要求立刻得到批准，次日即4月28日，下议院经过辩论之后（没有辩论纪录），投票议决下列的三案：一，他们不愿改变本国的国王、贵族院、下议院三权并立的基本政体。二，向住在汉普顿宫的国王送去的条件，应该作为重建公共安宁所必须采用的措施的基础。三，尽管在1月3日曾经议决严禁再送请愿书与国王，但是所有议员仍旧可以自由地提出他认为有利于国家的建议。

在这三个星期中，克伦威尔对于这次逆流是预料到并企图加以阻止的。克伦威尔以军队将领和本派领袖们的名义，叫人向市政会提出建议，要求将指挥民团和守卫伦敦塔的权力交回伦敦市，要求将被控的市参议员全体释放，只要本市应允不在快要发生的入侵中支持苏格兰人。但伦敦市却拒绝他的这些建议。克伦威尔被迫放弃一切和解希望以后，他看到长老会派在伦敦市内重新获得勇气，在议会内又再度获得信任，他就以满腔的激情来冒险作决定性的一击。他回到大本营，召集军官们开了一个会议，提议军队应该向伦敦进军，从议会里驱逐一切与他们为敌的人，一句话，以善良人民和公共安全的名义，把大权全揽过来。开始，市政会差一点就要采纳他的建议了，但是看到如此激烈地侵犯议会的权利（议会长期以来就是国人所崇拜的对象，又是全国的主人翁），即使最大胆的人也会感到惊恐，他们犹豫不决了。费尔法克斯开始对于克伦威尔所作的事感觉有些不放心，就利用这个时机，抵制克伦威尔中将的要求，中将打算立刻发出进军号的计划就放弃了，这是克伦威尔的第二次失败。他心里很不自在。有些人由于他对妥协所作的努力而怀疑他，另一些人则认为他的计划太激烈而对他不满。他忍受不了这样的无所作为，以及这样的横加阻挠，便决定立刻离开伦敦，进军攻打西方的闹事分子。他眼看将要失去自己的正在上升的领导地位，便打算以战争来恢复它。

他很容易地从议会那里接受这个使命。有一天，当跟随他作战的军队在准备出发的时候，他对勒德洛谈了他不满意于自己处境的话，他历数自己如何为国家利益出力，如何历尽艰险，又如何屡受敌视，大诉特诉本派的人对他的忘恩负义。勒德洛听他诉苦之后，请他想想自己确有令人怀疑他的事实，力劝他勿再搞阴谋，勿再有野心。并应许在这个条件之下，共和派人士一定会给他诚恳的支持。克伦威尔恭顺地倾听了这些劝告，这使勒德洛非常高兴。几天之后，克伦威尔统领了五个团的人马，向威尔士出发，该地几乎就在伦敦城下。此时他同长老会牧师们会商，会商是早已安排过的，双方在分手时都感到满意。

他才走开会晤场所，他所企求的战事就在议会的四面八方爆发了：保王党确曾在内部彼此商定，在苏格兰兵入境以前各自按兵不动。但是这里那里的群众的激昂情绪，各种有利的机会，出人意外而又必不可免的情况，无日不在逼人造反。埃塞克斯有许多居民写请愿书要求议会与国王重开谈判，并建议在发给欠饷后遣散军队归家（5 月 4 日）。萨里有七八百名乡绅、地主及农民学他们的榜样，也向伦敦递了同样的请愿书（5 月 13 日），不过这篇请愿书的调门太高傲了，要求恭请国王回白厅之后，应该以先朝的富丽堂皇的典礼请他复位。当他们走到威斯敏斯特的时候，在招待室走过，其中就有几个人对士兵们说道：“你们为什么站在这里保护一群混蛋呀？”士兵们对这样的侮辱激烈反感，于是争吵起来，士兵们被解除武装，有一个士兵且被打死。援军开到；现在轮到送请愿书的人被士兵们驱逐了，他们从这条通道被赶到那条通道，从这间厅堂被追往那间厅堂，从这条街道被追到那条街道，但他们还是经过奋勇的抵抗才逃走的，撇下五六个死者躺在议会大门口。肯特地方的保王党也正在那里预备递请愿书，一听见这个消息，就编成步兵队及骑兵队，选派军官，指定集中地点，请诺威奇伯爵戈林当他们的将军。他们占据了桑德威奇、多佛以及几处堡垒，在罗彻斯特聚集（5月29日）。这时候已集合了七千多人，共同拿起武器，前往伦敦，递请愿书与议会，利用这件事作为借口，举起造反的大旗。跟着就有许多地方，索性举起造反的大旗来，不再去费事搞起草请愿书之类的文件上告自己的委屈、提出自己的愿望等动作了。埃塞克斯的查尔斯·卢卡斯爵士，赫特福德郡的卡佩尔勋爵，诺丁汉附近的拜伦勋爵等公开招募队伍，为国王出力。议会又听说在北方，为了要为苏格兰人入侵开路，朗格戴尔和马斯格雷夫已经分别发动突然袭击并占领了贝里克和卡莱尔两地。在停泊在唐斯河上的舰队中，也发现有骚动的迹象。海军中将雷恩斯巴勒立刻前去镇压，可是水兵们拒不承认他（5月27日），让全体军官登上小船，强送他们上岸，以后就宣布勤王。他们没有任何高于水兵头目一级的领袖，便启碇开往荷兰。约克公爵现在荷兰，他是新近才从圣·詹姆士成功地逃到那里的，威尔斯亲王不久也到了，约克公爵就统领新到的海军。即使在伦敦市，也有许多人秘密入伍，市内到处遍传着效忠国王的誓言，成群的武装的人经过本市，加入起事人员。在荷兰伯爵及年轻的白金汉公爵两人的住处，从早到晚川流不息地来往着不满分子，他们探问在何处何时可以集合武装队伍。总之一句话，这次叛乱的声势就如无法扑灭的大火，轰轰烈烈蔓延到各处，越来越近，已经紧逼到威斯敏斯特了。尽管德比住所的委员会尽了最大的努力（在这里以独立派最占势力），哈里·文和圣约翰也用尽各种手段，企图找出告密人并揭露其阴谋，但都无法叫议会里听不到此起彼落的叫喊声:“上帝与国王查理!”

长老会派惊慌万分，他们最坚决的靠山苏格兰人不曾到来，他们感到快要落入这次新运动的唯一主宰者保王党手掌中了。保王党对长老会的一套教旨和意向并不比对别的教派更为喜欢。他们不分青红皂白地斥责整个议会，要求恢复旧英格兰的法律与国王，用侮辱的话反对新式礼拜的严峻，公开玩过去所严禁的游戏，庆祝过去不许举行的佳节，重新竖起5月柱。哈蒙德送信来说，国王就要逃走了（5月31日)。即使最温和的人一想到一旦国王率领成千上万的造反保王人马突然在伦敦大门口出现，那情景简直不堪设想，不由得浑身发抖。人们一看到眼前有这样巨大的危险，就不复顾到党派之间的仇恨，忘记了对和平的愿望，也顾不及为将来惊恐了。为了釜底抽薪，使造反者的一切借口失效，于是投票议决再同国王谈判条件（5月8日，24日)。市参议员全被释放了（5月23日)，斯基庞统领民团，韦斯特上校重新总管伦敦塔（5月18日)，早先是费尔法克斯免他职的。又颁行了一项法令反对异端和说不敬的话，罪情重的也有时可以处以死刑。这就证明长老会派的权力又上升了。但是同时，又严格拒绝对保王党作任何让步或容忍。议会又颁发一道新命令，将所有天主教士和国王一派的人逐出伦敦,违者予以更严厉的惩罚(5月23日)。没收犯人的财产以偿还由于政府事业欠下的债（5月11日)。加速变卖教会田产,派兵前往支援卡利斯布鲁克堡的防卫（5月底)。市政会收到消息，该会说道，这个消息对它“如同一道金光穿透乌云”，就严正宣言，市政会坚决与议会同生共死（5月20日)。后来，费尔法克斯奉命立刻攻打包围伦敦附近地方的各队伍。兰伯特奉命开赴北方，他所受的托付是务必将朗格戴尔和马斯格雷夫为期待苏格兰军的到来而发动的叛乱镇压下去，只许成功，不许失败。下议员们投票议决不许以国王为借口而倡乱，如有倡乱者，杀无赦（5 月 11 日）。这样的严刑峻法是一向所不曾听见过的，无疑是要证明他们的雷厉风行是说话算数的。

费尔法克斯从温泽出发之后三天（6 月 1 日），就赶上大队的乱党，在梅德斯通打败了他们。乱党想要避开这样的遭遇战，但未成功。他们不得不迎战，在该镇持久的血腥的巷战中要想不遭到惨败却不可能。费尔法克斯的士兵继续被最强烈的狂热情绪激动着，他们惯于征战，恨透了保王党，并藐视他们的新兵，就很急切地求战，他们几乎把战争带来的危险看成是一种侮辱。他们以强行军走过肯特郡，每天打散一些集结的士兵，或是收复已失地方，用粗暴的手段对待乡下人，但纪律却很严明，既不容许保王党逃避，也不容许他们休息。虽然如此，戈林居然又聚集了三四千人，统领他们出现于布莱克希思，几乎到了伦敦城下（6 月 3 日）。他希望他一来到，城内就会有人起事响应，至少也应得到一些秘密协助。他还写信给市政会要求允准他们穿过本市，以便率领他的人马悄悄地进入埃塞克斯。市政会不但不给答复，反而将来信原封不动送与下议院，还打发人送消息给下议院说，一切准备照下议院的意旨办事。保王党一听这番话就灰了心，顿时秩序也乱了，他们成群地逃走。戈林费了许多事才搜罗到够用的船只，在格林威治将七八百人渡过泰晤士河，这些人跟随他进入埃塞克斯。他到了那里，看见查尔斯·卢卡斯爵士统领着叛军，仍然是强大有力，又充满了自信。卡普尔勋爵也从赫特福德郡以一队骑兵加入，于是全体一齐开往科尔彻斯特，士气稍振（6 月 12 日）。他们原想在那里休息一两天，随后越过诺福克与萨福克二郡，一面走一面召集保王党，统领一支浩浩荡荡的大军，经过剑桥开向伦敦。不料他们还未入城，费尔法克斯就出现于城下，紧紧地包围着伦敦（1 月 13 日）。就这样，两个星期的作战就足够将一支叛军的残余人马围困在一个市填内，这些残余叛军新近曾四面包围了伦敦，现在他们已到了无法自卫的地步了。叛党力图在拉特兰、北安普敦、林肯、苏塞克斯等郡的要冲重新集结。在市内，就在议会眼皮底下，霍兰、彼得巴勒与白金汉等勋爵，武装了自己，约有一千保王党，跟随他们开出伦敦（7 月 5 日）。他们宣称，他们并不打算为了国王而牺牲国人的自由，说他们只是想把他的法定权利归还给他。但是当他们还在京城附近地方的时候，奉大本营命令前来攻打保王党的米歇尔·利夫西爵士，忽然向他们进攻（7 月 7 日），杀了他们几个军官，其中就有白金汉的兄弟、年轻的朗西斯·维利尔斯爵士。次日，斯克罗普上校的一团人来援，不停地驱逐他们进入亨廷顿郡。他们到了这里，因为疲于不停地退却，就向四面八方窜散，只撇下受伤的霍兰勋爵，落到了仇敌手中（7 月 10 日）。东南两方都有同样的尝试，结果都同样地不佳。6 月 16 日得到克伦威尔的信，说在两个星期之内，叛党的西方要塞彭布罗克堡就会落到他手中。在北方，虽然兰伯特的兵力不足，却是很勇敢地维持着议会的体面及权威，以抵抗兰代尔的骑兵。最后，科尔切斯特的守城部队虽有不可屈服的抵抗力，既不为让步条件所惑，也不为进攻所动，却被饥荒所困，不能长期抵抗毫无其他顾虑的费尔法克斯。

长老会派解除了他们的第一个顾虑以后，深信自己不会落在保王党手中，却又开始不放心独立派的军队，就又想到议和问题了。现在还有许多主张和平的请愿书，虽不如初时那样焦急，但数量可观，也得到了更好的对待。宣布十一个议员为公敌的命令取消了，他们的议会席位恢复了（6月8日）。现在又谈到与国王谈判新条件，新条件不像从前那样苛刻，只要求他同意下列条件：一，取消他的全部反对议会的宣言；二，海陆军权交与议会十年；三，在全国建立长老会教会三年（6月6日）。于是派一个特别委员会（6月26日）来考虑达到这个目的的最好方法以及最好在什么时候，在什么地方，用什么形式召开会议。甚至有一个委员问及可否请国王立刻回温泽宫。伦敦市递了一个具有同样内容的请愿书(6月27日),贵族院就投票议决准如所请,在伦敦开会。最后，在6月30日投票议决，取消严禁呈递文件与国王的命令，三天之后，下议院提出议案，主张应该立即对国王提出另一和约。

但是独立派也恢复了自信：他们以他们的军队的胜利自鸣得意，很激烈地反对这个议案。托马斯·斯科特说道："从来不存在什么商讨条约的合适时机，也找不到同这样一个背信弃义、桀骜不驯的国王商讨和平的合适时机，总是不是太迟就是太早。凡是拔刀指向国王的人，必须把刀鞘扔到火里以示决心，同他商订和约就等于毁了敬事上帝的人们。"长老会派并不以为国王辩护为己任，但他们大力声讨假充敬事上帝的人，他们认为这些人主战，只是因为打仗有利于他们个人发财致富。他们说道："人民受战事的祸太深了，因此不会再肯充当火妖所在的大火之下的薪柴，也不再肯以他们的膏血骨髓去供养那些黄蛭、那些为军队所雇用的兵丁及仆役了。"随后有人诘问，在什么地方谈判，长老会派争取在伦敦或其附近地方举行，独立派则主张在怀特岛，因为查理在那里在他们的掌握之中。斯科特说道："你们若在伦敦同这个满怀怒气的国王举行谈判，谁能够向议会担保伦敦市不至于像撒马利亚人牺牲亚哈的七十个儿子的头一样，[1] 也把你们的头作为牺牲，奉献给国王议和？”于是哈维上校又说道：“国王若答应住在与伦敦相距十英里外的一所行宫里，那么有什么担保等到签定条约时，他仍旧住在那里呀？国王多次食言，你们切不要相信帝王们。”有几个议员发言赞成这个见解，其中就有哈里·文。西蒙兹·迪尤斯爵士说道：“我的看法恰恰相反，本院不但应该相信国王，而且一定要相信国王。议长先生，你若不知道你自己的目前景况，那么请许可我用一两句话告诉你。你的白银被人弄走了一部分，你的黄金被人运走了，你的船只造反了，你们自身也被谴责了。你们的苏格兰朋友们怒不可遏地反对你们了，本市及本国的舆论也对你们离心离德。既是这样，请你们判断一下你们是否已处于劣势，你们又该判断一下，迅速同国王陛下议定条件以及言归于好的时机是否已经到了。”独立派热烈地反对这番话，但仍有许多议员内心赞同西蒙兹爵士所说的话。这些人素来不知党派为何物，而习惯于不分畛域地随机应变支持这一派或那一派。议会决定与贵族院的希望相反，以八十票对七十二票议决要国王首先接受那三条议案，但又不曾议决在什么地方进行谈判。

当议会与市政会正在讨论如果谈判在伦敦举行，会不会危及国王或议会时，消息传来，说苏格兰军队已入英格兰境内（7月8日），又说兰伯特已望风而退了。尽管有阿盖尔的种种阴谋及一部分教士们的激烈的演讲，汉密尔顿最后终于成功地建立一支军队并进行活动。这与议会的最初决定的确是不相符合。它没有招到四万人，只招到一万四千人；法兰西宫廷曾答应供给军火，但

① 见《旧约·列王纪下》，第10章，第1—7节。——译者

并没有收到；威尔斯亲王本来要渡海到苏格兰统率全军，但他还在荷兰；兰代尔和马斯格雷夫的保王党并没有与他们会合，因为他们不肯接受盟约。汉密尔顿不能把这样不信盟约的人放到他的士兵们的身边，从而毁掉他自己和他自己的那一派人，于是他们就另外组成一个团体，看来他们要独行其是，而同苏格兰人保持一段距离。总而言之，由于受到许多障碍的阻拦，汉密尔顿的准备未能完成，他的队伍也不足额，他的炮队也未就绪，他未料到在英格兰的保王党在时机未成熟时就起事，这迫使他不得不匆匆出发。他离开苏格兰的时候装备不足，一群狂徒跟在他们后面咒骂，这些人预料这一支军队必败，因为这支军队未曾恢复基督的权利，就要先恢复国王的权利。

但是，苏格兰入侵的消息震动了整个英格兰，好像没有什么方法来抵御这次入侵了。费尔法克斯还在科尔切斯特城外，克伦威尔还在彭布罗克城外。骚乱尚未平定下来，起事者的战火随时随地都可以复燃。长老会派左右为难达于极点。即使是对他们善意相待的人也都恨透了苏格兰人，一提起苏格兰人都是骂不绝口。他们彼此互相提醒，苏格兰人今日假装着要拯救的国王，就是他们新近出卖过的国王，因此他们要求，首先该把这些贪婪撒谎成性的外国人驱逐出境，然后再谈其他。于是在下院提出一个议案（7月14日），宣布苏格兰人为公敌，凡是参与约请他们入侵的人都将以叛国论罪。有九十名议员反对这个议案，但都是犹豫不决的，反对者失败了，但是到了上议院此案却遭到否决（7月18日）。贵族们议决加速与国王谈判，长老会派在下院提出一个议案（7月28日，七十一票对六十四票），规定不再强迫国王先承认那三个议决案，然后谈判条件。但是，仍然在独立派影响之下的德比住所的委员会，根本不管党派势力的每日升降的情况，照样送军饷及援军与兰伯特，并命令克伦威尔派他所能调到的军队开赴北方，而且叫他尽快抽身前往该处。共和派的领导人虽然不信任克伦威尔，却不能不拜倒于他的天才之下，私下写信告诉他什么也不要怕，只管放手做去，只管依赖他们，切勿计较他们过去曾反对过他。

克伦威尔既不等待命令，也不等待许可。一个月以前，就已得知苏格兰军队的详情和行动，这些也许是阿盖尔亲自告诉他的。他曾送信给兰伯特，叫他一看到苏格兰军队就立刻后退，以免同他们开仗，他准备立即前来支援他。结果果然如此。彭布罗克堡于敌军入侵后三天就投降了（7 月 11 日）。两天以后，克伦威尔果然出发，带了五六千人，衣履不周，却以屡打胜仗自豪，因艰危而感到烦躁。他们信任他们的领导人，藐视他们的仇敌，热切地投入战斗，满怀胜利的信心。克伦威尔写信给德比住所的委员会说道："为了我的走乏了的士兵们，请你们急送军鞋来，他们还要走很远的路程呢。"他几乎走遍了整个英格兰，最先是从西往东，随即从南往北，行军快速，是此前所未曾有过的。他一路走一路大事宣扬自己的忠诚，表白自己敬事上帝的虔敬，意在打消人们的怀疑，博得最盲目的狂热信徒们的衷心拥护，并取得士兵们的同情。他出发后十三天，他所派遣先行的骑兵与兰伯特的骑兵会合了（7 月 27 日）。其后，他于 8 月 7 日在约克郡的内尔兹巴勒与他的先行骑兵相遇，这个时候两军共有九千或一万人，在此期间，苏格兰军沿西方大道前进，走过坎伯兰、威斯特摩兰与兰开夏。他们都是游移不决地一停就是许多天，队伍分布在长达十五或二十英里的线上。军中因宗教、政治和军事上意见分歧而闹得乱哄哄，又对于敌军的行动一无所知。带领着英格兰叛军的兰代尔，此时正走在大队的前面，在其左侧，忽然送信告诉汉密尔顿说，克伦威尔快到了，说这个消息是确实的，且从种种迹象看来，克伦威尔有在此一战的意图。公爵回答道：“这不可能，他们来不及走到这里；如果克伦威尔离此不远，人数一定很少。他会小心翼翼，不敢攻打我们。”他于是将他的大本营迁到普雷斯顿。不久，另有消息传来（8 月 17 日），说兰代尔的骑兵已经同克伦威尔的骑兵交锋。兰代尔答应坚持下去，他的地势很好，他的士气振奋，他只需要一些援兵，至少一千人，他就会使全军有时间集中起来以便击溃敌军。汉密尔顿应许派援兵，兰代尔打了四个钟头的仗。根据他自己的承认，克伦威尔生平还未曾遇过这样顽强拼命的抵抗，可惜援军未来，这个英勇的保王党只好败退。克伦威尔任由打败仗的英格兰兵不受惊扰地退却，而领兵直扑苏格兰军队，苏格兰军队正在匆匆抢渡里布尔河，以便在来攻者与苏格兰军队之间设置障碍。大多数的队伍已经过了河，只余下两团步兵、汉密尔顿自己及几营马队，仍在右岸掩护退却。克伦威尔立刻击散他们，与他们同时渡河，命他的军队作短暂的休息，翌晨继续追逐敌军（8 月 18 日）。敌军仍然向南行，一面逃走，一面仍作入侵的举动。同日，他在离普雷斯顿十五英里的威根赶上了他们，把他们的后军切成几段。两次胜仗的骄傲，一场决定性的胜利的希望和难以忍耐的疲乏，使克伦威尔的士兵们不断增加勇气。翌日又开始穷追敌军（8 月 19 日），比前走得更快，意志更加坚决。苏格兰人这样被人数较少的军队追赶不已，很为生气，他们在沃林顿附近遇到一条形势有利的山隘，突然回过马头，与英格兰军面面相对，于是进行第三次战斗。比前两次打得更久，流血更多，而效果却与前两次相同，英格兰军夺得了山隘，后来在沃林顿又夺得了在默西河上的一座桥。苏格兰人想破坏这座桥，以便取得喘息时机。苏格兰军中现在一片喧哗和惊慌，他们召开一个军事会议，宣告说，部队由于缺少军火，不能抵抗下去，就全体投降了。汉密尔顿带着骑兵向威尔士进发，以振作该处保王党起事者的士气，但是他忽然改变主意，折向东北，希望能够抵达苏格兰。但是他无论走到哪里，都有农民们举行武装起事，地方官们要求他投降。他自己的骑兵在斯特拉福德郡的尤托克西特听到谣言，说他有意同几个军官一起逃走，就哗变了。正在这个时候，兰伯特同格罗比的格雷勋爵奉命追赶汉密尔顿，已同他相离不远了。他心虚胆怯，不敢同这样的逆运奋争。于是他于 8 月 25 日留下他的部下，任凭他们投降或解散，他自己接受了兰伯特所提出的条件，投降做了俘虏，被送到诺丁汉。打了两星期仗之后，克伦威尔觉得英格兰境内已无苏格兰队伍的踪迹，这回轮到他领兵入侵苏格兰了。就这样，他从保王党的长老会派手中，夺走了足以使他进行活动并保证安全的一切手段。

但是各派在极端危险境地中，不但不互相让步，却往往变得更有劲头向对方进行更沉重的打击。在这个重要情报未到威斯敏斯特之先，长老会派一见到克伦威尔进一步攻打苏格兰人，就清楚地觉得克伦威尔的胜利等于他们自己的破灭，并感到只有克伦威尔倒台，或者是立刻讲和，才能够拯救他们。他们立刻使出全副力量来达到双重目的：打倒克伦威乐，并争取立刻讲和。十一个议员早已蒙赦召回，其中唯有霍利斯还住在法兰西的诺曼底海滨，这时也回来重当下院的议员了（8 月 14 日）。亨廷顿新近还是克伦威尔军中的一个少校，他在给上议院的一封备忘录中，公开揭发克伦威尔的阴谋，说他起先怎样对国王承诺，随后又怎样背信；谴责他狂妄的野心；讲他如何藐视议会法律，以及人的普通义务和权利；揭发他的恶毒的主意。他的危险的阴谋常常从他的伪善中流露出来，有时也从他与友好言谈中冒出来。贵族们命人宣读这个备忘录，亨廷顿宣誓说这都是真实话（8 月 8 日）。他也有意让下议院看到这个文件，但是议员们慑于克伦威尔的威名，谁也不敢收受这个文件，他于是装在信封内送与下院的议长。伦索尔在下议院没有谈到这个文件。他想将它交与本院的警卫官，但警卫官却不肯接受。贵族院正式将它转给下议院，沃顿勋爵（克伦威尔最亲密的心腹）跟踪送信的人们出来，捎话给下院的议长说，送信的人送来的是什么，因此下院就不许送信的人进来。独立派激烈地谴责反对他们的将军的所有这些企图。他们谴责这样地攻击一个不在场的人是卑劣，是怯懦，因为这个不在场的人，或许此刻正在拯救本国，使它免受外国的侵犯呢。有许多长老会派人士对这种辩论很是害怕，于是不采用直接毁掉克伦威尔的作法了。亨廷顿见他的备忘录被刊印出来，也就心满意足了。议和的办法没有进一步的成效，独立派的领袖们，尤其是哈里·文与圣约翰，用尽诡计来延长辩论，他们的较为粗鄙的同党如斯科特、维恩、哈维、韦弗等人，用最激烈的语言攻击他们的对头，也终归枉然。这样的暴烈行动，这样的日益增加的混乱现象，士兵们目空一切，即使是最温和的小册子及请愿书也采用严厉的口吻——无一不使议会感到自身处在摇摇欲坠的地步，因此凡是不跟派系陷入太深关系的人，无不愿意谈和。有一天拉迪亚德说道："议长先生，我们开了这么久的会，现时面临一个难关了，因为全国都变成议会了，军队久已在教训我们应该做什么，现在仍然在教训我们做这做那，城市、乡村以及改革专家们也无一不在教训我们应该做什么，而且所以如此，都是因为我们自己现在不知所措。”大多数人同他抱有一样想法，认为只有和平才能把他们从目前的丢脸难堪情况下解脱出来。于是终于投票议决（7月29日），立刻同国王重开谈判和平，并应在怀特岛上举行谈判，以堵住独立派的口，且于8月2日派三个委员带着正式的提议往见国王，问他当议和的时候，愿意住在该岛何处，愿意有哪些顾问官们在他左右。

独立派领袖们没有自欺，他们知道，这么一来就是显然的失败。独立派中大多数人觉得危机临头了，他们害怕他们的胜利，甚过害怕他们的危险，就公开走到仇敌那边去了。勒德洛直接前往仍然驻在科尔切斯特城外的大本营，他对费尔法克斯说道：“他们阴谋出卖人们流了许多鲜血才换来的事业。他们在不惜任何代价求得和平。国王已成俘虏，他可以不受诺言的拘束。主张和谈最力的人们，并不在乎国王履行不履行条约。利用国王的名义和权威来破坏军队，这才是他们唯一的目的。军队既得了权力，就必须运用权力以阻止自身及本国的灭亡。”费尔法克斯承认这一点有道理，很郑重地声明，他准备在必要时用他所能控制的军队捍卫国人的正义主张。但他说道：“必须要有人出来明确而积极地请我办这件事。目前我必须继续进行这个令人厌倦的围攻，尽管我们很努力，但还是拖了很长时间。勒德洛去见艾尔顿，这是克伦威尔的精心布置，派他与将军在一起，他希望将军更加热心。艾尔顿说道：“时机还未到，我们必须让他们议下去，一直到危机明朗化为止。”共和派人士看见军队既不肯行动，就递了几件威胁性的请愿书给议会，其中有一件是亨利·马丁所写（9月11

日），陈明该派的全部立场，号召下议员们宣布自身握有统治权力，一一答应人民当初为了议会而进行武装起事时希望得到的改革，使人民终于能如愿以偿。下议员们未予答复，两天以后，又来了第二件请愿书，对于议会的轻藐态度表示强烈不满。这一次却有一群递陈诉书的人集体在议会门口等候，愤怒地叫喊道："我们知道国王或贵族不再有什么用处了！这些优越地位是人为的，上帝造人原叫我们人人平等，现在有千千万万人愿意流血捍卫这个原则。这件请愿书上有四万人签字，但是我们却以为五千骑兵会更加有力些。"甚至有几个议员如斯科特、布莱基斯顿、韦弗，亲热地杂在群众之中，鼓励他们。议会坚持沉默态度，但是议会越是坚决，这一派就越发迅速地走向趋于极端的计划。这事发生（9 月 18 日）之后的五天中，亨利·马丁忽然前往苏格兰，其时克伦威尔刚刚进入苏格兰的边境。

这时（9 月 13 日），有十五个委员前往怀特岛，其中五人是贵族，十人是下议员，除了哈里·文和塞伊勋爵外，其他的人全是主张讲和的，大家从来没有像这次这样心中激起对和平谈判的热切期望。这次持续了四十天之久，国王很热心地接受谈判，他答应在这四十天内以及其后的二十天中，他绝不作逃走的尝试。国王的二十个最老的臣仆们、贵族们、牧师们、律师们，都被准许为他出主意想办法，他还要求将一部分内廷供奉人员如仆人、侍从、秘书、家臣、寝宫侍从等等，仍交由他在这次谈判时使用。议员们答应了他。因此当委员们到达纽波特小市镇的时候（9 月 15 日），由于到来的人实在太多，全数新来的人在三天以后才找到住处。当下委员们天天早上伺候国王，都是毕恭毕敬的，但却沉默寡言，没有人敢同国王私下谈话。但大多数人还是同国王的谋臣策士们亲密地往来，并通过他们向国王转达他们的意见，力劝国王不必多事讨论，立刻接受议会的条件。他们说，若不赶在军队和克伦威尔到达伦敦之前签订和约，国王立即回到伦敦，那就非全盘失败不可。查理好像相信他们的建议是真诚可靠的，并倾向于听从他们的话，但是他心底深处却怀抱与此大不相同的一个希望：在过去六个月中躲在巴黎的奥蒙德快要在爱尔兰重新出现了，他已由法兰西宫廷供给他军饷和军火。他一到爱尔兰便将会同英奇昆勋爵和天主教徒订立和约，设法力战议会，以便国王逃走时可以立刻拥有一个王国与军队。威廉·霍普金斯爵士奉命安排国王逃走事宜，所以国王写了信给他（8 月），说道："这次的新和平谈判，同前几次的议和一样，不过是又一次嘲弄他们，虚与委蛇，我的计划不变。"9 月 18 日正式开议，国王坐在华盖之下，在大厅的上端。在他面前不远，就是从威斯敏斯特来的委员们围桌而坐。站在国王背后的是他自己的顾问官们，缄口无语，因为，议会只愿同国王本人商谈，无论什么居间人说话就等于降低议员的地位。委员们绝对地服从议会的命令，不容许任何见证人在场。查理只好独自一人同他们讨论，不过当他要同人商量的时候，他可以走入隔壁一间屋子，问计于他的谋臣策士。所有在场的人，看到国王这样孤立无助，一切都全仗自己想法应付，无不为之动心。查理的头发变灰白了，他的骄傲的眼光和他的习于哀愁的神色交织在一起，他的姿态，他的声音，他的眉目，无处不露出一种骄傲而受了委屈的神态，既无力抗拒命运，又不肯向命运低头，虽威严而无权力，虽专断而无希望，二者构成一种动人心弦而独特的混合体。于是继续宣读并审查议会的提议，大体与从前是一样的，不过有几条不关重要的修改。查理很和蔼地同他们讨论，态度安详，有问必答。他们反对，他也不恼，很有手段，尽量利用他这方面的几个优点。总而言之，他的主意坚定，他的态度温和，以及他对国情和王国法律的熟谙，都令他的最有成见的对手们为之惊愕。有一天，索尔兹伯里伯爵对菲利普·沃里克爵士说道："国王有了不起的进步。"沃里克答道："不对，现在的国王还是同从前的国王一样，不过阁下看到这一点太晚了。"下议院派来的一个委员巴克利劝他接受整个建议，且向他担保说："和约一签字，就是魔鬼自己也不能再打破它。"查理说道："先生，你若说这是一个条约，你得考虑是不是像一出喜剧里头的打架，戏里有人出场说道'算是打架，又不算是打架。'有人问道'你这话是怎么讲？'他就说道：'打了三拳头，打的全是我。'你看这次的和议是不是同那出戏里的打架一色一样？我绝对接受了你们的大多数条件，而且很客气地只限制了其中的少数几条，但你们对我却是寸步不让。"国王确实同意了议会关于海陆军统率权、关于大臣任命、关于爱尔兰的要求。甚至连这次因抗拒国王而酿成的内乱，也承认是合法的。但是查理不肯痛痛快快地毫不迟疑地放弃他的一切权利。凡是他所不再能保卫的立场，他仍是寸土必争，一直到绝望为止；他有时对于议会提出不同的建议，又要闪躲他自己所作的让步，他刚才放弃他的某种权利，随即又纠缠不休地坚持这些权利不放。他有使不完的狡计和沉默，每天都给他的对手以新的理由，认为他们对付他的唯一稳妥办法就是最严格的紧逼。况且他还竭力反对废除主教制以及议会想强加于重要保王党人的严酷措施，这一方面是由于良心发现，一方面是由于顾及他的法权。他在庄严地允许停止在爱尔兰的一切敌对行动以后，却偷偷地写信（10 月 10 日）给奥蒙德说："此后不必听我的命令，只要听王后的命令，等到我通知你我已经不受一切束缚恢复自由为止；你又不必去理会我为爱尔兰而应允的种种让步，这许多让步是不起什么作用的。”他答应把陆军兵权移交议会二十年的那一天，他却写信给威廉·霍普金斯爵士说道：“我老实告诉你，我今早所作的巨大让步只是意在帮助我能够易于逃走，若不是存了那个希望，我是万万不肯作这个让步的。如果我拒绝让步，那么我只能回到我的牢房，心情却是不太难过；但是我现在作了让步，我承认作这件事是很伤我的心的。因为我做了只有逃走才能使自己得到原谅的事。”

议会虽然没有得到准确消息，却颇疑心这一切可能是并无诚意。即使主和的人，对国王的境况最为动心的人，又是最热心于搭救他的人，对于独立派的责难的答复也是很迟疑的。这时，长老会派的热烈拥护者，虽然政治观点比较温和，但他们的怨恨主教制却是牢不可破，毫不通融的。他们对于盟约的胜利，是不肯拖延下去的。人们抱有这样的固定看法：认为打仗既已使本国遭受许多灾难，那么失败的那一派就该承担责任；又认为为了确实实现神圣的正义（圣经里头已经显示过许多惊人的榜样），真正的罪犯就应该受到惩罚。于是就讨论真正的罪犯究竟有多少人的问题。颇得人心的狂徒们要求在恢复和平时所颁布的大赦名单上删去许多人的名字；长老会派只要求七个人不在赦免之列，但这是他们以无比的决心提出的，他们绝不会放松，因为他们以为，赦了七个的任何一个，就等于承认他们自己被定罪。即使在主和最力的人们里头，就有这许多狭隘的成见与深仇大恨的感觉，阻挠和平谈判的成功。当继续议和的时候，议会曾举行五次投票议决（10 月 2 日，11 日，27 日，11 月 2 日，24 日），都认为国王的建议或让步都还欠充分。这时会议的期限已满,又展限三次（11月2日，18日，24日），于是议决（10月20日）星期日及节假日不计，但是这样一来却不再让步，既不给议约人任何新的指令，亦不给他们最轻微的相机行事的权力。国王却很郑重地宣称，他也不能再让步了。他说:“我就像这样的军官，他曾经防守一个地方,保卫得很好,但他的长官们由于无力支援他,因此准许他投降,但是他说道，‘他们虽然不能在我所要求期限内来救我，那就让他们在能够救我的时候来救我，否则的话，我要守到我把这里的某一块石头作我的墓碑为止。’我对于英格兰教会，也复如此。”谈判既无进展，又无效果，实际上毫无用处，仅仅显示两造的无能为力的焦急，以及两造的盲目的执拗，面对讲和的必要则熟视无睹。

但是各种事态都在他们的周围发展得很快，情况日益紧迫。科尔切斯特拼命坚守两月之后，由于城中缺粮，军人谋叛，只好投降（8月27日)。翌日，开军事法庭会审，判处三个守城最勇的查尔斯·卢卡斯爵士、乔治·莱尔爵士以及伯纳德·盖斯科因爵士以死刑，以儆戒将来有模仿他们的叛逆。其他俘虏以卡佩尔勋爵为首，哀求费尔法克斯暂缓执行死刑，否则他们也愿一同受死，因为他们自问犯了与那三个人所相同的罪。但是哀求也无益，费尔法克斯或是由于长期斗争而有所激动，或是由于受到艾尔顿的威胁，不理会他们的哀求，命令就地枪毙这三个人。最先受刑的是卢卡斯，当他倒地的时候，莱尔跑过去吻他，立刻又站起来喊道:“士兵们，走近一些，你们离得太远了。”他们答道:“你只管放心，我们会打中你的。”莱尔微笑答道:“同胞们，我已经与你们离得很近，但你们没有打中我。”他倒在他的朋友身旁了。盖斯科正在脱去上装，刚好将军特赦的命令到来。科尔切斯特已经失守，东方诸郡中，不复有叛党可以据以集中造反的地方了。克伦威尔既在北方打赢了汉密尔顿，就畅行无阻地进入苏格兰（9月20日）。西方诸郡的农民一听到他打了胜仗，就聚集起事，每一个教区都由牧师领着区内的信徒们向爱丁堡进发，驱逐那里的保王党。[①] 离贝里克六英里，在莫丁登勋爵的住地，阿盖尔特来同克伦威尔相会（9月22日），同他会商了许久，他们两个人都有远见，又都勇敢，他们虽然打仗得胜，对于目前的危险，却并非视而不见。苏格兰的保王党虽然打了败仗，还是很有势力的，还有队伍驻在好几处地方，他们下定决心，不进行流血抵抗，决不投降。所以同他们订了条约（9月26日），许他们享受他们的财产与充分的安宁，条件是遣散他们的队伍，不为国王出任何力，并重新宣誓，“遵守神圣的盟约，两个王国永远不可无这样的盟约。”阿盖尔和他的那一派人既重得政权，就在爱丁堡用很隆重的排场欢迎克伦威尔。诸邦的委员会、地方自治团体（已经彻底地清洗过了）、狂热的牧师与人民天天来见他，对他演说、讲经并请他赴宴；但是克伦威尔得到亨利·马丁的报告催他快走，他就留下兰伯特和两团人马以维持他们的权力，他自己赶快返回英格兰（10月11日）。他刚到约克郡（在那里他好像要专心致志于完成肃清叛党的事业），该郡便立即送上许多请愿书来，是专门呈给下议院的，内容要求立即惩办叛党，不问他们的阶级

① 这次进军在苏格兰称做辉格摩尔起事·辉格摩尔（whigamores）一词来源于辉格阿姆（whigagm），是当地农民赶马时用的词。因此出现了辉格党一词，后来用于反对宫廷的党，那是苏格兰最热心的盟约党的代表和继承人。

与姓氏。这时其他郡亦表示同样要求，常是克伦威尔的朋友们所递上的，或是他们所支持的（10 月 10 日，11 月 6 日）。长老会派以大宪章的名义及国法名义反对这些要求。一个不出名的共和派丹尼斯·邦德说道："议长先生，我们这里有几位绅士演讲过许多道理，以反对下议院的权力，例如说，你们无权审判诺威奇勋爵，因为这是违犯大宪章的，只有贵族才能审判贵族云云。但是我相信，不久就会看见那样一天，我们可以有权绞死最大的贵族，只要他该问绞，用不着叫与他同为贵族的人来审判他。尽管有大宪章在，但我毫不怀疑我们有正直果断的法官来定他的罪。"下议院拒绝接收这样的请愿书，但是立刻有人上许多请愿书，说得比这更为坦白，更为可怕，因为这些请愿书是艾尔顿、英戈尔德比、弗利特伍德、惠利、奥弗顿等人所带的队伍递来的，明确无误地要求下议院以法律对待国王，要求费尔法克斯重设军队大会。他们说道："只有这个办法才能够解救在我们头上威胁我们的祸害。办法是陈请议会或用其他方法。"（10 月 18，30 日）所以又召开军队大会，11 月 20 日议长告诉下院说，有几个军官在议会门前，为首的是尤尔斯上校，他们是用将军及军队的名义来递公文的。这是一篇很长的抗议书，同七年前（1641 年 11 月 21 日）的那篇抗议书相类似，是当时下议员们因为要有效地同国王分裂才递这样的请愿书给国王的。军队如今学议员们的榜样，就在抗议书内逐条列举了各种弊病，与英格兰的诸多恐怖，认为这都是议会萎靡不振所致，又责备议会心目中无公共利益，责备它同国王议和。抗议书请议会郑重地将国王交付审判，宣告人民的统治权，颁布命令，宣告从此以后，国王应由人民代表选举。它要求现在的议会结束，但是在未解散之前，筹备平均分配选举权，以备将来的议会按时开会议，顺从良民的愿望，从事各项改革。抗议书最后用威吓而有分寸的话语，说同胞们所派的代表及公仆（同我们军人一样）若因溺职或因怯懦不前，以致陷国家于危险，那么我们军队只好自己起来救国了。

下议院听完这篇抗议后，掀起了一阵风暴。独立派人士、斯科特、霍兰和温特沃思大声要求由下院恭谢军队上这样坦白与勇敢的建议。长老会里有几个人很忿怒，另外却有几个人说话恭维军官们，但仍逼下议院把抗议书搁在一边，并不予回答，以示议会的不悦。这个妙法既合乎怯懦人的心理，亦合乎大胆人的心理，辩论了两天（11 月 20,29 日），才以大多数议决通过（一百二十五票对五十三票）。但是胜利只不过是加速失败的这一天到了。会内与会外相同，兴奋和混乱达到了顶点，已经有人说克伦威尔快要回来了，军队已经宣布要向伦敦进军了。保王党失去了全部希望，现在只想无论用什么方法，都要扫除他们的仇敌，不然就要在他们身上报仇。有几个共和派议员在大街上受到侮辱和殴打。费尔法克斯得到些消息，其中甚至有从法国来的，暗示说有两个保王党人决计要在圣奥尔本斯暗杀他。在唐卡斯特，有一帮二十个人掳去了在那里带兵的雷恩斯巴勒。当他力图摆脱的时候，有三个人刺以短刀（10 月 29 日）。还有传说，有人定下诡计，要乘议员们出院的时候，杀死其中最有势力的八十个人。正在这乱哄哄一片愤怒的时候，接二连三地得到消息说，克伦威尔两天之内就将到大本营（12 月 2 日）。又说有人疑心怀特岛的守将哈蒙德太过尊重国王与议会了。费尔法克斯已命他辞职回到军队去（11 月 25 日），改派尤尔斯上校继任。又听说查理得到这个消息之后，非常害怕，已经作出更多的让步，结束在纽波特的会议，同日（11

月 28 日)，委员们出发将国王的让步条件送给议会。

他们翌日走到了伦敦，其中的大多数人非常关切国王所处的危险地位，又为国王与他们最后告别时的话语所感动。国王对他们说道:“贵族们，你们来辞别我，我几乎不能相信我们还会有再见的一天。可是但愿上帝的旨意成全我们。我感谢上帝，我已同上帝言归于好，无论人们怎样对待我，我将坦然无惧地忍受。贵族们，你们不应该不知道，当我毁灭的时候，你们自己也免不了毁灭，而且为时不远了。我求上帝给你们送去几个更好的朋友，他们比我所见过的人还要更好。我并非不知道那些反对我以及反对我一家的阴谋，但是最令我伤心的，还是亲眼看见我的人民受苦，以及预见到某些人已经替人民准备好了的灾难。那些人口里不断说什么为公共谋利益，而实在是专为满足他们自己的私心。”委员们作了报告以后（12 月 1 日)，尽管国王的新的让步同议会多次拒绝的条件无大区别，长老会派仍然建议众议员们宣布满意，认为可以作谈判和平的基础。赛伊勋爵的儿子叫做纳撒内尔·法因斯的，新近成为独立派中一个最激烈的首领，居然支持这个议案。辩论进行了好几个钟点后就得到消息，说费尔法克斯有信给市政会，说军队正在向伦敦进军。独立派马上大声叫道:“请讨论正题，讨论正题！”他们拼命想利用这个警报。但是尽管他们作了努力，事情却出乎他们意料之外，暂时休了会，明天再讨论。恢复讨论后，辩论得比从前更凶，那时候军队正从四面八方如潮水般地涌进城，有驻在圣詹姆士宫的，有驻在约克宫的，威斯敏斯特以及伦敦市无处不有军队。独立派仍然希望造成恐怖以赢得胜利。哈里·文说道:“从这次的辩论中，我们不久就可以猜着谁是我们的朋友，谁是我们的敌人；我说句更明白的话，我们从这件事态中，就可以晓得院内谁是国王的党羽，谁是为人民的了。”有一个议员（不知名姓）赶快接着说道：“议长先生，这个先生既已大胆把本院分作两部分，我也要效法一下，在这次的辩论中也将本院分为两部分，我希望这种作法是合法的。议长先生，你会发现有些人是愿意和平，愿意安定的，这些人都是受过打仗损失的。另外有些人却是反对议和的，这都是曾经因打仗而得利的。因此，我提的议案就是要得利的人捐出若干来给失利的，使我们可以拉平一下。若不这样平衡，国家是永远不会安顿下来的。”独立派反对这个提案，但多少有点难为情，因为在两派中私利都起着作用，这一点，他们自己也不大敢否认。拉迪亚德、斯蒂芬斯、格里姆斯顿、沃克、普里多、罗思、斯科特、科贝特以及其他许多人，先后赞成或反对这个议案，看来这番辩论不像接近得到结论的样子。天快黑了，有几个议员已经退席，有一个独立派人士提议点灯，一个长老会派人士说道：“议长先生，我很晓得有些人的用意就是一方面利用军队快来的消息所引起的恐怖，一方面则拖长这场辩论到不适当的夜深人困时刻，以便让本院那些年纪老迈的议员们（这些人认为这些老人都是最倾向和平的）熬不下去，不得不在付表决以前退席。因此，我希望本院不要赞成这个最后的点灯提案。”独立派虽然喧闹了一番，辩论还是暂停了。

两天后他们复会的时候，有一个很坏的谣传弄得下议院沸沸扬扬：各方都纷传国王已被人于夜间从怀特岛架走，尽管国王进行了抵抗，还是被带到赫斯特堡。那是一种监狱，位于该岛对面的海边上，地处一个荒凉与极不宜于住人的海角的尽头。许多人要求对此作出解释，其势汹汹，但独立派的领导人一言不发。议长宣读了几封信，是拉尔夫少校从纽波特写给下议院的，那时候哈蒙德不在那里，由拉尔夫代理守岛之职。原来这个传言是真的，从此以后，若无军队许可，议会与国王之间不能通信。

那是11月29日黄昏时分，在纽波特的会议散后的几个小时，委员们已经离开了，有一个化了装的人对国王的人说道："军队刚才在本岛登岸，你去告诉国王，今晚有人把他带走。"查理立刻将里奇曼公爵、林赛伯爵和国王的亲信军官爱德华·库克上校找来，问他们有什么方法能够弄清这个消息的真假。向拉尔夫上校问问情况是无用的，他只能提供简单空洞的答复："国王今晚可以安睡，我肯以生命担保今晚无人来惊动他。"库克自愿骑马环海岸走上一周，特别要到卡里斯布鲁克堡亲自看看（据说军队已到达那里）情况究竟如何。当天晚上天色黑暗，下着大雨，这项任务是很危险的，国王游移起来，不肯教他出去，他却一定要去，就走了。他看见卡里斯布鲁克堡已经加强防守，新来了十个或十二个军官，几乎公开地监视着守堡官包尔曼。那里有一种近乎神秘的慌乱景象。他赶快回去把这个情形告诉国王。快到夜半当他回到纽波特的时候，看到国王所住的房子已被卫兵包围，房子里，窗子下，国王的卧室门口，都有兵士把守。卫兵们所吸烟斗的烟，吹进了国王卧室。现在已经没有怀疑的余地了。两个勋爵力劝国王立即冒险逃走，对于胆小不好动的查理来说这样的计策是听不进去的，他谈到逃走将会给军队造成困难和不愉快，他说："他们若是真的抓走我，那么为了他们自己的利益，他们也得保全我的性命，因为无论哪一派，若不和我的利益结合在一起，是不能取得他们自己利益的。"林赛说道："先生，你得当心呀；不然的话，陛下或许会落到不照这种方针办事的人们手里。陛下要记取汉普顿宫呀。"里奇蒙问库克道；"上校，你是怎样通行过来的？”库克道：“我有口令。”里奇蒙道：“你能够帮我通行吗？”库克道：“一定可以。”里奇蒙于是披上一件军人的披风，他们出来，走过所有的岗站，往来无阻。他们同国王在离窗子不远的地方站着，两个勋爵又恳切地苦劝国王；上校通身都湿透了，他独自一人站在火炉前，查理忽然掉过脸来，对上校说道：“库克，事到如今，你有何妙计？”库克迟疑地答道：“陛下有谋臣策士在此。”“库克，我命你献策。”库克道：“既是这样，陛下允许我问一句话吗？”国王说道：“你说吧。”库克说道：“假如我不但告诉陛下而且对陛下证实，军队打算立即拘捕你，假如我又说我知道口令，马匹已预备好了，有一条船等候我，时时刻刻在那里预备接我，我一切都准备好了，愿意伺候陛下，今晚这样黑，好像也是天造地设的，因此我并看不见有什么困难，陛下准备怎么做？”查理沉默了一会儿，随后摇头说道：“不行，他们答应过我，我答应过他们，我不愿首先食言。”库克说道：“先生，我猜陛下所说的他们是指议会，如果是这样，情况已经改变了。要监禁陛下的是军队。”查理说道：“不管是议会还是军队，我不愿食言。库克，你去睡吧；林赛，你也去睡吧，我也要尽可能多休息一下。”库克道：“我恐怕没多久时间了。”国王说道：“但凭上帝的意旨吧。”这时已是1点钟，他们退出，查理上床睡了。只有里奇蒙一人陪着他。

天破晓的时候，有人敲门，里奇蒙问道：“谁，你要什么？”“我们是军队的军官，要同国王说话。”里奇蒙不开门，等国王穿上衣服。外面又在大声敲门。查理对公爵说：“你开门吧。”他还未下床，以科贝特中校为首的几个军官冲进屋来。科贝特说道：“先生，我们奉命将你迁往别处。”国王说道：“谁的命令？”“军队的命令。”“将我迁往哪里？”科贝特说道：“送往堡垒。”国王说道：“哪个堡垒？”科贝特说道：“送往堡垒。”国王说道：“到底是哪个堡垒，我准备跟你到任何堡垒，但你要告诉我堡垒叫什么。”科贝特与其他来人商量后答道：“送你到赫斯特堡。”国王掉过头来对里奇蒙说道：“这是最不好的堡垒。”他随即对科贝特说道：“我不能带几个仆从吗？”科贝特说道：“只能带几个非带不可的。”查理就指派他的两个伺候寝室的人哈林顿和赫伯特，还有他的在席上分肉的侍从迈尔德梅。里奇蒙出去叫人准备早饭，不料早饭还未准备好，马匹就来了。科贝特说：“先生，我们该走啦。”国王一言不发就上了马车。哈林顿、赫伯特和迈尔德梅与他同车。科贝特走来，也要上马车，查理伸出脚来挡住他，立刻关上了车门。马车前行，有一小队骑兵护送；有一条小船在亚茅斯等候着。查理上了船，三个钟点以后，就被禁在赫斯特堡里，与外面不通信息。他被关在一间很黑的屋子里，中午还需要点火把。尤尔上校看守着他，这个典狱官是比科贝特粗暴危险得多的人。

长老会派人士一听见这个消息，就暴跳如雷。他们喊道：“当国王住在纽波特的时候，本院曾担保对他以礼相待，保证安全和自由，他们若不明白地反对这种无礼的叛乱，他们就是丢脸，就是完蛋。”于是他们投票议决声明，国王被带走一事，下议院并不知情，也未给予过同意。下议院随即对有关和议问题进行加倍热烈的辩论。辩论进行了十二个小时以上，夜已深了。会场上的人虽然还是很多，但在年老体弱的人来说，疲乏已开始战胜热忱了。有一个人站起来，他是一个著名的曾为大众自由而作出牺牲的人，不过他出席下院才三个星期——他就是在十二年前曾经奋力与劳德和宫廷的专制斗争过的普林。他说道：“议长先生，我先要破除两样似是而非的成见，否则我要说的话可能会显得无力。

第一件，有几个议员毁谤我，说我是国王的宠臣，这是指我的一本著作的名称。其实，我所受于国王或者保王党的全部恩惠，只是先后两次被割掉我的耳朵。情形野蛮之至。他们又将我枷号示众三次，每次两个钟点，令我难堪已极。由刽子手当着我的面烧我的得过发行许可凭证的书。重罚过我两次，每次五百镑。驱逐过我出议会，此外还曾驱逐我出宫廷，驱逐我出牛津大学。我失业几乎九年，被监禁八年多，不给我纸笔墨与书籍，只给我一本圣经，不许朋友来探望我，不给我伙食费。无论哪一个议员若是忌妒我这样的皇恩浩荡的恩宠，那么我但愿他也受同样的君恩，我想他就不会再毫无理由地毁谤我，说我是国王的宠臣，或说我是违反公益的叛徒了。”谈过这些以后，他又讲了几个钟头的话，详细地讨论国王的全部提议，军队的所有的妄自尊大的主张，逐点考虑这些主张的不同方面，以及议会和国家的情况，考虑得郑重而不迂腐，考虑得恳切而无怒色。从他的良心所涌出的力量和无私的品质，显然导致他能够超然于本派的激情之上，摆脱了本性的缺点，克服了自己的才能的往常界限。他在结束这番演说之前，说道：“议长先生，他们还提出反对，说如果我们造成军队的不满，我们就完了；说有一个有名的将军曾经公开地说他必须告诉你们，全体军人将会弃戈而散，不再为我们出力。若是如此，我们和我们的信实的朋友们该怎么样呀？军队若是这样，我就不会珍视这种反复无常、纪律扫地以及不讲道理的公仆们的保护了。而且我相信，他们若藉口这种微不足道的小事而就抛弃了我们，上帝和全国人民会帮助我们。国王与我们若是高兴地签订这个条约，我希望将来不会用得着军队出力。虽然如此，但俗话说，纵使天塌下来，正义还是要伸张的。我们不如还是尽我们的责任，结果任由上帝安排吧。”议会很注意地听他这番议论，极为感动。这时候已经是早上9点钟了。下议院一连持续开了二十四个钟点，现时仍有二百四十四个议员。后来他们投票，赞成的一百四十票，反对的一百零四票，议决以国王的答复作为议和的充分基础。

权力正在从独立派手中滑掉，他们连心中的惧怕也所余无几了，心怀恐惧的议员不是已经撒手，就是已经退出了。勒德洛、赫钦森以及其他几个人，为了使议院产生混乱，就要求准其反对这样的议决，却是无效。下议院拒绝了他们的要求，说是与该院的惯例不符，就不理会他们。会议休会之后，独立派的领袖们集会。那天上午,从大本营来的许多军官来到了,参加了他们的会议：大难就要临头了，但是他们是军队的主人，他们手中有应付难关的工具。这帮忠心耿耿的狂热分子或有雄心壮志的思想家，心目中并不再存在法律、习惯与制度。狂热分子认为大义所在，挽救危局是他们的责任；其余的人则认为，该怎么做都是出于形势的需要。于是一致同意，行动的日子已经到了。在座的六个人，三个议员和三个军官，奉命立刻采取步骤以保证成功。他们商议了几个钟点，桌上放了一张下议员的名单，逐个查考每个代表的行为及原则主张，彼此互相交换情报，发出指令给他们的心腹们。次日即12月6日，早上6点钟，军队奉艾尔顿之命开始行动。此时费尔法克斯还一无所知。经斯基宠的许可，将守卫议会的民团撤走了。有两团士兵，一团是普赖德上校所统领的步兵，一团是里奇上校所统领的骑兵，占据了宫院、威斯敏斯特大厅、楼梯、走廊以及与议会相通的道路。普赖德站在下议院门口，手执一张已被制裁的议员的名单，他身边是格罗比的格雷勋爵和一个前导官，当议员们到门口的时候，指点给普赖德看。普赖德对每个人说道："不许你进去。"其中最受怀疑的人，他就命人加以拘捕并带走。议院的周围一片混乱，被排斥的议员尝试从各入口处入院，要行使他们的权利，叫士兵们帮助他们，士兵们大笑，且讽刺他们。有几个议员竭力抵抗，其中就有普林。他说道："若要我自己走，我是不肯走的。"于是有几个军官很无礼地推他下楼，很高兴地利用本党的势力，以便实行个人专制。这样拘捕了四十一个议员，暂时关闭在两间相连的房间里。其他许多议员只是被逐出，并未被拘捕。列名在普赖德的名单上的，只有两个人，即斯蒂芬斯和伯奇上校，成功地进入议会，但有人以某种借口将他们诱到门口，立刻被士兵们抓走了。伯奇尽力挣扎企图再入议会，他喊道："议长先生，本院看到议员们被人当着大家的面，用武力拖走，还能忍心坐视不理吗？"下议院打发警卫官去请在门外的议员们进来各归其座，普赖德不让他们进去，下议院第二次打发警卫官去请，但警卫官走不到他们身边。议院于是决定等到门外的议员获准进来才肯开会，并派一个委员会去见将军，要求释放被捕的议员。委员们刚走，就得到军队送来的信，是阿克斯特尔中校和几个军官送来的。他们来要求正式开除已经被捕的议员以及所有主和的议员。下议院不回答，在等着他们的委员会的开会结果。委员会回来说将军对此也不予答复，要等下议院对于军队所送去的信的结果再说。当下那几十个被驱逐的议员，从威斯敏斯特被带出来，从伦敦的这一部分带到那一部分，从这个酒店带到那个酒店，有时塞在马车里，有时被人催赶着徒步从烂泥地上走过，被士兵们围着要求发欠饷。费尔法克斯的军中牧师休·彼得斯，腰间佩刀，很严肃地走来，奉将军的命令来记下他们的姓名。有几个议员问他凭什么拘捕他们，他说道："凭刀所予的权力。"他们打发人去求普赖德听他们的申诉，他答道:“我有许多事要做，没有闲工夫听你们说话。”费尔法克斯同他的参谋们正坐在白厅，终于答应传见他们。他们来到白厅，等了好几个钟点，有三个军官出来说将军实在太忙，不能接见他们，他们受了这样的轻藐，脸上不免露出很难堪的神色。大权在手的党派，显然不愿同这些人见面，深怕这些人的不可战胜的执拗，会逼使他们采用严厉手段。胜利的人尽管计划与行动都很放肆，但内心深处却还是暗中尊重古老的合法的秩序，只是连他们自己也没有怀疑到这种心情的存在罢了。当开列将受制裁议员的名单时，他们只限于情势所必需的那些人，希望经过这样有区别的清洗之后，足够保障他们的胜利就行了。他们看见议会坚持要求释放议员，心里就有些不安，况且他们的对头仍然是有势力的一派人，也许还是居于大多数的一派人。但是犹豫不决是不可能的，他们决定重新做起。翌日（7 日），军队又堵住所有通往议会的道路，旧戏重演，又排除了四十个议员，还有几个议员则是在他们自己家里被捕的。议员们写信给议会求释放，但是这一次长老会派完全失败了。议会并不答应照办，反而以五十票对二十八票议决准备考虑军队的几个提议。居于少数的这二十八名议员自动退出并郑重宣称，一定要等到以公道对待他们的同事，他们才肯回院。驱逐了一百四十三个议员之后（其中大多数并未被拘捕，亦有被禁几个钟点以后安安静静出牢的），共和派与军队发现自己终于已在威斯敏斯特与其他处取得全部权力。

从此以后，他们就势不可当了，他们所到之处都毫无抵抗。也没有人敢于出声反对他们，打破他们胜利的沉醉。王国之内只有他们说话，只有他们行事，而且可以预期全国会屈服于他们，会同意他们。狂徒们的热烈情绪达到了顶峰。休·彼得斯当着上下两议院的残余议员们讲经，他对将军们说道："你们很像摩西，注定将要奉上帝之命将人们从埃及的奴役下解放出来。这件事将来怎样完成？这一层还不曾揭露出来吗。"他把两手放在他的眼前，头搁在垫子上，随后忽然站直，喊道："我今晚得到指示了，是由于上帝的启示，我现在要告诉你们了！我们这个军队必定要把专制连根拔起，不光是要在这里做这件事，而且在法兰西和四围各国，都要做这件事，这才能够把你们救出埃及。这个军队就是从山上开凿出来的一块奠基石，它一定能砸碎人间一切权力。有人提出反对，说我们所走的路并无先例。你们试想，童贞女圣母玛丽亚有先例吗？一个女人没有和男人一道，就会有孕，这有过先例吗？我们这个时代正是创造榜样和先例的时代。"这一派的群众听了这番神秘的话兴奋得发疯。正当他们高兴的时候，就在最后一个长老会派人士退出下议院的那一天（12 月 7 日），克伦威尔走进来，回到本人席位坐下。他逢人便说："上帝是我的见证，下议院里这一向干过些什么事，我是一无所知的。但我却喜欢正在动手干的事，现在我们定要把它干到底。"下议院非常欢迎他，向他表示最盛大的感激。议长正式感谢他在苏格兰所立的战功。他出议会以后就住在白厅内，住在国王自己的寝宫内。翌日，军队占据了各委员会的金库，他们说，实在是被逼如此，以供给他们的需要，而且为了不再成为国人的负担。三天后(12 月 11 日)，他们送一件公文交给费尔法克斯，称为"新的人民公约"，是一篇共和制的计划，说是艾尔顿制订的，请将军开一个军官大会，讨论这件事，以便由军官们呈给议会。这时下议院不想麻烦去征得上议院的同意，就径自取消了新近因为议和而颁行的全部法令，以及全部主和的决议。上述的东西若不加以取消是会妨碍革命的(12月12日，13日)。最后，又有许多请愿书到来，都说流了这许多血，全该国王一人负责，因此应该提国王来受审，于是从大本营派一队兵，奉命前往赫斯特堡，把国王带到温泽来。

12月17日夜半时分，放吊桥的声响惊醒了查理，他又听见一队骑兵跑进堡院，过了几分钟，一切寂静下来。查理却是很不放心；破晓前，他拉铃叫睡在套间的赫伯特，问道："你听见夜半的声响吗？"赫伯特说道："我听见放下吊桥的声响，但是在这样夜深的时候，我无陛下之命是不敢走出我的屋子的。""你去打听是什么事。"赫伯特出去了，不久就回来，说哈里森少校来了。国王脸上忽然露出惊慌的神色，说道："你知道的确是哈里森吗？"赫伯特说："是雷诺兹上尉这样告诉我的。"国王说道："既是他说的，我就相信，你可曾看见过少校吗？"赫伯特答道："不曾。"国王说道："雷诺兹可曾告诉你少校来做什么吗？"赫伯特答道："我竭力设法了解少校是为什么事来的，得到的唯一答复却是不久就可以知道他是为什么事来的了。"国王打发赫伯特出去，约过一个钟点以后，又喊他进来。赫伯特看见国王惶惶不安，就哭起来了。查理问道："你为什么哭？""因为看见陛下得了这个消息，就这样地难过和忧虑。"查理说道："我并不害怕，不过你要晓得这就是打算暗杀我的那个人，想在新近议和的时候动手，这是有人写信通知我的。我并不曾见过这个少校的面，而且就我所知，我也不曾害过他。我不愿被人出其不意地害了，而此处正是好干这种事的地方。赫伯特，我相信你会保护我，你再去打听他究竟为什么来的。"赫伯特这次运气好一些，他打听到少校此来是为要护送国王往温泽宫，至多在三天内起程。他就赶快回来告诉国王。查理两眼露出快乐的神色，答道："很好很好，怎么，他们终于变得不像从前那样执拗了吗？我一向喜欢温泽，这就可以补偿我在这里所受的苦了。"

果然，两天之后，科贝特中校走来告诉查理说，他奉命立刻送他往温泽。哈里森已经先回去那里了。查理毫不反对，反而催促快些起程。他看见离赫斯特堡三英里处有一队骑兵，奉命护送他到温切斯特，一路上随处都有成群的乡绅、市民、村农走来围着看他，有许多不过是来看热闹的，看他走过就散了，不曾有过什么特别表示。亦有许多是很关心他的，大声为他祷告，祝他重享自由。当他快到温切斯特的时候，当地的市长及参议员出来迎接他，照惯例送他本市的权杖和钥匙，对他作了一番热情洋溢的欢迎词。科贝特很粗暴地冲过来，问众人是否忘记了下议院曾宣布过，凡是对国王作欢迎演说的均以叛逆论罪。市府官员们一听就害怕起来，说了许多卑躬屈节求饶的话，郑重地说，他们实在不晓得下议院的意旨，哀求科贝特替他们代求恕罪。翌日，国王重新上路，在阿尔列斯福德与法纳姆之间又有一队骑兵排队等候着接替那护送到此处的骑兵，带队的是个美男子，军服很华丽，头戴一顶天鹅绒的蒙特罗式软帽，身穿一件新的革制上装，披着一条有花边的红绸领巾，查理颇被他的面貌所动，慢慢地在他身边走过，接受他的很恭敬的军人敬礼。查理又回到赫伯特那里，和他在一起，问他道："这个军官是谁？""陛下，他就是哈里森少校。"国王立刻回转身来，留心看他，看得如此之久，以致少校不知所措地躲到队伍背后，以避开他这样定睛看人。查理说道："这个人像是一个真正军人。我会看相，我觉得我过去对他的想法错了。"到了傍晚，他们在法纳姆停留过夜。查理又看见哈里森在屋子的角落里，他就做手势，叫他过来。哈里森很恭敬地但也有点不安地走过来，神情既是无惧，又是怯生生的。国王抓住他的膀子，领他到窗口那里，同他谈了几乎足足一个钟头的话，甚至谈到他所听见的人家说他的情况的话。哈里森说道："人家所说的关于我的话全是靠不住的。当日我说的话，我能够再说一遍。当日我说：'法律对于人，不问是大人物或小人物，都是平等的。执法公平是不问贵贱的。'"他说最后这句话时，说得很着重。国王不往下谈了，坐在桌旁，不再同哈里森谈话了。虽然他似乎并不认为哈里森的话具有什么令他惊慌的意思。

他明天就要抵达温泽；可是当离开法约姆的时候，他宣布他要在巴格肖特停留，在纽伯格勋爵府里，并在森林中进餐。这个勋爵是他的一个最忠诚的保王党人。哈里森不敢拒绝，但是国王的急不可待的态度，多少引起他的疑心。那怀疑是很有根据的，纽伯格勋爵善于养马，他有一匹骏马，是驰名全国的一匹最快的马，他久已通过同国王的秘密通信，劝国王把他所骑的马弄坏了腿，答应供给他一匹最快的马，使他能很容易地突然逃走，在国王个人所熟悉的森林小路逃走，护卫们将会无法可施。所以当查理从法纳姆往巴格肖特的时候，一路上常抱怨马不好，说要换马。但是一到了纽伯格勋爵的住所时，他看见他所依仗的那匹快马在马房里被踢，受了重伤，根本不能使用。纽伯格勋爵很着急，他就请国王骑别的马，说别的马也是很好的，无论要做什么，都是合用的。但是纵使有最快的马，尝试逃走仍是充满危险。因为卫兵们不离国王左右，每人手上都拿了一把已把击铁扳起的手枪，因此查理很快地放弃了冒这样大险的主意，傍晚到了温泽。他很高兴地重新进入他自己的宫殿，住在他的一所寝殿里头，发现诸事都准备好欢迎他，差不多同从前欢迎他带廷臣们来这所华丽行宫游玩时一模一样，殊无任何使他觉得不安的不祥之兆。他好像完全忘记他是一个俘虏了。

同日（12月23日）又几乎在同时，下议院投票议决要提查理前来受审，就指派一个委员会撰写一篇起诉文字弹劾他。与会的人数虽然不多，却也还有几个议员反对这样的举措。有几个议员要求只是废黜了查理了事，如同从前议员废除国君一般。也有几个议员，口里虽不说，心里却想偷偷地弄死他算数，既不担杀他之责，却可一样受杀他之利。但是敢作敢为的自由思想家，真心的狂热分子，严肃的共和派人士，却坚持要郑重地公开开庭审判，以证实他们的威力，宣布他们的权利。惟有克伦威尔，事实上远比别人更急于要将国王明正典刑，却还在那里装腔作势，伪装温和。他说道："设使有人在早先的时候定计做这样的事，我必然认为他是世界上最大的乱臣，但是因老天爷的安排和时势所迫，我们不得不这样办，我祈祷上帝赐福于我们的计划，虽然我并不准备在仓促之间提出什么建议。"但是，人的良心往往是很奇怪的而又是不可战胜的，一个人无论怎样掩饰，罪恶总是难免暴露。因此，下议院为了使国王受审而不缺乏可以定他罪行的法律，就先投票议决一条原则（1月2日），说国王兴兵攻打议会即是犯了叛逆大罪。随即由斯科特提出议案，定了一条法令，特设一个高等审判庭，审判国王。由一百五十个委员组织这个特别法庭。其中有六个勋爵，三个高等法官，十一个准男爵，十个骑士，六个伦敦市参议员，全数重要军人和本派重要人物以及在本市的下议员们。只有圣约翰及哈里·文正式宣布不赞成这条法令，不肯参与其事。当送这条法令到上议院请其通过的时候（1月2日），该院好像又骄傲起来了，而它从前是屈服惯了的，以至完全承认他们自己是微不足道的。曼彻斯特勋爵说道:“没有国王就没有议会，因此国王绝不可能对议会犯叛逆罪。”登比勋爵说道:“下议员们高兴把我的名字放在赞成法令之列，但我宁愿被人碎尸万段，也不愿与闻这样罪大恶极的事。”彭布洛克伯爵说道:“我不愿干预生死攸关的事，我既不反对这条法令，亦不赞成这条法令。”在场的贵族代表共十二人，一致反对，不肯通过这个法令。下议院翌日未接到上院的信息，就派两名议员前往上院，看他们的记事录，看他们有什么决定。两个议员向下院回报了。下院立刻投票议决，说上院的反对不构成障碍，又说在上帝之下，人民就是全部立法权力的来源，所以人民所选举代表人民的英格兰的众议员拥有主权。又重新订定一条法令（1 月 6 日），高等法庭只以下议院的名义成立，且减少其人员到一百三十五名，奉命立刻作初步准备。

于是他们在 1 月 8 日、10 日、12 日、13 日、15 日、17 日、18 日以及 19 日为此事举行秘密会议，主席是布雷德肖，是米德尔顿的表兄弟，又是有名的律师，为人严肃而温和，但心地狭隘严厉，是一个真诚的狂热分子，却很有野心，有点贪婪，很愿为他的意见而牺牲他自己的生命。当时的舆论很不一致，在这个法庭里就有不可克服的分歧，无论怎样号召，无论怎样出力，也不过出席了五十八个委员参加预备会。费尔法克斯第一次开会来过，以后就全不到会了。即使在出席的人们里头，有几个不过是来声明反对的。采取这种行动的人们中间的一个，阿尔杰农·西德尼，仍然是个青年，但在共和派里头已经很有影响。他与其他几个人也声明反对。他在他父亲莱斯特勋爵的堡垒里隐居过一些时候。

他听见派他当高等法庭的委员，就立刻来到伦敦，出席了 1 月 13 日、15 日、19 日的会议。虽然这时候问题好像已经解决，但他还是很热烈地反对审判，他特别怕人民会对共和产生反感，也许会突然造起反来，这就会救了国王，丧失共和到无法挽救地步。克伦威尔对这些提议很为恼火，喊道："没有人敢动一动。我告诉你们，我们将要把戴着王冠的头颅割下来。"西德尼答道："你爱做什么只管做，我无法拦阻你，但是我绝不参与这件事。"他于是走出去，永远不再来了。结果只有愿意接受任务的委员们到会，就忙于安排审判的形式。约翰·库克是个有名望的法律顾问，又是密尔顿的亲密朋友，奉命当检察长，领头撰写起诉书，并在审讯时支持控诉。在此以前担任下议院书记的爱尔辛基，借口有病告退了，于是派亨利·斯科贝尔补他的缺。他们很小心地讨论审讯时应该派哪几团军队以及多少名官兵值勤；什么地方应该派哨兵（有些哨兵甚至派在铅皮屋顶上及开向议会大厅的窗口），应该堆些什么路障，以拦阻群众，不独不使他们靠近法庭，而且不叫他们与军人接近。定于 1 月 20 日指令国王出席威斯敏斯特大厅的法庭，17 日这一天，好像已经宣布他的罪状似的，下议员们已经派一个委员会探视各宫殿各堡垒以及国王的几所行宫，把他所有的家具等开列准确的清单，并从此以后变作议会的财产了。

温泽行宫的镇守官怀科特上校告诉查理说，再过几天将迁他到伦敦，查理答道："上帝的智慧、权力和至善，都是无所不在的。"尽管他这样说，但这个消息还是给他带来巨大的而且是出乎意表的不安，在他住在这里的最近三星期中，他生活在极为罕见的安全感之中。他甚少听到议会的议决的消息，即使听到了，也不是真消息。他听到传言说，爱尔兰已答应迅速前来救他，他就以此自慰，他的仆从们很久没有看见过他如此自信和高兴了。他说道："英格兰在六个月内就可以恢复太平，不然的话，我将从爱尔兰、丹麦以及别的王国得到恢复我的权利的手段。"又有一天他说："我还有三张牌可打，即使是其中最不好的那一张，也可以把我所损失的东西全部物归原主。"他虽是这样说，但新近有一个情况很令他不安。他在温泽，一向享受宫廷的待遇及礼仪，几乎直到住在那里的最后一天。他一向是当着众人在正殿吃午餐，坐在华盖之下，有内大臣，有分肉侍从，有大总管，有掌杯的，照着惯常的样子，做惯常的差使，献杯的时候，是跪献的，进菜的时候菜是盖着的，侍从室先尝后献，他很安逸很严肃地享受这些隆重的礼节。有一天，在忽然接到大本营的一封信之后，这许多排场就全改变了。送菜来的是士兵，也不用盖，也不尝菜，又不跪献，而且不张华盖了。查理对此很难受，他说道："按照古礼，且不说一国之君，即使是高等臣民所应受的尊敬，今天也不向我施行了，人世间还有比一个被人轻藐的国君更令人鄙视的吗？"他因为要避免这样的侮辱，就在自己的屋子里吃饭，几乎是独自一个人在屋里，从给他的菜单上挑选两三样菜。

1月19日星期五，哈里森率领的骑兵队来到温泽宫奉命迁走国王。一部六马大车在本堡的院子里等候，查理登上车，几个钟点之后又回到伦敦，回到圣詹姆斯宫，四围有卫兵防守，他的寝宫门外有两个守兵，只有赫伯特一个人睡在他床边伺候他。

1月20日，将到中午时分，高等法院的人在绘画客厅开秘密会议，安排他们的任务的最后细节。他们还未祈祷完，就有人来报告，国王坐轿，两旁有卫兵护送，已经来到了。克伦威尔跑到窗口，掉转身来，脸色灰白，却是精神奕奕地喊道："各位主人公，他来啦，他来啦！我们现在要做全国人都将心满意足的一件伟大工作，所以我请你们在这里决定当他进来在我们面前的时候，我们用什么话回答他，因为他一见我们的面，第一个问题一定是问我们根据什么权威审问他。”当时无人作出回答，过了一会儿，亨利·马丁说道：“以下议员和议会的联合名义，以英国的全体善良人民的名义。”没有人反对，于是法庭全体法官很严肃地排好次序向威斯敏斯特大厅走去，为首的是主席布雷德肖。有人拿剑及权杖前导，前行的有十六个执戟的军官，主席坐在大红天鹅绒交椅上，坐在下一层的就是议会的书记，他坐在一张桌旁，桌面铺了颜色鲜明的红布，上面放着宝剑与权杖。法庭的法官们分坐左右两排大红呢绒铺垫的座上，站在两端的就是士兵，在法官们前面一点，法官们坐下，大开院门，群众涌入，恢复肃静之后，宣读了下议员们特设法庭的授权法令，于是点名，有六十九个法官出庭，布雷德肖说道：“警卫官，带囚犯上堂。”

国王上堂，有一个上校及三十二个军官护卫着他。堂下预备好一把大红天鹅绒交椅。他向前走，严肃地长时间地看着法官席，没有脱帽就坐在椅子上。他忽然又站起来，看看背后左边的卫兵，看看在右边的成群的旁观人，于是两眼又看着法官们，随后坐下，全堂悄然无声。

布雷德肖立刻站起来，说道：“查理·斯图尔特，英格兰的国王，英格兰的下议员们在议会集会，鉴于国内血漫大地，你实在是罪魁祸首，因此议决审判你，成立这个特别法庭，检察长就要宣读议会控告你的罪状。”

检察长库克于是站起来说话，此时国王用他的手杖碰碰库克的肩膀说道：“你不要说话！”库克掉过头来，既惊且怒，国王手杖的头忽然落下来，国王脸上露出短暂的但强烈的激情。他的仆人离他较远，不便替他拾起手杖的头，他就自己弯腰拾起来，坐下。库克宣读控拆书，把所有祸害归罪于国王，首先是由于他的苛政，又由于战争，都要求他逐款答复，并要求将他当做暴君、叛逆以及杀人凶手定罪。

当宣读控诉书时，查理仍然坐着，很安静地四面看看，有时看看法官们，有时看群众，有一次他站起来一会儿，身子背着公案向后看，又坐下来，带着好奇的及满不在乎的神气。他听见检察长说："查理 · 斯图尔特是个暴君、叛逆、杀人凶手"时，只是微笑，并未说话。

库克讲完后，布雷德肖对国王说道："你已经听见控诉词了，本法庭等待你的答话。"国王说道："我确实要知道你们凭什么理由传我到这里来？但是最近我在怀特岛，有各方面的值得尊敬的人士、贵族和下议员们，同我商议和约，和约快要成功了。我要求知道是什么权威把我匆匆送到这里来的，我说的是合法权威，因为世上原有许多非法的权力，例如拦路抢劫的强盗就是一种。我说，我先要了解这一点，我才好答复。"布雷德肖说道："你若专心听取了你刚到这里时法庭对你说的话，你就明白是什么权威传你来的。法庭现在以国人的名义，要你答复，你是国人选你当王的。"国王说："先生，我不承认这一层。"布雷德肖说道："你若不承认本法庭的审判权，我必须要你明白，本法庭驳回你的否认。你必须辩诉，不然的话，本法庭就当做你承认一切罪状。"国王说道："我告诉你，英格兰从来不是一个选举制的王国。国王是世袭的，已经有一千多年了。你得告诉我究竟是什么权威传我来的，科贝特中校在这里，你可以问他，是不是用武力逼我从怀特岛到这里来的？我愿拥护下议院的公平的权利，不敢后于在场的任何人。但是我没有看到这里有贵族。必须有贵族，才能构成议会，但是贵族在哪里呢？一个国王也是必要的，而这就是你们所称的送国王到他的议会的办法吗？”

布雷德肖说道：“先生，本法庭等候你说一句肯定的答复。我们的权威何在已经告诉你了，你以为这还不够，但我们却以为是足够了。我们知道我们的权威是建立在上帝和王国的基础上的权威。”

国王说道：“权威从哪里来，那既不是你的意见，也不是我的意见所能决定的。”

布雷德肖说道：“法庭已经听见你说的话了，将来就按照着他们的命令处理你。把犯人带走吧，法庭休庭，下星期一再开庭。”

法官们退庭，送他来的卫队带他走了。当他站起来的时候，他看看放在桌上那柄剑，他用手杖指那把剑说道：“我并不怕这件东西。”他下楼时，有几个人喊道：“要秉公审判！要秉公审判！”却有更多的人喊道：“上帝拯救国王陛下！上帝拯救国王陛下！”

星期一开庭，有六十二法官出席，于是下令不许喧哗，违者监禁。虽有这样严令，当国王到达法庭时，群众仍然大喊欢迎。双方又同前次一样，讨论权威问题，各执一词，互不相让，布雷德肖终于说道：“无论是你，也无论是其他什么人，都不准许辩驳本庭的审判权。他们是由国家以及在议会聚集的下议员们授权坐在这里审讯的。你的祖先们一向必须，你自己现在也必须对议会作出说明。”

国王说道：“我请你举出我一个先例。”

布雷德肖怒气冲冲地站起来说道：“先生，我们不是为了答复你的问题而坐在这里的。你对控诉作出辩护：你是有罪还是无罪。”国王说道：“你没有听我的理由呀。”布雷德肖说道：“先生，你不能有什么理由反对最高的法庭的审判！”国王说道：“那你就对我显示你的审判权吧，你的审判权是不听人讲道理的。”布雷德肖说道：“先生，我们在这里给你明白说过，英格兰的下议员们行使这种审判权。警卫官，把犯人带下去！”查理忽然掉过身子来对着群众说道：“请你们记住，英格兰国王受苦受难了。他们不许国王为人民的自由而说出他的理由！”于是几乎全体群众大喊道：“上帝拯救国王！”

第三次开庭在 1 月 23 日，情景还是同过去一样，人民向国王表示同情，且变得日益热烈起来。盛怒的军官们及士兵们虽然大声叫喊“执行法律，杀头！”也是无济于事。受到威吓的群众不过短暂地不响，可是等到新发生一件小事，他们就忘记了恐怖，“上帝拯救国王”的呼声在四面八方起伏回荡。甚至在军队里头，也有人喊这句话。到了 23 日，国王在法官们离座后走出法庭时，有一个卫队兵士高喊：“国王，上帝保佑你！”当时有一个军官用手杖殴打这个兵士，国王说道：“先生，你罚过其罪了。”在这期间，外国来了一些代表，而且采取了一些行动，尽管这些行动并不是十分可怕，又不是十分急迫，但足够煽起国人的义愤。法兰西公使把英国王后亨丽埃塔－玛丽亚的一封信交给下议院（1 月 3 日），信内要求许可她来同她的丈夫团聚，或劝他顺从议员们的要求，或以温情安慰他。王太子也写信给费尔法克斯与军官会议，希望唤醒他们忠君之心。苏格兰委员们仍以该王国名义正式反抗（1 月 6 日，22 日），反对近日的所有行动。荷兰很早就派一个大使来英，为国王居间调停。奥利弗 · 克伦威尔的一个堂兄弟名约翰·克伦威尔，在荷兰当军官，已经到了伦敦，无时不劝谏克伦威尔中将，几乎用威胁的语气责备他。有一篇文章叫做《君主的叹息》，据说是查理自己撰写的，意在激动人民起来造反拯救他，文章被人查出了，立刻停止出版。总而言之，东西南北虽然不曾发现重大的障碍，至少也发生酝酿中的新的动乱因素。共和派相信，只要问题一解决，那些因素必定会消灭，但若久悬不决，那就会越拖越令人棘手，越充满危机。

他们决定立刻解救自己，以摆脱这种危险地位，于是中断一切辩论。并决定在再提国王受审的时候，只要他来到法庭，就当庭宣判。也许为了做点多少还仍然尊重法律的姿态，或者是为了在必要时可以拿出查理在谈判条件中屡次失信的新证据，24 日和 25 日两天，法庭搜集了三十二个证人的供证。25 日，在法庭快散的进候，他们几乎不经任何讨论，就投票议决，判定国王以暴君、叛逆、杀人凶犯、国家敌人的罪名。斯科特、马丁、哈里森、莱尔、赛伊、艾尔顿，以及洛夫，奉委撰写判决书。当日只有四十六个法官到庭，26 日，六十二个法官闭门聚会，略加讨论之后，议定了判决书的形式，法庭暂时休庭，明日开庭宣布判决。27 日中午，在绘画宫讨论了两小时后，开始开庭，按照惯例，要点法官的名，点到费尔法克斯的时候，有一个女人的声音从二楼楼厅说道："他这个人很聪明，今天不会在这里的！"点名的人听了，诧异与迟疑了一会儿，就往下点，点得在场的法官有六十七人。国王到庭时，一阵激烈声音喊道："执法吧！行刑吧！"士兵们很激动，他们的统领阿克斯特尔鼓励他们往下喊。庭左庭右有散在各处的一些人也大喊助威，而群众却是不声不响，惊恐万分。

国王坐下之前，先对布雷德肖说道："先生，我要求说一句话，我希望我不给你以打断我的话的机会。”

布雷德肖说道：“轮到你说话时你再回答，你得先听法庭说话。”

国王说道：“先生，我求你让我说话，我只说一句话。一篇仓促决定的判决……”

布雷德肖说道：“先生，你必须先听法庭说话，到了合适的时候就让你说。”

国王说道：“先生，我要求……我要说的话与我认为法庭即将公布的话有关；而且，先生，一个鲁莽的判决是不容易追回的。”

布雷德肖说道：“先生，在宣判之前，会给你说话的，在这之前，你可不要说话。”

国王听到这样的答复，脸上多少再露出一些安恬神色，他坐下来，布雷德肖又说道：

“诸位，你们全都知道，在庭上的这个犯人曾被带上庭来好几次，因为以英格兰人民名义控告他谋叛，及其他重大罪行，要他答复。”

在点名点到费尔法克斯时说话的那个女人声音又说道：“这是一句谎话，什么英格兰人民，连一半也没有，他们在哪里，他们的同意在哪里？克伦威尔是一个叛徒！”

庭上全体人员无不吓了一跳，人人的眼光全向二楼看，阿克斯特尔喊道：“打倒那个女……向他们开枪！”不久就查出说话的女人就是费尔法克斯夫人。

于是全场都骚动起来，虽有许多士兵杂在群众中，而且毫不客气，还是用了很大气力才压制下来，秩序多少恢复之后，布雷德肖说，国王三番两次地顽固不肯答复控诉词，又说反正国王的罪状是臭名昭著，无人不知的了，随即宣布，法庭对于判决已经达成一致意见，但在宣布之前答应听犯人的辩护，只要他不否认法官的审判权。

国王说道："我请贵族代表们及下议员们改在绘画宫里听我陈述一个提议，这个提议对于王国的和平及我的人民的自由的重要性，远过于我保全自己的生命。"

全体法官及聚集于此的人无不深为感动，无论是朋友抑是敌人，无不竭力想象，国王要求与上下两院会议，究竟是什么用意？他究能提出什么建议请他们讨论呢？于是众议纷纭，人们想象出千百种不同的建议，大多数人好像猜到国王愿意让位与他的儿子。无论他在想一些什么，法庭都是十分困惑不解的。那一派虽然得到了胜利，但觉得他们所处的地位既不容坐失时机，又不宜于重新冒险。况且在法官之中，已经露出有多少游移不决的神色。布雷德肖因为要逃避这种风险，就坚持他的意思，说国王的要求，不过是一条花招，想不受法庭审判。他们于是为这个问题很长久又很周密地辩论了一番。查理屡次要求允许他说话，越来越迫切，但是他越要求，在他左右的士兵越是大声吵闹，横加咒骂。有几个人点火吸烟，向国王脸上喷烟，有几个人喃喃说不满的话，用很粗鲁的言辞，怪法庭审判得太慢。阿克斯特尔哈哈大笑，高声说笑话。国王好几次掉过脸来对着他们，有时用手势，有时用言语，希望得到几分钟的注意，至少也希望他们不要喧哗，给点安静，可是他们只对他喊道："执法！行刑！"后来他深受刺激几乎不能控制自己。他就大喊道："你们听我说，你们听我说！"声音也很能动人的。他们还是大声喊刚才那两句话；在法官之间，忽然出现意料不到的动态，唐斯上校是法官之一，忽然变得十分激动，他要站起来。在他左右的同事考利和万顿上校拼命按住他，不让他站起来，使他安静下来，无奈按不住。他说道："难道我们的心肠是铁石做的吗？我们还是人吗？"考利说道："你将毁了我们，也毁了你自己。"唐斯答道："若我为此而死，那也算不了什么，我必须这样做。"克伦威尔原坐在他下面，听了这几句话，忽然掉过身子来说道："上校，你糊涂了吗，这是什么意思？你不能安静坐下来吗？"唐斯答道："先生，不能，我不能安静。"他立刻站起来，对主席说道："主席，我不满意于赞成这篇判决词，我有许多理由反对这个判决，我请求法庭暂时休会，听取我的理由,然后进行讨论。"布雷德肖郑重地答道："若有一个法官不满意，法庭就必须暂时停止。"他们于是立刻走入另外一间屋子里。

他们刚进屋子，克伦威尔就很粗暴地攻击上校，怪他不应该使法庭为难及混乱。唐斯很激动地为自己辩护，说国王的提议，可能是能令人满意的。而且他们以前所追求的，以及他们今天所追求的，毕竟都是很好的、切实的保证，因此既然他们尚不晓得国王想要提出的是什么，那就不该贸然拒绝。他们至少也应该听听国王有什么说的？至于对待国王本身，至少也要尊重公是公非的普通法则。克伦威尔听得很不耐烦，在他身边绕来绕去，唐斯说一句，克伦威尔打断一句。他说道："我们终于看出这位先生这样麻烦我们、打搅我们的伟大理由了。他一定不知道，他所要对付的原是世上一个最狠心肠的人。虽是这样说，这个法庭不应被一个脾气别扭的人所阻挠，使其不能执行其职责。我们晓得这骨子里是怎么回事，他不过想救他的旧主子罢了。我们不要理他，我们回去办我们的事。"哈维上校及其他人等，虽赞成唐斯的主张，但也枉然。有人催促他们赶快结束他们的讨论，半点钟工夫之后，法官们回到大堂。布雷德肖对国王说道，他们拒绝了他的提议。

查理好像遭到重大一击似的，他再度提出要求，却不像从前那样坚决了。布雷德肖说道：“你若没有别的话说，我们就要宣布判决了。”国王说道：“先生，我没有别的话说了，我却要你们记录我说过的话。”布雷德肖不予回答，只告诉他快要听他的判决词了。但是在宣读之前，他对国王先讲了一篇很长的话，替议会的行为郑重辩解，又把国王的过错全端了出来，把内战的祸害完全堆在国王一人身上，说因为他的专制，不能不迫使人民作为职责和必需起而抗拒。布雷德肖所讲的话严厉、辛辣、严肃却又合乎基督教旨，不带侮辱意味，讲话显然是源出于一种显然深刻的信念，不过多少也含带一些报复的情绪。国王也像他自己一样严肃，听他说话而未打断他的话。话快要结束的时候，国王显然露出极度的不安。布雷德肖一讲完，国王就试图说话，布雷德肖加以反对，命书记读判决书。读完之后，他说道：“现在所宣读的及公布的判决书就是整个法庭的法案、判决、审断和决议。”于是全体出庭的法官一齐起立，表示同意。国王忽然喊道：“先生，你肯听我说句话吗？”

布雷德肖说道：“先生，宣判之后，不能让你说话了。”

国王说道：“不能吗，先生？”

布雷德肖说道：“先生，不能。卫兵们，带犯人下堂！”

国王说道：“先生，只要你许可，宣判后我是可以说话的。在对我宣判后，我是可以说话的，请你许可。”布雷德肖说道：“住口！”“先生，判决，我说，先生，我要……既不让我说话，别的人还能希望有什么公道呀！”

这时候有许多兵士包围他，把他从犯人席上带出来，很凶暴地抬他到轿子所在地方。当他下楼梯的时候，他不得不忍受种种最粗鄙的侮辱，有人把点着的烟斗抛在他面前的路上，有人将口里的烟喷他的脸，人们在他身边喊道："执法，杀头！"但是仍然混杂着另外的声音："上帝拯救陛下！上帝救你脱离敌人的手掌。"在他上轿以前，轿夫们免冠站着，尽管阿克斯特尔命他们不要免冠，他们也不听。因为他们不听他的号令，他甚至动手打了他们，他们仍是不理。轿夫们抬轿往白厅，街道的两旁有士兵排列；成群的人站在店铺前，每个门口，每个窗口，都站满了人。大多数人都是静默无声，也有哭泣的，大声为国王祈祷的。每隔几分钟，士兵们为了庆祝胜利就又喊起："执法，执法，杀头！"但查理已恢复了他的素常的平静。他的傲气使他拒绝相信兵士们是真心仇恨他，所以当他从轿子里走出来的时候，说道："可怜的人们，只要有人给他们钱，他们就肯一样地对待他们的长官们！"

查理一到达白厅，就对赫伯特说道："你听我说，我的侄儿即选侯及其他爱我的勋爵们，会设法亲自来见我的，我是喜欢他们来见我的，但是我的时间不多了，甚为宝贵。我愿尽我所能，善用我的时光；我要作好准备，因此除我自己的子女以外，其他人一律不见，请他们不要见怪！他们能为我作的最好的事莫过于为我祈祷。"他要求见他的较幼小的儿女，伊丽莎白公主和他的第三子格洛斯特公爵，这两个儿女一向是由议会照管的。还有伦敦主教贾克森，国王通过休·彼得斯的中介，得到这位主教的宗教帮助。这两项要求都批准了，次日是28日，主教前赴圣詹姆斯宫（查理此时已被迁到此地），见到国王，就痛哭起来。查理说道："不要哭，我的勋爵，我们没有时间哭泣，我们不如想想我们伟大的工作，准备去见伟大的上帝。不久我就要在上帝面前汇报我在人世的账了。我希望我能以安宁的心做这件事，要你帮助我。我们不谈这许多匪类吧，我现在就在他们手中。他们想喝我的血，那么让他们喝吧，愿上帝的旨意成就！我感谢上帝，我诚心诚意赦免他们，我不再谈他们啦。”在这天余下的时间里，他只是同主教谈敬事上帝的事。起初，哈克上校派两名兵在查理屋里，查理费了很大的事才得批准，让他独自一人在屋里。虽是这样，当贾克森同他在一起的时候，值班的守兵每几分钟必开门看看，了解一下国王是否在屋里。果然如他所料，他的侄儿即选侯、里奇蒙公爵、哈特福德侯爵，南安普敦和林赛两伯爵，以及其他旧仆人等，都来看他，他却不曾接见他们。同日，太子威尔斯亲王的侍从西摩从海牙来，带了太子的信，国王叫人让他进来。他读完信后，将它扔在火里，把答话告诉了来人，立刻打发他走了。翌日 29 日，破晓，主教回到圣詹姆斯宫，早祷过后，国王拿出一个盒子，内装圣乔治和嘉德十字大勋章，都是破了的。他对贾克森说道：“你看呀！我现在什么都没有了，只有权力给这两样东西与我的两个孩子。”于是这两个孩子被带进屋来，十二岁的伊丽莎白公主一看见父亲就哭起来，八岁的格洛斯特公爵看到他姐姐哭了，也哭了起来。查理把他们抱在膝上，把珍宝分给他们两人，安慰他的女儿，教她怎样读书，以坚定自己反对天主教士的决心。吩咐她告诉她的弟兄们，说他已经赦免了他的仇敌们。叫她告诉她母亲说，他的心是永远和她在一起的。告诉她，从新婚起直到最后一天，他爱她如同新婚时一般。随即掉过脸来对着小公爵，他说道：“我的亲爱的心肝，他们不久就要杀你父亲的头了。”这个孩子定睛地很焦急地看着他，他说道：“孩子，你牢记我所说的话。他们就要杀我的头，也许要立你做国王。但是你要牢记我的话，只要有你的哥哥查尔斯及詹姆斯在，你切勿做国王。但是他们若是捉得到你的两个哥哥，他们一定杀他们两个人的头的。最后他们还要杀你的头！所以我教你不要让他们立你为王。”那个小孩子激情地说道：“我宁愿先被他们撕作碎片，也不让他们立我做国王！”查理热烈地吻他，把他放下来，吻他的女儿，为他们两人祝福，且求上帝赐他们福。随即忽然立起来，对贾克森说道：“带他们出去吧。”孩子们放声痛哭，查理站在那里，头紧靠窗子，尽力忍住眼泪。房门一开，孩子们出去了，查理从窗子那边跑过来，再度把他们抱起来，又为他们祝福。他们拥抱抚摩他，他终于挣脱他们，跪在地上，与主教和赫伯特一同祷告，只有这两个人亲眼看见查理这个惨痛的景象。

同一天早上，高等法院开会，指定在明日即 1 月 30 日，上午 10 时至下午 5 时之间行刑。但是到了必须在这个关系生死的命令上签字的时候，费了很大的气力才能招来这些委员们。有两三个最有决心的委员们站在门口，遇有同事们往下议院去，从这里走过，就截住他们，请他们进来签字，但仍无结果。有几个已经投过定罪的票的，此时也躲开了，或者就是明白宣称不肯签字。克伦威尔自己则是和平时一样地高高兴兴、吵吵闹闹、敢作敢为，更加放肆地和人们开最粗俗的玩笑。他签过字之后（他是第三名签字的），用墨水涂坐在他身旁的亨利 · 马丁的脸，马丁也立刻还敬，用墨水涂克伦威尔的脸。克伦威尔的表兄弟英戈尔德比上校，曾奉委当法庭的法官，却始终不曾出过庭，他偶然走入大堂，克伦威尔说道：“这一次他是逃不了了！”他大声笑起来，抓住了英戈尔德比，在几个法官协助之下，把笔放在他的手指间，把住他的手，逼他签了字，最后得了五十九人签字，其中有许多人的签名，也许是由于内心太震动了，不然就是有意如此，胡乱涂鸦，几乎辨认不出来。行刑的命令是下给哈克上校、亨克斯上校和费尔中尉的，命这三人监督行刑。有两个荷兰大使阿尔伯特·姚希姆和阿德里安·保已经到了伦敦五天，求见下议院，议院不见。他们用公文以及用私函求费尔法克斯、克伦威尔及其他军官们，转求议会接见他们，都是无效。当日约 1 点钟，大使们忽然得信，说上议院定于 2 点钟，下议院定于 3 点钟接见他们。他们立刻去会见，并把书信送上。议会应许予以答复。可是当他们回到寓所的时候，看见在白厅门前开始作行刑准备。他们曾接见法兰西大使与西班牙大使，但是这两个大使谁也不敢参加他们的行动。法兰西大使抗议了一番就算数了，他说他久已预料会有这样可悲的事态，他曾经尽力阻止过。西班牙大使则说，他还未奉到本国政府要他干预的命令，尽管他时时刻刻等着这样命令的到来。翌日，1 月 30 日，约 12 点钟，荷兰大使们在费尔法克斯的秘书家中，与他第二次见面时，使他们有了一线希望。这个将军被大使们的言辞所动，后来好像决心从无所作为中振作精神，答应立刻到威斯敏斯特去，至少也要要求他们缓期行刑。但是当他们离开他的时候，就在与他谈话的房子门前，遇见一队骑兵在清扫道路。凡是去白厅的通道，以及附近的街道，无不塞满骑兵，他们无论到哪里，都听说诸事全预备好了，国王马上就到了。

果然如此：当天早上，艾尔顿和哈里森睡在白厅的一间屋子里。他们还未起床，克伦威尔、哈克、亨克斯、阿克斯持尔以及费尔等在床边会商，起草这个可怕的案件的最后一道命令，就是命刽子手行刑。克伦威尔对亨克斯说道："上校，应该是你写这道命令，写完就签字。"亨克斯固执地拒绝。克伦威尔说道："你是一个多么固执、好出怨言的人呀！”阿克斯特尔说道：“亨克斯上校，我替你难为情，这条船现时正在进港，在未下锚之前，难道你就要收篷吗？”亨克斯仍是拒绝，克伦威尔嘴里咕哝着什么，坐了下来，写了命令交与哈克上校。上校并未反对，就签了字。

几乎与此同时，在熟睡四小时之后，查理起了床。他对赫伯特说道：“今天我有一件大事要做，我必须马上起来。”他就在梳妆台前坐下，赫伯特心情很不平静，因此在替国王梳发时，不像平日那样仔细。国王说道：“虽然我的头发不会披在我的两肩上太久了，你得和往常一样，好好给我梳头。今天要把我修饰得越整洁越好，因为今天是我的第二次结婚的日子，因为我希望在天黑之前，同我的神圣的耶稣结婚。”当他穿衣服的时候，他叫人替他比平时多穿一身衬衫，他说道：“天气很冷，会冷到使我发抖，人们也许会误以为我害怕，我不愿人有这种误会；我不怕死，死对于我并不可怕。感谢我的上帝，我已经准备好了。”天破晓的时候主教到来，开始神圣的典礼。他读《马太福音》第27章，讲耶稣钉在十字架上受难的事。国王问他：“主教，你特为选了这一章，为的是适用于我现在的情况么？”主教说道：“陛下，教会历本上规定今天轮到用这一章。”查理好像深为所动，继续以更大的热情祷告。快到10点钟，就有人轻轻敲门，赫伯特不动，听见第二次敲门，敲得稍响一些，却还是敲得斯文的。查理说道：“去看是谁敲门。”原来是哈克上校。查理说道：“让他进来。”上校低声半颤抖地说道：“先生，往白厅去的时候到了，但是你到了那里，还有时间休息的。”查理答道：“我立刻就走，你先出去。”哈克走出去。查理用了一点时间内心默默地祈祷，随即抓住主教的手，他说道：“好吧，让我们走吧。赫伯特，你去开门，哈克又敲门啦。”他走进大花园，又穿过大花园前往白厅。

那里已经排列好几营步兵，成双行立在他所走的路的两旁。一小队执戟的兵在前面走过，旗帜飘扬，敲着军鼓，鼓声很响，噪音中听不见人声。在国王的右边是主教，左边是免冠的汤林森上校，他是卫队统领。查理被他的尊重所动，请他等到最后那一分钟才离开他。查理在路上同他谈他的丧事以及他愿意委托谁为他办丧事。查理的神态安详，两目炯炯有光，步履坚实，走得甚至比队伍还快，反而怪他们走得太慢。有一个值勤的军官，显然是为了刺激他，问他关于父王之死，他是否与白金汉公爵同谋。查理稍微带点藐视答道：“朋友，假如我并无其他罪孽，我将很恭敬地在上帝的无限威严前面说，我可以使你深信，我是绝不会求他赦罪的。”到了白厅，他脚步轻轻地登上台阶，经过大廊，走入他的寝宫。只有他同主教在里面。主教准备行圣餐礼，有几个独立派的牧师们，奈和古德温等人，走来敲门，说他们愿为国王效劳。贾克森答道：“国王正在祈祷。”他们仍然要进来效力，查理于是对主教说道：“既是这样，你为我多谢他们愿意为我效劳，但是你要坦白地告诉他们，说他们屡次毫无理由地祈祷反对我，我现在正在痛心的时候，我不要他们同我在一起祈祷。他们若是喜欢的话，却可以为我祈祷，我愿谢谢他们。”他们走了，国王跪下，从主教手上领受了圣餐，随即愉快地站起来。国王说道：“现在，让那些匪徒们来吧，我已经真心赦宥了他们，我准备接受我将要遭到的一切苦难。”那时候已经替他预备好午餐，他不肯吃。贾克森说道：“陛下久已没有进食，天气寒冷，也许到了台上，你会晕倒了。”国王说道：“你说得不错，”于是吃了一片面包，饮了一杯葡萄酒。现在是 1 点钟了。哈克敲门，贾克森和赫伯特跪下，查理说道："我的老朋友，起来。"就把手伸向主教。哈克又敲门，查理吩咐开门，他说道："你先走，我跟着你走。"他穿过宴会厅向前走，两旁仍然立着双层的兵，有一大群男女，冒了生命的危险冲进来，站在卫队后，一动也不动。当国王走过时，这群男女为国王祈祷，士兵们也很安静，并不阻拦他们祈祷。在大厅的尽头，墙上开了一个口了，从这里一直出去，就是断头台，用黑布遮盖着。有两个人身着水手装，带着面具，站在斩头的斧子旁边。国王从那个口子走出来，他的头挺得直直的，四边看看，想对人民说一番话，但是塞满那片地方的全是军人，所以无人能够走近。他掉过脸来对着贾克森和汤林森说道："我说话不能有许多人听见，只有你们能听见，所以我对你们说几句话。"他就对他们说了一篇很短的讲话，是他所准备好的，讲得严肃安详，而且是很冷静的。讲话的唯一主旨就是表明他的行动是正确的，人民不幸的真正原因就是藐视国王的权利，人民不该享受参预政治之权，只有这样，国家才能够恢复和平及其自由。当他说话的时候，有人用手接触斧子，他匆匆掉过身子来，说道："不要弄坏这把斧子，若是弄坏了，会使我多受痛苦。"当他快要讲完的时候，又有人走近斧子，他声音颤抖地说道："小心那把斧子，小心那把斧子！"这个时候是寂然无声。他戴上一顶绸子小帽，对刽子手说道："我的头发碍事吗？"刽子手鞠着躬说道："我请陛下把头发塞在小帽里。"主教帮忙把头发塞在小帽里。查理对他的老仆说道："在我这一边的有我的是正确的主张以及慈悲的上帝。"贾克森说道："陛下，是呀，只有一站路了，这一站路充满烦恼与痛苦，却是很短的，请陛下想一想，这一站却要送你很远一程，由地下送你登天！"国五说道："我从一个可腐朽的王位走到一个不会腐朽的王位那里，我到了那里就没有烦恼可怕了！”他于是掉过头来对刽子手说道：“我的头发安放好了吗？”他脱下王袍，取下乔治[①]，把它们交与贾克森，说道：“你要记住。”[②]他于是脱去上装，又穿上王袍，看看那架杀头的砧板，对刽子手说道：“把砧板放牢了。”刽子手说：“先生，放牢了。”国王说道：“我要作简短的祈祷，当我伸出两手的时候，你就……”

他站在那里默想了一会，嘴里喃喃对自己说话，举眼向天，跪下，把头放在砧板上。刽子手摸摸他的头发，再往他的小帽里塞进一些头发。国王以为他就要砍下来，他就说道：“你等我的信号再下手。”刽子手说道：“无论陛下几时给我信号，随陛下尊意，我愿等着。”不到一分钟，国王伸出两手，刽子手往下砍，一斧就把国王的头砍了下来，刽子手高举查理的头，给群众看，说道：“这是一个叛国者的头。”群众浩叹了一声，声音深而且长，有许多人向斩首的砧板跑来，用手巾蘸国王的血，两队骑兵分路向前走，慢慢地轰散群众，断头台挪走了，尸身也挪走了。当克伦威尔要看尸身的时候，尸身已经放在棺材里。他集中注意力地看，他还举举那颗首级，好像在证实是否已经身首分离。他说道：“这是一个很结实的身躯，原有长命希望的。”

灵柩摆在白厅七天，有非常多的人挤在门外，只有几个人可以进去看看。2 月 6 日，下议院命将灵柩交与赫伯特及迈尔德梅，许他们将它安葬在温泽堡，葬在亨利八世所葬的圣乔治教堂里。出殡的仪仗却还像样，唯无什么排场，六匹披了黑衣的马拖着灵车，四部马车跟着，其中有两部也挂了黑衣，装着国王最后几个

① 嘉德勋章上的颈饰，骑马降龙宝像。——译者

② 无人明白国王此话的意思。

仆人，都是跟随他到怀特岛的。翌日即2月8日，里奇蒙公爵、哈特福德侯爵、南安普敦伯爵和林赛伯爵，以及贾克森主教，得了下议院的许可，到温泽襄助葬事。他们在棺上只刻上这几个字：

君 主 查 理

1648 正[①]

当他们从堡内抬尸身往教堂的时候，天气本来是晴明恬静的，忽然变了，下了许多雪，大雪盖满了黑绒的柩衣，国王的仆人们怀着忧郁而满意的心情，认为他们不幸的主人的灵柩忽然变成白色，就是他的无辜的象征。仪仗队到了选定的坟墓的时候，贾克森主教正在准备按照英格兰教会的宗教仪式行礼，可是守堡官怀科特不许他采用，说道："议会所定的仪式，不独是全国的人该用，国王也该用。"他们只好服从，不曾行宗教仪式，把棺木下放到墓穴以后，他们离开了教堂，守堡官关了门。下议院要出殡费用的账目，许给五百镑。国王死的那天，在快邮未离伦敦之前，他们宣布一条法令，说是凡是宣布查理的儿子"查理·斯图尔特，即通称的威尔斯亲王，或宣布无论什么人继查理为国王的，都以大逆不道论"。2月6日，下议院在讨论许久之后，投票表决，反对的二十九票，赞成的四十四票，就郑重宣言废除了上议院。翌日，2月7日，通过一道命令，说道："本院根据经验，认为本国不需要有一个国王职位，而且觉得有这样的国王，就完全

① 按旧的历法为1648年。当时英国尚未采用格里历（3月24日才开始用格里历）；因此1648年1月30日查理死亡之日相当于现今我们所用历法的1649年2月9日。

成为负担，只不过是有害于本国人民的自由、安全和公共利益，因此特宣布废除国王制度，另铸一个国玺，正面刊刻英格兰和爱尔兰地图，附刊两国的国徽；反面刻正在开议的下议院的印文（这是亨利·马丁的建议），文曰："上帝赐福恢复的第一个自由年，1648 年。"

图书在版编目（CIP）数据

1640年英国革命史 /（法）基佐著；伍光建译.
—南京：译林出版社，2016.12
（世界汉译学术名著）
ISBN 978-7-5447-6640-1

Ⅰ.①1… Ⅱ.①基… ②伍… Ⅲ.①英国资产阶级革命－历史
Ⅳ.①K561.41

中国版本图书馆CIP数据核字（2016）第229273号

书　　名　1640年英国革命史
作　　者　〔法国〕基佐
译　　者　伍光建
责任编辑　陆元昶
特约编辑　谭秀丽
出版发行　凤凰出版传媒股份有限公司
　　　　　　译林出版社
出版社地址　南京市湖南路1号A楼，邮编：210009
电子信箱　yilin@yilin.com
出版社网址　http://www.yilin.com
印　　刷　三河市中晟雅豪印务有限公司
开　　本　960×640毫米　1/16
印　　张　29
字　　数　320千字
版　　次　2016年12月第1版　2023年10月第3次印刷
书　　号　ISBN 978-7-5447-6640-1
定　　价　56.00元